일본군'위안부' 문제와 과제 Ⅲ

관점과 실태

일러두기

- 이 책은 2019년도 동북아역사재단 기획연구 수행 결과물임(NAHF-2019-기획연구-8).

동북아역사재단
연구총서 103

일본군'위안부' 문제와 과제 III

관점과 실태

박정애 편

동북아역사재단
NORTHEAST ASIAN HISTORY FOUNDATION

책머리에

2020년은 일본군'위안부' 문제 해결 노력이 본격적으로 시작된 지 30년이 되는 해이다. 1990년 1월 윤정옥 전 교수 등이 직접 조사하고 쓴 '일본, 타이완, 파푸아뉴기니 등의 정신대 취재기' 시리즈가 『한겨레』에 실려 큰 사회적 반응을 불러일으켰다. 1990년 5월에는 노태우 대통령의 일본 방문을 앞두고 여성단체들이 기자회견을 열어 일본군'위안부' 문제의 진상규명 및 사죄와 배상을 요구하는 성명서를 냈다. 같은 해 7월에는 '위안부' 문제의 진상규명을 목표로 '정신대연구회(현재 한국정신대연구소)'를 설립했으며, 또 11월에는 '위안부' 문제 해결을 위한 협의체로서 37개 여성단체가 모여 한국정신대문제대책협의회(현재 일본군 성노예 문제 해결을 위한 정의기억연대)를 결성했다.

이를 발판으로 1991년 8월 김학순 할머니가 첫 공개증언을 하고, 1992년 1월 일본 방위청(현재 방위성) 도서관에서 일본군의 '위안부' 동원 개입을 입증하는 군 문서를 발견할 수 있었다. 뒤틀린 역사를 바로잡고자 하는 사회적 관심과 여론의 힘을 받아 '위안부' 문제가 문제화되었다. 피해자 관점에서 문제의 본질을 직시할 수 있었으며, 방위청 도서관에서 잠자고 있던 군 문서가 전쟁범죄를 고발하는 핵심 자료로서 재발견되었다. 그로부터 10년 후인 2000년 12월에는 일본 도쿄에서 10개 지역의 피해자·활동가들이 모여 일본군 성노예 전범 여성국제법정을 열고 가해자 처벌과 역사 기록이라는 '위안부' 문제의 해결 방향을 재확인했다.

그리고 다시 20년이 흘렀다. 2020년 현재, 일본군'위안부' 문제의 해결은 어느 지점까지 와 있고 앞으로 어떻게 더 나아갈 수 있을까. 그동안 이 문제의 해결 노력은 피해 여성의 목소리를 중심으로, 국내외 시민들의 해결 요구와 실천을 동력으로 그 방향을 정해왔다. 수렴된 목소리는 분명했다. 진상규명과 가해 측의 사죄와 배상, 미래세대를 위한 역사교육이다. 피해 여성들은 '위안부' 문제의 진상을 알리기 위해 자신의 기억을 반복해서 말해왔으며, 활동가·연구자들은 이것을 채록하여 여러 권의 증언집으로 발간했다. 누구나 동의하는 것처럼 '기억의 전승'은 '위안부' 문제 해결의 방향과 내용의 고갱이였다. 우리가 피해 여성의 기억을 다시 기억하고 이것을 미래세대의 기억으로 이어가는 한, 평화와 인권은 언제나 우리 삶의 중요한 가치로서 존재할 수 있을 것이기 때문이다.

피해 여성의 기억은 '위안부' 제도의 탄생을 가능하게 한 제국주의 및 식민주의, 가부장제의 폭력과 여기에서 비롯된 인간의 고통을 상기시킨다. 따라서 그 기억을 잊지 않는다는 것은 과거에서 현재까지 이어지는 정치와 일상 영역의 폭력과 개인의 고통을 성찰하고 경계한다는 뜻이다. 현재 세계 곳곳에 세워진 '위안부' 추모비는 여기에 공감하고 기억을 이어가고자 하는 세계 시민의 실천을 보여준다. '평화의 소녀상'이라는 이름의 추모비는 2020년 2월 현재, 전국적으로 120개가 넘게 설치되었다. 그뿐만 아니라 기억을 이어가고자 하는 노력은 드라마, 영화, 소설, 웹툰, 전시, 그림책 등 다양한 방식의 스토리텔링을 통해서도 드러나고 있다.

이쯤에서 묻고 싶다. 삶의 터 가까이에서 추모비를 어렵지 않게 접하고 있으며 '위안부' 소재의 문화 콘텐츠를 기꺼이 소비하고 있는 우리는 피해 여성의 이야기를 얼마나 알고 기억하고 있을까. '위안부' 관계 집회나 교육 현장에서 자주 느꼈던 사실 중의 하나가 시민들이 김복동이나 이용수는 알아도 김복동의 이야기나 이용수의 이야기는 잘 모른다는 것이었다. 1990년대를 기억하는 사람에게 '화가 할머니'로 친숙했던 강덕경이나 김순덕 등은 2020년의 학생들에게는 이름마저 생소한 존재이다. 피해자 이야기의 기억은 이름만으로 박제화 되고, 세월이 흐르면서 그 이름마저 흐릿해지고 있는 상황이다. 우리는, 지금 '평화의 소녀상'을 보면서 무엇을 기억하고 어떤 메시지를 주고받고 있는 것일까.

현 시점에서 '위안부'의 기억은 역사부정론자들의 반격을 받고 있다. 일본과 한국의 역사부정론자들은 피해 여성들이 겪은 강제동원과 성노예의 기억을 '거짓말'이라고 공격한다. 생존자들의 사망 소식이 늘어남과 더불어 그 기세는 강렬해지고 있다. 역사부정론자들의 방식은 이 책의 필자 하종문이 지적한 바 연구의 '미싱 링크'를 파고들며 피해자로서의 당사자 경험을 '조작된 것'으로 흔드는 것이다. 그리고 전쟁과 남성들의 성이란 "원래 그러한 것"이고 '위안부'들의 고통은 당사자와 가족의 욕심과 패륜에서 비롯된 것이라고 가르치려 한다.

역사 부정을 향하는 시민사회의 분노는 정당하다. 부정론자의 주장은 힘의 논리에 기대어 가부장적 국가권력의 폭력구조는 은근슬쩍 치워버리고, 피해자에게 책임을 전가하고 있다. 그 주장의 끝에는 평화로운 일상을 잃고 전쟁에 동원되어 엄청난 희생을 치러야 하는 시민들의 삶이 있다. 이 때문에 부정론자들을 비난하는 시민들의 목소리는 매우 뜨겁다. 아울러 부정론자들을 꼼짝할 수 없게 만들 수 있는 자료의 '발굴' 소식에 목을 맨다. 여기에 앞장서는 매체가 언론이다.

지난 30여 년 동안 우리는 수많은 '자료 발굴' 보도를 접해왔다. 그리고 '발굴'된 자료에 힘입어 역사부정론자와의 역사전쟁이 종료될 수 있기를 바라왔다. 꽤 많은 성과가 있었고 증언과 공문서 등 한국, 일본, 미국, 중국 등지에서 발굴된 '위안부' 관계 자료가 여러 권의 자료집으로 묶여 나오기도 했다. 언론이 보도해온 것처럼, 역사부정론자들이 부정할 수 없는 자료들도 꽤 많이 소개되었다. 그럼에도 역사부정론자들은 역사 부정의 목소리를 낮추지 않고 있다. 오히려 더욱 높이고 있는 형국이다. 그들은 때로 '위안부' 피해 입증 자료로서 알려진 자료를 피해 부정의 입증 자료로 제시하기도 한다. 이제는 다툼의 초점이 자료의 '발굴'보다는 '해석'에 놓인 것이다.

물론 '위안부' 피해의 진상을 규명하기 위해 자료 발굴은 중요하다. 그러나 강제동원이나 성노예 제도 운용에 일본 정부나 군의 개입을 입증하는 자료는 이미 충분히 발굴되어 있다. 중요한 것은 이 문제의 해결을 지향하는 '관점'이다. 일본군'위안부' 문제는 피해자가 직접 자신의 경험을 말하기 전에는 역사적 사건이 아니었다. 일본군 출신들이 전장의 에피소드 정도로 공유했던 '위안부' 제도의 기억은 1991년 김학순의 등장 이후에야 전쟁 범죄이자 식민지 범죄로서 성노예 제도의 역사가 됐다. 따라서 일본군 성노예 피해의 역사상은 어디까지나 피해자의 관점으로 구성되어야 근본적인 해결에 닿아갈 수 있다.

또한 진정한 사죄의 전제는 진상규명이다. 피해의 진상을 낱낱이 밝혀야 그에 대해 사죄할 수 있다. 하토야마 유키오[鳩山由紀夫] 전 일본 총리는 "가해자는 피해자가 이제 됐다고 말할 때까지 사과해야 한다"라고 말했다. 가해 내용을 직시해야 피해 내용이 정해지고 사죄의 진정성이 가능해진다. 두루 알다시피 일본군'위안부' 피해는 1932~1945년까지 일본이 전쟁을 일으켰던 아시아·태평양 지역 전역에서 일어났다. 시기와 지역, 정치상황에 따라 피해 내용도 다르다. 때와 장소를 달리하여 곳곳에 배인 피해의 이야기들을 우리는 얼마나 듣고 기억하고 있으며, 미래세대에 전할 수 있는가. 그 이야기들은 그간 발굴되어온 자료들 속에 각각 파편화된 채 존재했지만, 그 이야기 조각을 맞춰 기억을 복원하려는 노력은 문제 해결에 대한 열정만큼 열성적이지는 못했다. 구슬이 서 말이라도 꿰어야 보배라는데 우리가 이어가야 할 기억들은 아직도 수천, 수만 건으로 흩어져 있을 뿐이다.

이러한 문제의식에서 우리의 책은 일본군'위안부' 문제의 해결을 모색하는 학술적 접근으로서 '관점'과 '실태'에 중점을 두었다. '위안부' 문제의 해결이라는 당위를 외치기에 앞서 진정한 해결을 위해 우리에게 필요한 관점이 무엇인지 확인하고 이를 토대로 피해 실태, 다시 말하면 가해의 내용을 점검할 필요가 있기 때문이다. 이 책의 제목『일본군'위안부' 문제와 과제 Ⅲ−관점과 실태』는 이러한 고민을 담은 것이다.

이 책은 관점을 사유할 수 있는 제1부와 지역에 따라 달랐던 피해 실태를 살펴볼 수 있는 제2부로 구성하고 각각 4편의 글을 실었다.

제1부는 '역사를 보는 관점: 맥락 분석과 역사정의'이다. 정의를 실현할 수 있는 미래지향적인 역사 인식 아래 자료를 맥락적으로 독해하는 관점의 중요성을 생각해볼 수 있는 글들이다.

도시환의 〈일본군'위안부' 피해의 국제법상 정의〉는 그간 국제사회에서 '위안부' 문제를 보는 관점이 어떻게 정립되어 왔으며, 역사정의를 위해 필요한 과제는 무엇인지 살펴보는 글이다. 역사부정론자들의 '전후 체제로부터의 탈각'과 '역사수정주의'에 대응하여 국제사회가 '위안부' 문제를 전시하 여성인권 침해의 범주로 정의해온 과정을 돌아보고 피해자 중심주의에 입각한 국제인권법의 취지를 확인하였다. 그러나 식민지 책임 문제에 소극적인 것은 향후 국제인권법이 해결해야 할 과제로 남는다.

박정애는 〈일본군'위안부' 문제의 강제동원과 성노예: '본인의 의사에 반한 피해'의 의미〉에서 정쟁으로 소모되고 있는 '위안부' 관련 논쟁의 문제점을 점검하고 문제 해결을 위해 우리에게 필요한 관점이 무엇인지를 고찰했다. '위안부'들이 "본인의 의사에 반한 피해"를 입었다는 고노 담화를 계승하는 일본 정부는 '위안부'의 강제동원과 성노예 피해를 부정하는 모순을 보이고 있다. 이때 소환되는 것은 공창제와 '위안부' 제도의 차이를 둘러싼 정쟁이다. 그러나 그러한 주장 중에 역사적 사실에 기반한 논의는 거의 찾아볼 수 없다. 따라서 정쟁에 말려들기 보다는 역사적 정보를 성실하게 검토한 뒤에 평화와 인권의 관점에 입각한 역사 해석이 문제 해결을 향해 나아가는 더욱 유효한 방법일 것이다.

신효승은 〈1873~1922년 일본 육군의 '성병' 관리〉에서 일본 근대 초기 일본 육군의 성병 관리를 살펴보고 일본이 제국주의 팽창정책과 침탈을 본격화하는 과정에서 성병 관리 체계를 형성한 배경에 대해 탐색했다. 일본군은 초기의 성병 관리 과정에서부터 스스로 그 실효성이 없다는 사실을 알고 있었으며 여성을 범죄자화하고 통제하면서 성병을 관리하는 시스템을 형성해갔다. 신효승의 글은 병사의 성병 예방을 위해 일본군'위안부' 제도를 시행했다는 명분을 원초적으로 흔들 수 있는 단서가 될 것이다.

홍윤신은 〈오키나와 전장의 여성의 삶과 강간 공포: '위안부'를 본 사람들〉에서 오키나와라는 전장, 위안소라는 공간, '위안부'를 본 사람들이라는 방식으로 전쟁 기억에 접근하는 새로운 시도를 했다. 위안소는 가해의 상징으로 고정화된 공간이 아니라 오키나와 주민의 일상과 밀접한 공간이자 무수한 경험이 혼재하는 공간으로 정의된다. 현 시점에서 필요한 것은 타자화된 시선으로 바라보는 '위안부' 언설이 아니라 '위안부 제도를 보는 시선'에 대한 이의를 제기할 수 있는 인식론의 확장이라는 필자의 문제 제기는 '위안부' 문제 해결을 위한 관점이라는 것도 진지하고 성실한 토론 위에서 비로소 정립할 수 있는 것임을 깨닫게 한다.

제2부는 '장소, 기억, 역사: 일본군'위안부' 피해 실태'이다. 시기와 지역, 전쟁 및 정치 상황에 따라 양상을 달리했던 일본군'위안부' 피해 실태의 사례를 살펴본다. 제1부 홍윤신의 문제의식을 이어 장소에 배인 위안소 관계자들의 기억을 어떻게 역사화할 것인가에 대한 시도들을 담았다.

송연옥은 〈상하이니치니치신문으로 보는 일본군'위안부'의 실상〉에서 일본군 위안소가 처음 설치된 지역이자 장기간의 전쟁 과정에서 정치 성격 또한 변화했던 상하이 지역의 '위안부' 실상에 주목했다. 이 글에서 최초의 위안소로 알려진 다이이치살롱이 곧 일본군의 위안소 지정에서 해제되지만 여전히 군인들의 업소로 이용되고 있는 양상을 확인할 수 있다. 또한 상하이 지역에서는 공창제와 '위안부' 제도의 경계가 끊임없이 서로 녹아드는 상황에서 '위안소'라는 호칭을 사용하되 군 관리 밖에 있었던 업소의 사례도 살펴볼 수 있을 것이다. 이 글은 '위안소', '위안부'라는 키워드에만 집착해 지역 사례를 보는 것이 실제 역사적 실태와 맞지 않을 수 있음을 경고한다. 중요한 것은 특정 지역을 침략하고 점령한 일본 권력이 성관리 정책이라는 커다란 맥락 안에서 위안소와 주변의 성매매 업소에 어떠한 대응을 했는지 정밀하게 탐색하면서도 피해자를 놓지 않는 연구자의 시선이다.

김정현은 〈난징 점령지의 일본군 위안소와 '위안부' 피해〉 사례를 검토했다. 중국의 수도였던 난징은 일본군의 '난징대학살' 과정에서 엄청난 수의 성폭력이 일어난 지역이며 위안소 설치에 관한 서양인들의 기록이 있는 지역이고 일본군과 중국인 친일조직과의 합작 속에서 위안소가 운영된 지역이다. 난징시당안관에 소장된 자료들은 일본군 병참사령부가 위안소 운영에 직접 개입한 사실과 친일조직 등이 경제 활성화를 명분으로 군위안소 설치를 정당화했던 사실을 보여준다. 이 과정에서 민간인 성매매 업소를 모방한 위안소가 만들어지거나 위안소를 모방한 민간인 성매매 업소가 만들어지기도 하는데, 이는 일본군의 위안소 설치 및 운용에 기존의 공창제가 어떻게 인용되었는지 세밀히 검토할 것을 주문하는 사례라 할 수 있을 것이다.

하종문은 〈진중일지로 본 싱가포르의 위안소 실태〉에서 태평양전쟁 시기 싱가포르에 주둔했던 독립자동차 제42대대의 진중일지를 집중적으로 분석했다. '위안부' 피해 진상규명을 위한 사료 발굴의 측면에서 보자면 가장 큰 블루오션은 진중일지라고 지적한다. 필자는 분석 결과 군의 통제라는 변함없는 성격 속에서 싱가포르의 위안소가 다른 점령지와는 다른 도시정주형 위안소로서 개설되었다고 밝힌다. 그 외의 지역 사례도 축적된다면 비로소 위안소 시스템의 전사(全史) 규명이라는 목표에 가까워질 수 있을 것이라는 필자의 제언은 '위안부' 피해 진상규명을 위한 연구자의 성실성을 촉구하는 것이다.

공준환은 〈버마의 일본군'위안부' 제도와 조선인 '위안부'의 귀환〉에서 버마 사례를 분석했다. 버마는 '위안부'와 관계된 다양한 자료가 남아 있는 지역이지만, 의외로 연구성과는 많지 않다. 영국의 식민지이자 중국 및 인도와 접경을 이루고 있는 버마는 일본군에게 전략적으로 중요한 장소였다. 일본군이 이 지역에서 패퇴한 1944년까지 수많은 부대가 주둔하고 있었으며 병사들을 위한 위안소가 다수 설치되었다. 일본군은 태평양전쟁 이후 버마를 새롭게 획득하고 이미 완성된 형태의 위안소를 이식하였다. 이는 중국이나 만주 지역에서 위안소가 기존의 성매매 관리시설과 서로 영향을 주고받으며 형성되고 확대되었던 사실과 차별되는 지점이다. 또한 버마는 중국이나 만주 지역에 비해 상대적으로 규모가 작았지만, 조선인 '위안부'가 차지하는 비중은 높았다. 연합군의 기록은 조선인 '위안부'에 관한 중요한 역사적 정보를 제공한다. 그러나 생산기관 및 생산자의 성격과 기록의 의도 등을 세밀히 살폈을 때 연합군의 시선을 넘어 '위안부'의 실상에 좀 더 접근할 수 있을 것이다.

이 책의 필자들은 관점을 제시하면서 실태를 고민하거나, 실태 사례를 검토하면서 관점을 제안하는 글을 작성하였다. 따라서 관점 정립이나 실태 사례는 생산적인 토론과 진지한 소통 속에서 더욱 내용이 풍부해지고 뚜렷해질 수 있을 것이다. '위안부' 문제를 둘러싼 정쟁에 휘말리면서 피해자를 맨 앞에 세우거나 맨 뒤로 감춰버리는 태도는 우리를 해결로 향하게 하기보다는 혼돈에 머물게 한다. 역사적인 권력구조와 여기에 층층이 휘말린 사람들의 위치와 심상을 생각하면서 과거의 비극을 멈추는 미래 사회를 만들어가야 한다. 역사로부터 배우지 못하면 우리의 미래 또한 암울할 수밖에 없기 때문이다. 이 책이 역사로부터 배우는 방법을 사유하는 데 밑거름이 될 수 있기를 바란다.

연구책임자의 고민에 공감하며 옥고를 보내주신 필자들께 진심으로 감사드린다. 아울러 재단 출판 관계자들에게도 마음 깊이 감사와 응원을 보내고 싶다.

2020년 2월

필자들을 대신하여

박정애

차 례

제2부 장소, 기억 역사: 일본군'위안부' 피해 실태

1부

역사를 보는 관점
: 맥락 분석과 역사정의

1.
일본군'위안부' 피해의 국제법상 정의

도시환 | 동북아역사재단 연구위원

Ⅰ. 머리말

2019년은 3·1운동과 대한민국 임시정부 수립 100주년의 뜻깊은 해이자, 5,000만 명이 희생되어 인류 역사상 최대의 피해이자 최악의 참사로 기록된 제2차 세계대전 발발 80년이 되는 해이다. 그러나 그에 앞서 109년 전 시작된 일본 제국주의의 식민지배하에서 침략전쟁에 강제동원된 일본군'위안부'와 강제징용 피해의 역사가 여전히 현재진행형으로 접목되고 있다는 점에서 오늘 우리에게 부여된 역사적 과제에 대해 다시 생각해 보게 된다. 그것은 20세기를 대표하는 역사가 카(E. H. Carr)가 설파한 '현재와 과거의 끊임없는 대화'로서의 역사가 우리 시대에 던지는 질문이자, 토인비(A. J. Toynbee)가 주창한 '도전과 응전'의 역사적 성찰을 통한 응답으로 역사정의의 차원에서 조명해야 할 과제이기 때문이다.

그러한 역사정의의 과제로서 일본군'위안부' 문제와 관련하여 '전후 체제로부터의 탈각'과 '역사수정주의'를 정책기조로 한 일본 정부가 '2010년 한일강제병합 100년'과 '2015년 한일협정 50년'의 역사적 지점에서 주장하는 역사왜곡 프레임은 '1910년 식민지배합법론'과 '1965년 한일협정완결론'이다. 그러나 제국주의 열강 간의 방조와 묵인이 합법이라는 국제법상 불법에 기초한 일제식민지배와 그로부터 파생된 침략전쟁에 강제동원된 반인도적 범죄인 일본군'위안부' 문제는 오늘날 동북아 역사 갈등의 최대 현안이자 국제사회 최대 인권 현안으로서 역사적 진실과 국제인권법적 정의를 포괄하는 진정한 해결방안을 모색해야 하는 과제라 할 것이다.[1]

더욱이 2015년 8월 '전후 70년 아베담화'는 가해자의 책임의식 결여, 일제식민지배 및 침략전쟁의 책임에 대한 부정, 일본군'위안부' 피해에 대한 책임회피로 일관했을 뿐만 아니라, 같은 해 12월 28일 한일 외교장관 합의 이후, UN인권기구에서 공개적으로 일본군'위안부'의 강제동원과 '성노예' 피해 사실을 부정하고 있음에 주목할 필요가 있다. 이에 2018년 UN인종차별철폐위원회와 UN강제실종위원회는 피해자에 대한 사죄가 없는 인권문제의 해결은 불가능하며 '최종·불가역적' 합의에 유감을 표명하고 진상규명과 가해자에 대한 처벌까지 권고하고 있다는 점에서 일본의 주장은 국제인권기구의 시각과 명백히 상충되는 것이다.[2]

그렇다면 일제식민지배하의 침략전쟁에 강제동원된 반인도적 범죄 피해로서 중첩적이자 중대한 인권침해인 일본군'위안부' 피해를 부정해 온 일본 정부에 맞서 한국과 일본의 시민단체가 1992년 UN인권소위원회에 문제 제기한

1 도시환, 「일본군'위안부' 피해자의 인권과 정의 그리고 평화」, 『교수신문』 2018. 8. 27, 9면.

2 See-hwan Doh, "Comfort Women and Human Rights," *The Korea Times*, December 13, 2018. p. 9.

이래 국제사회와 연대를 위한 전시하 여성인권침해의 범주로 정의되는 과정에서 식민지책임이 정립되지 못한 구조적인 문제점에 대한 검토를 통해 역사적 정의에 부합하는 국제인권규범의 방향성에 대하여 논의하고자 한다.

Ⅱ. 전후 법적 구조와 식민지책임의 면책

일본군'위안부' 피해와 관련하여 UN인권기구에서 전시하 여성인권침해 문제로 범주화되기 이전 구조적인 전제로서 식민지책임이 정립되지 못한 배경에는 전후 처리과정에서 극동국제군사재판과 샌프란시스코강화조약 등의 법적 구조에서 연합국과 일본 사이에 전쟁책임으로 한정되었기 때문이다. 더욱이 식민지책임 청산 관련 논의 자체가 사상된 채 냉전의 구조화를 활용한 일본의 요구로 한국의 연합국 지위가 배제된 전후 법적 구조의 문제점은 한일협정에도 그대로 투영되었다. 그러한 구조적 배경에서 일본군'위안부' 문제는 식민지책임과 전쟁책임의 미청산과 더불어 전혀 논의조차 되지 않았던 것이다.

1. 극동국제군사재판과 식민지책임

1946년 6월부터 1948년 11월까지 도쿄에서 개최된 극동국제군사재판은 승전한 연합국이 패전한 일본에게 전쟁책임을 묻는 법정으로 구조화됨으로써 일본의 식민지책임에 대한 심판이 이루어지지 않았다.[3] 태평양 지역 연합국 최고사령이었던 맥아더는 1946년 1월 19일 극동국제군사재판소 설립을 위한

3 극동국제군사재판에서 판결한 일본의 전쟁범죄 책임에 관한 연구로는 문규석, 2009, 「동경재판에서 일본의 전쟁책임에 관한 연구」, 『한일간 역사현안의 국제법적 재조명』, 동북아역사재단, 255~306쪽 참고.

특별선언을 발표하고 연합국최고사령관 최고사령부 일반명령 제1호로 극동국제재판소 헌장(Charter of International Military Tribunals of the Far East)을 공포하였는데, 극동국제군사재판소는 평화에 반하는 죄, 일반 전쟁범죄 및 인도에 반하는 죄를 소추 대상 관할 범죄로 하였고, 지도자급(A급) 전범들의 처벌을 목적으로 하였다.[4]

맥아더는 1946년 2월 5일 항복문서 서명국인 9개국에서 통고받은 9명을 재판소 판사로 임명하였고, 그 후 극동위원회의 결정에 기초하여 필리핀과 인도로부터 판사를 파견토록 하여 11명의 판사를 임명하였는데, 11개국에는 미국, 중국, 영국, 소련, 오스트레일리아, 캐나다, 프랑스, 네덜란드, 뉴질랜드, 인도, 필리핀이 포함되었다. 극동국제군사재판에서 아시아 참가국은 중국, 인도, 필리핀 등 3개국으로, 특히 중요한 것은 일본의 식민지였던 조선과 타이완에서 재판관이 선임되지 않았던 반면 식민지 종주국이었던 구미 국가들이 다수의 재판관을 파견함으로 인해 일본의 식민지책임을 심판할 기회를 상실하였다.[5]

식민지책임의 불처벌 내지 미청산 상태는 극동국제군사재판에서부터 형성되기 시작한 것이다. 극동국제군사재판에서는 히로히토 일왕이 기소와 처벌 대상에서 제외되었고, 전쟁범죄와 식민지책임의 문제를 조직적인 제국주의와 식민주의의 구조적인 문제보다는, 개별 전범들의 개인적인 형사책임으로 귀결시킴으로써 일왕을 중심으로 확장된 일본의 식민주의가 초래한 전쟁책임, 특히 식민지배에 대한 책임을 다루지 못하였다. 이는 이후 일본이 체결하는 강화조약이나 한국과의 협상 과정에서 노정되는 식민지책임에 대한 일본의 왜곡된

4 홍성필, 2012, 「일본의 전후책임인식과 이행에 대한 국제법적 평가」, 『법학연구』 제23권 제1호, 391~392쪽.

5 나카노 토시오[中野敏男], 2015, 「전쟁책임론에서 식민지책임론으로」, 『전쟁과 폭력의 시대, 다시 여성을 생각하다』, 한국여성인권진흥원, 광복 70주년 기념 국제학술심포지엄, 53쪽.

인식을 형성하는 가장 주요한 계기로 작용하였을 뿐만 아니라 청산되지 못한 식민주의가 일본군'위안부' 문제 등의 해결에 영향을 미치는 단초가 되었다.

더욱이 극동국제군사재판은 일부 군국주의자들의 주도로 추진한 전쟁으로 인해 일왕이나 일반 국민이 전쟁에 휘말리게 된 피해자였다는 피해의식이 자리잡게 되었다. 특히 1945년 8월 히로시마와 나가사키에 대한 원폭투하가 일본의 항복에 결정적인 계기로 작용하면서 스스로를 가해국이 아닌, 일본의 소수 군국주의자들과 연합국에 의한 피해자로 인식하는 피해의식에 기초한 일본 사회의 역사관이 더욱 공고하게 강화되었다.[6]

2. 1951년 샌프란시스코강화조약과 식민지책임

제2차 세계대전 이후 전승국인 미국을 비롯한 연합국과 패전국인 일본 간에 1951년 9월 8일 체결된 '샌프란시스코강화조약'(Treaty of Peace with Japan;San Francisco Peace Treaty with Japan of 1951)은 체결 당시부터 일본의 전후배상 책임의 청산을 위한 조약임에도 불구하고, 그 본질상 동아시아에서의 냉전체제 구축을 위한 조약이라는 상반된 평가를 받아왔다.[7]

1945년 제2차 세계대전 종전 당시 미국의 동아시아정책은 일본을 약화시키고 소련, 중국과 더불어 평화체제를 구축하는 것이었다. 그러나 전후 소련의 팽창정책과 동유럽권 공산화, 중국에서의 공산당 정권의 집권, 한국전쟁의 발

6 홍성필, 앞의 논문, 2012, 399쪽.

7 吉田裕, 『日本人の戦争観』(東京: 岩波書店, 1995), 70쪽; 도시환, 2011. 11. 24., 「샌프란시스코조약상의 영토규정과 독도영유권의 국제법적 함의」, 『독도문제에 대한 국제법적 해결방안 모색』, 아시아사회과학연구원, 제52회 학술시민포럼, 65쪽; 강상중 도쿄대 교수는 제2차 세계대전과 식민지 지배의 전후처리와 관련하여 얄타회담으로부터 도쿄재판, 샌프란시스코강화조약에 이르는 과정에서의 문제점으로 전후 냉전체제의 고착화와 병행해 진행된 점과 그 배경으로서의 미국의 대아시아 냉전전략의 존재라는 전제에서 한·일, 중·일 간 영토분쟁의 숨은 당사자로 미국을 지적하고 있다. 강상중, 「전후 민주주의 벗어던지는 일본, 어디로 가나」, 『경향신문』(2012. 9. 20), 29면.

발 등에 직면하자, 미국은 일본을 냉전체제의 동반자이자 공산권 봉쇄의 일원으로 재편하는 정책으로 전환했다.[8] 구체적인 실례가 1951년 9월 8일 미국과 일본이 체결한 '샌프란시스코강화조약'[9]과 '미일안전보장조약'[10]으로, 미국은 그 연장선상에서 한국과 일본이 국교를 수립하여 지역협력체제를 구축하도록 권고하였다. 한국과 일본이 1951년 10월부터 한일회담을 시작한 것은 미국의 이러한 의도를 반영한 것이었다.[11]

그러나 샌프란시스코강화조약은 동아시아 각국의 반발로 인해 동 조약 제14조에 '배상주의'를 명문화했음에도 불구하고, 일본의 지불능력을 고려한 역무배상의 허용으로 피해국들을 경제적으로 예속화시켰으며, 전쟁피해에 대한 책임으로서의 배상에 대한 기본적인 인식의 부재뿐만 아니라, 가장 큰 피해국인 한국과 중국이 배제된 문제점을 안고 있다. 또한 동 조약을 전제로 한 일본과 동아시아 각국과의 양자조약은 동아시아의 경제성장을 부분적으로 촉진하였으나, 본질적으로는 냉전질서하에서 일본의 상품시장으로 재편하기 위한 목적에서 실시됨으로써[12] 개인에 대한 배상 문제가 전혀 논의되지 못한 한계를 노정하고 있는 것이다.

8 그러한 전제에서 샌프란시스코강화조약은 그 유례를 찾기 어려울 정도로 패전국에게 관대한 평화조약이었다는 비판을 받고 있다. 이근관, 2009, 「샌프란시스코강화조약 및 대이탈리아강화조약의 연구」, 『한일 간 역사현안의 국제법적 재조명』, 동북아역사재단, 369쪽.

9 일본은 1951년 샌프란시스코강화조약 체결 이래, 1952년 8월 IBRD, 1955년 9월 GATT, 1956년 UN의 회원국으로 가입하면서, 자본주의 세계로의 신속한 진입 및 세계체제 속에서 확고한 지위를 획득해 갈 수 있었다. 홍인숙, 「한일회담에 대한 미·일의 구도와 대응」, 『역사비평』 통권 30호(1995년 봄호), 26쪽.

10 일본은 미국과 1951년 9월 8일 미일안전보장조약을 체결, 1952년 4월 28일부터 발효한 동 조약을 통해 미국으로부터 국가안보를 보장받게 되자 전후 재건에 매진하게 되었으며, 한국전쟁을 계기로 성장의 발판을 마련하였다(강태훈, 2000, 『일본 외교정책의 이해』, 오름, 13~24쪽).

11 정재정, 2006, 「한일국교정상화조약, 무엇이 문제인가」, 『한일관계 2천년: 근현대』, 경인문화사, 240쪽.

12 小林英夫, 「日本の東南アジア賠償」, 『季刊 戰爭責任硏究』, 10号(1995, 冬季), 日本戰爭責任資料センター, 10~14쪽.

1965년 한일청구권협정 제2조 제1항에 규정된 샌프란시스코강화조약 제4조 (a)항[13]과 제14조 (a)항[14] 등을 보게 되면, 전후배상과 관련하여 제14조 (a)항에 "일본국은 전쟁중에 발생시킨 손해 및 고통에 대해서 연합국에 배상을 지불해야 함이 승인된다"고 하여 일본과 교전상태에 있었던 연합국 측에 대한 배상규정이 만들어졌다. 그러나 본 조약에는 일본의 식민지책임 청산에 대한 규정 자체가 없음을 지적하지 않을 수 없다.

한국이 이 조약에 서명할 수 없었던 이유는 첫째 한국이 연합국의 일원이 아니라는 일본의 주장, 둘째 미국과 영국이 중국의 대표권문제, 전후의 식민지 처리문제 등 미·소 냉전과 미·영 간 이해관계를 고려하여 한국의 동 조약 서명을 부정하였기 때문이다. 그 배경에는 식민통치를 합법적인 것으로 보는 제국의 논리가 놓여 있다.[15] 요컨대, 한국의 샌프란시스코강화조약 서명을 용인하면 일본의 식민통치의 합법성 부정으로 이어지게 되고, 그렇게 되면 구미의 식민통치 자체를 부정하는 논의가 분출될 우려가 있었기 때문이다. 미국과 영국은 그러한 사태를 회피할 필요가 있었다. 따라서 샌프란시스코강화조약은 식민주의의 지속을 용인하게 된 것이다. 그리고 강화조약 제4조 (a)항의 규정을 토대로 해서 한일재산청구권 교섭이 행해져 1965년 청구권 및 경제협력협정이 체결되었다. 실제로 재산청구권 교섭의 과정을 보면 식민지배의 청산이라

13 1951년 샌프란시스코강화조약 제4조 (a)항 : "…일본국 및 그 국민의 재산으로서 제2조에 규정된 지역에 있는 것 및 …청구권(채권을 포함)으로서 실제로 이들 지역의 시정을 행하고 있는 당국 및 그 주민(법인 포함)에 대한 것의 처리와, 일본국에서의 이들 당국 및 주민의 재산과 일본국 및 그 국민에 대한 이들 당국 및 주민의 청구권(채권 포함)의 처리는 일본국과 이들 당국 사이의 특별협정의 주제로 한다".

14 샌프란시스코강화조약 제14조 (a)항 : 일본의 전쟁 중 일본에 의해 발생된 피해와 고통에 대해 연합국에 배상을 해야 한다는 것은 주지의 사실이다. 그럼에도 불구하고, 일본이 생존가능한 경제를 유지하면서, 그러한 모든 피해와 고통에 대한 완전한 배상을 하는 동시에, 다른 의무들을 이행하기에는 일본의 자원이 현재 충분하지 않다는 것 또한 익히 알고 있는 사실이다.

15 이에 대한 상세한 연구로는 金民樹, 2000. 12., 『對日講和條約と韓國參加問題』, 修士學位論文, 東京大學大學院綜合文化研究科 참조.

는 입장에서 행해진 적은 한번도 없었던 것이다.[16]

요컨대, 샌프란시스코강화조약은 전후배상을 위한 조약의 본래 목적이 변질됨으로써 부분적으로 동아시아 피해국들의 경제성장을 촉진한 측면이 있으나 본질적으로는 냉전질서하에서 일본의 상품시장으로 재편하기 위한 목적에서 실시되었으며,[17] 개인에 대한 배상문제가 제외되었을 뿐만 아니라 '식민지' 피해국인 한국을 전후배상 조약의 당사국에서조차 배제시킴으로써, 역설적으로 식민지책임이 그대로 남겨지게 된 것이다.[18]

3. 1965년 한일청구권협정과 식민지책임

1950년대 후반부터 미국 정부는 경기침체로 인해 동북아시아에서의 지역협력체제 구축을 현실화시킬 필요성의 증대와 일본과의 협력체제를 통해 미국의 대아시아 원조의 부담을 경감하고자 하는 1960년대 미국의 대외원조정책의 변화와 더불어 한일관계 개선에 중재자로서의 역할을 수행했다. 이에 미국 정부는 한일관계의 최대 쟁점이 되고 있는 청구권 문제의 처리에 정치적 타협을 권유하며 적극적으로 개입하였고, 일본의 한국에 대한 경제원조를 한국의 대일청구권 해결과 연계하는 경제협력방식을 제기하였다. 결국 1965년 한일협정은 자국의 경제적 부담을 경감하려는 미국의 의도, 전후 급격히 성장한 독점자본의 진출을 갈망한 일본의 요구, 그리고 불안정한 정권기반을 경제성장

16 太田修, "財産請求權問題の再考－脫植民地主義の視角から"(笹川紀勝·李泰鎭 編, 『國際共同研究, 韓國併合と現代－歷史と国際法からの再檢討』, 明石書店, 2008), 696~717쪽.

17 小林英夫, 앞의 논문, 14쪽.

18 See-hwan Doh, "Reexamination of the Japan's Post-War Reparations in East Asia in the Perspective of History and International Law" *2012 DILA INTERNATIONAL CONFERENCE "ROLE OF INTERNATIONAL LAW IN PROMOTING COOPERATION AND RESOLVING CONFLICTS IN ASIA*, National Universuty of Singapore, Centre for International Law, 2012. 6. 8), p. 9.

으로 만회하고자 했던 한국 정부의 이해관계가 일치하면서 경제협력방식으로 귀결되었다.[19]

따라서 샌프란시스코강화조약과 한일협정의 체결 배경을 통해 다음과 같이 그 성격을 정리할 수 있을 것이다. 샌프란시스코강화조약의 경우에는 일본의 제2차 세계대전에 대한 전후배상 책임의 청산을 위한 조약임에도 불구하고 그 본질은 동아시아에서의 냉전체제 구축을 위한 조약이었다는 점이다. 또한 한일협정의 경우에는 일본의 불법적인 식민통치로부터 유래하는 제반 문제를 청산, 처리하고 그러한 토대 위에서 국교수립을 모색하는 내용이어야 함에도 불구하고, 그러한 식민지지배에 대한 피해 배상의 측면이 배제된 채 국가 간 경제협력을 위한 조약으로 처리된 점을 지적하지 않을 수 없는 것이다.[20]

1965년 한일청구권협정은 3개 조항으로 규정되어 있으며, 다음과 같다.

- 한일청구권협정 제1조 1항 : 일본국은 대한민국에 대하여
  - (a) 3억 아메리카합중국 불($ 300,000,000)…의 가치를 가지는 일본국의 생산물 및 일본인의 용역을 본 협정의 효력 발생일로부터 10년 기간에 걸쳐 무상으로 제공한다.
  - (b) 2억 아메리카합중국 불($ 200,000,000)에 달하기까지의 장기 저리의 차관으로서, 일본국의 생산물 및 일본인의 용역을 대한민국이 조달하는데 있어 충당될 차관을 본 협정의 효력 발생일로부터 10년 기간에 걸쳐 행한다.
- 한일청구권협정 제2조 1항 : "…청구권에 관한 문제가 1951년 9월 8일에 샌프런시스코우시에서 서명된 일본국과의 평화조약 제4조 (a)에 규정된 것을 포함하여 완전히 그리고 최종적으로 해결된 것이 된다는 것을 확인한다"

19 이현진, 2008. 12., 「한일회담의 청구권 문제의 해결방식-경제협력 방식으로의 전환과정과 미국의 역할을 중심으로-」, 『동북아역사논총』 제22호, 73~94쪽.

20 See-hwan Doh, "1910 Annexation and Remaining Task," *Korea Times*, August 31, 2011, p. 5.

- 한일청구권협정 제2조 3항 : … 일방체약국 및 그 국민의 재산, 권리 및 이익으로서 본 협정의 서명일에 타방체약국의 관할하에 있는 것에 대한 조치와 일방체약국 및 그 국민의 타방체약국 및 그 국민에 대한 모든 청구권으로서 동일자 이전에 발생한 사유에 기인하는 것에 관하여는 어떠한 주장도 할 수 없는 것으로 한다.
- 한일청구권협정 제3조 1항 : 협정의 해석 및 실시에 관한 양 체약국 간의 분쟁은 우선 외교상 경로를 통해 해결한다.
- 한일청구권협정 제3조 2항 : 1의 규정에 의하여 해결할 수 없었던 분쟁은 … 중재위원회의 결정을 위하여 회부한다.

상기 제2조 1항 규정과 관련하여, 1965년 한일협정체제가 샌프란시스코강화조약체제의 하위체제[21]라는 전제하에, 한국의 대일청구권 행사의 법적 근거를 샌프란시스코강화조약 제4조 (a)항에 두고 한일청구권협정의 대상 범위도 그에 한정되는 것으로 보는 견해가 있다.[22]

이러한 견해에서는 한일청구권협정의 대상 범위와 관련하여, 샌프란시스코강화조약 제14조의 적용에서 제외되고 제4조의 적용만을 받게 되었다는 전제에서 한국으로서는 일본에 대하여 배상적 청구를 할 자격을 얻지 못하였으며, 단지 순수한 채권채무적 관계의 청구권만을 요구할 수밖에 없었다고 해석하고 있다.[23] 한국 정부 또한 "청구권문제와 관련하여 일제의 35년간 식민지적 통치의 대가로서 논의하는 일부 의견은 이와 같은 한일 간의 청구권문제에는 배상청구를 포함시킬 수 없다는 근본적 입장을 인식하지 못한 데서 일어나는

21 남기정, 2008. 12., 「샌프란시스코평화조약과 한일관계－관대한 평화와 냉전의 상관성－」, 『동북아역사논총』 제22호, 37쪽.

22 정일영, 1965, 「한일회담의 계쟁점」, 『한일회담 백서』, 대한민국 정부, 254쪽; 정인섭, 1994. 6., 「1965년 한일청구권협정 대상범위에 관한 연구」, 『성곡논총』 제25집 상권, 514쪽.

23 정일영, 앞의 책, 244~245쪽.

개념적 혼동"이라고 설명하고 있다.[24]

이에 대해 일본 정부는 "경제협력의 증진과 청구권문제의 해결은 동일한 협정의 내용으로 되어 있지만, … 양자 사이에는 전혀 법률적인 상호관계는 존재하지 않는 것이다." 다시 말해 무상 3억불은 권리문제의 해결을 위한 것이 아니라 어디까지나 '독립축하금' 혹은 '경제협력자금'[25]이라고 해석해 왔다. 이러한 일본 정부의 해석은 '한일청구권협정'이 식민지지배의 책임에 관한 것이 아니라는 입장의 연장선상에 위치하고 있음을 보여주고 있다.

더욱이 한일청구권협정에 의해 해결된 청구권의 범위와 관련하여, 한국 정부는 "영토의 분리·분할에서 오는 재정상 및 민사상의 청구권"이 해결되었을 뿐 "일제의 35년간 식민지적 통치의 대가"는 대상이 아니라는 입장을 밝힌 데 대해,[26] 일본 정부는 한반도 지배에 관한 언급은 없이 "샌프란시스코강화조약 제2조 (a)항에서 규정하는 일본에 의한 조선의 분리·독립"에 관한 청구권이 해결된 것이라고 밝혀,[27] 일제의 한반도 식민지배의 책임이 그대로 남겨져 미해결 상태임이 확인되고 있는 것이다.

한일청구권협정에서 식민지책임과 관련하여 가장 논란이 되었던 부분은 개인청구권에 관한 문제다. 일본 정부는 한일청구권협정 제2조 1항에 의해서 소멸된 것은 개인의 청구권이 아닌 국가의 외교보호권만으로 일관되게 주장하여 왔으며,[28] 일본 정부나 일본 국민에 대하여 한국 국민이 가지는 '재산·권리

24 대한민국 정부, 1965,『한일회담 백서』, 41쪽. 1965년 청구권협정은 한국이 당사국조차 아님에도 불구하고 샌프란시스코강화조약 제4조에 법적 근거를 두고 체결되었으므로, "청구권협정상의 청구권은 보상청구권을 뜻하는 것이며, 배상청구권은 이에 포함되어 있는 것이 아니다"라는 해석도 주장되고 있다.

25 谷田正躬 外 2編, 1966,『日韓條約と國內法の解說』(『時の法令』別冊), 大藏省印刷局, 62쪽.

26 대한민국 정부, 앞의 책, 41쪽.

27 谷田正躬 外 2編, 앞의 책, 61~62쪽.

28 日本衆議院「日本國と大韓民國との間の條約及び協定等に關する特別委員會議錄第10號」(1965. 11. 5), 17쪽 이하, 시이나[椎名悅三郎] 외무대신의 답변; 日本參議院「豫算委員會會議錄第3號」(1991.

및 이익'은 일본의 국내적 입법조치인 법률 제144호의 제정을 통하여 소멸시키는 조치를 취하였다. 그리고 일본 국내법상으로 한국 국민의 그러한 권리를 소멸시키는 조치에 대하여 한국은 이의를 제기하지 않을 것을 청구권협정을 통해 약속하였는데, '외교적 보호권의 포기'가 구체적으로 의미하는 것이 바로 이러한 약속인 것이다.[29] 따라서 1965년 한일협정체제는 식민지책임을 포함한 불법행위[30]로 인한 손해배상청구권문제[31]를 전혀 해결하지 않은 것이다.[32]

4. 전후 법적 구조와 청산의 의의와 한계

세계적인 냉전이 종식된 1990년대 이래 아시아 각국의 민주화에 따른 국제정세의 변화와 더불어 아시아 각지에서 식민지지배와 전쟁 피해자들의 목소리가 나오기 시작하면서, 전후 배상을 요구하는 움직임이 국경을 넘는 연대와 함께 소송으로 전개되었다.[33] 그것은 극동국제군사재판에서 면책받은 일본 정

8. 27), 10쪽, 야나이[柳井俊二] 외무성 조약국장의 답변; 日本衆議院「內閣委員會會議錄第1號」(1994. 3. 25), 8쪽, 타케우치 유키오[竹內行夫] 외무대신관방심의관의 답변 참조.

29 박배근, 2006,「1965년 한일청구권협정과 개인의 청구권」,『한일역사관련 국제법논문선집』, 동북아의 평화를 바른역사정립기획단, 340쪽.

30 대법원은 일본 정부의 한반도에 대한 불법적인 식민지배 및 침략전쟁의 수행과 직결된 일본 기업의 반인도적인 불법행위를 전제로 하는 강제동원 피해자의 일본 기업에 대한 위자료청구권, 즉 손해배상청권은 한일청구권협정의 적용대상에 포함되지 않는다고 판시했다. 대법원 2018. 10. 30. 선고 2013다61381 전원합의체 판결.

31 한일청구권협정 합의의사록(I) 2항의 경우, 청구권에 관한 문제에는 한일회담에서 한국측으로부터 제출된 "한국의 대일청구요강"(소위 8개 항목)의 범위에 속하는 모든 청구가 포함되어 있고, 따라서 동 대일청구요강에 관하여는 어떠한 주장도 할 수 없게 됨을 확인하는 것으로 규정하고 있으나, 8개 항목의 청구권 내용 역시 일본국의 전쟁범죄나 반인도적 범죄와 관련된 민·형사책임을 추궁하는 것은 포함되지 않았다. 원용석, 1965,『한일회담14년』, 삼화출판사, 58~75쪽; 이동원, 1992,『대통령을 그리며』, 고려원, 253~273쪽.

32 도시환, 2012,「한일조약체제와 식민지책임의 국제법적 재조명」,『국제법학회논총』제57권 제3호, 34쪽.

33 이종원,「일본의 전쟁·식민지지배 인식과 전후보상 정책의 재검토」,『식민지책임판결과 한일협정체제의 재조명』, 동북아역사재단·대한국제법학회 공동 주최 한일협정 50년사의 재조명 국제학술회의, 2013. 6. 13, 115쪽.

부가 샌프란시스코강화조약과 양국 간 협정을 통해 국가를 상대로 한 배상을 지불했을 뿐 개인을 대상으로 한 배상에는 일체 응하지 않았기 때문이다. 일본군'위안부' 피해자들에 의한 소송은 총 10건이며,[34] 그 중 3건이 1991년 김학순 할머니를 비롯한 한국인 '위안부' 피해자들이 제기한 소송이었다.[35]

일본군'위안부' 피해의 구제를 위한 소송은 일본 내 다른 국가주의적 '전후보상재판'과 마찬가지로 '전승자의 면책(impunity by war victors)'을 통해 봉인된 과거의 불의와 고위정책결정자들의 담합문제를 현대 사법계에 다시 제기한 것이다. 따라서 일본 사법부의 판결은 일본 정부가 전가의 보도 마냥 주장하는 '한일협정완결론'[36]을 수용한 판결이 아닌 미결로 남아 있는 역사적 정의의 본질로서 식민지책임의 청산과 침해된 인권의 구제에 대한 화답이어야 했다.[37] 봉인된 역사적 불의로서 전승자의 면책이란 식민주의, 인종주의, 성차별로 얼룩진 '반인도적 범죄'에 대해 극동국제군사재판이 적용한 면죄이며, 고위정책결정자들의 담합에는 1951년 샌프란시스코강화조약과 이후에 체결된 손해배상 및 경제협력 관련 양자협약으로서 '한일협정'이 포함되기 때문이다.[38]

34 WAM(여성들의 전쟁과 평화 자료관) 웹사이트(http://wam-peace.org/ianfumondai/lawsuit) 내 일본군성폭력 피해자 재판 관련 자료 참조.

35 한국인'위안부' 피해자들에 의한 소송은 1991년 12월 6일에 김학순 할머니 등이 제기한 '아시아·태평양전쟁 한국인 희생자 보상 청구 소송', 1992년 12월 25일에 제기된 '부산 위안부·여자 근로정신대 공식사죄 청구 소송', 1993년 4월 5일에 제기된 '재일 한국인 위안부 송신도 소송' 등이다.

36 일본 정부의 '한일협정완결론'은 일본군'위안부' 문제와 관련하여 국제인권법의 핵심조약이라고 할 '시민적·정치적 권리에 관한 국제규약'의 이행을 감시하는 UN B규약인권위원회가 2008년 일본의 제5회 정기보고 심사 시에 내놓은 권고와의 상충이 지적되고 있다. CCPR/C/JPN/CO/5(October. 30, 2008), HUMAN RIGHTS COMMITTEE(UN International Covenant on Civil and political rights), Ninety-fourth session, Geneva, Consideration of Reports Submitted by States Parties under Article 40 of the Covenant, p. 7, para. 22; 아베 코기[阿部浩己], 2014, 「한일청구권협정과 일본군'위안부' 문제」, 『한일협정 50년사의 재조명 Ⅲ』, 동북아역사재단, 218~219쪽.

37 도시환, 2016, 「한일협정 50년의 성찰과 한일조약체제의 과제」, 『한일협정 50년사의 재조명 Ⅴ』, 역사공간, 51~52쪽.

38 Kohki Abe, "International Law as Memorial Sites: 'Comfort Women' Suits Revisited," *The 'Comfort Women' Issue and Future-Oriented Relations between Korea and Japan*, The 2012 KSIL International Conference, Lotte Hotel Seoul, 2012. 2. 17, p. 99.

그러한 전제에서 1965년 한일청구권협정은 양국 간 재산·권리 및 이익에 대한 청구권을 해결하는 경제협정으로 인권문제는 다루지 않았다는 점을 분명하게 알 수 있다. 동 협정과 샌프란시스코강화조약에서 규정하고 있는 조약의 범위는 분쟁지역의 부동산과 재무 및 상업 관련 사안에 대한 주권문제로 제한되었기 때문이다. 따라서 한일청구권협정을 통해 일본이 제공한 청구권자금이 재산권에 관한 것임에도 불구하고 일본의 인권유린으로 피해를 입은 개인에 대한 배상청구권을 배제할 목적이었는지를 검토해야 한다. 그것은 당사국의 의도가 일본군'위안부' 피해 여성의 청구권을 소멸시키는 것을 전제로 했다면 이는 명백하게 무효라는 것으로, 국제법하에서 일본군'위안부'로 침해당한 인권피해 여성의 청구권은 한일청구권협정 당사국의 재량에 따라 결정할 수 있는 권리가 아니기 때문이다.[39]

Ⅲ. UN에서의 일본군'위안부' 문제제기와 식민주의의 사상(死狀)

한국정신대문제대책협의회(정대협)는 1992년 UN에서 일본군'위안부' 문제제기를 통해 르완다, 구 유고 등지에서 발생한 전시하 여성인권침해 문제와 연관시키며 국제사회에 공감대를 형성하고, 중요한 국제법적 판단과 권고를 견인하였다. 국제사회의 공감대와 압력을 통해 문제의 해결에 많은 발전이 있었음에도 불구하고 일본 정부가 UN인권기구들의 권고를 무시하고 있는 상황 역시 지속되고 있다. 일본군'위안부' 피해와 관련하여 전시하 여성인권침해 문

39 Gay J. McDougall, "Addressing State Responsibility for The Crime of Military Sexual Slavery during The Second World War: Further Attempts for Justice for The 'Comfort Women'," *The 'Comfort Women' Issue and Future - Oriented Relations between Korea and Japan*, The 2012 KSIL International Conference, Lotte Hotel Seoul, 2012. 2. 17, pp. 35~36.

제라는 범주화를 통한 보편성에 기반한 연대를 구축한 반면 식민주의적 강제 성동원 제도라는 역사적 특수성이 사상된 점은 지적하지 않을 수 없다.[40] UN에서의 일본군'위안부' 문제제기의 의의와 한계를 시기별로 구분하면 다음과 같다.[41]

1. 인권소위원회에 문제제기(1992년)

1992년 인권소위원회에서 정대협은 '현대형 노예제'와 '중대한 인권침해의 피해자에 대한 배상'이라는 두 의제에서 각기 구두발언을 시작으로, '중대한 인권침해의 피해자에 대한 배상' 문제 특별보고관인 테오 반 보벤(Theo van Boven) 교수를 한국에 초청하여 "국제인권협약과 강제종군위안부"라는 주제로 세미나를 개최하였다. 그 결과 배상문제에 관한 내용을 포함한 결의안[42]이 인권소위원회에서 통과되었으며, 배상문제 보고관은 차년도 보고서에 일본군'위안부' 문제에 관한 정보를 입수하여 반영하겠다는 의사를 밝혔다. 처음 정대협은 여성인권에 국한하지 않고 일제의 인권침해 문제로서 국제사회에 알리고 일본 정부에 적절한 조치를 취할 것을 요구하는 데 목표를 두었다. 따라서 이때 정대협은 한편으로 일본의 전쟁 중 강제연행 문제를 다루는 일본의 시민단체 및 재일단체, 북한의 단체, 그리고 제2차 세계대전 시 일본에 의해 피해를 입은 캐나다 전쟁포로단체들과도 폭넓게 연대했다.[43]

40 정진성, 2003, 「전시하 여성침해의 보편성과 역사적 특수성」, 『한국여성학』 제19호 제2호, 51쪽.

41 정진성, 2019. 10. 22., 「일본군'위안부' 문제해결을 위한 유엔 활동과 2000년 여성국제법정」, 『2000년 여성국제법 정과 일본군'위안부' 문제의 과제』, 동북아역사재단 2000년 여성국제법정 19주년 기념 토크 콘서 트 자료집, 3~9쪽.

42 현대형 노예제에 관한 결의안(E/CN.4/Sub.2/1992/L.3)에는 "전쟁 중 매춘을 강요당한 여성들의 실태에 관해 인권소위원회와 실무회의에서 입수한 정보를 배상문제 담당 특별보고관에게 제출할 것을 사무총장에게 요청한다"는 내용이 포함되었다(정진성, 2019, 앞의 논문. 4쪽).

43 정진성, 2019, 앞의 논문, 3~4쪽.

한편 1992년 2월 독자적으로 인권소위에 '위안부' 문제를 제기하던 일본의 도츠카 에츠로[戸塚悦朗] 변호사는 일본이 식민지배의 국제법적 근거로 주장해 온 을사늑약을 절대적 무효조약의 사례로 제시한 1963년 UN국제법위원회 보고서[44]를 발굴하여 일제식민지배하에서 일본군'위안부'로 강제동원한 일본 정부의 법적 책임에 대해 UN인권위원회에 문제를 제기하였는데,[45] UN에서 한일 시민사회 간 긴밀한 관계를 맺고 활동하는 계기가 되었다.

2. 인권위/인권소위에서 전시하 여성인권침해 문제로의 개념화(1993~1999년)

1994년 인권위원회에서는 라디카 쿠마라스와미(Radhika Coomaraswamy)를 여성폭력문제 특별보고관으로 임명했다. 그는 1995년에 예비보고서를, 1996년 제52차 인권위원회에 「전쟁 중 군대성노예제 문제에 관한 조선민주주의인민공화국, 대한민국, 일본 조사 보고서(Report on the Mission to the Democratic People's Republic of Korea, the Republic of Korea and Japan on the Issue of Military Sexual Slavery in Wartime)」를 제출했다. 이 보고서는 성노예의 정의, 역사적 배경, 피해자 증언, 3개국 입장과 일본 정부에의 권고로 구성되었다. 쿠마라스와미는 일본군'위안부' 문제를 군대 성노예제로 보았으며, '국민기금'을 인도적 조치로

44 UN Doc. A/5509, REPORT OF THE COMMISSION TO THE GENERAL ASSEMBLY, Report of the International Law Commission covering the work of its fifteenth session, 6 May-12 July 1963, Draft articles on the law of treaties, Para. 17. Article 35; UN Doc. YEAR BOOK OF THE INTERNATIONAL LAW COMMISSION 1963 Vol. Ⅱ Documents of the fifteenth session including the report of the Commission to the General Assembly. p. 197; UN Doc. 1902(XVIII), RESOLUTIONS ADOPTED BY THE GENERAL ASSEMBLY DURING ITS EIGHTEEN SESSION, 1258th plenary meeting, 18 November 1963.

45 도츠카 에츠로[戸塚悦朗], 2016, 「한일강제병합, 한일협정, 미결의 일제식민지책임과 청산」, 『한일협정 50년사의 재조명 Ⅴ』, 역사공간, 133~135쪽.

환영하면서도 국제법 위반의 법적 해결은 남아 있다고 주장했다.

1997년 인권소위원회에서는 새롭게 전시하 성노예제 문제에 관한 특별보고관으로 미국의 부대표인 게이 맥두걸(Gay McDougall)을 임명하는 결의안을 채택했으며, 맥두걸 보고관은 1998년에 같은 제목으로 보고서를 제출했다.[46] 이 보고서는 「전시하 조직적 강간, 성노예제 및 그와 유사한 관행(systematic rape, sexual slavery and slavery-like practices during armed conflict)」에 관한 이론적인 논의를 한 후, 일본 정부의 배상책임뿐만 아니라 이 문제에 책임이 있는 개인의 형사책임까지도 추궁하는 내용으로 구성되었다. 또한 국민기금(Asian Women's Fund)이 위로금이지만 공식적 법적 배상은 될 수 없으므로 UN 차원의 메커니즘을 만들어야 함을 강조했다.

국제 NGO인 국제법률가협회(International Commission of Jurists, ICJ)가 한국, 북한, 일본, 필리핀을 방문하고 1994년에 'Comfort Women: Unfinished Ordeal'이라는 제목의 보고서를 출판했다.[47]

3. 인권최고대표회의실(OHCHR) 연례보고서를 위한 인권소위원회의 결의 채택(1999~2006년)

2000년 UN인권최고대표회의실(OHCHR)에서 작성되어 처음으로 인권소위원회에 제출된 보고서[48]는 현재 UN인권기구에서 전시하 여성침해의 문제를 어떻게 다루고 있는가를 포괄적으로 보고하였는데, 'ongoing(진행 중)' 문구 때문에 일본군'위안부' 문제를 다루지 않은 상태였다. 2000년 8월 인권소위원회

46 E/CN.4/Sub.2/1998/13.

47 일본군'위안부' 문제에 대한 최초의 종합적인 보고서이자, 책의 마지막 부분에 국제법적 논의를 수록하여 국제법적 논의의 기초 자료로 사용되고 있다(정진성, 2003, 앞의 논문, 42쪽).

48 E/CN.4/Sub.2/2000/20.

에 참석한 한국과 일본의 시민단체들은 이 점을 비판하고, 피해자가 살아 있는 한 그것은 현재의 문제로 간주되어야 한다고 역설했다. 다른 NGO들도 UN의 일본군'위안부' 문제 해결 임무를 강조하였고 영국, 중국 위원 등도 인권최고대표회의실의 보고서에 일본군'위안부' 문제를 포함시켜야 한다는 취지의 발언을 했다. 1993년도에 처음 제안되어 1999년도에 새롭게 내용을 바꾼 '전시하 조직적 강간, 성노예제 및 그와 유사한 관행' 결의안은 2000년에는 전년과 거의 유사한 내용으로 채택되었다. 지난해 이 결의안을 통과시키는 데 매우 격렬한 논의가 장시간 오간 것을 기억하는 미국 위원이 이 결의안의 직접적 관심 당사자인 한국과 일본 위원을 오가면서 타협안을 만들고 이 결의안을 발의했다. 한국 측에서 'ongoing'을 제거하자는 안을 제기한 데 대해 일본 위원이 강력하게 반대를 해 결국 'ongoing'은 남게 되었으나, 이 결의안을 근거로 일본군'위안부' 문제를 제기할 수 있는 통로를 유지한 것이다.[49]

4. 2000년대 후반 이후 인권이사회와 인권기구에서의 일본군'위안부' 문제

2006년 UN인권기구는 크게 개편되었다. 인권위원회는 조직을 확대하여 인권이사회로 격상되는 한편, 인권소위원회는 결의 채택의 기능을 상실한 인권이사회 자문위원회로 축소되었다. 1990년대 주요 보고서가 제출된 후, OHCHR의 연례보고서로 어젠다를 유지해왔던 일본군'위안부' 문제는 한국의 헌재 판결과 다른 한편 미국 하원결의안의 통과로 재점화되었다. 그동안 참가를 주저해왔던 Amnesty International 등 국제NGO들이 적극 참가하여 일본군'위안

49 정진성, 2019, 앞의 논문, 6쪽.

부' 문제는 UN에서 다시 부상되었다.

쿠마라스와미 보고서 제출 후 한동안 '위안부' 관련 논의가 별로 없던 인권이사회는 일본에 대한 보편적 정례검토(Universal Periodical Review, UPR)에서 제2차 세계대전 중 일본제국 군대에 의해 성노예로 끌려간 일본군'위안부' 피해자들이 수용할 수 있는 조치를 취할 것을 권고했다. 여성폭력특별보고관인 라시다 만주(Rashida Manjoo)는 2010년 4월 23일 보고서에서 일본 정부에 일본군 '위안부' 피해자에게 배상할 의무가 있다는 점을 강조했다.[50]

여성차별철폐위원회는 2009년 일본 정부가 '위안부' 제도에 대한 해법을 마련하지 못하고, 교과서에서 관련 기술을 삭제한 데 우려를 표하고, 일본 정부가 하루빨리 피해자 배상, 책임자 처벌과 대중 교육을 포함한 해결책을 수립할 것을 권고했다.[51] 특히 2015년 12월 28일 한일 정부 합의와 관련하여, 2016년 3월 일본 정부 보고서에 대한 검토를 통해 한일 정부 합의는 그동안의 여러 UN기구들의 권고를 충분히 수용하지 않은 것이며 피해자 중심의 대안도 될 수 없다고 비판하고, 피해자에 대해서 배상, 사죄, 진실, 정의, 회복 등을 구현하고, 학생과 일반대중들에 대하여 '위안부'의 역사적 사실을 교육하고 교과서에 기재할 것을 권고했다.[52]

2016년 3월 1일 인권이사회의 실무회의와 특별보고관들은 2015년 12월 28일 한일 정부 합의에 대해 우려를 표하고, 여성차별철폐협약(CEDAW)이 같은 주 초에 일본 정부에 내린 권고를 충실히 실행할 것을 촉구했다. 그들은 이 합의가 피해자들의 의견을 충분히 반영하지 않았음을 지적하며, 소녀상 철거를 우려하고, 피해자들에 대해 정의가 실현될 것을 희망했다.

50 A/HRC/14/22.

51 CEDAW/C/JPN/CO/6, paras. 37-38.

52 CEDAW/C/JPN/CO/7-8, paras. 28-29.

이후 현재까지 인권이사회의 UPR, 특별절차와 거의 모든 인권기구에서 일본군'위안부' 문제에 관한 논의가 이어지고 있다.[53]

5. 국제노동기구(ILO) 강제노동협약 위반으로서의 일본군'위안부' 논의

정대협은 UN 활동을 계속하는 한편 일본군'위안부' 동원을 강제노동협약(Forced Labor Convention 29) 위반으로 ILO에 문제제기를 했다. UN 활동에서와 마찬가지로 일본의 시민단체들도 ILO이사회를 통해 '위안부' 문제를 제기하고 있었으나, 정대협이 한국노총의 이름으로 1995년 3월 기준적용전문가위원회에 문제제기를 시작하자, 이사회를 통한 활동을 접고 이쪽으로 힘을 합치게 되었다.

ILO는 UN보다 이른 1919년에 설립된 노사정 3자 협의체다. 노사라는 비정부기관이 회원인 국제기구이면서 자체적으로 190개의 협약을 가지고 있는데, 1930년에 채택한 제29호 협약이 강제노동협약이다. 일본은 1932년에 비준했다. 이 조약은 제1조와 11조에서 여성에 대한 강제노동을 금지하고, 제14조와 15조에서 강제노동에 대한 보상의무를 규정하고 있으며, 제25에서는 강제노동을 강행한 책임자를 형사처벌해야 한다는 내용을 규정하고 있다.[54] ILO는 이미 전문가위원회에서 발행하는 보고서를 통해 일본군'위안부' 강제동원이 강제노동협약 위반이며, 일본 정부는 피해자가 원하는 방식으로 조치를 취하라는 권고를 내렸다. 정대협은 한국노총과 민주노총의 도움을 받아 매년 ILO에 자료를 보내고 있다.

53 정진성, 2019, 앞의 논문, 8쪽.
54 정진성, 2003, 앞의 논문, 45쪽.

6. UN의 일본군'위안부' 개념화 의의와 한계

UN에 일본군'위안부' 문제를 제기하면서 성취한 바가 적지 않다. 무엇보다 일본 정부가 움직이기 시작한 점이다. 근본적인 해결에 이르지는 못했지만, 1990년대 일본 정부는 정부 차원의 조사를 시행했고 피해자들이 거부했지만 국민기금을 시도했으며, 다시 없어지기는 했지만 역사교과서에 '위안부' 문제를 기재했다. UN에서 '위안부' 문제에 대한 법적 논의는 1998년 국제형사재판소(ICC)를 설립한 Rome Statue와 2000년 안보리 1325 결의의 기초가 되었다. 국내적으로 시민단체들의 UN인권기구 활용을 개척했으며 시민들의 인식 제고에도 큰 영향을 미쳤다. 무엇보다도 UN은 남북한 피해자와 시민단체가 만나는 장이 되었다.

2000년대 들어 다소 침체되었던 UN에서의 '위안부' 논의는 2000년대 후반 들어 인권이사회와 여러 인권기구에서 새롭게 부상되었다. 그러나 논의를 보다 장기적인 관점에서 세계사회의 전시하 여성인권침해문제에 기여하는 방식으로 이끌어갈 필요에 직면해 있다. 안보리 1325 후속 조치 및 전시성폭력 특별대표 활동과 연계하며, 아시아의 여성인권과 평화를 위한 기구를 우리 정부가 설립해서, 현재 거의 공백상태에 있는 아시아 지역 전시 성폭력 문제의 중심이 되어 일본 정부의 협력을 끌어내는 것이야말로 소모적 일 대 일 단기 대결을 넘어선 장기적 해결의 방법이 될 수 있다. 그러기 위해서 30년에 가까운 운동과 연구 성과를 종합·체계화하고 전시하는 중심공간이 만들어지고, 연구와 전시의 세계화를 위해 획기적인 정부 차원의 투자가 필요하며, 식민주의적 강제 성동원 제도라는 역사적 특수성을[55] 본질로 하는 식민주의에 대한 논의를 복원하고 식민지책임을 규명하는 연구를 담보해 나가야 할 것이다.

55 정진성, 2003, 앞의 논문, 50쪽.

Ⅳ. 2000년 여성국제법정과 식민지책임

2000년 12월 7~12일까지 일본 도쿄에서 개최된 '2000년 여성국제법정'은 한국, 중국, 일본, 필리핀 등 10개국의 공동 기소단이 일본군의 아시아지역 전시 성폭력 문제를 국제사회에 제기한 시민법정이었다. 민간법정이었기에 법적 구속력은 없었지만, 피해 당사자들이 일본군의 잔학상을 직접 증언했고, 히로히토 일왕과 일본 정부에 대해 유죄판결이 내려졌다. 그럼에도 불구하고 '위안부' 강제동원행위를 전쟁범죄로 기소하지 않았을 뿐만 아니라[56] 궁극적으로 식민지책임은 추궁하지 못한 한계를 노정한 것이다.[57] 일본군'위안부' 문제 해결을 위한 일본 사회에서의 시민운동을 시기별로 구분하면 다음과 같다.[58]

1. 1991년 김학순 할머니의 증언 이후 1996년까지

일본에서는 김학순 할머니의 공개증언이 큰 충격을 가져 왔으며, 김학순 할머니에 이어 각국의 피해자가 차례로 재판을 제기했고, 시민단체들의 후원으로 은폐돼 있던 피해 사실이 점차 드러났다. 이러한 상황에서 1993년 고노담화가 발표되었고 중학교 역사교과서에도 '위안부' 문제가 실리게 되었다.[59]

56 정진성, 2019, 앞의 논문, 17쪽.

57 나카하라 미치코[中原道自], 2019. 10. 22., 「2000년 여성국제전범법정」, 『2000년 여성국제법정과 일본군'위안부' 문제의 과제』, 동북아역사재단 2000년 여성국제법정 19주년 기념 토크 콘서트 자료집, 28쪽; 도시환, 「2000년 여성국제법정 20주년, 끝나지 않은 판결과 남겨진 과제」, 『동북아역사재단 뉴스레터』 제158호, 2020년 1월호, 6~9쪽.

58 송연옥, 2017, 「일본에서의 위안부 문제 연구 현황과 과제」, 『식민주의, 전쟁, 군 '위안부'』, 선인, 25쪽.

59 송연옥, 앞의 논문, 32쪽.

2. 1996년 이후 2000년 여성국제전범법정을 거쳐 2007년까지

이 기간에 일어난 획기적인 사건은 관부재판에서의 1심 승리이다. 1992년 부산에 사는 '위안부' 피해자와 여자 근로정신대 여성들 10명이 일본의 공식적인 사죄와 배상을 요구하며 야마구치 지방재판소 시모노세키 지부에 세 번이나 제소하여 1998년 4월 24일 원고 일부 승리를 거뒀다. 결국 최종 패소했으나, 일본 사회에서도 '위안부' 문제에 대해 어느 정도 공통된 인식이 형성되어 갔다. 1심 승소의 긍정적인 분위기는 여성주의의 진전과 더불어 2000년 여성국제전범의 개정을 고무했다.

2000년 12월 도쿄에서 열린 여성국제전범법정(여성국제법정)은 피해자 강덕경이 제기한 책임자 처벌을 요구하는 목소리에 대해 마쓰이 야요리[松井依]『아사히신문』 기자를 비롯한 운동가들이 가해국의 일원으로서 이에 응답하려는 노력에서 비롯되었다.

1970년대와 달리 민주화가 이루어진 한국에서 일본군'위안부'에 대한 조사도 가능하게 되었다. 그뿐만이 아니라 계급차가 큰 한국 또는 아시아 여러 나라에서 대학교수, 변호사, 시민운동가와 '위안부'로 끌려간 여성들이 계급의 격차를 넘어서 법정이라는 한자리에서 만나게 된 것도 아시아 민주화의 큰 성과라고 볼 수 있다. 한반도에 한해서 말한다면 이 법정에서 남북 공동기소장을 제출할 수 있었던 것도 냉전시대를 극복하려는 노력이었다.

2000년 법정을 성공시킨 사상적인 배경으로 들 수 있는 것은 여성인권에 대한 세계적인 조류였다. 예컨대 1995년의 베이징 여성회의에서 '위안부' 문제가 거론되고 이를 계기로 1997년 5월에 '여성·전쟁·인권' 학회가 창립되었다. 기관지 발간의 인사말로 시미즈 키요코[志水紀代子]는 '위안부'의 용기있는 고발이 일본 페미니즘을 반성시켰다고 털어놓았다.

'위안부' 제도를 규명하는 과정에서 자료 발굴, 자료 해석, 담론 해석, 페미니즘의 심화가 있었으나, 이런 성과가 UN인권위원회에 반영되어 1996년의 쿠마라스와미 보고서, 이어서 이것을 토대로 한 1998년 UN소위원회에서의 맥두걸 보고서가 나왔다. 보고서는 일본군'위안부' 문제를 인도에 반하는 죄로 인정하여 일본 정부에 사죄와 배상, 진상 규명, 책임자 처벌을 요구하는 내용으로 되어 있다.

이처럼 세계적인 여성주의의 조류를 타고 2000년 여성법정은 세계가 주시하는 가운데서 성공적으로 개정되었다. 2000년 여성법정은 시민단체의 활동과 연구자의 꾸준한 연구의 결실이기도 하지만 당사자인 '위안부' 피해자들이 행동하는 주체로서 자기 변혁을 이루었다는 점도 큰 성과로 들어야 할 것이다.

여성법정이 히로히토 일왕에게 유죄 판결을 내리자 '위안부' 피해자들은 우파들의 맹공격 대상이 되었다. 나아가 이들은 교과서에 기재된 '위안부' 관련 부분도 삭제시키려고 혈안이 되었다.

2000년 여성법정이 끝나고 난 뒤에는 세계적인 우경화의 영향을 받은 결과 초기와 같은 활발한 시민운동은 전개되지 못하였고, 개별적인 재판 후원운동이 명맥을 유지했다.[60]

3. 2007~2012년 아베 제2차 정권 발족까지

2007년 6월(제1차 아베 내각 당시)에 역사사실위원회는 일본군에 의한 '위안부' 강제연행은 없었다고 하는 의견 광고(The Facts)를 『워싱턴포스트』에 게재했다.

이 광고가 역효과였는지는 모르나 같은 해 7월에 미국 하원이 '위안부' 문제

60 송연옥, 앞의 논문, 32~35쪽.

에 대한 사죄와 역사적인 책임을 일본 정부에게 권고하는 결의를 채택했다. 이어서 네덜란드, 캐나다, EU 등 국제사회의 결의나 UN인권기관에서 권고가 나오자 일본에서의 시민운동도 활기를 되찾아서 2007년 11월에 '위안부문제해결총연대네트워크'가 결성되었다.

이에 맞서 2012년 11월에 당시 아베 신조 자민당 총재는 국회의원 38명과 함께 일본군에 의한 '위안부' 강제연행은 없었다고 하는 의견 광고를 미국 신문에 냈다. 2007년에 낸 광고와 내용은 같았으나 네덜란드 여성을 연행한 사건은 삭제되어 있었다.[61]

4. 2012년 아베 제2차 정권 발족 이후

아베 총재는 자신이 총리가 되면 1993년의 고노담화를 수정하여 담화를 발표하고 싶었으나 미국이나 호주의 비판을 받고 이를 실현하지 못했다.

'위안부' 문제가 일본 사회에서 큰 이슈가 된 1990년부터 25년이 지난 2015년에도 아베 총리는 전후 70년 담화에서 추상적인 언사를 늘어놓으며 일본 정부의 주체적인 입장을 명백히 하지 않았고 '위안부' 문제의 해결을 내세워서 자기 입장을 고집하는 박근혜 정권과의 대립과 갈등은 깊어만 갔다.

2015년 연말에 결정된 합의는 복잡하게 꼬인 한일관계를 풀고 군사동맹 관계를 강화하려는 한일 정부가 미국의 압력하에서 성급하게 내린 정치적인 것으로 미국의 압력과 요망이 그 배후에 있었던 것이다.[62]

61 송연옥, 앞의 논문, 35~36쪽.

62 키쿠치 나츠노[菊地夏野], 2017, 「내셔널리즘에서 식민주의로」, 『식민주의, 전쟁, 군'위안부'』, 선인, 150쪽.

5. 2000년 여성국제법정의 의의와 한계

2000년 여성국제법정의 의의로는 첫째, 여성의 힘으로 피해국 단체들에 의해 준비되었고, 국가책임에 더해 개인의 형사책임을 묻고 있으며, 광범위하게 수집한 역사적 기록을 토대로 범죄행위가 발생한 1940년대 당시의 법에 근거하여 젠더의 관점을 반영한 법적 판단을 하고 있다는 점에서 매우 중요한 법률적 의미를 지닌다. 일본군'위안부' 문제는 국제사회에서 전시하 여성인권침해에 대한 불처벌과 반복의 나쁜 선례로 인식되어 국제유고전범재판소의 재판과정에서 2000년 법정의 판결이 국제법정의 중요한 판례로서 영향을 미쳤다. 둘째, 히로히토 일왕을 비롯하여 중요한 책임자를 거명하고 유죄판결을 내림으로써 문제의 책임소재를 분명히 한 최초 판결이었다.

2000년 여성국제법정의 한계로는 첫째, 개인의 법적 책임을 인도에 반한 범죄로만 기소함으로써 '위안부' 강제동원행위를 전쟁범죄로는 기소하지 않기로 하여, 한편으로는 남북한과 대만에서 '위안부' 강제동원을 전쟁범죄로 기소할 경우 생길 문제의 소지를 없애고, 다른 한편으로는 식민지배를 군사적인 강점으로 인식한 남북한의 지적을 회피함과 동시에 식민지배에 대한 국제법적 공백을 뛰어넘는 시도를 포기한 것이다.[63] 둘째, 민간법정을 성립시킨 시민단체들의 국제적인 네트워크는 세계시민사회의 성장을 표현하는 지표로서 논의될 수 있었음에도 준비 과정에서 균열과 향후 지속가능성에 대한 논의가 불분명한 상태로 마감되었다. 셋째, 동일 목적하에 상호 신뢰와 긴밀한 협력을 통한 남–북–재일동포의 민족적 단합의 경험을 지속적으로 확산시켜 나갈 필요가

63 한국과 대만은 일본군'위안부' 범죄가 일어난 당시 일본의 전쟁 상대국이 아니라 식민지였다는 점 때문에 일본의 행위를 전쟁범죄로 기소할 경우 논란의 여지가 있다. 다른 한편, 남북한은 일본의 한국 지배를 식민지배가 아니라 무력에 의한 불법적인 강제점령이라고 판단하고 일본군'위안부' 범죄를 전쟁범죄로 기소했다. 그럼으로 해서 위의 논란을 일축하고, 식민지배의 범죄에 대한 국제법이 전무한 현재의 국제법의 맹점도 뛰어넘고자 했다(정진성, 2019, 앞의 논문, 18쪽).

있다. 넷째, 일본군'위안부' 문제를 전시하 여성인권침해 문제의 범주로 규정하는 한계로 인해 식민지배의 문제를 포함한 일본군'위안부' 문제의 정확한 성격 규정은 향후 과제로 남게 되었다.[64]

V. 일본군'위안부' 피해와 식민지책임의 과제

일본군'위안부' 문제에 대한 국제연대의 필요성에서 세계여성운동의 흐름에 동참하기는 했으나, 그 결과 일본군'위안부' 문제를 다룬 담론이 과잉되고, 역사성이 빠진 '위안부' 문제 인식이 넘치게 되었다는 비판이 제기되고 있다. 일본군'위안부' 피해의 특수성은 하나의 제도로서 체계적이고 장기적인 '위안부'의 동원과 위안소의 운용이라는 '역사적 사실'에 있으며, 식민지 여성에 대한 동원없이는 일본군'위안부' 제도가 존립할 수 없었으므로, 일본군'위안부' 문제 해결의 방향은 역사적 맥락에서부터 출발해야 한다는 것이다.[65] 그것은 일본 정부나 군이 조직적, 체계적으로 시행한 일본군'위안부' 제도의 역사적 사실에 근거하여 그 정의가 정립될 때 보편적인 성노예 문제로 제기되고 있는 전시 성폭력 문제에 대해 근본적인 차원에서 원인 규명을 통해 각각의 특수성에 부합하는 해결점을 모색할 수 있을 것이기 때문이다.[66]

그렇다면 일본이 부정할 수 없는 일본군'위안부' 피해실태를 입증하는 자료의 지속적인 발굴을 통해 식민주의적 강제 성동원 제도의 불법성 규명과 아울러 일본 정부의 공식 문서와 일본 사법부의 판결, 일본 역사 학계의 성명에서

64 정진성, 2019, 앞의 논문, 18쪽.

65 정진성, 2018, 「일본군'위안부' 문제의 역사적 실태와 식민지성」, 『일본군'위안부' 문제와 일본의 역사수정정책』, 동북아역사재단, 25~32쪽.

66 박정애, 2015. 12., 「피해실태를 통해 본 일본군'위안부'의 개념과 범주 시론」, 『사학연구』 제120호, 168~169쪽.

확인되는 식민지책임 인식에 대한 정의를 선도적으로 정립하고 국제사회와 공유해야 할 것이다.[67]

첫째, 일본 정부가 1993년 8월 4일 공표한 고노담화이다. 일본군'위안부' 문제와 관련하여 1991년 12월부터 실시되었던 일본 정부 조사의 결론으로서 다음의 다섯 가지 사실을 인정하고 있다. 첫째, '위안소'와 '위안부'의 존재: 장기간·광범위한 지역에 걸쳐 위안소가 설치되고, 수많은 '위안부'가 존재했던 것이 인정되었다. 둘째, '위안소'의 설치, 관리 등에 대한 군의 관여: '위안소'는 당시 군 당국의 요청에 따라 설치되었고, 위안소 설치·관리 및 '위안부'의 이송 등에 일본군이 직·간접적으로 관여했다. 셋째, '위안부'가 된 과정의 강제성: '위안부' 모집은 군으로부터 요청을 받은 업자들이 주도했는데, 감언, 강압 등 모집된 본인들의 의사에 반하여 이루어진 경우가 많았고, 경우에 따라 관헌 등이 직접 이에 가담하기도 했다. 넷째, '위안소'의 강제성: 위안소에서의 생활은 강제적 상황 하에서의 사역 등 참혹한 것이었다. 다섯째, '일제 강점하 한반도 출신자가 다수': 전쟁터로 이송된 '위안부'의 출신지는 일본을 제외하면 한반도가 큰 비중을 차지하고 있었는데, 당시 한반도는 일제의 통치하에 있었으며, 그 모집·이송·관리 등도 감언·강압에 의하는 등 대체로 본인들의 의사에 반하여 이루어졌다.[68] 일본군'위안부' 피해의 본질을 인정한 고노담화에서 "이송된 '위안부'의 출신지는 한반도가 큰 비중을 차지하고 있었으며, 당시 한반도는 일제의 통치하에 있었다"는 점에서 식민주의적 강제 성동원 제도를 인정하고 있는 것이다.

둘째, 일본 사법부가 1998년 4월 27일 일본군'위안부' 피해자의 일부 승소로

67 도시환, 2012, 앞의 논문, 39~40쪽.

68 慰安婦関係調査結果発表に関する河野内閣官房長官談話, 1993. 8. 14.

최초 판결한 관부재판이다. 군대 '위안부' 제도가 철저한 여성차별, 민족차별 사상의 발현이며, 여성 인격의 존엄성을 뿌리부터 침해하고 민족의 자긍심을 짓밟는 것으로, 더욱이 결코 과거의 문제가 아닌 현대에도 극복해야 할 근원적 인권문제가 자명하다는 판시를 통해 일본군'위안부' 문제가 현재진행형의 식민주의 피해로서 인권침해문제임을 천명한 것이다.[69]

셋째, 일본 역사학연구회가 2014년 일본군'위안부' 문제 관련 발표한 성명이다. 잊어서는 안 되는 것은 강제 연행 사실뿐만 아니라 '위안부'로 알려진 여성들이 성노예로서 필설로 다할 수 없는 폭력을 당한 점이다. 최근의 역사 연구에서는, 동원 과정이 강제적이었다는 사실뿐만 아니라, 동원된 뒤 거주·외출 및 폐업의 어느 자유도 주어지지 않았고, 성 상대를 거부할 자유도 주어지지 않았으며, 바로 성노예 상태에 놓여 있던 점도 밝혀지고 있다. '위안부' 동원 과정의 강제성이 문제인 것은 물론이고, 성노예로 인권을 유린당한 사실 또한 문제임을 거듭 강조해야 한다. 또한 최근의 역사 연구에서 밝혀진 것은 그러한 일본군'위안부'에 대한 직접적인 폭력뿐만 아니라 '위안부' 제도와 일상적인 식민지 지배의 구조화된 차별과의 연관성이다. 성매매 계약에 '합의'하는 경우가 있었다고 하더라도 그 '합의'의 배후에 있는 불평등하고 불공정한 구조의 문제를 묻지 않으면 안 된다. 일상적으로 계급 차별이나 민족 차별, 젠더 불평등을 재생산하는 정치적·사회적 배경 없이 직접적인 폭력의 유무에만 초점을 맞추는 것은 문제의 전체상을 외면하는 것이나 다름없다.[70] 일본 역사학연구회의 성명에서도 불평등한 식민지배 구조하의 강제 성노예 제도의 피해를 지적하고 있는 것이다.

69 釜山「従軍慰安婦」·女子勤労挺身隊公式謝罪等請求訴訟(1998. 4. 27.): 山口地裁下関支部で一部勝訴.

70 歴史学研究会委員会, "声明 政府首脳と一部マスメディアによる日本軍「慰安婦」問題についての不当な見解を批判する", 歴史学研究会, 2014. 10. 15.

요컨대, 1993년 고노담화와 1998년 관부재판에서 일부 표출되는 일본의 식민지책임에 대한 인식과 대비하여 1992년 UN에서의 일본군'위안부' 문제제기 이래 1993~1999년간 정립된 피해의 개념은 보편성에 기반한 국제연대 구축이라는 전제하에 식민주의적[71] 강제 성동원 제도라는 역사적 특수성이 사상된 채 전시하 여성인권침해 문제로 범주화되었다는 점에 주목해야 할 것이다. 일본군'위안부' 피해의 역사적 특수성과 유리된 보편성에 기반한 개념화의 간극은 2000년 여성국제법정에서도 간과된 채 역설적으로 일본군'위안부' 문제를 부정해온 아베 총리의 전후 70년 담화에 그대로 투영되는 결과로 남겨지게 되었다.[72]

아베담화는 국내외 여론을 의식하여, '침략', '식민지지배', '반성', '사죄' 등 4개의 키워드를 담고는 있으나, 모두 과거의 총리 담화를 인용하는 제3자적 간접화법으로 '식민지지배'와 '침략전쟁'의 주체가 모호하고 분명하지 않을 뿐만 아니라 책임의 소재와 '반성'의 주체도 밝히지 않았다.[73] 전형적으로 일본 정부가 식민지지배와 침략전쟁의 주체라는 문제의 소재를 희석하고 왜곡하려는 것으로, 주체조차 호도된 불필요한 담화에 불과한 것이다.[74] 아베담화는 가해자의 책임의식 결여, 일제 식민지책임과 침략전쟁 책임의 부정을 전제로 일본군'위안부' 피해에 대한 책임을 회피하고 있는 것이다. "우리는 20세기에 전쟁하에 많은 여성들의 존엄과 명예가 깊은 상처를 입은 과거를 계속 가슴에 새

71 식민지주의란 "단지 영토 및 주권 찬탈적인 지배만을 가리키는 것이 아니고, 단순한 수탈이나 착취만도 아니며, 오히려 인간에 대한 카테고리화를 본질적인 속성으로 하며, 그를 통해 차별적인 질서를 구성하여 지배하려고 하는 통치형식"을 말한다. 中野敏男, 「植民地主義概念の新たな定位に向けて」, 中野敏男·波平恒男·屋嘉比収·李孝德 編, 『沖縄の占領と日本の復興』, 青弓社, 2006, 357~358쪽.

72 도시환, 2017. 2., 「동아시아의 여성정책-일본 정부의 일본군'위안부' 정책을 중심으로」, 『저스티스』 제158권 제2호, 473~474쪽.

73 歴史学研究会, 「戦後70年首相談話に対する声明」, 2015. 9. 14.

74 "戦後70年の安倍談話—何のために出したのか", 《朝日新聞》, 2015. 8. 15.

기겠습니다. 그래서 우리는 이러한 여성들의 마음에 항상 다가가는 국가이고자 합니다. 21세기야말로 여성의 인권이 손상되지 않는 세기가 될 수 있도록 세계를 선도하겠습니다"는 언급은 일본군'위안부' 문제를 일반적인 전쟁의 보편적인 피해 문제로 취급함으로써 일본의 식민지책임을 회피하려는 의도에 다름아닌 것이다. 따라서 식민주의적 강제 성동원 제도라는 일본군'위안부' 피해의 본질에 부합하는 역사적 정의를 선도적으로 정립하고 국제사회에 확산해 나가야 하는 것이 우리에게 부여된 긴요한 과제라고 할 것이다.

Ⅵ. 맺음말

일제식민지배하의 제국주의 침략전쟁에 강제동원된 성노예 제도의 피해로서 중첩적이자 중대한 인권침해인 일본군'위안부' 피해를 부정해 온 일본 정부에 맞서 한국과 일본의 시민단체가 1992년 UN인권소위원회에 문제제기한 이래 국제사회와 연대를 위한 전시하 여성인권침해의 범주로 정의되는 과정에서 식민지책임이 정립되지 못한 구조적인 문제점에 대해 검토해 보았다.

일본군'위안부' 피해는 국가간 전쟁에서 내셔널리즘 차원의 적국의 여성에 대한 단발적인 성폭력과는 달리 식민지 여성들에 대한 일본의 조직적이고 제도적인 성폭력으로 피해자의 대부분이 한반도 출신임을 감안하면 그 본질은 '식민주의(colonialism)'에 근거하고 있는 것이다. 그것은 일본군'위안부'와 식민주의가 불가분의 관계라는 것으로 식민지를 획득하기 위한 경쟁에서 당시 후발주자인 일본이 남성들에게 전투수행을 강요하고 그들의 전투능력 재생산을 위해 이용한 제도임을 주지해야 할 것이다.[75]

75 키쿠치 나츠노[菊地夏野], 앞의 논문, 144쪽.

그러한 전제에서 일본군'위안부' 피해와 관련하여 UN인권기구를 비롯하여 2000년 여성국제법정에 이르기까지 전시하 여성인권침해 문제라는 범주화를 통한 보편성에 기반한 연대를 구축한 반면 식민주의적 강제 성동원 제도라는 역사적 특수성이 사상되게 되면 일본군'위안부' 피해의 본질에 대한 왜곡으로 결과할 수 있다는 점에 주목할 필요가 있다. '식민지책임'이라는 관점에 유의하지 않으면, 한국인·대만인의 피해 사실이 정확하게 인정되지 않는 결과로 시현되기 때문이다. 일례로, 일본군'위안부' 문제의 경우 조선·대만의 피해자 대부분이 감언이나 기망(欺罔)에 의해 성노예가 되었던 데 반해, 중국·필리핀·인도네시아(네덜란드인 포함)의 피해자는 일상생활을 하던 곳에서 납치·강간, 수용소에서의 연행 등 노골적인 폭력으로 인해 성노예가 된 경우가 대다수여서 일견 한국·대만 피해자의 피해는 비교적 '경도(輕度)'인 것처럼 보인다. 그러나 '식민지책임'이라는 관점에서 보면, 그때까지 자유로운 국민이었던 적국인이나 점령지의 주민을 성노예의 처지로 전락시키기 위해서는 노골적인 폭력이 필요했던 데 비하여, 이미 반은 자유를 상실하고 생활이 파괴된 식민지의 국민을 성노예의 처지로 전락시키는 데는 노골적인 폭력까지 필요하지는 않았고, 감언이나 기망으로 충분했던 것으로 분석되기 때문이다.[76]

일제 식민지배하의 침략전쟁에 강제동원된 일본군'위안부' 피해와 관련하여, 식민주의적 강제 성동원 제도라는 역사적 진실과 국가 간의 우호를 위해 개인의 희생을 강요해서는 안 된다는 국제인권법의 법리로 재정립하는 것은 온전히 우리에게 남겨진 과제일 것이다. 그것은 아베 담화를 통해 가해자는 끊임없이 가해의 논리를 확대 재생산한다는 것이 이미 알려진 사실이기 때문이

76 山本晴太, "法的概念としての「植民地責任」—日韓請求権協定に関する日韓両国政府の解釈の変遷と大法院判決の意義", 『植民地責任の清算の世界的動向と課題』, 東北亞歷史財団·世界国際法協会韓国本部の国際学術会議, 2014. 11. 28, 21~22쪽.

다. 그렇다면 피해자는 인권, 정의, 평화에 입각한 국제인권법과 2005년 UN 총회에서 만장일치로 채택된 피해자중심주의에 따른 법리로 문제를 해결해야 한다.[77] 국제법을 앞세운 일본의 국제법 위반행위와 주장에 대해 우리는 국제사회가 정립해온 인권과 정의 그리고 평화공동체의 다자간 규범체제를 통해 문제를 제기해 나가야 한다. 2001년 식민주의의 역사적 종결을 선언한 '더반 선언'의 출발점은 1991년 일본군'위안부' 피해자인 김학순 할머니의 증언이었다. 일제식민 피해국의 중심축으로서 우리는 일본군'위안부' 피해 문제를 국제상의 피해자중심주의에 따라 해결해 나가야 한다. 그것은 오늘 3·1운동과 대한민국 임시정부 수립 100주년을 맞이하는 우리에게 제2차 세계대전의 반성으로 탄생한 국제인권법이 되묻는 역사적 진실에 대한 법규범적 질문이자 역사정의의 과제일 것이다.

77 See-hwan Doh, "International Human Rights Legal Challenges to Solve Japanese Military 'Comfort Women' Issue," *Korean Yearbook of International Law*, Vol. 6, 2019, pp. 171~191.

참고문헌

[저서]

강태훈, 2000, 『일본 외교정책의 이해』, 오름.

송연옥, 2017, 「일본에서의 위안부 문제 연구 현황과 과제」, 『식민주의, 전쟁, 군'위안부'』, 선인.

원용석, 1965, 『한일회담 14년』, 삼화출판사.

이동원, 1992, 『대통령을 그리며』, 고려원.

谷田正躬 外 2編, 1966, 『日韓條約と國內法の解說』(『時の法令』別冊), 大藏省印刷局.

吉田裕, 1995, 『日本人の戦争観』, 岩波書店.

[논문]

나카노 토시오[中野敏男], 2015, 「전쟁책임론에서 식민지책임론으로」, 『전쟁과 폭력의 시대, 다시 여성을 생각하다』, 한국여성인권진흥원 광복 70주년 기념 국제학술심포지엄.

남기정, 2008, 「샌프란시스코평화조약과 한일관계－관대한 평화와 냉전의 상관성－」, 『동북아역사논총』 22.

도시환, 2011, 「샌프란시스코조약상의 영토규정과 독도영유권의 국제법적 함의」, 『독도문제에 대한 국제법적 해결방안 모색』, 아시아사회과학연구원 제52회 학술시민포럼(2011. 11. 24).

______, 2012, 「한일조약체제와 식민지책임의 국제법적 재조명」, 『국제법학회논총』 57(3).

______, 2016, 「한일협정 50년의 성찰과 한일조약체제의 과제」, 『한일협정 50년사의 재조명 Ⅴ』, 역사공간.

______, 2017. 2., 「동아시아의 여성정책－일본 정부의 일본군'위안부' 정책을 중심으로」, 『저스티스』 158(2).

도츠카 에츠로[戶塚悅朗], 2016, 「한일강제병합, 한일협정, 미결의 일제식민지책임과 청산」, 『한일협정 50년사의 재조명 Ⅴ』, 역사공간.

문규석, 2009, 「동경재판에서 일본의 전쟁책임에 관한 연구」, 『한일간 역사현안의 국제법적 재조명』, 동북아역사재단.

박배근, 2006, 「1965년 한일청구권협정과 개인의 청구권」, 『한일역사관련 국제법논문선집』, 동북아의 평화를 바른역사정립기획단.

박정애, 2015. 12., 「피해실태를 통해 본 일본군‘위안부’의 개념과 범주 시론」, 『사학연구』 120.

아베 코기[阿部浩己], 2014, 「한일청구권협정과 일본군‘위안부’ 문제」, 『한일협정 50년사의 재조명 Ⅲ』, 동북아역사재단.

이근관, 2009, 「샌프란시스코 강화조약 및 대이탈리아 강화조약의 연구」, 『한일간 역사현안의 국제법적 재조명』, 동북아역사재단.

이종원, 2013, 「일본의 전쟁·식민지지배 인식과 전후보상 정책의 재검토」, 『식민지책임판결과 한일협정체제의 재조명』, 동북아역사재단·대한국제법학회 공동 주최 한일협정 50년사의 재조명 국제학술회의(2013. 6. 13).

이현진, 2008, 「한일회담의 청구권 문제의 해결방식-경제협력 방식으로의 전환과정과 미국의 역할을 중심으로-」, 『동북아역사논총』 22.

정인섭, 1994, 「1965년 한·일청구권협정 대상범위에 관한 연구」, 『성곡논총』 25(상).

정일영, 1965, 「한일회담의 계쟁점」, 대한민국 정부, 『한일회담 백서』.

정진성, 2018, 「일본군‘위안부’ 문제의 역사적 실태와 식민지성」, 『일본군‘위안부’ 문제와 일본의 역사수정정책』, 동북아역사재단.

______, 2003, 「전시하 여성침해의 보편성과 역사적 특수성」, 『한국여성학』 19(2).

키쿠치 나츠노[菊地夏野], 2017, 「내셔널리즘에서 식민주의로」, 『식민주의, 전쟁, 군‘위안부’』, 선인.

홍성필, 2012, 「일본의 전후책임인식과 이행에 대한 국제법적 평가」, 『법학연구』 23(1)

홍인숙, 1995, 「한일회담에 대한 미·일의 구도와 대응」, 『역사비평』 30(1995년 봄호).

金民樹, 2000, 「對日講和條約と韓國參加問題」, 修士學位論文, 東京大學大學院綜合文化研究科.

山本晴太, 2014, 「法的概念としての「植民地責任」—日韓請求権協定に関する日韓両国政府の解釈の変遷と大法院判決の意義」, 『植民地責任の清算の世界的動向と課題』, 東北亞歴史財団·世界国際法協会韓国本部の国際学術会議, 2014. 11. 28.

小林英夫, 1995, 「日本の東南アジア賠償」, 『季刊 戰爭責任研究』 10, 日本戰爭責任資料センター(1995, 冬季).

中野敏男, 2006, 「植民地主義概念の新たな定位に向けて」, 中野敏男·波平恒男·屋嘉比収·李孝徳 編, 『沖縄の占領と日本の復興』, 青弓社.

太田修, 2008, 「財産請求權問題の再考－脫植民地主義の視角から」, 笹川紀勝·李泰鎭 編, 『國際共同硏究, 韓國倂合と現代－歷史と国際法からの再檢討』, 明石書店.

Abe, Kohki, 2012, "International Law as Memorial Sites: 'Comfort Women' Suits Revisited," *The 'Comfort Women' Issue and Future-Oriented Relations between Korea and Japan*, The 2012 KSIL International Conference, Lotte Hotel Seoul(2012. 2. 17).

Doh, See-hwan, 2012, "Reexamination of the Japan's Post-War Reparations in East Asia in the Perspective of History and International Law," *2012 DILA INTERNATIONAL CONFERENCE "ROLE OF INTERNATIONAL LAW IN PROMOTING COOPERATION AND RESOLVING CONFLICTS IN ASIA*," National University of Singapore, Centre for International Law(2012. 6. 8).

Doh, See-hwan, 2019, "International Human Rights Legal Challenges to Solve Japanese Military 'Comfort Women' Issue", *Korean Yearbook of International Law*, Vol. 6.

McDougall, Gay J., 2012, "Addressing State Responsibility for The Crime of Military Sexual Slavery during The Second World War: Further Attempts for Justice for The 'Comfort Women'," *The 'Comfort Women' Issue and Future – Oriented Relations between Korea and Japan*, The 2012 KSIL International Conference, Lotte Hotel Seoul(2012. 2. 17).

[자료]

대법원, 2018. 10. 30. 선고 2013다61381 전원합의체 판결.

강상중, 「전후 민주주의 벗어던지는 일본, 어디로 가나」, 『경향신문』 2012. 9. 20.

도시환, 「일본군'위안부'피해자의 인권과 정의 그리고 평화」, 『교수신문』 2018. 8. 27.

______, 「2000년 여성국제법정 20주년, 끝나지 않은 판결과 남겨진 과제」, 『동북아역사 재단뉴스레터』 제158호, 2020. 1.

정진성, 「일본군'위안부' 문제해결을 위한 유엔 활동과 2000년 여성국제법정」, 『2000년 여성국제법정과 일본군'위안부' 문제의 과제』, 동북아역사재단 2000년 여성국제법정 19주년기념 토크 콘서트 자료집. 2019. 10. 22.

日本衆議院, 「日本國と大韓民國との間の條約及び協定等に關する特別委員會議錄第10號」,

1965. 11. 5.
日本参議院,「豫算委員會會議錄第3號」, 1991. 8. 27.
日本衆議院,「内閣委員會會議錄第1號」, 1994. 3. 25.
慰安婦関係調査結果発表に関する河野内閣官房長官談話, 1993. 8. 14.
歴史学研究会委員会,「声明 政府首脳と一部マスメディアによる日本軍「慰安婦」問 題についての不当な見解を批判する」, 2014. 10. 15.
歴史学研究会,「戦後70年首相談話に対する声明」, 2015. 9. 14.
"戦後70年の安倍談話—何のために出したのか",『朝日新聞』, 2015. 8. 15.
釜山,「従軍慰安婦」·女子勤労挺身隊公式謝罪等請求訴訟, 山口地裁下関支部判決, 1998. 4. 27.

A/HRC/14/22.
CCPR/C/JPN/CO/5.
CEDAW/C/JPN/CO/6.
CEDAW/C/JPN/CO/7-8.
E/CN.4/Sub.2/1992/L.3.
E/CN.4/Sub.2/1998/13.
E/CN.4/Sub.2/2000/20.
Doh, See-hwan, "Comfort Women and Human Rights," *The Korea Times*, December 13, 2018.
Doh, See-hwan, "1910 Annexation and Remaining Task," *The Korea Times*, August 31, 2011.
McDougall, Gay J., "Systematic rape, sexual slavery and slavery-like practices during armed conflict," COMMISSION ON HUMAN RIGHTS, *Sub-Commission on Prevention of Discrimination and Protection of Minorities*, Fifty session Item 6 of the provisional agenda, Economic and Social Council, June. 22, 1998.
UN Doc. A/5509, REPORT OF THE COMMISSION TO THE GENERAL ASSEMBLY, Report of the International Law Commission covering the work of its fifteenth session, 6 May-12 July 1963, Draft articles on the law of treaties.
UN Doc. 1902(XVIII), RESOLUTIONS ADOPTED BY THE GENERAL ASSEMBLY

DURING ITS EIGHTEEN SESSION, 1258th plenary meeting, 18 November 1963.
UN Doc. YEAR BOOK OF THE INTERNATIONAL LAW COMMISSION 1963 Vol. Ⅱ Documents of the fifteenth session including the report of the Commission to the General Assembly.
WAM web site(http://wam-peace.org/ianfumondai/lawsuit).

2

일본군'위안부' 문제의 강제동원과 성노예*

: '본인의 의사에 반한 피해'의 의미

박정애 | 동북아역사재단 연구위원

Ⅰ. 머리말

일본군'위안부' 피해자가 직접 자신의 경험을 말하고 전쟁 및 식민지 책임과 배상을 요구한 지 30년이 되어간다. 일본 정부는 정부조사를 통해 '위안부' 피해자가 '본인의 의사에 반한 피해'를 입었음을 인정하고 역사적 교훈을 위한 후속 조치를 취할 것을 약속했다. 국제사회에서는 '위안부' 문제를 계기로 인권 및 전시 성폭력의 개념을 확장시키고 피해자 중심 접근의 문제 해결을 강조하고 있다.

일본군'위안부' 문제에 대한 가해 책임을 부정하는 역사수정론자들의 공세도

* 이 글은 『페미니즘 연구』 제19권 2호(2019. 10)에 실린 같은 제목의 논문을 수정·보완한 것이다.

계속됐다. 이들은 '위안부'를 둘러싼 '강제성' 문제를 집요하게 공격하면서 강제 동원된 성노예는 없다고 했다. 그때마다 공창제가 소환됐다. '위안부'는 공창이기 때문에 자발적인 상행위를 했으므로 일본 정부의 책임이 없다는 주장이다. 여기에 반대하는 세력은 이 도발에 직접적으로 대응하며 '위안부'는 공창이 아니라고 주장했다. 더불어 역사수정론자들이 더 이상 부정할 수 없는 '위안부' 문제의 강제성을 보여주는 문헌자료를 찾기 위해 오랜 시간 골몰했다.

그러나 문제는 '증거의 결핍'이 아니라 '위안부' 피해를 둘러싼 역사적 상상력의 빈곤함에 있다. 따라서 우리에게 필요한 것은 더 많은 증거가 아니라 '위안부'와 공창을 둘러싼 질문에 대해 다시 질문을 하는 것이다. '강제성'에 방점을 두고 정쟁을 돌파하려는 것은 위험하다. 정진성은 새로운 '위안부' 관계 자료를 발굴한 연구팀이 자료의 가치를 주장하면서 "일본군'위안부' 문제의 가장 큰 문제점인 강제연행 여부와 성노예적 상태 여부를 해명했다"는 언설을 동원하는 것의 문제점을 지적한 바 있다. 피해자 증언과 이미 발굴된 문서자료를 통해 '이미 상식이 되어 있는 사실'을 새로운 문서를 발굴한 시점에서 다시 원점으로 되돌리는 효과가 있기 때문이라는 것이다(정진성, 2018, 19쪽). 타당한 지적이다.

이 글의 목적은 '위안부' 문제의 강제성 여부를 논하거나 그것을 입증하는 것이 아니다. 그보다 강제성 여부에 집착하는 '위안부' 문제의 독해 방식이 발휘하는 정치적 효과를 돌아보고, 정쟁을 넘어 일본군'위안부' 문제를 피해 여성의 입장에서 역사적으로 살펴봐야 할 필요성을 제기하고자 한다. 이를 통해 현재의 '위안부' 문제 정쟁 프레임을 해체하고 좀 더 생산적인 '위안부' 논쟁으로 나아가고자 한다. 글의 목적에 닿기 위해 독자에게 주문하고자 하는 것은 문서, 이미지, 증언 등 역사적 정보에 기반한 역사상 이해, 여성주의 관점, 그리고 역사적 상상력이다.

Ⅱ. 피해자 관점의 일본군'위안부' 역사 쓰기와 역사수정주의자들의 등장

1. 일본군'위안부' 피해의 '발견'

일본군'위안부' 문제를 설명하는 전형적인 방식 중 하나로 1990년대 초반 김학순이 등장하기 이전까지 이 문제가 수면 아래 가라앉아 있었다는 표현이 있다. 김학순의 공개증언을 계기로 우리가 이 문제를 비로소 전쟁범죄와 식민지 문제로 인식하기 시작했다는 말이다. 그런데 이를 잘못 이해하여 김학순 이전까지 우리 사회가 '위안부' 문제를 인식도 못하고 침묵만 하고 있었다고 생각하는 사람도 적지 않다.

그러나 종전 후 김학순의 등장 이전까지 일본군'위안부' 문제는 다른 관점으로 이해되고 있었다. 피해 당사자는 담론장 안에서 직접 발언하지 못했으며, '위안부' 표상을 통해 각자의 욕망을 드러내고자 하는 다양한 주체들이 그들이 속해 있는 담론장을 넘나들며(이지은, 2018, 176~177쪽) '위안부' 문제에 대해 발언했다. 옛 일본군 출신 남성들은 그들의 회고록이나 전쟁체험기 속에서 '위안부'를 '접대부', '낭자군', '창기', '작부', '조센삐' 등으로 부르면서(高崎隆治, 1994) 지고 만 전쟁에 인생 일부를 저당잡혔던 자신의 과거를 위로하려 했다. 일본이나 한국의 대중영화들 속에서 '위안부'는 성애적 대상으로 묘사되면서 가학적이고 남성중심적인 시각으로 소비되어 왔다(김청강, 2017, 158~186쪽). 광복 이후 한국 언론에서는 "왜병들의 싸움터로 끌려 나가 유린과 혹사를 당하여온 우리 동포 부녀들"(『자유신문』 1946. 7. 16.)이라고 표현하면서 '위안부' 문제를 내세워 식민지 시기의 민족 수난을 강조하려 했다. 1970년대 이후 한국에서 본격적으로 등장한 과거청산 논의 속에서도 '위안부'는 순수한 피해자상(像)에 걸맞는 이미지로 등장하면서 제국에 의해 훼손된 민족 이미지로 재현되었다. 이는 '민족-제국'의 남성이 공유하는 기반 위에서 '위안부'를 다시 '위안하는 존재'로 타자화하는 것이었다(이지은, 2018, 200~203쪽).

이는 일본의 침략전쟁의 가해책임을 묻기 위해 제2차 세계대전 이후 열린 전범법정에서 연합군이 '위안부' 피해의 책임을 묻지 않았을 때부터 예고된 일이었다. 도쿄와 중국, 바타비아(오늘날의 인도네시아 자카르타) 등지에서 열린 전후 재판에서 연합군은 일본군의 성폭력 범죄에 대해 따지기는 했지만 아시아 여성을 '위안부'로 삼은 사건에 대해 유죄를 인정하지는 않았다. 반면 인도네시아에 거주하던 네덜란드 백인 여성 35명을 위안소 4곳으로 강제연행했던 사건(일명 '스마랑 사건')에 대해서는 바타비아 전범재판에서 책임장교를 사형 판결하고 관계자에게도 유죄를 판결했다. 이 점에서 2019년에 상영된 다큐멘터리 『주전장』에서 일본군'위안부' 문제 대응에 일본의 인종주의가 바탕이 되어 있다는 미키 데자키(Miki Dezaki) 감독의 지적은 적확하다. 오늘날의 일본 역사수정주의자들은 주로 아시아 여성들의 피해를 부정하고 있으며, 그 공격은 식민지를 겪은 한국의 피해자들에게 더욱 매섭게 향하고 있다.

1980년대 후반부터 한국 사회를 중심으로 '위안부' 문제가 문제화되어가는 과정은 피해 여성들의 경험에 여성주의 관점으로 접근하면서 귀를 기울이는 '공감적 청중'이 형성되는 과정이었다(김수진, 2013, 65쪽). 한국의 사회민주화와 페미니즘의 진전을 배경으로 국가폭력에 의한 성적 피해 여성의 고통에 공명할 수 있는 인식틀이 새롭게 형성되었다. 여성단체 활동가, 페미니스트 연구자, 그리고 시민들은 성폭력 문제를 해결하기 위해 적극적으로 개입해갔다. 반드시 짚어두어야 할 점은 다양한 삶의 경험을 지녔으되, '위안부' 피해자로서의 공통분모를 확인하고 서로 공감하고 공분했던 피해 여성 스스로가 만들어낸 에너지가 가장 강했다는 점이다.

1980년대 후반부터 이 문제 해결에 관여했던 여성들의 '공감' 속에는 피해 여성들이 경험한 삶의 다양한 지점과 맞닿는 여성으로서의 자신의 삶이 있었다. 언제든 성적 공격을 받을 수 있는 가부장제 사회에서 살고 있다는 잠재된 두려움과 그럼에도 더 나은 삶을 위한 배움 또는 취업의 기회가 있다면 그 기회를 잡아 이 가부장제 사회에도 기꺼이 뛰어들 수 있다는 위험한 욕구 같은 것들 말이다.

많은 '위안부' 피해 여성들이 일본의 식민지인 조선에 살고 있으면서 제도적으로 마련된 최소한의 교육도 받지 못하고 가난에 허덕이는 한편 결혼을 통해 엄마처럼 사는 것에도 거부감을 갖고 있었다. 이들이 배움과 취업을 내세운 '위안부' 동원방식에 노출되고 여기에 응해 위안소에 가게 되는 과정은 그 시공간에 서 있었을 여성 대부분에게 자연스러운 과정이었다. 여성의 성을 물화시키고 이의 거래를 통해 이익을 얻으려는 시스템, 이를 어쩔 수 없거나 자연스럽게 여기는 사회적 분위기가 있는 한 '위안부' 여성들의 피해 경험은 언제든 나의 것이 될 수 있는 것이었다.

총동원 체제기에 집중된 여성의 끌려감 이야기의 정점에는 일본군'위안부' 제도가 있었다. 일본 본국과 식민지, 관동군 지배지, 위임통치 지역, 점령지 등에서 일본 정부의 행정력이 작동하는 가운데 일본군이 위안소를 설치하고 관리했다. 군의 허가와 감독 속에서 여성들이 업자에게 이끌려 국경을 넘고 성노예 생활을 했다. 일본군과 정부는 위안소 이용을 통해 병사의 군기와 성병을 관리하고 전쟁을 효율적으로 수행할 수 있다고 믿었다. 군국주의 아래 여성의 성은 군수품처럼 취급되었고, 위안소에서 여성의 성적 자기결정권은 원천적으로 봉쇄되었다.

가부장적 가족, 가부장적 사회, 가부장적 국가라는 말은 인간의 역사에서 떨어져나간 적이 없어서 진부하게 들릴지도 모르지만, 가부장 체제하의 성적 이중규범, 여성의 성적 타자화라는 진부한 일상이 응집되어 전쟁터의 시스템이자 일상이 됐을 때 여성의 인권은 말살된다. 민족과 계급이 뒤얽힌 성별화가 이루어졌을 때 전쟁터의 여성들은 군대에 의해 다시 구획되고 차별구조 속에 놓였다. 대부분 빈곤 가정 출신에다 제도적 교육기회에서도 소외된 식민지 조선인 여성, 그것이 조선 '위안부'를 이루는 젠더 요소였다.

따라서 일본군'위안부' 문제에 대한 일본 정부의 가해 책임은 좀 더 구체적이고 세밀해질 필요가 있다. 식민지 출신 여성들에게는 전쟁 책임과 함께 식민지 지배 책임도 함께 져야 한다. 한반도에서 지속되어 온 가부장 체제 또한 제국 일본이 양처현모주의 여성교육제도나 호주제 이식 등을 통해 식민 지배에 활용했다는 점을 생각할 때 일본은 식민지 가부장제에서 기인한 피해에도 책임을 져야 한다. 1990년대 이후 터져 나온 "일본은 '위안부' 피해에 사죄하라"는 활동가·시민들의 목소리에는 피해 여성의 생애사에서 비롯된 이러한 문제 인식, 곧 식민지 가부장제나 계급 문제까지 질문하는 인식이 섞여 있었다. 일본군'위안부' 문제는 민족, 젠더, 계급 문제가 중층적으로 얽힌 문제라는 지적은 이 문제 제기 초기부터 지적되어온 것이다.

그러나 현장에서 나온 겹겹의 문제제기들은 미디어라는 필터를 거치면서 민족 문제로 단순화되어 버렸다. 대중 차원에서 가장 응답이 거센 것도 민족 문제였다. 미디어들은 '우리 민족이 나라를 지키지 못해 일본군에게 우리 딸들의 순결을 빼앗긴 사건'이라는 프레임 속에서 '위안부' 관계 정보를 전달했고, 이러한 프레임은 일본에 의해 '가부장다움'을 잃어버렸던 가부장 사회의 분노를 촉발했다. 가부장적 민족주의 독법 안에서 일본군'위안부' 문제가 '우리 민족의 문제'로서 한국 사회 안에 안착할 수 있었다는 것도 불편한 진실이었다(김수아, 2000, 85~93쪽).

17권의 증언집[1] 발간을 통해 다양한 피해자 구술이 나오고 학술 연구도 진전되었지만, 공론장의 실천적 요구는 일본 정부의 사죄와 배상, 그리고 역사교육의 문제로 수렴되었다. 그리고 전시 성범죄로서 일본 정부의 가해 책임을 확인하는 과정에서 가부장 사회가 '성범죄'로서 동의할 수 있는 정도 이상의 피해 내용이 공론장 안에 채택되었다. 증언집 발간에 응했던 피해 여성들이 더 나은 삶을 추구했던 인간으로서의 삶의 의지와 그 시도, 주변관계를 둘러싼 번뇌와 위로, 공권력과 젠더권력 및 빈곤으로 인한 좌절 또는 타협, 박탈된 성적 자기결정권에서 비롯된 고통과 지속되는 트라우마, 그럼에도 생존을 쟁취해낸 자신의 삶에 대한 자부심과 억울함, 우울감이 뒤섞인 이야기들을 하고 있었지만, 정치사회 영역에서 '위안부' 피해자상은 강제성과 폭력성의 강도가 높은 사례들로 전형화되고 있었던 것이다. 그리고 그것은 '위안부' 피해자들의 피해를 의심하며 전면부정과 피해자를 향한 역질문을 통해 가해자로서의 책임을 회피하려고 하는 역사수정론자들에게 유효한 대응책이라고 믿어지기도 했다.

2. 일본 정부의 대응과 역사수정주의자들의 백래시

일본군'위안부' 문제의 해결을 요구하는 단체 및 활동가의 움직임은 1988년부터 본격화되었지만, 일본 정부가 이 문제에 대응을 한 것은 김학순의 등장

1 현재까지 한국 내에서 발간한 증언집은 한국정신대연구소·한국정신대문제대책협의회가 발간한 '강제로 끌려간 조선인 군위안부들 시리즈' 8권(이 중 2권은 '중국으로 끌려간 조선인 군위안부들' 증언집), 대구 정신대할머니와함께하는시민모임이 발간한 '역사의 증언 시리즈' 5권, 기독살림여성회가 펴낸 『전북지역 일본군'위안부' 생존자 이야기』 1권, 경상남도교육청이 발간한 『김복득 할머니 일대기: 나를 잊지 마세요』 1권, 대일항쟁기강제동원피해조사및국외강제동원희생자등지원위원회가 펴낸 『들리나요? 열두 소녀의 이야기』 1권이 있다. 꿈교출판사가 번역 출간한 『일본군 위안부가 된 한국여성 이야기 빨간 기와집』까지 포함하면 조선인'위안부'에 관한 증언집은 모두 17권이다.

이후인 1991년 말부터였다.[2] 김학순 등 강제동원 피해자 및 유족 32명이 1991년 12월 일본에 피해보상을 요구하는 소송을 제기하자, 가토 고이치[加藤紘一] 관방장관이 "일본 정부가 관여했다는 자료를 발견할 수 없다"고 발언했다. 이에 대해 한국 외무부가 일본 정부에게 역사적 사실 규명을 요청했다. 1992년 1월 요시미 요시아키[吉見義明]가 일본 방위청 방위연구소 도서관에서 위안소 설치와 '위안부' 동원에 일본군이 개입한 사실을 보여주는 군 문서를 공개했고, 같은 해 7월 가토 관방장관이, 조사결과 정부의 관여가 드러났으며 피해자에게 "진심으로 사죄와 반성을 뜻을 전한다[衷心よりお詫びと反省の氣持ちを申し上げたい]"는 담화를 발표했다. 그리고 1993년 8월 4일, 그간의 문헌 및 피해자 조사 결과를 최종적으로 정리하여 고노 요헤이[河野洋平] 관방장관 담화를 발표했다. 그 내용은 다음과 같다.

> 이번 조사결과 장기에 걸쳐 또한 광범위한 지역에 위안소가 설치되어 수많은 위안부가 존재한 것이 인정되었다. 위안소는 당시 군 당국의 요청에 의해 설치, 운영되었으며 위안소의 설치, 관리 및 위안부의 이송은 구 일본군이 직접 또는 간접적으로 관여하였다. 위안부 모집은 군의 요청을 받은 업자가 이를 주로 담당하였으나, 이 경우도 감언이나 강압적인 방법 등으로 본인의 의사에 반하여 모집된 사례가 많았고 또한 관헌 등이 직접 가담한 경우도 있다는 사실이 밝혀졌다. 또한 위안소 생활은 강요당한 상황 하에서 이루어진 비참한 것이었다.
> 당시 한반도는 우리나라의 통치 하에 있었음으로 그 모집, 이송, 관리 등도 감언이나 강압에 의해 총체적으로 본인의 의사에 반하여 이루어졌다. 예컨대 소위 종군위안부 문제는 당시 군의 관여하에 수많은 여성의 명예와 존엄을 크게 손상시킨 문제다. 일본 정부는 이 기회에 그 출신지를 막론하고 소위 종군위안부로서 많은 고통을 받고

2 일본 내각의 입장에 따라 1995년 여성을 위한 아시아 평화 국민기금을 설립하고 발기인, 이사, 사무국장 등을 역임한 와다 하루키는 "1991년 '위안부' 피해자 김학순 할머니의 등장은 충격적이었다"고 회고했다(와다 하루키, 2016, 26쪽).

> 심신에 걸쳐 치유하기 어려운 상처를 입으신 여러분들에게 다시 한번 진심으로 사과와 반성의 마음을 표한다.[강조: 필자][3]

한계가 적지 않지만, 고노담화는 그간 일본군'위안부' 문제에 대한 가장 성의있는 조치로 평가되고 있다. 또 현재까지 일본 정부가 '위안부' 문제의 기본 대응원칙으로 표명하고 있는 것이다. 그러나 고노담화 이후 '위안부' 문제 역사연구와 역사교육에 대한 일본 정부의 의지는 '굳은 결의'라고 표현된 말만큼 굳건하지 않았다. 일본군이 위안소를 '광범위한 지역에 장기적으로 설치'했다는 전제는 공유했지만, 그 실태연구는 일본 정부 및 군 문서가 집중적으로 남은 전투지나 점령지의 위안소에 집중했다. 러일전쟁 이후 일본군의 실질적인 지배에 들어간 '만주' 지역, 조선, 타이완 등 식민지 지역, 제1차 세계대전 이후 지배하기 시작한 태평양 지역의 섬들, 이른바 남양군도 지역의 위안소 연구는 상대적으로 소홀했다. 모두 일본이 공창제를 들여와 일본인 남성을 위해 성매매를 관리한 지역들이다.

요시미 요시아키가 정의한 바 '위안부'란 "전지(戰地) 점령지의 일본 육해군이 만든 위안소에서 군인, 군속의 성 상대를 강요당한 여성"(요시미 요시아키, 2013, 20~21쪽)이라는 개념과 맞물려 위 지역들에서 일어난 '위안부' 피해를 설명하기가 어렵게 되었다. 반면 1991년부터 '위안부' 피해를 증언하고 1993년부터 한국 정부에 피해등록을 하기 시작한 한국의 피해 여성들은 전지·점령지 이외의 지역, 곧 일본 오사카[大阪] 및 후쿠오카[福岡], 한국의 부산 및 타이완의 가오슝

3 이상 일본군'위안부' 문제에 대한 일본 정부측 입장은 『한국정신대 대책협의회 20년사』(한국정신대문제대책협의회 20년사편찬위원회 엮음, 2014, 한울), 『일본군'위안부' 문제의 해결을 위하여』(와다 하루키, 2016, 역사공간)을 참조하길 바란다. 일본 정부의 조사 결과와 자료는 여성을 위한 아시아 평화국민 기금 사이트(www.awf.or.jp)에서 볼 수 있다. 문서의 상당수가 한국어로 번역되어 있어 쉽게 접근할 수 있다.

[高雄], 타이난[臺南], 만주의 다롄[大連], 창춘[長春/신경], 선양[沈陽/봉천], 그리고 팔라우 등지에서의 피해를 말하고 있었다.

또한 고노담화는 일본의 통치 아래 있던 한반도 출신 여성들이 본인의 의사에 반해 '위안부'가 되었다는 내용을 포함하고 있었다. 그러나 어떠한 역사인식에서 일본의 식민지배와 전시동원, 그리고 '위안부' 피해를 연결하고 있는지 언급하지 않았으며, 이에 대한 연구에 관심을 기울이지도 않았다. 한국정신대연구소나 한국정신대문제대책협의회 등 '위안부' 문제 해결을 위한 한국 단체들의 이름에서 보듯이 한국에서 '위안부' 피해는 '정신대 동원'과 착종되어 있었으나 그 식민주의적 배경도 탐구되지 않았다. 그 외에 '위안부' 피해와 동반하여 한국에서만 나오는 표현들 '처녀공출'이라든가, '위안부 징발'이라든가, '끌려감을 피하기 위한 조혼' 등 식민지 전시동원 체제와 여성동원 실태에서 비롯된 사회적 기억들이 있었음에도 이는 손쉽게 피해를 강조하는 쪽의 강제연행과 연결되어 언급되었다. 그 구조적 맥락이라든가 총동원체제하에 모든 것을 지휘한 국가(당시는 일본 정부와 군)의 책임은 논의되지 않았다.[4] 총동원체제하의 동원이라는 맥락에서 어째서 일본인 '위안부'와 조선인 '위안부'의 동원 양상이 다른지에 대해서도 학술적인 질문이 없었다.

더욱 문제였던 것은 이러한 식민주의 역사인식의 공백 상황이 역사수정론자들의 '위안부' 공격으로 활용되었다는 점이다. 일본의 우익 역사학자 하타 이쿠히코[秦郁彦]가 '위안부' 피해를 부정하는 책 『위안부와 전장의 성[慰安婦と戰場

4 조선인 '위안부' 동원을 둘러싼 식민주의적 접근은 2019년 현재에도 거의 미개척 상태다. 이제 문제의식의 구체성이 확보되고 있는 정도다. 이는 젠더사를 주변 역사학의 분야로 밀어놓은 한국 역사학 분야에서 '위안부' 문제를 진지한 학술탐구의 대상으로 여기지 않은 탓이 크다. 현재에도 기존 역사학을 보충하는 차원에서 여성사가 필요하고 이 때문에 유용하다고 생각하는 학자들이 주류이며, 기존 역사학의 관점을 질문하고 접근 방식의 인식틀을 문제 삼는 젠더사 연구는 '이해하기 어렵다'는 이유로 적극적으로 인용되지 않는다. 또 이러한 젠더사를 게토화시키는 '그림자 전략'이 역사학계 내에서 비판받거나 성찰되지도 않는다.

の性』에서 「여자정신대와 위안부의 혼동」이라는 제목으로 일본에서는 있지 않은 양자간의 '혼동'이 한국에서 존재하는 것에 대해 비판하는 글을 실었다(秦郁彦, 1998, 366~376쪽).[5] 그리고 여자정신근로대가 어떤 존재인지 11쪽을 할애하여 설명해 놓았는데, 이러한 설명 방식 또한 한국의 이해에 대한 '혼동' 때문이라고 할 수 있다. 한국에서 '위안부' 피해와 결부된 '정신대' 이해는 1943년 후반부터 실시된 동원 대상인 여자정신근로대(법령 공포는 1944년 8월 23일)에 한정되지 않는다. '위안부' 피해자들은 '정신대 동원'으로 끌려가 '위안부'가 되었다고 증언하고 있으며, 당대 시기를 기억하는 사람들도 "이 땅의 딸들을 여자정신대 혹은 위안부대라는 미명으로" 끌고 갔다(『서울신문』 1946. 5. 12)고 말했다. 이는 여자정신대나 '위안부'가 식민지 시기에는 '미명'으로 은폐된 용어였음을 의미한다.

동원 방식으로 자주 사용된 취업사기나 감언이설의 언설 속에서 "정신대로 동원되어 위안부가 되었다"는 역사적 문장이 구성된 것인데, 이때 (여자)정신대는 여자정신근로령에 의한 여자정신근로대보다는 1938년 총동원체제 구축 이후 조선을 대상으로 시행했던 일상의 동원 체제 속의 '정신대'를 의미한다. 더 부연설명을 하자면 정신대(데이신타이, 挺身隊)는 국가를 위해 헌신한다는 뜻의 보통명사 일본어이며, 식민지민들에게는 1938년 총동원체제 이후 일상을 구

5 하타 이쿠히코에게서 '위안부' 피해 부정 논리를 그대로 가져온 이영훈은 2019년 필자로 참여한 책 『반일종족주의』에서 '여자정신근로대와 혼동'이라는 제목으로 한국의 인식과 단체를 비판하면서 "일본군'위안부' 문제는 처음부터 엉뚱한 오해와 무지에서 폭발한 것입니다", "역사학자들은 대놓고 거짓말을 해왔습니다. 그것이 그들의 직업문화로서 반일 종족주의입니다"라고 감정적인 비난을 쏟아놓았다(이영훈, 2019, 308~310쪽). 이 책은 학술적 차원에서도 오류가 많고, 무엇보다 관점의 측면에서 비판적으로 따져 봐야 할 측면이 많다. 더욱이 한국에서 10만 부 이상 팔렸고 일본에서도 번역, 판매되고 있으므로 비학술적이라는 이유로 치워놓는 단계를 지났다고 생각한다. 왜냐하면 역사수정주의자들은 대중의 현재 관점과 역사 이해 수준에 타협할 수 있는 비역사적인 역사인식을 형성하고 여기에 대중의 '지성'을 수렴한 다음 그 안에서 논리를 생산하는 반지성주의에 기대 역사수정을 도모하기 때문이다. 반지성주의는 부지런하다.

속하는 국가방침으로서 실체를 띠었다.[6] "정신대로 동원되어 위안부가 되었다"는 말은 공권력의 '위안부' 동원과 그 과정에 개입된 은폐 문제를 피해자와 대중의 감각으로 보여주는 것이다. 따라서 한국에서 '위안부'와 '정신대 동원'은 착종된 것이지 '혼동'된 것이 아니다.[7] 그리고 착종 지점에 대한 학술적 탐구를 통해 일본군'위안부' 문제의 식민지성을 분석할 수 있을 것이다.

식민주의 관점을 배제한 역사수정주의자들은 '위안부' 피해 역사인식에 대한 공세를 높였고, 식민주의 역사 해석에 대한 관점이나 방법론이 공유되지 못했던 대응 쪽은 한일 외교나 대중 사회에 영향력을 미치지 못했다. 역사수정주의자들의 공격 초점이 되었던 일본의『아사히신문』은 2014년 8월 스스로 연속기사를 실어 1990년대 초반 '위안부' 관계 보도내용을 수정했다. 중점은 여자정신대로 동원된 여성들이 '위안부'가 되었다는 점과 제주도에서 조선인 여성을 강제연행했다는 요시다 세이지[吉田清治]의 증언을 평가하고 취소하는 것이었다(와다 하루키, 2017, 38~43쪽).『아사히신문』의 보도 정정은 '위안부 피해는 날조'라고 주장하는 역사수정주의자들의 강력한 근거가 되었다. 1990년대부터 '망언'이라는 비판 속에 계속되어왔던 "위안부는 강제동원되지 않았고 성노예가 아니다"라는 공세도 가열되었다. 그리고 그 역사적 근거를 얻는다는 이유로 일본의 공창제가 소환되었다.

6 정신대는 원래 러일전쟁 당시에 '천황'을 위해 몸을 헌신한다는 의미로 일본이 사용한 프로파간다 용어였다. 조선인들에게 정신대는 일본의 전쟁을 위해 어디론가 끌려간다는 뜻으로 그 자체가 공포의 대상인 단어였다(국민대 일본학연구소 성균관대 동아시아역사연구소, 2017, 33~34쪽).

7 도노무라 마사루는 이 문제에 대해 "여자정신대가 종군위안부와 다른 것임을 평가해야 하지만 이것이 혼동될 정도로 종군위안부의 모집, 연행이 광범위하게 이뤄졌다고 보인다. 그리고 양자의 내용은 다르다 해도 일본의 제국주의적 정책에 의한 피해인 점이 확인되어야 한다"고 했다(外村大, 2006, 757쪽). 광범위한 전시동원 체제에서 양자 사이의 '혼동'이 있었고, 이것이 국가정책에 의한 피해라는 점을 분명히 했지만, 그 '혼동'의 역사적 배경에 대해서는 설명하지 않고 있다.

Ⅲ. 관점과 비역사성: 공창제 소환과 '강제성' 정쟁

1. 강제동원과 성노예제 부정으로서 공창제 소환과 대응

역사수정주의자들은 '위안부'는 공창이라서 강제동원 피해자가 아니며 성노예가 아니라고 공격한다. 역사적으로 공창제가 무엇인지, 특히 근대 이후 제국 일본의 공창제가 어떠한 내용과 특성을 가지고 있었는지 설명하지 않는다. 이 때문에 "그들은 공창제와 위안부 제도를 동일시하며 위안부가 피해자라는 사실을 부정한다" 외에 역사수정주의들의 '위안부=공창론'을 구석구석 반박할 수 있는 여지가 없다. "위안부가 공창이라서 자발적이고 부도덕하고 돈을 많이 벌었다"는 주장을 진지하게 하는 모습을 보면[8] 어디서부터 어떻게 문제삼아야 할지 난감해지는 지경에 이른다.

역사수정주의자들이 논리적 근거로서 내세우는 연구는 하타 이쿠히코의 책이다. 그는 일본의 근대화 기획에 충실하게 짜였던 공창제를 옹호하고 부국강병이라는 근대적 가치를 중심에서 수행했던 병사와 도시 노동자를 통제하기 위해 유지됐던 공창제를 근대적 가치라 여겨지던 '자유'에 입각한 제도로 이해했다. 가난한 집안 출신의 여성들이 공창으로 유입되었지만, 그것은 그들의 도덕성 문제이고 성적 피해라고 할 만한 부분이 없었던 것은 아니나, 이는 세계적으로 공통된 현상이었다는 주장이다(秦郁彦, 1999, 27~175쪽). 일본 본국을 중심으로 시행됐던 근대 공창제에 대한 관점도 반여성적이라 할 수 있지만, 식

8 대표적으로는 미국 하원의원의 '위안부' 문제 해결을 위한 결의안 상정을 앞두고 일본의 역사수정주의자들이 2007년 6월 14일 『워싱턴포스트(Washington Post)』에 게재한 『더 팩트(THE FACTS)』라는 제목의 광고를 꼽을 수 있다. 주장의 요점은 다음과 같다. ① 여성을 강제연행해서 '위안부'로 삼았다는 문서는 발견되지 않았다, ② 여성을 강제연행한 업자에 대해서 현지 경찰은 처벌을 했다, ③ 인도네시아 경우처럼 군의 일부가 강제적으로 여성을 '위안부'로 삼은 사례는 있었지만 마찬가지로 처벌되었다, ④ '위안부'의 증언은 반일운동에 영향을 받았다, ⑤ '위안부'는 성매매 허가 시스템(a system of licensed prostitution)하에서 일을 했다. 성노예가 아니고 대우도 좋았다.

민주의에 대한 인식도 없다. 이 때문에 식민지나 관동군 지배 지역 등에서 시행되었던 공창제에 대한 언급은 없다. 하타 이쿠히코가 일본군'위안부' 제도의 존재를 부정하는 것은 아니다. 단지 군 '위안부' 제도가 바로 공창제이며, 그 수도 많아야 2만 명 전후이기 때문에 국가 책임이 아니라는 것이다(秦郁彦, 1999, 406쪽).[9]

역사수정주의자들에게 맞서는 사람들은 "위안부 제도와 공창제는 다르다"거나 "공창제는 위안부 제도의 배경으로서 연속선상에 있다"거나 "위안부 제도는 전시 공창제의 성격을 가지기 때문에 더욱 일본 정부와 군의 책임이 막중하다"는 주장을 전개한다. 특히 '위안부=공창론'에 대응하여 '위안부≠공창론'이 언론과 대중의 주목을 받고 서로 공방을 펼치는 패턴이 반복되면서 '위안부'가 공창이냐 아니냐의 문제는 일본군'위안부' 피해자의 피해자로서의 '순결성'을 가늠하는 지표라는 정치적 프레임이 형성되어 버렸다.

1990년대 초반 역사적 연구의 축적과 검토에 앞서 '위안부 피해'의 존재 여부를 둘러싸고 정치적 공방이 펼쳐졌을 때 한국의 운동단체에서도 "위안부는 공창이라 피해자가 아니다"라는 망언에 대항해 "조선인 위안부는 공창이 아니다"는 주장을 하기도 했다. 특히 운동단체 안에 조선인 '위안부'가 겪은 민족차별의 특수성을 강조하는 것이 중요하다고 생각하는 여성들이 있기도 했는데, 이는 유감스럽게도 일본인 '위안부'와 조선인 '위안부'를 구분하는 방식으로 드러났다. 1993년 8월 일본 정부를 향한 성명서 가운데 "위안부는 당시 공창제도 아래에 있던 일본인 매춘여성과는 달리 국가 공권력에 의해 강제적으로 군대에서

9 일본군'위안부' 문제의 진상규명 차원에서 피해자 규모를 밝히는 연구는 중요하다. 그러나 피해자 수의 많고 적음에 따라 그 피해의 경중을 따지는 일은 생각해볼 필요가 있다. 실제로 피해자 수를 둘러싼 소모전이 '위안부' 문제 논의를 어렵게 하기 때문이다. 일본군'위안부' 문제에서 일본 정부의 책임을 묻는 이유는 피해자가 한국에서 주장하듯이 20만 명에 이르기 때문이 아니라 역사수정주의자들이 주장하는 2만이든, 중국 학자들이 주장하는 40만이든 그것이 공권력이 기획한 제도와 운용에서 비롯됐기 때문이다. 피해자 수에 따른 '위안부' 개념과 범주 논의는 박정애, 2015, 172~176쪽.

성적위안을 강요당했던 성노예였다"는 등의 표현이 등장하기도 했던 것이다(야마시타 영애, 2012, 125~126쪽).[10] 그러나 한국의 '위안부' 운동단체는 피해자, 학자, 정치세력, 시민의 다각적 자극을 받으며 끊임없이 재구성되어 왔다(이나영, 2010, 45쪽).[11] 일본군'위안부' 제도의 역사적 배경으로서 근대 공창제 연구가 진전되고 둘 사이의 반인권적 본질을 지적하는 연구가 축적되면서 한국 운동단체 내에서 드러내놓고 "위안부는 공창이 아니다"라고 말하는 목소리는 사라졌다.

그래도 공창과 '위안부'의 관계 문제는 여전히 한국 사회 내에서 자유롭지 못한 주제다. 연구성과는 한국과 일본에서 꽤 축적되어 있지만, 사람들은 이러한 학술적 논의에 기대지 않고 각자의 젠더 감각에 따라 '자유롭게' 말하고 있기 때문이다. 최근에도 이영훈이 『반일종족주의』를 통해 '위안부'는 공창과 같은 존재라서 일본 정부의 책임이 없다고 했고, 이를 비판하는 인권법 학자가 "위안부는 공창제와 다르기 때문에 일본 정부의 책임이 있다"고 주장했다. "근대사회의 공창제는 성매매업을 허용하면서 이에 종사하는 사람들의 권리 보호와 국민 보건을 위해 국가가 관리·운영에 간섭하는 것"이며 "어느 나라든 인

10 1990년 7월 창립된 한국정신대연구소(당시는 정신대연구회)의 초창기 멤버면서 1990년대 초중반 '위안부' 문제 해결 운동을 함께 했던 야마시타 영애는 당시 운동단체는 가부장적 사회 속에서 여성 문제로서의 시점을 확장시키는 일이 어려웠다고 지적하면서 신혜수의 1994년 논의('여성인권운동의 국제화와 한국화: 일본군'위안부' 문제 해결운동을 중심으로', 이화사회학연구회 엮음, 『일상의 삶 그리고 복지의 사회학』, 사회문화연구소 출판부)를 빌어 당시 운동단체의 성격에 대해 다음과 같이 말했다. "다양한 단체가 모여 운동 주체를 형성했기 때문에 주체 측의 여성 문제에 대한 인식의 차가 있었다는 점, 그리고 그 차이를 메우고 인식을 확장시키기 위한 학습회 등을 유지하지 못했다는 점도 관계되어 있다"(야마시타 영애, 2012, 123쪽). 한국 운동단체 초기의 이러한 흐름에 대해서 물론 성찰과 분석이 있어야 할 것이다. 그러나 1990년대 초의 똑같은 자료를 반복적으로 인용하면서 한국 운동단체의 역사성을 보지 않고 오로지 민족주의라고 비판만 하는 것은 온당치 않다. 한국 운동단체의 민족주의 비판은 1990년대 초중반 자료에 기반한 야마시타 영애의 분석을 반복 인용하는 방식으로 정형화되어 온 것이다. 우에노 지즈코가 1999년 『내셔널리즘과 젠더』를 쓰면서 인용하였고, 이는 2014년 개정판을 내면서도 보완하지 않았다(우에노 지즈코, 2014, 102~103쪽).

11 따라서 민족주의에 편승했던 초기 운동부터 민족주의와 거리를 두는 활동을 전개하는 현재까지, 한국 운동단체가 민족주의와 충돌하거나 이를 넘어서는 지점들에 대한 맥락적 분석이 필요할 것이다(박정애, 2014, 253쪽).

신매매를 인정하면서까지 성매매업을 공식적으로 허용하지는 않는다"는 것이다. 이어 "일본군은 전장에서 군인들의 성욕 해소를 위해 위안소 운영이 필요하다고 인정하고 이를 국가권력을 이용해 시행"했으며 "그 운영 방법은 폭력적이었고 위안부 개인의 인권은 (대부분) 철저히 무시됐다"고 덧붙였다(〈연합뉴스〉 2019. 8. 25). 이는 명백히 틀린 주장이며, 발화자(와 이 주장을 옹호한 기자)의 성매매 여성 혐오 시각을 내보인 것에 불과하다. 법조문만을 놓고 따졌을 때 모든 근대법은 국가 구성원의 권리 보호와 국민 보건을 지향하는 내용을 담는다. 문제는 문자 너머의 차별과 억압이며 근대법의 성격은 법 체제 안의 충돌 지점과 적용 과정의 차별적이고 반인권적 측면을 따지면서 규정해야 한다. 팩트는 "인신매매를 인정하면서까지 성매매업을 공식적으로 허용"한 것이 근대 일본의 공창제이며, 이는 부국강병이라는 근대적 가치를 수행하는 병사와 남성 노동자들의 성욕 해소를 위해 공창제가 필요하다고 믿고 국가를 위한다는 명분으로 시행한 것이다. 운영은 폭력적이고 창기의 인권은 억압당했다. 그러나 공격하는 쪽이나 역공하는 쪽이나 공창제 시행의 이면과 표면은 따져보지 않는다. 모두 '공창=자발'이라면 '위안부' 문제에 대해 일본 정부는 책임이 없다는 인식을 공유하고 있다.

문제는 이러한 공방이 한국에서든 일본에서든 손쉽게 주목을 끌면서 대중들을 정쟁에 끌어들인다는 것이다. 반지성주의 효과일텐데, 반지성주의자들은 그 사회가 이해할 만한 수준으로 설명하면서 자신의 정치적 목적을 달성하려는 경향이 있다. 역사적 사건은 대체로 여러 가지 원인의 복합적 효과로 일어나지만 애매모호한 설명을 싫어하는 사회는 딱 잘라서 한마디로 설명해주기를 바라는 것이다(우치다 다쓰루, 2016, 25쪽). 지적 태도란 자신이 지닌 앎의 한계를 아는 것(시라이 사토시, 2016, 60쪽)이다. 집단이 지적 태도를 포기한 분야에서 반지성주의를 이용한 권력강화가 일어난다.

히틀러가 유대인 학살을 명령한 문서가 없기 때문에 홀로코스트가 없었다고 말하는 사람은 없지만(임지현, 2019, 46쪽), '위안부' 문제에서는 군관헌의 강제연행을 보여주는 직접 문서가 없다는 주장이 쟁점이 된다. 제대로 알려는 의지가 없고 그것이 그 사람의 사회적 명예에 그다지 영향을 주지 않는 분야에서는 실증주의가 반지성주의자들에게 강력한 무기가 된다. 실증주의 서사가 '위안부' 부정론자들이 가장 애용하는 무기라는 지적(임지현, 2019, 65쪽)은 적확하다.

이 때문에 여성주의와 인권의 관점에서 공창제와 일본군'위안부' 제도의 연속성을 강조하는 주장들은 학자들과 시민들을 설득하기 위해 치열하고도 고독한 투쟁을 전개하고 있다. '위안부' 문제를 둘러싼 정쟁이 치열한 데 비해 학술적인 영역의 논쟁은 아직도 본격화되지 않은 것이다.

2. 비역사적인 '위안부' 역사상

공창제와 일본군'위안부' 제도의 연속성을 밝히려는 실천적 연구들은 제도화를 통해 국가권력이 허가한 틀 안에서 두 제도 모두 여성에 대한 인권 억압과 남성에 대한 성 통제를 실천했다고 지적한다(藤目ゆき, 1997; 宋連玉, 2000). 이를 이해하기 위해서는 서구에서 비롯된 규제주의(Regulationism)의 개념보다는 제국 일본의 법역(法域) 안에서 시행된 공창제(公娼制, Kousyousei)라는 개념으로 그 성격을 이해할 필요가 있다.

공창제란 무엇인가. 흔히들 '합법적 성매매 제도' 정도로 이해하고 있지만 역사적으로 존재했던 근대 일본의 공창제는 좀 더 복잡하고 모호하고 모순적인 것이었다. 공창제라는 말 자체도 일본어에서 비롯한 것이었으며, 1945년까지 공창제가 시행됐던 지역은 제국주의 일본의 영향력이 미치는 지역, 곧 일본과 그 식민지, 위임통치지역, 조계지, 점령지 등지였다. 곧 20세기 전반기 대부분의 아시아·태평양 지역이 시기와 지역에 따라 차별적으로 시행된 '제국 일본'의 공창제를 경험했던 것이다.

공창제라고 해서 법적으로 공창을 명확하게 규정하고 이를 둘러싼 규제 내용을 정한 것도 아니었다. 일본 '내지'의 '창기취체규칙'과 '예기영업취체규칙' 등이나, 식민지 조선의 '가시자시키[貸座敷]창기취체규칙', '예기작부예기치옥영업취체규칙' 등을 아울러 공창제라고 했다. 창기나 작부, 예기, 여급을 단속하는 법도 시기마다 지역마다 호칭과 내용을 달리했다. 군사통치가 강한 지역일수록 공권력의 통제 권한이 컸고 접객 여성들을 둘러싼 법적 환경은 열악했다.

또한 공창제 관련법들을 통해 창기에 대한 성매매 허가나 예기, 작부, 여급 등 이른바 사창(私娼)에 대한 성매매 금지가 뚜렷이 대별되어 있었던 것도 아니었다. 공창제를 시행했던 일본의 관심은 부국강병을 수행하는 병사 및 남성 노동자의 성병 예방에 있었으며 공창제를 통해 이러한 조건을 최대한 충족시키고자 하였다. 따라서 원칙적으로 사창에 해당되었던 예기나 작부, 여급이라 해도 일반사회와 격리되어 있거나 성병 검진이 충분하다고 판단되면 이들을 이용한 포주의 성매매 영업도 묵인될 수 있었다. 1910년대 초반 일본군 주둔 지역인 함경북도의 예기는 다른 지역의 예기에 비해 실질적 창기 수준으로 거주제한과 정기적인 성병검진을 받았다(박정애a, 2009, 60쪽). 국제연맹의 인신매매 금지 방침과 폐창운동의 압박으로 공창제 폐지가 시대흐름이라고 여겨졌던 1930년대에는 공공연하게 "사창(私娼) 제도가 성행하리라"(『동아일보』 1932. 5. 26)는 말도 나왔다.[12]

따라서 공창제의 속성은 국가에 의해 '법적으로 허가받는 성매매'보다는 '공

12 '사창 제도' 외에도 공창 폐지 대신 '사창 인정', '사창 묵인'이라는 말이 공공연했다(박정애a, 2009, 147쪽).

사창을 막론하고 관리되는 성매매'에 있다고 봐야 한다. 공창제는 고유한 하나의 법을 지칭하는 것이 아니라 남성 중심 사회의 풍기 단속과 성병 예방을 목적으로 국가가 관리하는 성매매 시스템이다. 따라서 공창제는 지역과 시기, 그리고 정치 상황에 따라 다른 법적 실체와 양상을 가지고 나타난다는 사실을 새겨둬야 한다(송연옥a, 2017, 38쪽).

공창제를 시행한 일본의 공권력은 예창기 소개업도 인정했다. 식민지 조선의 소개업자들이 일본 '내지'에 비해 더욱 허술한 법률 속에서 합법과 불법을 넘나들면서 인신매매를 했다. 공창제하에서 인신매매 메커니즘이 형성되었다. 1929년부터 아시아 지역의 여성·아동 매매의 실태조사를 수행하고 1933년에 보고서를 제출한 국제연맹 여성·아동매매 조사단은 일본의 인신매매 실태에 대해 다음과 같이 언급하였다. "일본에서 가장 놀란 것 중의 하나가 예창기 소개업이 공인되어 있는 일이며, 이 때문에 업자들은 비합법적 방법으로 여성매매를 하지 않아도 됐다"고 말이다.

그러나 일본 정부는 국제연맹 조사단을 향해 공창제는 창기의 자유로운 계약 행위에 따른 것이기 때문에 인신매매 제도가 아니라고 강변했다. 업자의 불법행위는 약취 및 유괴죄나 국외이송유괴죄로만 따져 물었다. 일본 형법에 인신매매죄가 생긴 것은 2005년의 일이었다. 더욱이 호주가 가계 구성원에 대해서 법적 대표성을 띠는 호주제하에서는 여성이 법적 주체가 될 수 없었다. 국제사회의 관심에서도 벗어나 있는 식민지에서는 더욱 열악한 조건 속에서 인신매매가 이루어졌다(박정애a, 2009, 92~99쪽).

공창제와 일본군'위안부' 제도의 관계를 고찰하면서 전제해 두어야 할 것은 공창제 만큼이나 군위안소, '위안부'라는 말도 다양한 의미로 사용되었다는 점이다. 특히 군위안소는 성적 '위안' 시설뿐만 아니라 군인 휴게 오락 시설을 지칭하기도 했다. 1938년 타이완 핑동시[屛東市]에 건설된 군인위안소, 1938년 6월 일본 오이타[大分] 벳부시[別府市] 온천에 마련된 육군위안소 등이 그러했다(박정애, 2015, 177~178쪽). 한편 1938년 이후 일본군 점령하 상하이에서는 개설 허가를 받지 않은 술집[酒排]이 '위안소'라는 이름으로 영업하기도 했다(한혜인, 2014, 57쪽).

한편 병사들은 성적 '위안' 시설의 의미로 군위안소 외에 육군오락소, 장교클럽, 삐야[ピー屋], 유곽, 기루(妓樓), 매춘숙(賣春宿) 등의 호칭을 사용하기도 했다. 병사들에게 '위안부'보다 더욱 익숙했던 말도 창기, 작부, 삐[ピー], 예기, 창부, 낭자군 등이었다. 1990년대 이전에 발간된 군인 회고록 속에서 거의 모든 군인 출신자들은 위안소를 공창제의 연장으로 생각했다고 한다. 이용 규정상 요금을 지불하거나 시간을 지켜야 했고 "전쟁터에 있는 임시 공창시설"로 인식했기 때문에 범죄라거나 문제가 있다고 여기지 못했다는 것이다(후루하시 아야, 2015, 182쪽).

따라서 공창제와 '위안부' 제도의 관계에서 우리가 질문을 해야 할 대상은 성을 제공해야 하는 위치에 놓인 여성이 아니라 '공창/위안부' 제도를 두었던 공권력이다. 어떠한 인식과 목적에서 포주가 여성의 성을 남성에게 파는 것, 그리고 전시 상황에서 '위안 시설'이라는 명명으로 병사들에게 여성의 성을 제공하는 일을 허가하고 관리했으며, 이러한 시스템에 대한 국내외 비판에 어떠한 논리로 대응해 갔는지 등에 대해서 말이다.

역사적으로 공창제와 '위안부' 제도의 경계는 모호했지만, 역사수정주의자들에게 대항하는 사람들은 양자의 경계를 애써 가르면서 정치적 상황을 돌파해가려고 했다. '위안부' 문제는 담론에서 출발했기 때문에 역사적인 실태가 따르지 않았다는 한계가 있다(송연옥b, 2017, 43쪽). 이처럼 일본군'위안부' 역사상은 비역사적으로 구성되어 왔다. 공창제와 일본군'위안부' 제도의 연속적 측면을 검토하면서 '위안부' 문제 해결을 모색하는 학자들도 공창제의 '자유폐업' 규정을 내세워 양자는 본질적으로 다르다고 주장한다(오노자와 아카네, 2014, 271~272쪽).[13] 그러나 이러한 주장 속에서 공창제 규정 상의 '자유폐업'이 실제로 어떤 방식으로 운용되었으며, 또 제국 일본의 법역 안에서 시기와 지역에 따라 그 규정이 어떠한 차이를 가졌는지 검토하지는 않았다.

'자유폐업'은 계약기간이나 전차금이 남아 있어도 창기가 폐업을 할 수 있는 것을 말한다. 일본 내 폐창운동의 영향을 받아 1900년 일본 정부가 일본 '내지'에서 공창제를 확립할 때 관련 내용을 포함하였다. 구두나 우편으로 경찰에게 폐업계를 낼 수 있었으며, 폐업계 수리 즉시 창기명부에서 해당자를 삭제하도록 명문화했다. 그러나 폐업은 해도 전차금은 끝까지 갚아야 해서 창기 출신 여성이 어떻게 빚을 해결해야 하느냐의 문제가 남는다. 더욱이 식민지 조선에서 1916년에 공창제를 확립할 때 인용한 것은 일본 '내지'의 1900년의 공창제가 아니라 '자유폐업' 규정이 강화되기 이전인 1896년의 공창제였다. 조선의 공창제에서 창기 폐업은 "허가증을 첨부하여 경찰서장에게 제출할 것"이라고 명문화되어 있는 것이 고작이었다. 따라서 '자유폐업' 규정은 창기의 권리 보장보다는 일본의 공창제를 비판하는 사람들에 대한 면피용으로 마련한 측면이 크다. 공창제 규정상의 계약 형식, '자유폐업' 등이 19세기 후반부터 공창은 '자발적으로 돈을 버는 존재'라는 이미지를 창출했다.

또한 공창제와 '위안부' 제도의 차이는 동일한 시기와 지역에서 양자를 검토해야 더욱 뚜렷하게 드러날 것이다. 그러나 역시 이에 대한 연구는 미흡하다. 총동원 체제에 들어오면서 조선총독부가 시국을 위한 '위안처'로서의 의미가 있는 접객점만 남기고 나머지는 전폐업하는 방침을 취했다는 사실(박정애b,

13 271쪽의 각주6) 참조. 오노자와 아카네는 '자유폐업' 규정을 근거로 양자의 차이를 말하는 연구자는 요시미 요시아키이며, 자신도 이에 동의한다고 말했다.

2009, 191~224쪽)이나 최초의 해군위안소로 알려진 상하이의 다이이치살롱[大一サロン]이 얼마 안 있어 위안소 지정을 해제하고 원래의 공창으로 돌아간 상태에서 일본군이 특별한 규제없이 계속 이용했다는 사실(송연옥, 2017)은 이 문제를 해명하는 데 실마리가 될 수 있을 것이다.

'위안부'는 성노예가 아니라는 주장도 학술적 검토 없이 쟁점이 되었다. 한국정신대문제대책협의회는 1990년대 초반부터 유엔 내의 인권기구에 이 문제 조사와 권고안 작성을 요구하면서 '성노예(sexual slavery)'라는 용어를 사용했다. 국제사회는 1920년대부터 노예제 문제를 해결하기 위해 노력해왔고, 1926년 노예제 조약 규정을 통해 개념을 정립했다. 노예제조약 제1조 제1항에 따르면 "노예제란 소유권에 수반하여 일부 또는 모든 권한이 행사되는 자의 지위 또는 상태를 말한다." 노예제 문제에서 중대하게 따지는 것은 예속된 지위 또는 상태이다. 권한을 행사하는 주체에 의하여 자유 또는 자율성을 박탈당하는 지위 또는 상태에 있는 자는 국제법상 노예 개념에 포함된다. 엄격하게 말해 어떠한 방법이나, 수단, 목적에 의해 그런 지위 또는 상태에 이른 것인가는 본질적인 문제가 아니다. 따라서 강제동원/자발 여부는 노예 여부를 따지는 핵심적 기준이 아니다(安部浩己, 2015, 36~38쪽). 곧 "강제동원이 아니므로 성노예가 아니다"라는 개념은 성립하지 않는다.

1990년대 이후 전쟁 및 무력분쟁하 인권침해를 해결하려는 과정에서 노예제의 개념이 더욱 구체성을 띠게 되었다(安部浩己, 2015, 38쪽). 성적 지배를 통해 삶의 자유나 자율권을 침해받는 피해자는 성노예로 개념화되었다. 1996년 체계적인 조사 끝에 유엔 인권위원회에 보고서를 제출한 특별보고관 라디카 쿠마라스와미(Radhika Coomaraswamy)는 이 문제를 명확하게 '전시하 군대 성노예제(military sexual slavery in wartime)'로 적시했다. 1998년 유엔 인권소위원회에 보고서를 제출한 게이 맥두걸(Gay McDougall) 보고관 또한 성노예는 자율성, 이동의 자유, 자신의 성적 활동과 관련된 것을 결정할 자유가 제한된 것을 말하며 강간이나 다른 형태의 성적 폭력의 상황도 포함된다고 말했다.

일본 정부는 1993년 8월 고노 요헤이[河野洋平] 관방장관의 담화를 통해 "위안소 생활은 강요당한 상황에서 이루어진 비참한 것이었다"라고 밝힌 바 있다. 이후 일본의 정권은 모두 고노담화의 계승을 표명했다. 강제동원이 아니라서, 돈을 받은 사례가 있어서 일본군'위안부'가 성노예가 아니라는 주장은 모두 국제법의 노예제 개념에 어긋난다. 한국 측의 거짓말로 '위안부'가 성노예라는 오해가 생기고 있다는 역사수정주의자들의 공격도 국제사회의 노예제, 성노예 논의와 이의 철폐를 위한 그간의 노력을 무시한 행위다. '위안부' 문제를 둘러싼 현재의 논쟁들이 비역사적으로 구성된 역사상에서 비롯됐다는 점을 인식했을 때 피해자를 공격하고 정치적 논리를 앞세운 소모전에서 벗어날 수 있다.

Ⅳ. 맺음말을 대신하여: 여성 폭력을 둘러싼 역사적 상상력의 빈곤

실증주의를 넘어서려는 오늘날의 역사학은 실증 연구와 더불어 현실 사회에 말 걸기를 통한 미래 지향적 실천을 중시한다. 특히 '기록당해 온' 소수자들의 역사는 문헌 기록을 넘어선 자료의 확장, 자료의 맥락적 이해와 행간의 독해, 대안적 전망 제시를 아우른 역사적 상상력을 동원할 때 주체적인 역사 쓰기가 가능할 것이다. 주체적인 역사 쓰기는 인권 회복의 과정이다. 사회 차별의 층위 아래 있었던 소수자의 인권 침해 사례, 그럼에도 인간다움을 잃지 않고 삶을 영위해왔던 소수자의 이야기를 당사자 입장에서 이야기화하고 '기록당해

온' 역사를 '기록하도록' 돌려주는 것이다. 인권은 개인이 자신의 일상을 주체적으로 구성할 수 있는 인간의 보편적 권리를 의미하며, 생존과 더 나은 삶을 욕망하는 모든 인간은 충분한 정보와 대등한 관계에서 자율적으로 협상과 타협, 선택과 포기를 할 수 있어야 한다. 또 모든 인간은 관계 속에서 인권을 보장받고 타인의 인권을 침해하지 말아야 한다.

일견 당연해 보이는 말을 굳이 다시 나열하는 이유는 '자발성'을 따질 수 있을 정도로 20세기 전반기 아시아·태평양 지역 여성의 삶이 인권이 보장되는 삶이었는지 질문하기 위함이다. 특히 일본은 한반도 출신 여성의 '자발성'을 내세우면서 피해를 무화시키고 가해 책임에서도 벗어나려 하고 있다. 공론장에 나온 피해자의 태도와 진술을 꼬투리 잡아 성적 피해의 순결성을 흠집내면서 자신의 성폭력 가해를 희석시키는 것은 오늘날의 성폭력 가해자에게서도 흔히 보이는 태도이다. 공론장의 동의를 얻어 피해자에게 자신의 피해를 스스로 입증해 우리를 설득해보라고 몰아댈 수 있다는 자신감이 있기 때문에 나올 수 있는 행동이다. 현재 아베 정권은 '본인의 의사에 반한 피해'를 언급한 고노 담화를 계승한다고 하면서도 "관헌에 의한 강제연행을 입증하는 문서를 찾지 못했다"는 정치적 수사로 피해자는 있지만 가해자는 없는 대응 논리를 완성했다. 그리고 이러한 모순적 언설이 사회적 저항을 낳아 정치권력의 위기로 이어지지 않아도 되는 젠더 권력을 공고히 했다.

식민지 조선의 여성은 사적·공적 공동체 안에서 자율적인 존재로서 경쟁력을 갖고 자신의 더 나은 삶을 위해 주변과 대등하게 협상할 수 있는 주체였는지를 질문할 필요가 있다. 이에[家] 제도, 현모양처주의 교육정책, 공창제도 등 식민지 시기 공권력의 여성정책은 식민권력의 부국강병을 강화하기 위해 마련된 것이었을 뿐이며, 젠더 차별에 '민도(民度)가 낮다'는 레토릭으로 실질적인 민족 차별을 더한 것이었다. 여기에 식민지 자본주의 체제의 계급 차별까지 덧붙여 있었다.

일본이 지배하던 시기, 조선 여성들은 매우 억압적인 조건 속에 놓여 있었다. 이에 제도 하에서 여성의 공적 역할은 극히 제한되어 있었고 대부분 제도교육에서도 소외되어 있었다. 취업의 선택지는 열악했으며 그럼에도 돈을 벌지 않으면 살아갈 수 없는 빈곤 상황에 놓여 있었다. 성리학 시대의 '부덕(婦德)'과 근대시기 양처현모주의 이데올로기가 혼재되어 있는 속에서 어머니처럼 사는 것도 싫었고, 중산층의 성역할 규범이었던 양처현모로도 살 수 없던 여성들은 새로운 삶을 모색하고자 했다. 그러나 제도하에서 법적 주체가 될 수 없었다. 또한 저임금과 성적 공격이 상존하는 일자리 환경 속에서 본인이 바라는 삶을 위한 선택지는 매우 제한되어 있었다. 자율적 개인으로서 식민지 여성의 주체 형성이란 매우 힘든 상황이었던 것이다(정진성, 2018, 23~27쪽).

1938년 들어와 전시체제가 본격화되면서 취업사기나 '정신대'를 빌미로 한 군'위안부' 동원이 일어났다. 일본 정부와 일본군이 협업하여 시행한 일본군'위안부' 동원은 이미 공창제 하에서 형성된 인신매매 메커니즘에 전시체제라는 특수한 정치적 상황이 더해져 이루어졌다. '위안부' 동원은 군과 관계된 '작부' 모집이라는 이름으로 이뤄졌고, 이송이나 위안소 도착 시점에서 공권력(지역경찰이나 헌병)에 이름을 등록하여 공권력이 이들을 관리할 수 있도록 하였다. 이에 제도에서 여성의 법적 권한은 호주에게 있었기 때문에, 소개업자들은 부모의 승낙서나 호적을 위조하거나 피해자를 자신의 호적에 넣어 직접 호주가 되었다. 또는 "공부도 하고 돈벌이가 좋은 곳으로 간다"고 부모를 속여 백지위임장을 받아내기도 하였다(박정애a, 2009, 99~110쪽). 모집 단계의 이러한 감언이설은 식민지 조선에 살면서 현재 처해 있는 차별구조를 돌파하고자 하는 여성들이 혹할 수 있는 것이었다. 일본 공장의 노동자가 되거나, 군대에 고용된 노동자가 되거나, '종군간호부'가 된다는 것은 두려움을 동반하는 일이기는 했으나 더 나은 미래를 약속하는 것으로 인식되는 측면도 있었기 때문이다.

또한 전시체제 상황에서 모집인의 말에 따르지 않을 수 없다는 압박도 있었다. "순사가 17세 이상의 처녀를 조사하여 만주 방면으로 끌고 간다"는 소문(대구지법, 昭和13年刑公第797號, 1938. 5. 11.)이나 "처녀를 징발하여 전쟁터에 보낸다"는 소문(대구복심법원, 昭和13年刑控公第370號, 1938. 10. 10.), "처녀공출이 성행하고 있다"는 소문(전주지법, 昭和19年刑公第171號, 1944. 3. 3.), "징용으로 16~19세의 여자도 군수공장에 가야 한다"는 소문(광주지법, 昭和19年刑公第270號, 1944. 4. 15) 속에서 전쟁터나 군수공장에 가는 일은 피할 수 없는 일이라는 공포 또한 있었을 것이다. 모집인과 함께 지역의 이장, 구장이나 순사가 나타날 경우 그 정도는 더욱 심했다.

그러나 목적지에 대한 정보도 제대로 듣지 못하고[14] 도착한 곳인 위안소에서의 삶은 상상한 것과 완전히 다른 것이었다. 그럼에도 불구하고 '계약' 또는 통제에 얽매여 위안소를 벗어날 수 없었다. 만주처럼 주변에 조선인이나 중국 민간인들이 거주하고 있어 탈출 시도가 잦았던 지역에서는 탈출에 실패한 '위안부'에게 본보기 처벌을 내려 탈출 의지를 꺾어놓기도 하였다(박정애, 2016, 31쪽). 치안이 불안하고 공습이 심했던 지역에서는 "어차피 도망쳐도 적에게 잡혀 비참하게 죽는다"는 말(가와다 후미코, 2014, 171쪽)에 갇혀 있기도 했다. '계약'이 종료되고 빚이 없어도 군의 명령에 따라 '위안부' 생활을 해야 했던 사례도

14 1938년 상하이 양가택 위안소에 동원된 게이코[慶子]는 함께 온 여성들과 대화를 나누고 다음과 같은 사실을 알았다. "조선 동료들은 전부 다 가호나 시메의 탄광촌에서 직접 온 것이라고 말했다. 군인들을 몸으로 위로하는 일을 하게 된다는 것은 전혀 듣지 못한 것 같았다"(센다 가코오, 이송희 옮김, 1991, 95쪽). 1942년 7월 700여 명의 여성들과 함께 군인 식당에서 일한다는 말을 듣고 버마로 동원된 문옥주도 8월 랑군에 도착해 트럭을 타고 어디론가에 갔을 때 군인에게 다음과 같은 말을 들었다. "너희들 속아서 왔구나, 불쌍하게도 너희들이 잘못 안 거야. 여기는 삐야". 이 말을 듣고 여자애들이 천지가 뒤집힐 정도로 놀랐고 그중에는 삐야가 뭐 하는 곳인지 모르는 여자애들도 많았다고 한다(문옥주 구술, 모리카와 마치코 정리, 2005, 75쪽).

알려져 있다(안병직, 2013, 42쪽). '외출일에는 비교적 자유로웠다'고 구술한 피해자 김옥주(하이난), 권태임(인도네시아), 최화선(북만주의 어느 섬), 하점연(타이완 평후섬 澎湖諸島)의 경우 '자유로운 외출'이 가능했다 하더라도 대부분 고립된 섬 지역에 있었기 때문에 군의 통제를 벗어나기 어려운 환경이었다.

지금 우리가 '본인의 의사에 반한 여성의 피해'를 이야기하기에는 역사적 상상력이 매우 빈약하다. 2007년 미국 하원의원의 '위안부' 결의안 통과를 앞두고 아베 정권이 '자발성' 프레임을 앞세워 결의안을 저지하려 했을 때 부시 정권의 국가안전보안회의 아시아 담당 선임국장 마이클 그린은 다음과 같은 지적을 했다고 한다. "강제적인지 여부는 관계없다. 일본 말고는 누구도 그 점에 관심이 없다. 문제는 '위안부'들이 비참한 일을 당했다는 것인데 나카타초의 정치가들은 이 기본적인 사실을 잊고 있다"(『아사히신문』 2007. 3. 10[15]).

우리는 '위안부' 피해 여성들의 이야기를 제대로 들을 준비가 되어 있는지, 공문서가 삭제하고 왜곡한 '위안부' 피해의 이야기를 인권과 평화를 바라보는 관점으로 채워나갈 의지가 있는지, 이를 위해 문서뿐 아니라 시공간과 목격자 및 전승자, 사진영상 등에 배여 있는 피해자의 이야기 단서를 길어올릴 감각이 있는지, "과거 '위안부' 여성들이 겪은 고통을 현재와 미래세대에 반복하지 않는다"는 '위안부' 문제 해결의 모토를 실천하는 방법은 무엇인지 우리에게 질문을 돌리고 고민할 필요가 있다. 오키나와의 '위안부' 피해 연구자 홍윤신의 지적처럼 현 시점에서 필요한 것은 타자화된 시선으로 바라보는 '위안부'가 아니라 우리들 앞에 놓인 단서들을 입체적으로 종합한 위에 '위안부 제도를 보는 시선'에 대해 이의를 제기할 수 있는 인식론의 확장이다.[16]

15 『아카하타신문』 편집국 지음, 홍상현 옮김, 2017, 87쪽 재인용.

16 이 책의 홍윤신의 글, 102쪽 참조.

참고문헌

[저서]

가와다 후미코, 2014, 『빨간기와집: 일본군'위안부'가 된 한국 여성이야기』, 오근영 옮김, 꿈교출판사.

문옥주 구술·모리카와 마치코 엮음, 2005, 『버마전선 일본군'위안부' 문옥주』, 도서출판 아름다운사람들.

센다 가꼬오, 1991, 『종군위안부』, 이송희 옮김, 백서방.

송연옥b, 2017, 「일본에서의 위안부 문제 연구 현황과 과제」, 송연옥·김귀옥 외, 『식민주의, 전쟁, 군'위안부'』, 선인.

시라이 사토시[白井聰], 2016, 「반지성주의, 그 세계적 문맥과 일본적 특징」, 『반지성주의를 말하다: 우리는 왜 퇴행하고 있는가』, 이마.

안병직 번역·해제, 2013, 『일본군 위안소 관리인의 일기』, 이숲.

야마시타 영애, 2012, 『위안부 문제를 보는 또 하나의 시각, 내셔널리즘의 틈새에서』, 박은미 옮김, 한울아카데미.

오노자와 아카네, 2014, 「일본군'위안부' 문제와 공창제도」, 전쟁과 여성 대상 폭력에 반대하는 연구행동센터 엮음, 『그들은 왜 일본군'위안부'를 공격하는가』, 휴머니스트.

와다 하루키, 2016, 『일본군'위안부' 문제의 해결을 위하여』, 정재정 옮김, 역사공간.

요시미 요시아미 지음, 2013, 『일본군'위안부' 그 역사의 진실』, 남상구 옮김, 역사공간.

우에노 지즈코, 2014, 『위안부를 둘러싼 기억의 정치학: 다시 쓰는 내셔널리즘과 젠더』, 이선이 옮김, 현실문화.

우치다 다쓰루[內田樹], 2016, 「반지성주의자들의 초상」, 『반지성주의를 말하다: 우리는 왜 퇴행하고 있는가』, 이마.

이영훈 외, 2019, 『반일종족주의』, 미래사.

임지현, 2019, 『기억전쟁 –가해자는 어떻게 희생자가 되었는가』, 휴머니스트.

정진성, 2018, 「일본군'위안부' 문제의 역사적 실태와 식민지성」, 동북아역사재단 편, 『일본군'위안부' 문제와 일본의 역사수정정책』, 역사공간.

한국정신대문제대책협의회 20년사편찬위원회 엮음, 2014, 『한국정신대대책협의회 20년사』, 한울.

高崎隆治, 1994, 『アジア全域に「慰安所」があった:100冊が語る「慰安所」ホンネ』, 東京:梨の木舍.
秦郁彦, 1999,『慰安婦と戰場の性』, 新潮選書.

[논문]

국민대 일본학연구소·성균관대 동아시아역사연구소, 2017,『일본군'위안부' 피해자 문제에 관한 보고서』, 여성가족부 보고서.
김수아, 2000,「일본군'위안부' 문제의 담론 구성에 관한 연구」서울대 언론정보학과 석사논문(미간행).
김수진, 2013,「트라우마의 재현과 구술사: 군위안부 증언의 아포리아」,『여성학논집』31(1).
김청강, 2017,「'위안부'는 어떻게 잊혀졌나? 1990년대 이전 대중영화 속 '위안부' 재현」,『동아시아문화연구』71, 한양대 동아시아문화연구소.
박정애, 2014,「정대협 운동사의 현재를 담다—전쟁과 여성인권 박물관」,『역사비평』106, 역사비평사.
______, 2015,「피해실태를 통해 본 일본군'위안부'의 개념과 범주 시론」,『사학연구』120, 한국사학회.
______, 2016,「만주 지역의 일본군 위안소 설치와 조선인 '위안부'」,『아시아여성연구』55(1), 숙명여대 아시아여성연구소.
______, 2017,「중국 저장성(折江省) 진화(金華)의 위안소와 조선인 '위안부': '진화계림회 명부(金華 鷄林會 名簿)' 분석을 중심으로」,『페미니즘 연구』17(1), 한국여성연구소.
박정애a, 2009,「일제의 공창제 시행과 사창관리 연구」, 숙명여대 사학과 박사논문(미간행).
박정애b, 2009,「총동원체제기 조선총독부의 '유흥업' 억제정책과 조선의 접객점 변동」,『한일민족문제연구』, 한일민족문제학회.
송연옥a, 2017,「상하이에서 본 요리점·유곽·위안소의 연관성」,『사회와역사』115, 한국사회사학회.
이나영, 2010,「일본군'위안부' 운동—포스트/식민국가의 역사적 현재성」,『아세아연구』53(6), 고려대 아세아문제연구소.
이지은, 2018,「조선인 위안부, 유동하는 표상: 91년 이전 김일면, 임종국의 위안부 텍스트를 중심으로」,『만주연구』25, 만주학회.

한혜인, 2014, 「중일 전쟁기 上海지역 위안소 설립 및 관리제도의 변화」, 『일본군'위안부' 문제 해결을 위한 공유와 연대』, 식민과냉전연구회·상하이사범대학중국위안부문제센터 주최 국제심포지움 자료집.

후루하시 아야[古橋綾], 2015, 「전 일본군 군인의 관점에서 보는 일본군'위안부': 가해자의 논리를 넘어서기 위해서」, 『일본군'위안부' 피해자 문제 해결을 위한 종합연구(Ⅰ)』, 한국여성정책연구원.

外村大, 2006, 「戰時下朝鮮人女子勞務動員の實態」, 鈴木裕子 外 編, 『日本軍「慰安婦」關係資料集成(下)』, 明石書店.

宋連玉, 2000, 「公娼制度から慰安婦 制度への歷史展開」, 『日本軍性奴隷 制を裁く－ 2000年女性國際戰犯法廷の記錄 第3巻』, 綠風出版.

安部浩己, 2015, 「國際法における性奴隷と「慰安婦」制度」, 『季刊 戰爭責任研究』 84, 日本の戰爭責任資料センター.

藤目ゆき, 1997, 「女性史からみた 慰安婦 問題」, 『季刊 戰爭責任研究』 18, 日本の戰爭責任センター.

[자료]

『동아일보』 1932. 5. 26., "화류계에도 시대 반영, 공창 몰락 사창 전성".

『서울신문』 1945. 5. 12., "일본에 의해 끌려간 조선 여성들이 상하이 동포들에게 구제".

『아카하타신문』 편집국 지음, 홍상현 옮김, 2017, 『우리는 가해자입니다』, 도서출판 정한책방.

『연합뉴스』 2019. 8. 25., "학계서 '반일 종족주의' 비판 서평 잇따라".

『자유신문』 1946. 7. 16., "朝鮮慰安婦들의 慘狀, 援護의 손 없어 中國 娼樓서 彷徨".

『Washington Post』 2017. 6. 14., "THE FACTS".

여성을 위한 아시아 평화국민 기금 사이트 www.awf.or.jp(2019년 9월 6일 검색)

3.
1873~1922년
일본 육군의 '성병' 관리

신효승 | 동북아역사재단 연구위원

Ⅰ. 머리말

일본은 이 병을 '화류병(花柳病)'이라고 하였다.[1] '화류(花柳)'란 표현은 중국 당(唐)대 이백의 시에서 그 유래를 찾을 수 있다. 이백은 야랑(夜郎)으로 유배를 가면서 장안에서 살던 시절을 꽃과 버들에 취했다고 회상하였고, 시의 첫 구절에 '昔在長安醉花柳'라고 표현하였다.[2] 꽃과 버들은 이후 일본에서 '유곽'(遊廓) 여성을 은유하는 표현으로 사용되었고, 유곽 여성은 이 병의 주된 감염경로로 낙인찍혔다.[3] '화류병'이 유곽 여성을 중심으로 감염된다는 인식은 일본군 역시 별

1 일본은 1927년 「화류병예방법」을 제정하면서 법률용어로 사용했지만, 이전부터 의학·통계 용어로 사용하였다.

2 李白, '流夜郎贈辛判官', 黃堅 編著, 『古文眞寶 前集』, 金學主 譯著, 明文堂, 1986.

3 松山丹水君, 1888, 「花柳病の蔓延を予防すべし」, 『現社會』 1, 130~133쪽.

반 다르지 않았다.[4]

일본군 특히 일본 육군은 팽창정책과 침략전쟁 등을 거치면서 위생의 중요성을 인식하고 관련 조사와 연구를 진행하였다.[5] '화류병'은 조사와 연구 대상인 대표적인 질병 중 하나였다.[6] 이 조사 결과 일본 육군의 46.6%가 '화류병'[7]에 걸렸으며, 그중 매독(梅毒)[8] 환자는 26.3%에 달하였다.[9] 이것을 당시 일본 육군 편제상 보병사단을 기준으로 비교하면 매년 1.47개의 사단이 성병에 걸렸다는 것을 의미하였다. 『상황조사(狀況調査)』(1908)에서 일본 육군의 성병 감염 규모를 강조한 것은 대책의 필요성을 결론으로 제시하기 위한 것이었다.[10] 이

4 日本 陸軍省, 1908, 『陸軍ニ於ケル花柳病地方花柳病蔓延ノ狀況調査』, 陸軍省, 1~9쪽(이하 '『狀況調査』(1908)').

5 일본 육군은 청일전쟁과 러일전쟁 등을 거치면서 전쟁 상황을 수치화하였고, 이를 통계로 작성하였다. 위생 역시 중요한 분야 중 하나였다. 일본 육군의 러일전쟁 위생 통계에 따르면 전쟁 당시 1,033,160명의 사상자가 발생하였고, 이중 총탄 피격 등 전투 부상자는 247,931명인 반면 화류병을 비롯한 질병에 의한 환자 발생은 약 70만 명 이상이었다(日本 陸軍省 編纂, 1911, 『日露戰爭統計集 9 : 衛生』, 5~7쪽). 이러한 통계 결과는 이후 군진의학의 형성과 발전에 중요한 요소로서, 향후 일본군 군비확장의 발판이 되었다(『明治三十七八年戰役陸軍衛生史』, 陸軍省, 1914). 일본 해군 역시 『日露戰役海軍衛生史』(海軍省医務局, 1910)를 편찬하였다(『陸軍軍學校五十年史』, 陸軍軍學校發行, 1936).

6 일본에서 '화류병'은 내무성 위생국 관할이었다. 1938년 1월 11일 후생성을 신설하여 내무성 위생국의 예방과와 방역과를 이관하기 전까지 내무성에서 치안의 연장선으로 화류병을 관리하였다. 그렇기 때문에 내무성 위생국은 각 지역의 警察部 衛生課를 통해 '화류병' 감염 실태를 조사하고, 그 결과에 따라 방역과에서 조치하였다(日本 厚生省豫防局, 1940, 『花柳病豫防ニ關スル法規及例規』, 厚生省豫防局; 日本 厚生省五十年史編集委員會, 1988, 『厚生省五十年史(記述篇)』, 財法人厚生問題研究會, 393~411쪽). 이때 각 지역 警察部 衛生課의 조사 결과(『花柳病調査成績』)를 토대로 일본 정부는 '화류병' 실태를 파악하여, 정책을 강구하였다(『花柳病調査表』). 반면 일본 육군의 '화류병' 조사와 연구는 기존 일본 정부의 활동과는 별개라고 할 수 있다.

7 이하 '성병'(性病).

8 매독(梅毒, syphilis)을 '黴毒'이라고도 하였다. 당시 우리나라 신문에서는 '梅毒'이 더 많이 쓰였지만, 『狀況調査』(1908)에서는 '黴毒'이라 하였고, 일본 육군의 경우 '梅毒'과 '黴毒'을 혼용하였다. 여기서는 원문을 인용할 경우 표현을 그대로 사용하였다. 그 외의 경우에는 매독으로 통일하였다.

9 보고서에서는 성병으로 인한 전력 소모가 극심하다고 분석하였다. 대표적으로 일본 육군 내 성병 환자는 연평균 5,693명이 발생하였고, 이들을 치료하기 위해서는 1인당 약 26.8일이 필요한 것으로 나타났다. 그 결과 일본 육군에서 전력으로 운용할 수 없는 병력이 연간 15만 3천여 명에 달한다고 추산하였다(『狀況調査』(1908), 94~96쪽). 이 추산 규모는 1910년대 후반 일본 육군이 한 해 현역병으로 징병하는 병력보다 많은 숫자였다(加藤陽子, 1996, 『徵兵制と近代日本, 1868~1945』, 吉川弘文館, 66쪽).

10 보고서 서두에서 성병을 사실상 '八種傳染病'에 준해 관리할 필요가 있다고 한 것 역시 심각성을 강조하기 위한 것이다. 당시 일본은 급성 감염병, 즉 확산 속도가 빠른 질병을 법으로 지정하고,

렇게 제시한 결론이 이른바 '감염경로'의 통제였다. 일본 육군은 '접객 여성'[11]

이를 국가 위생 체계하에서 관리하였다. 이른바 '法定傳染病' 관리 체계였다. 당시 법정전염병은 모두 8종으로 1897년 제정한 「傳染病豫防法」(1897. 3. 30.) 및 그 시행규칙(「傳染病豫防法施行規則」, 1897. 5. 1.)을 근거로 하였다(日本 大藏省, 『官報』 1897.5.1.(大藏省印刷局), 이하 『官報』). 당시 일본 정부에서 법정전염병으로 지정한 것은 腸室扶斯(장티푸스), 赤痢(이질), 虎列拉(콜레라), 痘瘡(두창), 發疹室扶斯(발진티푸스), 猩紅熱(성홍열), 實布里亞(디프테리아), ペスト(페스트)였다. 법정전염병의 경우 예방과 확산 차단 등을 위해 법에 따라 강제력을 동원하여 조치할 수 있었다. 성병 역시 이러한 법정전염병에 준해서 관리해야 한다는 주장이다.

11 여기서 '접객 여성'은 당시에는 흔히 '娼'이라는 용어로 사용하였고, 일본의 법률적 용어로는 '娼妓' 등이 여기에 속하였다. 이러한 개념을 구체적으로 살펴보기 위해서는 우선 그 행위로서 '賣淫' 즉 '성매매'라는 용어와 국가 정책적 측면에서 '성매매'에 대한 공적 관리 즉, 국가의 입법적 측면에서 강제력 개입 여부를 기준으로 구분할 필요가 있다. 당시 국제법상 '성매매'('prostitution')는 '금품을 받고 '성'(性)적 행위를 제공하는 행위'로 정의하고, 남성을 제외한 경우에는 'strumpet'로 구분하였다(Black, Henry Campbell, *Black's Law dictionary* (St. Paul, Minn. : West Publishing Co., 1891~1900s)). 이때 '성매매'의 '성'적 행위는 '장기적이고 지속적인' 행위를 전제하지 않으며, 일회성의 행위에 대해서도 '성매매'로 규정하고 있다. 또한 '성'적 행위의 형태에 대해서도 매수자의 성적 욕구를 충족한다는 것에 행위 목적이 있기 때문에 제반 행위까지 포함하며, 이는 생식적 성교 이외의 것까지 포괄한다는 것을 의미하였다. 이와 함께 국가 권력의 구조적 강제력 개입 여부를 기준으로 입법적 형태를 구분하면 다음과 같이 세 가지로 구분할 수 있다. 우선 (ⓐ) 관련된 모든 행위를 금지하는 형태(전면적 금지주의, prohibitionism)와 (ⓑ) 국가의 관리 하에서 제한적 수준으로 허용하는 형태(제한적 허용/관리주의, regulationism)로 구분할 수 있다. 한편 성매매 자체를 국가 권력의 개입 범위 이외의 것(폐지주의, abolitionism)으로 보고 (ⓒ-1) 형사적 범주가 아닌 개인 간의 사적 문제로 보거나(비범죄화, decriminalization), (ⓒ-2) 일종의 직업으로 인정하는 형태(합법화, legalization)가 있다(하태영, 2002, 「법사회학적 관점에서 본 매춘에 관한 연구 : 매춘 정책을 중심으로」, 『비교형사법연구』 4(2), 462~467쪽). 이를 기준으로 당시 일본 정부의 '성매매' 정책을 살펴보면, 1872년 마리아루즈호 사건 이후 흔히 「娼妓解放令」으로 알려진 「人身賣買ヲ禁シ諸奉公人年限ヲ定メ藝娼妓ヲ解放シ之ニ付テノ貸借訴訟ハ取上ケス」(1872. 10. 11., 太政官布告 第二百九十五號)를 포고하였고(日本 内閣官報局 編, 1912, 『法令全書』, 内閣官報局, 200~201쪽), 이를 근거로 도쿄부는 흔히 「貸座敷渡世·娼妓·芸妓規則」으로 알려진 「貸座敷渡世規則」·「娼妓規則」·「芸妓規則」를 1873년 東京府令(第145號)으로 제정하였다(『娼妓芸妓解放資料』, 東京府, 1873). 이 과정에서 나이 제한과 본인의 의사가 필요하다는 점(「娼妓規則」 1조), 법적으로 폐업이 가능하다는 점(「貸座敷渡世規則」 10조) 등은 이들이 직업의 형태로 근대적 계약의 모습을 갖추었다는 것을 내세우고 있다. 특히 ⓒ-2의 입법 형태에 따라 일본 정부는 창기 등의 직업을 인정하고, 이들의 '성매매'를 허용하였다. 하지만 실상은 '성'적 착취를 노동으로 위장하여 근대적이고 합법적인 계약처럼 포장한 것이라고 할 수 있다. 이것은 영업 행위에 대한 허가(「貸座敷渡世規則」 2조), 검진의 의무화(「娼妓規則」 6조), 면허 지역 이외 이동시 사전 경찰 허가 등(「貸座敷娼妓取締規則」 16조) 개인의 삶 자체를 구속한다는 점에서 근본적 차이가 있다. 결정적으로 자유의사에 따른 폐업에 대해 당시 일본 대법원은 폐업은 법적으로 개인의 권리이지만, 이것이 창기와 포주 간의 채무 관계를 선행할 수는 없다고 최종 판결했다. 즉, 채무를 해소하기 전까지 포주는 창기에게 '성매매'를 계속 강요할 수 있다는 것이다('娼妓廢業届書ニ調印請求ノ件'(1900. 2. 23.), 『大審院民事判決抄録』 第5巻, 民録6輯2巻81頁). 이러한 제반 규칙과 판례는 당시 일본의 이른바 '여성의 접객' 정책이 갖고 있는 특징을 잘 보여준다. 결과적으로 이러한 사법적 상황과 특징은 당시 성매매라는 것의 규정을 사실상 여성 '접객'이라는 틀 속에서 자행되었던 일상적인 성적 강요를 가리킨다고 할 수 있다. 따라서 여기서는 '접객'이라는 용어 속에 여성에게 강요된 '성매매'까지 포함하여 사용하였다.

을 감염경로로 규정하고 이들을 통제하여 성병을 관리하고자 하였다.[12] '감염경로'에 기반을 둔 일본 육군의 성병 관리는 이후 아시아 태평양 전쟁까지 이어졌다.

여기서 살펴보고자 하는 것은 이러한 일본 육군의 성병 관리에 대한 것이다. 특히 일본이 제국주의 팽창정책과 침탈을 본격화하는 과정에서 이러한 성병 관리 체계를 형성한 배경에 대한 것이다. 앞에서 살펴본 것처럼 일본은 러일전쟁 등을 거치면서 각종 조사와 연구 결과 등을 통해 이른바 '전훈'(戰勳)을 남겼고, 이를 군사적 기반으로 삼고자 하였다.[13] 그럼에도 불구하고 일본이 당시 세계적 변화[14]와 달리 '접객 여성'을 중심으로 성병을 관리한 이유와 그 배경을 살펴볼 필요가 있다.[15] 기존 연구에서 일본 육군의 성병 관리는 1904년 러일전

12 日本 陸軍省, 1908,『陸軍ニ於ケル花柳病地方花柳病蔓延ノ狀況調査』, 陸軍省, 97쪽.

13 日本 陸軍省 編纂,『日清戰爭統計集』上巻 1, 1902(2005 영인), 明治二十七八戰役統計編纂委員長 村木雅美 緒言(1902. 10. 11.); 日本 陸軍省 編纂, 1911,『日露戰爭統計集 9 : 衛生』, 陸軍大臣 寺內正言毅 序文(1911.4.)

14 '성매매'에 대해 개인의 자유의지에 따른 선택으로 보는 관점에서 벗어나 신체적, 사회적, 경제적, 교육적 요인 등 다양한 변인에 의해 '선택당하는 것' 즉, 강요되었다는 인식이 확산되었고, 그에 대한 연구가 진행되었다.(Cesare Lombroso, William Douglas Morrison, Guglielmo Ferrero, *The female offender* (New York : D. Appleton & Co, 1895); Frances A. Kellor, 'Psychological and Environmental Study of Women Criminals I', in *American Journal of Sociology, Vol. 5, No. 4* (Jan., 1900); 'Psychological and Environmental Study of Women Criminals I', in *American Journal of Sociology, Vol. 5, No. 5* (Mar., 1900)) 특히 빈곤 등의 상황에서 '성매매' 역시 학습된 결과라는 통계조사까지 발표되었다(Amos G. Warner, 'Notes on the Statistical Determination of the Causes of Poverty', in *Publications of the American Statistical Association Vol. 1, No. 5* (Mar., 1889), pp.200-201).

15 이러한 세계적 변화에서 벗어난 점 때문에 기존 연구는 '戰時', '일본군'과 같은 특수한 상황을 전제로 하였다. 대표적으로 요시미 요시아키[吉見義明]는 '戰時'라는 상황에 주목하고 일본군의 관리라는 측면에서 접근하였다(『일본군 군대위안부』, 이규태 역, 소화, 2006; 요시미 요시아키,『일본군'위안부' 그 역사적 진실 : 일본군'위안부' 제도란 무엇인가』, 남상구 역, 역사공간, 2013). 여기에 송연옥 등은 식민지 지배 등 다양한 요소를 고려해야 한다고 주장하였다(송연옥, 2017,「일본의 일본군 '군위안부' 문제 연구 현황과 과제」,『동아시아 일본군'위안부' 연구』, 한국학중앙연구원출판부). 그런 측면에서 전상현은 일본군의 요구로 식민지 내 '유곽' 역시 언제든지 활용될 수 있다는 점에서 '잠재적 위안소'로 보고, 한국 내 일본군 주둔지 인근의 유곽과 일본군의 관리실태의 관련성을 확인하고자 하였다(전성현, 2018,「일제강점기 부산 유곽의 실태와 일본군과의 관련성」,『역사와경계』109). 이러한 일련의 연구는 결국 일본이 정책적 목적을 위해 '성매매'를 국가 관리 하에 두고 '감염경로' 통제라는 형태로 제한적 범위 하에 허용한 것으로 보았다. 이와 함께 근대 '성매매'와 '공창' 등에 대한 연구는 국가 제도의 사회사적 측면에서 살펴본 손정목(「일제하 매춘업 - 공창과 사창」,『도시행정연구』3, 1988)을 비롯해 일본의 침탈 과정에서 공창제도의 의도 등을

쟁과 1918년 시베리아 출병 등으로 일본 육군 내 성병이 만연하면서 대책을 마련한 것으로 이해하였지만 과연 실제 그러한지 살펴보고자 한다.

이를 위해 우선 위생 관리의 측면에서 일본 육군의 성병 관리를 접근하고자 한다. 일본 육군의 위생 관리는 '검진', '치료', '예방'으로 구분할 수 있다. 일본 육군은 '검진'(檢診), 즉 '검사'(檢査)와 '진단'(診斷)을 통해 성병 실태를 파악하고자 하였고, 특히 전수조사를 실시하는 징병 신체검사는 중요한 의미가 있었다. 따라서 여기서는 징병 신체검사의 변화 과정을 우선 살펴보고자 한다. 다음으로 성병 검진 및 치료 기술의 변화 과정 속에서 일본 육군은 어떻게 성병 관리 체계를 구축했는지 배경을 살펴보고자 한다.

Ⅱ. 징병 신체검사를 통한 성병 관리

러일전쟁 이후 일본은 한국을 보호국화하고, 보병 1개 사단을 한국에 주둔하였다.[16] 하지만 한국에서 의병 저항이 일어나자 일본은 보병 1개 여단을 추가로 증원하였고,[17] 1910년 강제병합 이후에는 한국 주둔군을 2개 사단으로

중심으로 한 山下英愛(「한국 근대 공창제도 실시에 관한 연구」, 이화여대 석사학위논문, 1991), 송연옥(「일제 식민지화와 공창제 도입」, 서울대 석사학위논문, 1998), 강정숙(「대한제국, 일제 초기 서울의 매춘업과 공창제도의 도입」, 『서울학연구』 11, 1998) 등의 연구가 있다. 특히 박정애(「일제의 공창제 시행과 사창 관리 연구」, 숙명여대 박사학위논문, 2009)는 제국주의 일본의 지배 구조 측면에서 당시 상황을 살펴봤다는 측면에서 의미가 있으며, 신규환은 당시 상황을 醫史學적 관점에서 살펴보았다는 점에서 의미가 있다(신규환, 2008, 「개항, 전쟁, 성병 : 한말 일제초의 성병 유행과 통제」, 『醫史學』 17(2)). 반면 공창제 하 '성매매'를 여성의 자발적 의지에 따른 결과 또는 근대화 과정에서 농업 노동력의 도시 유입 과정의 보편적 현상 등으로 보는 주장도 있다. 이러한 연구는 기본적으로 당시 역사적 편린을 전체 상황으로 확장 혹은 변인을 상호 혼동한 것으로 보인다.

16 '滿韓駐部隊派遣要領制定ノ件'(1907. 2. 5.). 日本 陸軍省, 『密大日記 : 1907년 1월~4월』(아시아역사자료센터 C03022855200). 러일전쟁 당시 한국에는 일본 육군 보병 2개 사단이 주둔하고 있었다. 하지만 러일전쟁 이후 전시 동원 해제와 군사비 감축 등으로 일본 정부는 1907년 2월 한국 주둔 일본 육군 2개 사단 중 1개 사단만 유지하는 것으로 결정하였다(신효승, 2019, 「러일전쟁 이후 일본 육군의 팽창과 徵兵 管區 변화」, 『학림』 43, 37~43쪽).

17 『朝鮮駐箚軍歷史』, 18쪽(아시아역사자료센터 C13070070600).

증설하고자 하였다. 1915년에 '조선 주둔 2개 상설사단' 증설안이 일본 의회를 통과하면서,[18] 1920년까지 한국에 19사단과 20사단을 배치하였다. 이러한 일본의 대(對)한국 정책에서 보이듯 일본의 팽창정책은 많은 병력이 필요했고, 이를 뒷받침하기 위해 일본은 메이지 유신 직후부터 징병제를 도입하였다.

[표 1] 일본 육군 징병제도

연도	1873.1.10[19]	1879.10.27[20]	1883.12.28[21]	1889.1.22[22]	1889.11.12[23]	1895.3.13[24]	1904.9.28[25]	1918.3.30[26]
병역 및 기간	상비군 3년 제1후비군 2년 제2후비군 2년	상비군 3년 예비군 3년 후비군 4년	상비병역 – 현역 3년 – 예비역 4년 후비병역 5년	상비병역 – 현역 3년 – 예비역 4년 후비 5년	상비병역 – 현역 3년 – 예비역 4년 후비 5년	현역 3년 예비 4년 4개월 후비 5년 보충 – 1역 7년 4개월 – 2역 1년 4개월	현역 3년 예비 4년 4개월 후비 10년 보충 12년 4개월	현역 3년 예비 4년 4개월 후비 10년 보충 12년 4개월
면역	身檢 불합격 관리, 학생 등 戶主 등	종신 – 身檢 불합격 국민군 외 – 戶主 등 – 관리 등 평시 – 학생, 의사등 1년 유예 – 형제중징병	면역 – 身檢 불합격 유예 – 가정 사정 – 관리, 교원등 – 학생 등	면역 – 身檢 불합격 연기 – 가정 사정 – 관리, 교원등 – 학생 등	면역 – 身檢 불합격 연기 – 가정 사정 – 관리, 교원등 – 학생 등			
대체	징병면역세	징병면역세						
예비 간부			1년지원병	6개월 현역병제 1년지원병	6개월 현역병제 1년지원병			6개월 현역병제 1년지원병

18 「第36回 帝国議会衆議院予算委員第四分科(陸軍省及海軍省所管) 會議錄」 第2号(1915. 5. 28.).

19 「徵兵令 : 官版」(1873); 「徵兵令」, 『布告類編』 巻4, 記録課, 1873, 4~51쪽.

20 「徵兵令改正」(1879. 10. 27.) (아시아역사자료센터 C04017607300).

21 『官報』 1883. 12. 28.

22 『官報』 1889. 1. 22.

1873년 일본은 징병제를 도입한 이후[27] 1879년까지 병역 면제 대상을 점차 축소하였다.[28] 만 17~40세까지 일본에 호적을 두고 있는 남성은 기본적으로 병역 대상자였다. 이 중 만 20세가 되면 징병 신체검사를 받고 병역 판정을 받는 구조였다. 하지만 「징병령」(1873) 시행 초기에는 '호주'(戶主)의 경우에도 병역 면제 사유가 되었고,[29] 돈으로 병역을 대체할 수 있었다.[30] 1879년 일본은 「징병령」을 개정하면서 적용 범위를 확대하고,[31] 병역을 상비군과 예비군, 후비군, 국민군으로 구분하였다.[32] 병역 면제 대상은 점차 축소하여 '호주' 등의 사유는 폐지하고, 신체 조건에 따라 결정하였다. 이를 위해 징병 신체검사에 체격 등위를 반영하고, 이를 기준으로 병역을 분류하도록 개정하였다.

기본적으로 일본 육군은 일정 기간 부대에서 군으로 복무해야 하는 현역과 그 외 병역으로 구분할 수 있다([표 1] '일본 육군 징병제도' 참조). 현역 복무는 그에 부합한 신체조건이 필요하다는 인식 하에 징병 신체검사 시 합격자를 중심으로 현역으로 분류하고, 그 외 병역을 구분하였다. 이때 합격의 가장 중

23 『官報』 1889. 11. 13.

24 『官報』 1895. 3. 16. 징병 제도 중 병역 일부 변경.

25 『官報』 1904. 9. 29. 징병 제도 중 병역 일부 변경.

26 『官報』 1918. 4. 1.

27 일본 정부는 1872년 「徵兵告諭」(1872. 12. 28.)(第三百七十九號 「徵兵令詔書ヒ徵兵告諭」, 『法令全書』, 1872, 432~433쪽)를 통해 1873년부터 徵兵을 시행하고자 하였다(「徵兵令」, 『布告類編』 巻4, 記録課, 1873, 4~51쪽).

28 第四十六号 「徵兵令改正ニ付取扱方」(1879. 10. 27.) (아시아역사자료센터 C08070911800).

29 「徵兵規則」(1873)에서는 병역 조건을 다음과 같이 규정하였다. (i) 신체 건강하며 병졸의 임무를 감당할 수 있는 자. (ii) 20~30세까지의 자. (iii) 5척 이상의 신체 건강한 자. (iv) 복무년한은 4년. (v) '士族卒庶人'을 불문. (vi) 면역은 한 집안의 주인 또는 독자로서 노부모가 있는 자, 불구의 부모가 있는 자(村上勘兵衛, 1873, 『憲法類編』 十七, 明法寮).

30 弾舜平, 1883, 『現行徵兵出役免役適例類纂』, 日新書斎, 52쪽.

31 『官報』 1883. 12. 28.; 『改正徵兵令』, 伊藤書林, 1884.

32 1조, 「徵兵令」(1879. 10. 27.) (小笠原美治 編, 1879, 『現行徵兵規則全書』, 弘令社, 1쪽) (이하 「徵兵令」).

요한 기준은 키였다.[33] 일본 육군의 경우 신장 5척(1.65m)[34] 이하는 현역 합격 기준에 미달한 것으로 판정하였다.[35] 이 경우 평시에는 징집 시기를 유예하였다.[36]

신체 조건이 병역 분류에 중요한 요소가 되면서 일본 육군은 의학적 전문지식을 갖춘 '의관'(醫官)을 징병 신체검사에 배치하고, 이들을 통해 신체검사 결과를 판정하여 병역을 분류하였다.[37] 일본군이 '군의'를 부대에 배치한 것은 1871년이었다.[38] 당시 '군의'의 역할은 치료 등이 중심이었다.[39] 군의를 충분히 확보하지 못한 상황이었음에도 불구하고 징병 신체검사에 '군의'를 배치한 것은 검사에 신뢰를 보장하기 위한 것이었다.[40] 그만큼 징병에서 신체검사가 중요해졌다.

징병 신체검사에서 '의관'의 역할은 '복무기간 병역을 수행'할 수 있는 자원을 구별하고, '질병'과 '기형' 등에 따라 적정한 '병역'을 판정하는 것이었다.[41] 따라서 복무기간 중 병영이라는 집단생활과 군사적 활동 가능 여부가 판정의 중요한 고려요소였다. 반면 그 외 질병은 주로 징병 대상자의 자발적 보고에 의존하였다.[42] 이 때문에 1879년 「징병령」(1879) 개정 당시 질병과 기형 등에 대

33 3조, 「徵兵令」(1879).

34 여기서 尺은 약 0.33m이다(竹林佐介, 1899, 『度量衡制度詳解』, 自治館, 40쪽).

35 70조, 「徵兵令」(1879).

36 30조, 「徵兵令」(1879).

37 14조, 「徵兵令」(1879). 『陸軍衛生制度史』(1913, 574쪽)에서 일본은 「徵兵令」 시행 직후 選兵 과정이 매우 유치하여 이를 보완하기 위해 네덜란드군의 선발 제도 및 교리 등을 상당 부분 수용하였고, 이 과정에서 '軍醫'를 비롯해 '軍陣衛生學' 등도 도입하였다.

38 「軍醫寮被置ノ事」(1871. 7. 5.), 日本 外史局, 『布告全書』 七, 北畠茂兵衛, 1871.

39 당시 군의의 역할과 직제는 「軍醫寮事務章程」(1872)(陸軍軍医团 編, 1913, 『陸軍衛生制度史』, 小寺昌, 574쪽)과 「軍醫部職務章程」(1873) (아시아역사자료센터 C09060002700)에 규정하였다.

40 「陸軍醫官徵兵檢查規則」(1884) (『官報』 1884. 10. 10.).

41 1조, 「陸軍醫官徵兵檢查規則」(1884).

42 38조, 「徵兵事務條例」(1879).

한 면역 기준은 주로 간질, 광병, 백치, 야맹 등이었다.[43] 하지만 1883년 「징병령」(1879)을 개정하면서 이러한 기준이 대폭 바뀌었다.

1883년 「징병령」에서는 병역을 상비병, 후비병, 국민병으로 변경하고,[44] 상비병에 예비병을 포함하여 상비병을 현역과 예비역으로 구분하였다. 이전에는 상비군 복무 이후 예비군에 편입되었지만, 개정 후에는 상비병 복무 이후 후비병에 편입하였다.[45] 이러한 병역 개정은 기존 일본 육군의 군사편제를 '사단'(師團)으로 변경하여 작전공간을 확대하면서 상비병을 확보하기 위한 조치였다.[46] 사단으로 변경하면서 상비병의 확대, 즉 병력 동원이 중요해졌다.

일본은 군비를 확장하면서 효율적으로 군대를 유지하기 위해 동원 형태를 평시와 전시로 구분할 필요가 있었다. 평시에는 최소한의 병력만 징집하여 유지하고, 전시에는 상비병 전체로 동원 규모를 확장하여 효율성을 높이는 것이었다. 문제는 전시에 얼마나 신속하게 상비병을 동원할 수 있는가 하는 점이었다. 신속한 동원을 위해 사전에 병역을 세분화하여 준비할 필요가 있었다.[47] 이를 위해 1883년 「徵兵檢查規則」을 제정하고, 면제 혹은 유예 대상을 명확히

43 38조, 「徵兵事務條例」(1879).

44 『官報』 1883. 12. 28., '徵兵令改正(陸軍省及海軍省連帶)'. 여기서는 우선 용어에 주의할 필요가 있다. 군사적 차원에서 '군'(軍)은 집단 자체의 성격을 의미하는 반면, '병(兵)'은 동원 주체를 의미하였다. 관련 용어 변화는 일본의 군사 정책 변화에 따라 병역 제도 역시 변하였고 그 정책적 특성이 동원 전력 강화에 집중되었다는 것을 의미하였다.

45 『改正徵兵令』, 淸堂, 1884.

46 遠藤芳信, 2015, 『近代日本の戦争計画の成立 : 近代日本陸軍動員計画策定史研究』, 桜井書店, 51~52쪽. 근본적으로 이러한 변화의 기저에는 이른바 '이익선', '주권선'에 기반한 공세 전략 하에 대청강경론의 대두가 있었다(村中朋之, 2004, 「明治期日本における国防戦略転換の背景－朝鮮を「利益線」とするに至るまで」, 『日本大学大学院総合社会情報研究科紀要』 5(100-111), 102~109쪽).

47 1879년 일본 육군의 동원 체계는 상비군이 중심이었다. 이에 병역 역시 전시 예비군을 상비군으로 전환이 용이하도록 편성하였다. 평시 예비군은 주거지를 중심으로 생업에 종사하다가, 전시에 소집되어 상비군 임무를 수행하였다(5조, 「徵兵令」(1879)). 이때 동원을 효과적으로 수행하기 위해 예비군을 포함한 지역 전반에 대한 적절한 통제가 필요하였고, 이에 군이 행정기관까지 필요에 따라 통제할 수 있어야 한다는 명분이 만들어졌다(第三六号 「戒嚴令制定ニ関スル件」(1882), 『太政官布告』 第十, 1882).

하였다.[48] 징병 신체검사 시 의관의 역할도 「陸軍醫官徵兵檢査規則」(1884)을 제정하여,[49] 질병 및 기형 관련 총 84개 사항을 확인하도록 하였다.

이때 주요 검사는 군사적 활동과 밀접한 관계가 있는 기형이나, 집단 생활에 지장을 줄 수 있는 질환을 중심으로 진행하였다.[50] 질병으로 인한 면역의 경우 면제를 포함하는 것으로 변경하였고,[51] 지방 단위로 검사 기준을 적용하던 것[52]을 일본 전체를 통합하여 신체검사 기준을 마련해 징병 신체검사에 반영하였다.[53] 이러한 과정을 거쳐 1889년 「징병령」(1883)을 개정하면서 「징병령」(1889)은 징병 대상자의 체격등위를 4등위로 구분하고,[54] 이를 기준으로 병역을 결정하는 징병 신체검사 체계를 완성하였다.

48 「徵兵令改正」, 『官報』 1883. 12. 28.

49 「陸軍医官徵兵検査規則」, 弾舜平, 『改正徵兵事務全書』 附録2, 1885, 1~14쪽.

50 특이한 점은 '진행성근위축' 등의 질병이 포함되어 있다는 점이었다(「陸軍医官徵兵検査規則」, 弾舜平, 『改正徵兵事務全書』 附録2, 1885, 14쪽). '진행성근위축'(進行性筋萎縮)의 경우 '脊髓勞'와 함께 그 원인이 점차 규명되기 시작하였고(阿部康二, 2017, 「日本における amyotrophic lateral sclerosis(ALS)の初期論文とその今日的考察」, 『臨床神経学』 57(4), 156~158쪽), 매독과의 상관 관계에 대해서도 번역 등 다양한 형태로 일본에 소개되었다(抜爾蘇朗(Robert Bartholow), 1885, 『內科新論』, 鳥谷部政人 訳, 內科新論出版事務所, 354쪽; 子ーゲリ(H. Naegeli), 1888, 「脊髓勞ト梅毒ノ關係」, 『中外医事新報』 192, 26쪽). 물론 '진행성근위축'은 그 진행 정도에 따라 심각할 경우 거동 자체가 불가능하여 군생활 자체가 어려운 것도 있지만, 이러한 증상은 매독과 밀접하게 관련되어 있었다. 다만, 당시 의학적 수준으로는 그 관련성이 명확하지 않은 상태였다. 매독과 '진행성근위축' 간의 관계를 구체적으로 확인한 것은 매독병원균(Treponema pallidum)을 분리한 1905년 이후였다. 일본에도 이것이 소개되었고, 여기에는 '진행성근위축'과 매독과의 관계 역시 포함되었다(纂論 「スピロヘーテ、パルリダ」 研究論叢, 『中外医事新報』 634, 1906, 46~64쪽).

51 16조, 「徵兵令」(1884).

52 「地方徵兵醫院職務概則」(1879).

53 「陸軍志願兵身體檢査規則」(1889).

54 「徵兵令中各兵種の定尺に達せざる者伝々の件」(1889. 5. 3.) (아시아역사자료센터 C06080812400).

[표 2] 체격등위에 따른 판정 및 병역

• 1889년[55]

체격등위	판정	병역
甲	합격	상비병
乙	합격	상비병
丙	불합격	유예
丁	불합격	면역

⇨

• 1892년[56]

체격등위	판정	병역
甲	합격	현역
乙	합격	현역
丙	합격	국민 병역
丁	불합격	면역
戊	불합격	유예

⇨

• 1907년[57]

체격등위	판정	병역
甲	합격	현역
第一乙	합격	현역
第二乙	합격	현역
丙	합격	국민 병역
丁	불합격	면역
戊	불합격	연기

징병제를 시행하면서 일본은 군사 정책상[58] 필요한 인원을 공시하고,[59] 이를 지역별로 할당하였다.[60] 각 지역의 징병관구에서는 할당받은 인원을 선발하기 위해 징병 대상자에게 공지하고, 이들의 신체검사까지 실시한 후 합격자 중 추첨해 현역병으로 징집하여 부대에 배치하였다. 이러한 지역 중심의 징병 절차는 결과적으로 지역 의존 비중이 높았고, 대규모 병력 동원에는 부적절하였다. 1884년 「징병령」 개정 이후 상당 부분 개선하였지만, 여전히 많은 문제가 남아있

55 『官報』 1889. 3. 2., '陸軍省令 第2号 「徵兵檢査規則」通定'; 5조, 陸達第三十七號 「徵兵檢査手續」 (1889. 3. 25.)(『法令全書』 3, 1912, 91~96쪽).

56 『官報』 1892. 3. 18., '陸軍省令第3号 徵兵檢査規則通定'.

57 『官報』 1907. 2. 9., '陸軍省令第1号 徵兵檢査規則中追加', '陸軍省令第2号 徵兵事務條例施行細則中改正'.

58 일본의 군사 정책은 1882년 임오군란 이후 일본 육군을 중심으로 청에 대해 공세적 전략을 취하고자 하였으며, 그 배경에는 조선을 일본의 이익선으로 두고자 하는 것이었다(黒川雄三, 2003, 『近代日本の軍事戦略概史—明治から昭和·平成まで』, 芙蓉書房出版, 37~56쪽). 1888년 공세적 군사 정책 하에서 일본 육군은 전략적 목표를 달성하기 위해 병력 규모를 7개 사단(1개 사단 2만 명 규모)으로 상정하였다(「軍事意見書」, 大山梓 編, 『山縣有朋意見書』, 原書房, 1966, 43쪽).

59 368조, 「徵兵令」(1884).

60 각 진대는 포병, 공병, 기병 등 병과별 병력까지 각각 징병하였다. 이를테면 1886년 東京鎮臺 第1鎮臺의 경우 2개 대대로 구성된 보병 4개 연대(5,669명), 기병 1개 대대(301명), 포병 1개 연대(574명), 공병 1개 대대(299명), 치중병 1개 소대(154명)로 전체 인원은 6,997명이었다(「諸部隊人員表」, 『陸軍省年報 第10年報』, 陸軍省, 1887). 1887년 도쿄진대의 경우 징병 인원은 先입대한 인원까지 포함하여 2,054명이었고, 여기에는 보병, 포병, 공병, 기병 등이 전부 포함되었다(「徵兵概覽表」, 『陸軍省年報 第10年報』, 陸軍省, 1887).

었다. 특히 징병면역세를 납부하여 합법적으로 병역을 대체할 수 있는 제도는 대표적인 문제였고,[61] 이러한 전근대적 요소가 사라진 것은 1889년 이후였다.

1889년 「징병령」 개정은 전략적 구상에 따라 전시에 필요한 전력을 계산하고, 이에 부합하여 동원 계획을 수립하는 일련의 결과였다. 따라서 전시라는 특성에 부합하여 개정되었고, 대표적으로 동원 계획에 따라 보병 이외의 다른 병과까지 선발 계획에 반영하였다.[62] 다양한 병과를 선발 계획에 반영하면서 신체적 조건에 기술 등 개인의 제반 조건까지 고려하게 되었다.[63] 그러나 일본 사회는 청일전쟁 등을 거치면서 병역 기피 풍조가 점차 심화하였고,[64] 질병은 병역을 기피할 수 있는 주요 수단으로 활용되기 시작하였다.[65]

일본 육군의 군비 확장이 계속되면서 징병 신체검사는 점점 더 복잡해졌고,

61 弾舜平, 1877, 『現行徵兵出役免役適例類纂』, 日新書斎, 87쪽.

62 가장 대표적인 것이 '一年志願兵'이다. '一年志願兵'은 전시에 장교를 확보하기 위해 일정 교육 이상 받은 징병대상자를 중심으로 단기간 현역병으로 복무한 이후 예비역 장교로 편입시킨 뒤, 전시 동원 대상으로 관리하는 것이 목적이었다. 이를 위해 일본 정부는 1880년 「後備軍躯員条例」(太政官第十五號, 1880. 9. 28.)를 제정했다. 1883년 「徵兵令」을 개정하면서 1886년에 「陸軍省甲第29号 一年志願兵取扱規則」(『官報』 1886. 6. 28.)을 제정하였고, 장교와 하사관(현재 우리나라에서 그에 상응하는 계급은 부사관이다.) 보충 방식을 구분하면서 「陸軍豫備後備將校補充條例」(勅令六十九號, 1889. 5. 21.)를 제정하였다. 이때 기존 「後備軍躯員条例」(1880)는 폐지하였다. 이처럼 '一年志願兵'은 일본 육군이 전시 군사력을 확장하는 과정에서 장교로 즉각 활용할 수 있는, 당시 인식 상 관립 및 공립학교 재학 혹은 졸업자를 대상으로 하였다. 현역병 복무기간을 3년에서 1년으로 단축하여 '一年志願兵'이라고 하였다(11조, 「徵兵令」(1883)).

63 8조, 「徵兵令」(1889).

64 1889년 불과 794명이던 면제 인원은 청일전쟁이 일어난 1894년에는 227,913명으로 약 287배 증가하였다(『陸軍省統計年報』, 陸軍省, 1883~1894).

65 질병 등 특별한 사유가 있을 경우 규정에 따라 병역을 면제하거나, 경우에 따라 징집 시기를 유예할 수 있었다. 1888년까지 면제자가 없는 것은 징병면역세 등 합법적으로 징병을 대체하여 유예할 수 있는 방법이 존재했기 때문이다. 하지만 1889년 징병 제도를 개편하면서 이른바 '특별한 사유'로 병역을 면제 받는 이들이 급격히 늘어났으며 불과 5년 사이에 면제 인원은 약 287배가 증가하였다.

[표 3] 징집 유예, 징병 면제 현황(1885~1894년) (단위 : 명)

연도	1885	1886	1887	1888	1889	1890	1891	1892	1893	1894
유예	118,532	118,904	209,122	138,075	53,766	39,710	42,230	48,176	50,858	55,284
면제	0	0	0	0	794	76,737	86,737	150,471	228,916	227,918

출처: 『陸軍省統計年報』, 陸軍省, 1883~1894.

이에 비례하여 검진이 차지하고 있는 비중 역시 높아졌다.[66] 하지만 구조적으로 징병 신체검사의 신뢰성을 유지하기란 역부족이었다.[67] 이미 현실적으로 징병의관의 경우 검진해야 하는 대상자가 너무 많았다.[68]

[표 4] 징병 신체검사 순서

• 1889년

순서	과정
준비	탈의
1단계	신장 측정[70]
2단계	관절 운동 검사
3단계	각부 구조 검사[71]
4단계	시력 검사[72]
5단계	골상 검사
6단계	검사 결과 기록

⇨

• 1899년

순서	과정
준비	탈의
1단계	신장 측정
2단계	시력 검사
3단계	언어, 정신, 청력 검사
4단계	일반 구조 검사
5단계	관절 운동 검사
6단계	각부 검사

일본 육군은 이러한 문제를 해결하기 위해 징병 신체검사를 대폭 수정하였

66 「陸軍医官徵兵検查規則ヲ廃シ徵兵検查規則ヲ定ム」(1889. 3. 2.) (아시아역사자료센터 A15111742900). 일본 육군은 「徵兵檢查規則」(1892)을 제정하면서 기존 4등위(甲, 乙, 丙, 丁)로 구분되어 있던 체격등위를 5등위(甲, 乙, 丙, 丁, 戊)로 세분화하였다(『官報』 1892. 3. 18., '陸軍省令第3号 徵兵檢查規則通定').

67 징병 신체검사는 기본적으로 大隊區를 중심으로 진행하였고(4조, 「徵兵事務條例」(1889)), 대대구에 의관을 배치하였다(10조, 「徵兵事務條例」(1889)). 대대구 징병의관은 규정 상 하루에 150명까지 검사할 수 있었다(2조, 「徵兵檢查手續」(1889)). 이 경우 징병 대상자 1명을 검사할 수 있는 시간은 약 3.2분에 불과하였다.

68 陸軍軍医団 編, 1913, 『陸軍衛生制度史』, 小寺昌, 658쪽.

69 「徵兵檢查手續」(1889) (아시아역사자료센터 A15111537900).

70 기본 5尺 이상이지만, 병과에 따라 차이가 있었다. 1889년을 기준으로 살펴보면 보병은 5尺3寸이었다(3조, 「徵兵檢查規則」(1889)).

71 군의는 全身, 頭部, 肛門, 四肢 등에 대해 육안으로 검사를 진행하였다(「陸軍身體檢查手續」(1889)).

72 측정은 20尺(6.6m) 떨어진 거리에서 측정하고, 이때 색맹도 함께 측정하였다. 참고할 점은 '一年志願兵'의 경우 대상이 학생이라는 점을 고려해 시력 기준을 하향 조정했다는 점이다(9조, 「陸軍志願兵身體檢查規則」(1889)). 사실상 전시 장교 동원이라는 최초 입안 당시의 군사 정책적 목적보다, 사회적 엘리트의 병역 부담을 경감하기 위한 형태로 바뀌었다고 할 수 있다.

다. 특히 1894년 청일전쟁 때 대규모 병력의 전시 동원을 경험한 이후 취해진 조치였다.[73] 우선 징병 신체검사의 절차를 수정하였다.[74] 기존 '골상검사' 등의 단계는 삭제하고, 언어, 청력 등에 대한 검사를 추가하였다. 병역 최종 판정 역시 기존에는 각 단계별 검사관이 마지막에 모여 논의하여 결정했지만, 이를 각 단계별로 종결하는 것으로 변경하였다. 이로써 단계별 검사가 끝나면 최종 판정까지 바로 결정되었다.[75]

검사 내용도 대규모 인원을 적시에 동원할 수 있도록 바뀌었다.[76] 제반 군사적 준비를 지속적으로 추진하면서, 군대를 효과적으로 운용하기 위해서는 병력을 집중할 필요가 있었다.[77] 주둔지와 병영은 병력을 집중하기 위한 공간이었다. 일본 육군은 통상 병영에 중대 단위로 '내무반'을 편성하였다. 일본 육군의 '내무반' 생활은 200여 명의 성인 남성이 한 공간에서 24시간 숙식을 함께 하는 것을 의미하였다.[78] 징병 신체검사란 이러한 생활이 가능한 성인 남성을 선별하는 과정이라고 할 수 있다.

병력을 한 공간에 집중한다는 것은 전염병 등에 취약할 수밖에 없었다. 이러한 특성 때문에 일본 육군에서는 일본 정부의 전염병 정책에 따라 대책을 마련하였다. 1879년 일본 정부에서 전염병 관련 「虎列刺病豫防仮規則更正」을 제

73 山縣有朋, 「戰後經營意見書」(1905) (高崎正男, 1979, 『陸軍軍戦備』, 防衛庁防衛研修所, 55쪽).

74 이것은 이후 체격등위를 좀더 세분화시키는 결과로 이어졌다(『官報』 1907. 2. 9.).

75 『陸海軍法規全書』, 厚生堂, 1900; 飯島茂, 1943, 『日本選兵史』, 開発社, 456~543쪽.

76 일본 육군은 청일전쟁 이후 대러 전쟁에 대비하여 기존 7개 사단을 13개 사단까지 증설하였다. 이것은 평시 15만 4천명, 전시 54만 1,200명으로 병력이 증가한다는 것을 의미하였다(高崎正男, 1979, 『陸軍軍戦備』, 防衛庁防衛研修所, 55쪽). 이러한 일본 육군의 군비 확장은 약 30만 명을 개전 직후 동원할 수 있다는 전제가 성립할 때 가능한 것이었다. 하지만 이러한 전제를 성립시키기 위해서는 국민적인 동의가 필요하였다. 이런 동의가 불필요하도록 일본 육군은 주권을 신성불가침한 것으로 만들고, 주권을 안정적으로 확보해야 한다는 이유로 이른바 '이익선'을 자의적으로 설정하였다. 따라서 적시란, 이익선에 군대를 배치하는데 필요한 시간이라고 할 수 있다.

77 마틴 반 클레벨트, 『과학기술과 전쟁』, 이동욱 역, 황금알, 2006, 200~201쪽.

78 大浜徹也, 小沢郁郎 編, 1995, 『改訂版 帝國陸海軍事典』, 同成社, 118~119쪽.

정하자,[79] 일본 육군 역시 이를 부대에 적용하여 「陸軍部内虎列刺病豫防規則」(1880)을 수립하였다.[80]

일본 육군과 정부 간의 관계가 변한 것은 일본이 공세적으로 군사정책을 추진하면서였다. 일본의 정책 변화에 따라 기존 일본 국내 중심의 정부 대책을 군에 그대로 적용하기에는 문제가 있었다. 이에 일본 육군은 「陸軍部内傳染病豫防規則」(1889)을 개정하면서 부대 주둔지 중심으로 변경하였다.[81] 일본 정부의 전염병 대책은 일본 국내를 중심으로 계획을 수립한 것이기 때문에 지역사회와 행정관서가 상호 협조하는 구조였다. 반면, 일본 육군은 필요한 경우에만 일부 사항에 한해 협의하도록 하였다.[82] 일본 육군 부대의 주둔 혹은 작전 지역이 일본을 벗어날 수 있다는 점을 고려한 것이었다. 이러한 적용 범위 확대는 징병 신체검사 역시 마찬가지였다.

일본 육군이 징병 신체검사를 통해 성병 관리에 중점을 둔 것은 전염병의 확산을 차단하기 위한 것이었다. 전염병의 확산을 차단하기 위한 가장 효과적인 방법은 모든 대상자를 검사하고, 그중 비감염자에 한해 유입을 허용하는 것이다. 일본 육군은 징병 신체검사에서 매독 등 성병 환자를 '병종'(丙種)으로 분류하여 이들을 제외하고 비감염자만 현역병으로 징집하였다. 일본 국적의 모든 남성은 20세에 징병 신체검사를 받도록 되어 있기 때문에 일본 육군은 징병 신체검사라

79 1880년대 일본 정부의 전염병 관련 법규는 기본적으로 1879년 6월 太政官布告第二十三號로 제정한 「虎列刺病豫防仮規則」(1879)과 이를 토대로 12월 제정한 「虎列刺病豫防仮規則更正」(1879)을 배경으로 한다. 이후 일본 정부는 「傳染病豫防規則」(太政官布告第三十四號, 1880. 7. 9.)에서 콜레라뿐만 아니라 장티푸스, 이질, 디프테리아, 발진티푸스, 두창까지 법정전염병의 범위를 확대하였다.

80 일본 육군은 기본적으로 치료와 예방 등에 대한 일본 정부의 규정을 그대로 준용하여 규칙을 수립하였다(「陸軍部内虎列刺病豫防規則」(1880)). 다만 집단생활이라는 특성을 고려하여 일부 질병을 추가하였다.

81 「陸軍部内傳染病豫防規則」(陸軍省令第十九號, 1889. 12. 28.), 『官報』 1889. 12. 28.

82 일본 육군은 주둔지 부대장이 지역 행정관서 등과 협의할 수 있는 사항에 대해 환자를 격리할 수 있는 장소가 필요한 경우(11조)와 환자의 배설물 등을 처리하기 위한 경우(13조) 등으로 한정하였다(「陸軍部内傳染病豫防規則」(1889)).

는 통제된 경로를 통해 성병의 군내 유입을 차단할 수 있다고 기대하였다.

그러나 일본 육군이 기대한 성병 차단은 다른 국가의 경우처럼 실현하기 어려운 문제였다. 일본군이 만들어 놓은 울타리는 통제할 수 없는 경로가 너무 많았고, 징병 신체검사조차 신뢰할 수 없었다. 기본적으로 검진이라는 행위는 발병 원인을 식별하여, 진단하는 것이었다. 그런데 매독 원인균조차 분리해내지 못하고 있는 상황에서 진단 결과를 신뢰하기란 어려웠고, 징병 신체검사 판정 결과와 이를 토대로 한 병역 분류 역시 신뢰하기 어려웠다. 일본 사회 내부적으로는 면역이 신앙의 대상이 될 정도로 중요한 비중을 차지하였지만,[83] 징병에 대한 일본 사회의 인식은 운과 같은 우연적 요소에 상당 부분 기대고 있는 것이 현실이었다.[84] 징병 신체검사의 수준 자체가 이를 제대로 충족하지 못한 결과였다.

매독의 경우 면역 대상이었음에도 불구하고 단지 시각적으로 드러난 증상만으로 진단하는 수준이었다. 잠복매독의 경우 애초부터 징병 신체검사에서 검진하는 것이 불가능하였다. 이러한 문제는 1905년 '바세르만 검사'라고 불리는 혈청을 기반으로 한 검사 방식이 등장하면서 근본적인 해결적 모색이 가능해졌다.

Ⅲ. 성병 관리를 위한 '통제경로'

1910년대 초까지 징병 신체검사에서 대상자가 매독으로 진단받을 경우 병역을 '병종'(丙種)으로 분류하였다. 징병 대상자가 '병종'(丙種)으로 병역이 분류된 경우 현역으로는 복무할 수 없고, '국민병역'(國民兵役)에 편입되었다. 엄밀히 본다면

83 大江志乃夫, 1981, 「'徵兵よけ'の神から千人針まで」, 『季刊科学と思想』 9, 524쪽.

84 오히려 징병 신체검사 이후 추첨을 통해 현역 징집을 결정하여 사실상 추첨이라는 요행을 통해 공평할 수 있다는 기대심리로 발전한 것이라고 할 수 있다(秋山博志, 2011, 「徵兵検査における抽籤制度の一考察」, 『佛教大学大学院紀要 文学研究科篇』 39, 54쪽).

'국민병역'을 수행하는 것도 역을 수행하는 것이기 때문에 '면역'(免役)은 아니었지만, 현역으로 복무하는 것을 면하는 것이기에 당시에 '면역'(免役)이라고 하였다.

일본 육군에서 징병 신체검사의 체격등위에 따라 병역을 분류한 것은 일본군이 요구하는 군사작전 수행에 적합한 군인을 선별하는 것이 목적이었다. 이때 '병종'(丙種)은 애매한 체격등위에 해당하였다. '병종'(丙種)의 분류 기준은 신장 5척(1.65m) 이상이지만 신체조건이 '을종'(乙種)에 못 미치거나, 신장이 5척(1.65m) 미만이지만 4척 8치(1.58m) 이상으로 신체조건이 '정종'(丁種)과 '술종'(戌種)의 등위에는 부합하지 않는 경우였다. 주로 이 분류 기준에 해당하는 이들은 일본 육군에서 요구하는 군사적 역할을 수행하는 것이 불가능한 것은 아니었지만, 현역 복무 기준인 5척(1.65m)에 미달한 경우였다. 반대로 키는 현역 기준에 부합하지만, 질병 등으로 군사적 임무 수행이 어려운 경우도 포함하였다. 매독으로 진단받을 경우 후자에 해당하였다.

당시 질병을 사유로 국민병역에 편입하는 것은 병역을 기피하려는 목적으로 활용될 가능성이 높았다.[85] 병역 면제 사유로 질병을 활용한 배경에는 사유의 증명 같은 결과의 불분명성이 자리하고 있다. 매독처럼 그 당시 의학 수준으로는 감염 여부를 증명하기 어려운 경우가 특히 그러하였다.[86] 이러한 현상은 입대에 대한 두려움이 확산될수록 빈번하게 일어났고, 병역 기피는 사법적 처벌 대상이었지만 지속적으로 나타났다.[87] 이런 상황에서 매독에 대한 새로운 검진 방법은 결과의 불분명성을 제거할 수 있어 일본 육군의 성병 관리에 중요한 의미가 있었다.

85 石浦謙二郎, 1916,『兵役須知 : 適令者必携 一名·兵役の真意義』, 兵事雑誌社, 56~57쪽.

86 三上真理子, 2011,「茨城県における徴兵逃亡·失踪者たち : 明治·大正期の茨城県行政文書を中心に」,『三田社会学第』16, 120쪽.

87 1889년 징병제를 개편 이후 가장 많이 제기한 면역 사유는 신체훼손이다. 신체훼손을 제외한 사유는 내과 관련 사유였다(『徴兵事務摘要』, 陸軍省, 1914). 내과 관련 질병은 그 진위를 가리기 어렵다는 인식 때문이었다.

새로운 검진 방법 도입 이전의 매독 관리 방법은 일본 내 각국 조계에서 행해지던 매독 관리의 연장선이라고 할 수 있었다. 유럽 각국은 자국민을 보호한다는 이유로 일본 정부를 상대로 질병 관련 대책을 요구하였고, 특히 접객 여성의 매독 검사를 요구하였다.[88] 접객 여성을 상대로 매독 검사를 요구한 것은 일본을 매독의 온상이라고 여긴 결과였다.[89] 이런 이유로 영국 등은 자국에서 시행 중이던 'Contagious Diseases Act'(1864)[90] 이른바 '매춘부'에 대한 매독 검사법을 일본 정부에게도 요구하였다.[91] 영국 정부의 요구에 일본 정부는 개항장이었던 요코하마에 매독 검사소를 설치하고, 당시 영국 해군 군의인 조지 브루스 뉴튼(George Bruce Newton)으로 하여금 운영하도록 하였다.[92]

이처럼 일본의 매독 관리는 한편에서는 유럽의 일본에 대한 인식을 인정한 것이었으며, 또다른 측면에서는 이러한 인식을 토대로 유럽에서 시행 중이던 매독 관리 정책을 일본에 그대로 적용한 결과였다. 당시 유럽 각국은 성매매 여성을 감염 경로로 인식하고, 이들에 대한 검진과 격리를 통해 성병을 관리하려고 하였다. 실제 프랑스는 1810년부터 '매춘부'를 보호한다는 이유로 경찰에

88 『松本順自伝·長与専斎自伝』, 小川鼎三, 酒井シヅ 校注, 平凡社, 1980, 24~25쪽.

89 영국은 1860년대 영국 해군의 주요 사상자가 매독 등에 의해 발생하였으며, 일본을 그 온상('hot-bed')이라고 지목하였다(*Shipping and Mercantile Gazette*, 21 November, 1867., 'The Gazette : The statistical report of the health of the Navy for 1864.').

90 영국은 관련 정책을 추진하고자 Contagious Diseases Act(1864)를 제정하였다. 영국에서 이 법안을 입안한 배경은 당시 질병 관련 피해가 증가하고 있던 영국 해군을 보호한다는 명분이었다(*Morning Post*, 20 August, 1864., 'New Act on "The Social Evil."'). 이런 이유로 법령('Act for the Prevention of Contagious Diseases at certain Naval and Military Stations.'(1864. 7. 29.) (Great Britain. Parliament, *Various Sanitary Acts, 1847~1876* (London : H.M.S.O., 1847~1876)))은 영국 해군 기지가 있는 영국 내 항구를 중심으로 매춘 여성으로 의심되는 여성을 상대로 경찰이 매독 검사와 치료를 강제할 수 있도록 하는 법안이었다. 이 법은 1869년까지 몇 차례 개정을 통해 적용 지역을 18개 지역으로 확대하였다(Judith R. Walkowitz, *Prostitution and Victorian society : women, class, and the state* (Cambridge : Cambridge University Press, 1980), 1쪽).

91 *Army and Navy Gazette*, 25 July, 1868., 'The statistical report of the health of the Navy for 1865.'

92 福田眞人, 2004, 「英国海軍軍医·検梅医ニュートンとその梅毒病院、そして梅毒言説 : 近代日本梅毒の文化史」, 『言語文化論集』 25(2), 2~3쪽.

등록하도록 했고, 주기적인 매독 검진을 시행하고 진단 시에는 병원에 구금하였다.[93] 영국은 경찰이 '매춘부'라고 의심되는 여성에게 매독 검사를 요구할 수 있었고,[94] 이때 여성은 매독 검사를 받거나, 걸리지 않았다는 것을 증명할 수 있는 진단서가 필요하였다. 만일 해당 여성이 매독 검사를 거부하거나, 의사의 진단서를 제출하지 못할 경우 경찰은 치료를 명분으로 여성을 3개월간 병원에 강제로 입원시킬 수 있었다.[95] 일본은 이러한 유럽 국가의 제도에 따라 요코하마를 시작으로 주요 개항장과 도시에 매독 검사소를 설치하고,[96] 각 지역의 접객 여성은 주기적으로 검진을 받도록 하였다.[97]

당시 일본이 매독 관리를 접객 여성에게 집중한 것은 감염 경로 때문이었다. '성병'이라는 표현 자체가 감염 경로에 대한 표현이었고, 남성과 여성이 생식적 성교를 통해 감염된다고 인식하였다. 이때 여성은 혼전에 생식적 성교 경험이 일상적이지 않다는 시대적 인식 하에 매독에 감염될 수 있는 경로는 결국

93 Laurie Bernstein, *Sonia's Daughters: Prostitutes and Their Regulation in Imperial Russia* (Berkeley, Calif.: University of California Press, 1995), p.2. 프랑스에서 이렇게 운용되는 곳을 'maison de tolérées'이라고 하였고, 사실상 제2차 세계대전 당시까지 유지하였다. 이렇게 프랑스 정부에 의해 관리되는 시설은 1946년 Loi Marthe Richard을 제정하면서 폐쇄되었지만, 1960년대까지 베트남, 알제리 등에서는 공공연하게 프랑스군에서 관련 시설을 운영한 것으로 되어 있다.

94 이성숙, 「영국 빅토리아 시대의 성병방지법과 매춘여성들」, 『서양사론』 69, 2001, 72~74쪽.

95 Article 14 - Article 16, Act for the Prevention of Contagious Diseases at certain Naval and Military Stations.(1864. 7. 29.) (Great Britain, *Parliament, Various Sanitary Acts, 1847~1876* (London : H.M.S.O., 1847~1876), pp.731~732. 이런 이유로 영국에서는 각 지역의 매독 병원을 'Lock Hospital'이라고 하였다(*London Evening Standard*, 21 November, 1867., 'Contagious Diseases Act').

96 일본은 매독 검사와 치료를 위한 '黴毒病院'을 요코하마에서 시작하여, 나가사키와 고베 등에 순차적으로 설치하였다. 1876년 4월 일본 내무성에서 지방까지 '창기' 영업을 허용하면서 매독 검사를 각 지방에서도 시행하였다(日本 内閣記録局 編, 1891, 『法規分類大全 : 32 衛生門 2』, 内閣記録局, 480쪽). 시행 직후인 1877년 일본 내무성 위생국 보고에 따르면 매독 검사를 위한 병원은 일본 내 총 40개로 공립이 34개, 사립이 6개이며(日本 内務省衛生局, 1877, 『衛生局報告』, 27쪽), 병원 규모를 기준으로 일본 내 매독 검사소는 10여 년 만에 40배가 증가하였다.

97 6조, 「娼妓規則」(『娼妓芸妓解放資料』, 東京府, 1873). 1조, 「娼妓黴毒檢査規則」(1876). 1876년 관련 규칙을 제정할 당시에는 매월 5일 매독 검사를 받도록 하였지만, 지방까지 '창기' 영업을 허용하면서 개정 요구가 제기되었고, 이에 1878년 1월 23일 규칙을 개정하여 지역별로 요일을 지정하였다(「警視本署娼妓黴毒檢査規則第一條ヲ改正ス」(1878. 1. 23.), 日本 内閣記録局 編, 『法規分類大全 : 32 衛生門 2』, 内閣記録局, 1891, 488~489쪽).

불결한 밀매음밖에 없다는 것이다.[98]

일본 육군의 매독 관리는 접객 여성을 감염 경로로 본다는 점에서 일본의 성병 관리와 동일했다. 다만 일본 남성을 대상으로 하는 징병 신체검사에 이를 반영한 것은 징병 대상자를 징집 전에 전수검사한다는 점과 접객 여성을 상대로 일본 육군이 직접 강제력을 행사할 수 없다는 점이 복합적으로 작용한 결과였다. 강제력의 행사 여부는 매우 중요했다. 검사자가 피검사자를 직접 마주해야 매독 징후를 검사할 수 있는 육안 검사 방식을 사용했기 때문이다. 검사자가 비록 피검사자의 상태 혹은 증상을 청취한다 해도 징후를 육안 이외에는 확인할 방법이 없었다.

檢査梅毒[99]

再昨日에 廣濟院에서 娼妓의 梅毒을 檢查ᄒᆞᄂᆞᆫᄃᆡ 日本陸軍軍醫 藤田嗣章氏가 該事務를 親自視察ᄒᆞ얏다더라.

梅毒檢査[100]

漢城五部內各坊曲에 居生ᄒᆞᄂᆞᆫ 賣淫女 等을 昨日 各警察署에서 南部管內詩洞賣淫女診察所로 指揮會同ᄒᆞ야 梅毒의 有無를 檢查ᄒᆞ얏다더라.

문제는 육안에 의한 매독 검사는 오진 가능성이 높다는 점이었다. 매독을 비롯한 성병 검사는 주로 피부 병변을 통해 진단할 수 있었고, 시각적으로 확인 가능한 피부궤양(chancre) 등은 성병을 진단하는 중요한 근거였다.[101] 반대로

98 松本安子, 1900,『男女生殖健全法』, 中央看護婦会, 115~116쪽.

99 『황성신문』 1907. 2. 7., '檢査梅毒'.

100 『황성신문』 1909. 8. 5., '梅毒檢査'.

101 French, Herbert Cumming, *Syphilis in the army : ... and its influence on military service, its causes, treatment, and the means which it is advisable to adopt for its prevention* (London : Bale, Sons &

시각적으로 확인 가능한 병변이 나타나기 이전까지는 진단이 어렵다는 것을 의미하였다. 특히 잠복매독 같은 경우 사실상 진단이 불가능하였다.[102] 이러한 한계는 매독 검사를 육안에 의존한 결과였다.

[표 5] 매독의 진행과정 중 징후와 증상[103]

시기	징후	증 상
제1기	하감	살갗의 습한 부위나 점막으로 피부 궤양
제2기 초기	하감	손 · 발바닥 등 전신에 경미한 발진 입 안과 목구멍, 입술 등에 점막반과 원형탈모 발생 근육통, 식욕 감퇴, 복통, 두통 및 홍체염으로 시력 손상
	잠복기	악성종양과 고무종 신경과 혈관을 시작으로 염증
제2기 중기	피부병소	국지적 발진
	진행성 마비	간헐적이며 진행성 마비, 두통, 불면증, 체중 감소, 경련 등
제3기	척수로 전조	극심한 통증과 구토
	심혈관 매독 전조	혈관 손상
	진행성 마비	환각, 과대망상, 치매, 마비
	척수로	보행장애 배뇨장애, 발기부전, 시야장애, 손발저림 아질-로버트슨 동공 증상
	뇌매독, 뇌혈관매독	두통, 매스꺼움, 구토, 발작, 성격장애, 중풍으로 연결

일본 육군의 징병 신체검사는 앞서 살펴본 바와 같이 육안 검사가 중심이었고, 매독 검사 역시 마찬가지였다. 이것은 일본 정부의 접객 여성에 대한 매독 검사와 별반 차이가 없었다. 이러한 검사 방식이 바뀐 것은 1905년 매독 원인

Danielsson, 1907), pp.31-34.

102 이른바 '잠복매독'(Latent Syphilis)이라고 하여 증상이나 증후가 나타나지 않는 경우가 있다. 이 경우 그 기간이 1년 이상 유지되기도 한다(최상호, 2016, 「잠복매독 진단을 위한 혈청 검사의 해석」, 『대한내과학회지』 91(3), 273쪽).

103 데버러 헤이든, 『매독』, 이종길 옮김, 길산, 2004, 381~387쪽.

균(Treponema pallidum)[104]을 프리츠 샤우딘(Fritz Schaudinn)과 에릭 호프만(Erich Hoffmann) 등이 발견한 이후였다.[105] 매독 원인균의 확인으로 매독이 주로 성 행위를 통해 감염되지만, 입맞춤 혹은 단순 피부 접촉을 통해서도 충분히 전염될 수 있다는 점이 밝혀졌다. 때에 따라서는 의복이나 식기 등을 통해서도 감염될 수 있다는 점이 확인되었다.[106]

매독 원인균을 분리하면서 감염 여부를 보다 쉽게 확인할 수 있는 방법이 개발되었다. 1906년 아우구스트 폰 바세르만(August von Wassermann)과 알베르트 나이서(Albert Neisser) 그리고 칼 브룩(Carl Bruck) 등은 혈청을 이용하여 매독의 감염 여부를 확인할 수 있는 방법을 발표하였다.[107] 흔히 '바세르만 검사(Wassermann test)'[108]라고 불리는 이 검사는 매독에 감염될 경우 만들어지는 항체를 검출하는 방식이었다. 즉 혈청 내에 항체가 없다면 매독에 감염되지 않았다는 것을 의미하였다. 바세르만 검사는 매독 검사에 있어 중요한 전기를 가져왔다.

당시까지 매독 검사와 관련하여 일본 육군에서 문제점으로 지적한 것은 검사자가 피검사자를 대면해야 한다는 점과 검사 결과를 신뢰할 수 없다는 점이었다. 주로 육안 검사로 인한 문제점이었다. 반면 바세르만 검사는 혈청만 체취하면 검사가 가능했기 때문에 검사자가 피검사자를 마주할 필요가 없었

104 발견 당시에는 'Spirochaeta pallida'라고 명명되었다('The Spirochaeta Pallida' in *The British Medical Journal, Vol. 2, No. 2334*(Sep., 1905), pp.748-749).

105 Mark Harrison, *Medicine and victory : British military medicine in the Second World War*, Oxford : Oxford University Press, 2012, p.155.

106 Vedder, Edward Bright, *Syphilis and public health*, Philadelphia : Lea & Febiger, 1918, pp.126-127.

107 August von Wassermann Albert Neisser, Carl Bruck, 'Eine serodiagnostische Reaktion bei Syphilis' in *Deutsche Medizinische Wochenschrift, 32. Jg., Nr. 48*, 1906, s.745-746.

108 바세르만 검사를 당시 일본에서는 'ワッセルマン 補体結合反應'이라고 표현하였다. 이것은 검사가 보체 결합 즉, 응집 반응을 통해 확인하는 것이기 때문이었다. 이런 이유로 '바세르만 반응'이라고 부르기도 하였다. 여기서는 '바세르만 검사'로 통일하였다.

다.[109] 단지 피검사자의 혈청을 채취할 수 있으면 매독 감염 여부를 검사할 수 있었다. 검진 결과 역시 다양한 증상에 따라 그 징후를 확인하고 판별해야 하는 육안 검사에 비해 혈청 검사는 항체의 생성 여부만으로 결과를 판정하기 때문에 보다 객관적이었다.[110] 이런 이유로 일본 정부는 바세르만 검사를 매독 검사에 적용하였고,[111] 일본 육군 역시 마찬가지였다.[112]

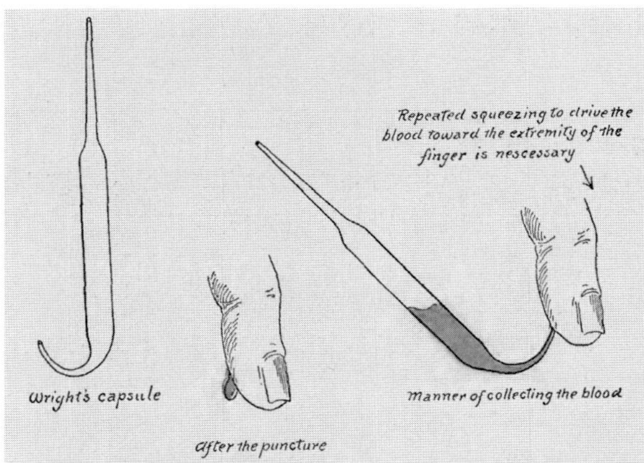

FIG. 6a.—Showing the manner of collecting the blood with a Wright's capsule.

〈그림〉 바세르만 검사 시 혈청 채취 방법[113]

1909년 파울 에를리히(Paul Ehrlich) 등은 매독 치료제(Arsphenamine)를 발표하

109 대상자의 혈청 1cc만을 채취할 수 있으면 그것으로 매독 검사가 가능한 것으로 알려졌다(Hideyo Noguchi, 1911, *Serum diagnosis of syphilis and the butyric acid test for syphilis*, London : J. B. Lippincott, pp.54-55).

110 영국에서는 바세르만 검사로 사람들이 성적으로 더욱 문란해질 수 있다는 도덕적 비판이 제기되었지만, 일본 등 각국은 정부 차원에서 바세르만 검사를 도입하였다(*Dundee Courier*, December 8, 1913, 'ROYAL COMMISSION ON VENEREAL DISEASES.').

111 フオル子ット, 1908, 「陸軍 黴毒ノ血清診斷」, 『中外医事新報』 676, 660~663쪽; 「黴毒ノ血清診斷(承前)」, 『中外医事新報』 677, 1908, 780~782쪽.

112 일본 육군은 바세르만 검사 방법을 유인물로 배포하였다('黴毒血淸診斷法印刷の件'(1909. 10. 29)(아시아역사자료센터 C06085046500)).

113 Hideyo Noguchi, *Serum Diagnosis of Syphilis and the butyric acid test for syphilis*, London : J. B. Lippincott Company, 1911), 55쪽.

였다. 이른바 'Salvarsan 606'이라고 불리는 비소 기반의 치료제였다.[114] 일본은 'Salvarsan 606'의 개발부터 깊이 개입하고 있었다. 당시 에를리히(Ehrlich)와 함께 'Salvarsan 606' 개발에 핵심적인 역할을 한 연구진 중에는 일본인 연구자가 있었다. 그는 일본 내무성 산하 전염병연구소에서 근무하던 하타 사하치[秦佐八郎]로 1909년 독일에 유학하여 개발에 참여하였다.[115] 이때 하타 사하치의 신분은 일본 육군 군의였다.[116] 이 때문에 일본 육군은 'Salvarsan 606'에 대해 일찍부터 상당 부분 파악하고 있었다.[117]

[표 6] 매독 단계별 바세르만 검사 반응 비율[118]

병기	반응 비율
제1기	55.0%
제2기	81.0%
제3기	84.0%
잠복기	48.0~58.0%

그러나 매독의 검진과 치료에 바세르만 검사와 살바르산 606은 모두 문제점을 안고 있었다. 일본 육군에서 작성한 바세르만 검사의 주의사항을 살펴보면

114 'Ehrlich's New Antisyphilitic Remedy', in *The British Medical Journal, Vol. 2, No. 2594* (Sep. 17, 1910), pp.793-794.

115 '伝染病研究所技師陸軍二等河医従六位勲六等秦佐八郎'(1911. 4. 12.) (아시아역사자료센터 A10112714700). 전염병연구소는 내무성 관할이지만(『官報』 1905. 3. 29., '勅令第88号傳染病研究所官制'), 일본 육군은 여기에 군의관을 파견하여 관여하였다('伝染病研究所軍医派遣の件'(1896. 2. 15.) (아시아역사자료센터 C06082208200)).

116 일본 육군은 매독 치료 강습회를 개최하고, 강연자로 하타 사하치를 내세우는 등 적극적으로 활용하였다('秦氏黴毒新治療法講習会に参列の件'(1910. 12. 15.) (아시아역사자료센터 C07072903400)).

117 실제 당시 하타 사하치의 공적조서에는 'Salvarsan 606'의 개발 과정과 특성을 상세히 기록하였다('伝染病研究所技師陸軍二等河医従六位勲六等秦佐八郎'(1911. 4. 12.) (아시아역사자료센터 A10112714700)).

118 '黴毒血清診斷法印刷の件'(1909. 10. 29.) (아시아역사자료센터 C06085046500).

바세르만 검사는 1기와 잠복기에 항체에 대한 반응 비율이 절반 정도에 불과하였다. 반면 2~3기의 경우에는 80% 이상 반응이 검출되었지만, 이 시기에는 육안 검사로도 충분히 그 징후를 확인할 수 있었다. 물론 바세르만 검사는 육안 검사로 놓치기 쉬운 1기와 잠복기에 대해 절반 정도 검진할 수 있다는 장점이 있었다. 여기에 검사를 반복할 경우 진단의 신뢰성을 높일 수 있었다. 하지만 이것만으로 이전 육안 검사 체계를 완전히 대체하기는 어려웠다.[119] 이러한 바세르만 검사의 특성을 일본 육군은 1909년에 파악하고 있었다.[120]

살바르산 606 역시 문제가 있었다. 가장 큰 문제는 살바르산 606을 이용한 치료가 전문적 기술을 필요로 한다는 점이었다. 이 때문에 살바르산 606 투여 이후 환자가 사망했다는 보고가 계속되었고,[121] 이에 대한 반박이 이어지고 있는 상황이었다.[122] 이것은 살바르산 606의 치료적 가치를 떠나 살바르산 606 자체를 의료 현장에서 안정적으로 사용하기 어렵다는 것을 의미하였다. 더불어 비소에 기반을 둔 살바르산 606의 특성상 비소암의 발병 가능성까지 제기되면서 그 부작용 역시 무시할 수 없는 상황이었다.[123]

제1차 세계대전은 바세르만 검사와 살바르산 606의 안정성 논란에 대해 중요한 분기점이 되었다. 당시 영국군은 증가하고 있는 성병 문제를 교육, 예방

119 이런 이유 때문에 당시 영국을 비롯해 주요 국가에서는 바세르만 검사의 가치와 효용성 논란이 이어지고 있었다(Wm. M. Bryan, Jas. F. Hooker, 'Prevalence of Syphilis: As Indicated by the Routine Use of the Wassermann Reaction', in *Public Health Reports (1896~1970), Vol. 31, No. 47* (Nov. 24, 1916), pp.3230-3231; J. M. Beattie, 'The Value Of The Wassermann Test', in *The British Medical Journal Vol. 1, No. 2991* (Apr. 27, 1918), pp.493-494).

120 이러한 상황은 일본 정부 역시 마찬가지였다. 일본 내무성의 위생국은 1911년 전염병연구소의 주요 성과 중 하나로 바세르만 검사를 이용한 매독 검진을 제시하였다(日本内務省衛生局 編, 1912,『衛生局年報』, 日本内務省衛生局, 6~7쪽).

121 'Deaths After Salvarsan', in *The British Medical Journal, Vol. 1, No. 2783* (May 2, 1914), p.982.

122 'Adrenalin In The Treatment Of Accidents Due To Salvarsan Injections', in *The British Medical Journal, Vol. 1, No. 2788* (Jun. 6, 1914), pp.1260-1261.

123 Jonathan Hutchinson, 'Salvarsan ("606") And Arsenic Cancer', in *The British Medical Journal, Vol. 1, No. 2626* (Apr. 29, 1911), pp.976-977.

이라는 차원에서 대처하고자 하였다. 영국은 왕립 조사위원회를 발족하여 성병 관리에 대해 대중의 도덕적 기준을 높이고, 스스로 통제할 수 있는 교육의 필요성을 강조하였다.[124] 반면 여성을 중심으로 한 성병 통제 방식은 프랑스와 영국 등의 사례에서 보여지듯 성공하기 어렵다고 주장하였다.[125] 이러한 주장의 배경에는 여성을 범죄자로 취급하는 것에 대한 인식의 전환 등이 중요한 역할을 하였다.[126] 일본 역시 이러한 세계적 추세에 따라 매독 등 성병을 결핵과 함께 만성 전염병으로 규정하고, 이에 대한 대응책을 마련하고자 하였다.[127] 일본 내무성에서도 '花柳病講習會' 등을 1916년부터 개최하여 성병에 대한 교육을 강화하였다.[128]

그러나 전쟁은 현실적으로 개인에게 도덕적 자제력을 요구하기 어려운 극단적 상황이었고, 상황에 따라 이러한 문제는 더욱 심각해질 수 있었다. 이를테면 전세가 불리한 상황에서 개인에게 도덕적 자제력을 적극적으로 요구하기는 어려웠다.[129] 그런 상황에서 즉각적인 효과를 거둘 수 있는 수단은 예방 도구와 치료 시설이라고 인식하였고,[130] 매독 등에 노출될 수 있는 가능성을 최

124 성병의 주요 원인을 남성의 자제력 부족으로 보고(Malcolm Morris, *The nation's health : the stamping out of venereal disease* (London : Cassell, 1917), p.41), 교육을 통한 자제력 강화를 대책으로 제시하였다(M. W. Adler, 'The terrible peril : a historical perspective on the venereal diseases', in *The British Medical Journal, Vol. 281, No. 6234* (Jul. 19, 1980), p.207).

125 Malcolm Morris, *The nation's health : the stamping out of venereal disease*, London : Cassell, 1917, pp.108-109.

126 남성의 행위 자체에 대해서는 어쩔 수 없는 자연적 현상으로 치부하는 경향성이 여전히 존재하였지만, 근본적으로 여성의 행위를 범죄화하는 것에 대해서 문제를 제기하였다(William Burgess, Harry Olson, *The World's Social Evil : A Historical Review and Study of the Problems Relating to the Subject* (Chicago : Saul Brothers, Publishers, 1914), p.85).

127 '慢性伝染病予防に関する建議'(1916. 2. 19.) (아시아역사자료센터 A14080172200).

128 『官報』 1916. 5. 18., '彙報(内務省)花柳病講習會第一回'.

129 1차 세계대전 당시 영국 정부는 프랑스에 파병한 영국군에게 술과 여성에 대해 자제할 것을 강조했지만(Arthur G., *Life of Lord Kitchener. Vol 3.* (London : MacMillan and Sons, 1920)), 별다른 성과를 거두지 못하였다(Rout E. A., *England and venereal disease v. 1* (BMJ, 1922), p.975).

130 당시 미국을 비롯한 영국 등 연합국 측에서는 대표적인 예방 도구로 수은과 염소 등으로 만든 연고 등을 군인에게 제공하였다(George Walker, *Venereal disease in the American Expeditionary Forces*

소화한다는 측면에서 매춘부 등에 대한 통제 역시 하나의 방법으로 제시되었다.[131] 그러나 여기서 매춘부에 대한 통제는 군사적 활동 지역에 매춘부가 없도록 통제한다는 의미였으며, 예방 도구의 배포와 치료시설의 설치는 휴가 등으로 군사적 활동 지역에서 벗어난 경우를 의미하였다.[132] 이것은 여전히 성매매에서 성병이 비롯되었다는 인식에서는 벗어나지 못했지만, 성매매 여성에 대한 통제가 해결책이 될 수 없다는 점도 인정한 것이라고 할 수 있다.

반면 일본 육군의 성병 관련 문제 인식은 주로 병력 수급과 병역 기피에 있었다. 바세르만 검사가 오히려 병역 기피의 주요 수단이 될 수 있었다. 우선 바세르만 검사는 다른 질병에 대해서도 매독과 동일한 반응이 나타날 수 있었다. 대표적으로 말라리아에 감염된 경우에도 매독과 동일한 반응이 나타날 수 있었다. 과거 성병에 걸렸다 완치된 경우에도 항체의 특성상 계속해서 양성 반응이 나타날 수 있었다.[133]

이러한 특성은 바세르만 검사가 병역 기피의 주요 수단이 될 수 있다는 것을 의미하였다. 일본 육군은 군비확장 정책에 따라 계속해서 병력 규모를 확대하고 있었고, 1888년 6개 사단은 1907년 19개 사단으로 증가하였고, 1919년에는 21개 사단까지 증가하였다. 1922년 워싱턴회의 이전까지 일본 육군 규모는 동원계획 상 1,488,179명에 달하였다.[134] 징병 신체검사에서 갑종과 을종으로 분류된 인원으로 이를 보충하는 구조였다.

(Baltimore : Medical Standard Book Co., 1922), pp. 4-7). 이러한 행위는 프랑스에 주둔한 미군을 비롯한 연합군의 성매매를 사실상 용인한 것과 마찬가지였다.

131 John T. Phair, 'Communicable Disease Control in Wartime', in *Canadian Public Health Journal, Vol. 32, No. 11* (Nov., 1941), p. 568.

132 J. J. Heagerty, 'Venereal Disease Control During Wartime', in *Canadian Public Health Journal, Vol. 30, No. 12* (Dec., 1939), pp. 570-571.

133 S. Nakajo and T. Asakura, 'Further Observations on the Serologic Diagnosis of Leprosy', in *The Journal of Infectious Diseases*, Vol. 17, No. 2 (Sep., 1915), p. 402.

134 高崎正男, 1979, 『陸軍軍戰備』, 防衛廳防衛硏修所, 104쪽.

[표 7] 일본 징병 신체검사 병역 판정 결과(1909~1920)[135]

연도	징병검사 인원	체격등위별인원					판정결과	
		갑	을	병	정	술	현역	현역비율
1909	466,451	177,341	132,774	98,325	32,038	4,197	304,827	70.07%
1910	439,141	171,151	142,231	95,181	31,565	7,144	319,572	77.44%
1911	408,707	155,923	133,194	94,489	27,741	6,274	304,345	66.31%
1912	457,844	165,907	128,399	83,244	24,702	6,274	284,322	62.74%
1913	448,951	162,250	136,520	101,810	27,834	6,779	302,427	63.57%
1914	472,147	166,309	143,571	102,778	26,297	6,261	305,821	62.80%
1915	482,189	170,146	151,927	111,181	27,614	5,658	318,236	65.17%
1916	484,181	177,157	160,562	111,364	28,925	4,704	330,708	66.52%
1917	502,912	171,791	161,830	108,753	25,853	3,797	338,987	65.98%
1918	522,653	168,985	164,682	120,943	28,215	4,360	336,473	67.80%
1919	504,762	163,743	165,621	127,626	27,499	4,441	334,606	63.07%
1920	528,378	189,378	179,088	110,105	25,352	4,599	342,831	60.58%

일본 육군은 전시에 약 50만 명의 보충병을 요구했지만, 현역으로 분류된 인원은 약 30만 명에 불과하였다. 일본 육군의 문제는 이 인원으로 평시 편제는 유지할 수 있지만,[136] 전시 편제를 보충하기에는 병력이 부족하다는 것이었다.[137] 병역을 면제 받거나 연기 혹은 유예하는 인원이 증가하고 있는 상황에서 병역 기피가 만연할 경우 일본 육군에서 계획한 전시 동원 자체가 영향을 받을 수 있었다. 국민역으로 분류된 병종에 대해서도 필요시 동원할 수 있도록 판정 결과를 '합격'으로 변경한 배경도 여기에 있었다.[138]

당시 병역 기피는 일본 육군이 직면한 중요한 문제였고, 성병은 주요 수단

135 日本 陸軍省, 1934, 『徵兵検査諸統計図表：明治四十一年以降』, 陸軍省.

136 高崎正男, 1967, 『陸軍軍需動員 (1) 計畫編』, 防衛研修所戰史室, 100쪽.

137 黒野 耐, 1996, 「帝国国防方針」戦略·作戦用兵考」, 『軍事史学』 31(4).

138 『官報』 1892. 3. 18., '陸軍省令第3号 徵兵檢査規則通定'.

중 하나였다. 일본 육군은 징병 대상자 교육에서 병역 기피를 목적으로 성병에 걸릴 경우 처벌될 수 있다는 점을 교육하였다.[139] 그럼에도 불구하고 일본의 대외파병이 점차 빈번해 성병으로 인한 병역 면제는 증가하였다.

[표 8] 병역 미이행자 사유별 현황(1909~1920)[140]

연도	해외거주	범죄 경력	가족 자치불능	소재불명	계
1909	33,275	3,605	622	24,756	62,258
1910	35,538	3,770	684	22,908	62,900
1911	36,415	3,631	695	21,055	61,796
1912	35,423	3,516	745	21,421	61,105
1913	34,359	3,304	818	20,357	58,838
1914	34,048	3,121	827	19,305	57,301
1915	33,021	2,917	810	18,049	54,797
1916	32,374	2,938	796	16,605	52,713
1917	32,263	3,147	757	15,920	52,087
1918	33,027	3,593	515	16,091	53,226
1919	32,263	3,539	372	15,760	51,934
1920	33,220	3,573	360	15,496	52,649

러일전쟁을 전후하여 일본내 병역 미이행자는 급격히 증가하였다. 한국을 비롯하여 병역을 연기할 수 있는 곳으로 이주한 후, 현지에서 신분을 위조하여 소재불명으로 병역을 기피하는 것이 일반적이었다. 하지만 살던 터전을 떠나야 한다는 점과 위조한 신분으로 살아야 한다는 부담이 있었다. 반면 질병을 사유로 병역을 기피하는 경우 일종의 합법적 수단을 통한 면역이 될 수 있었다.[141]

특히 살바르산 606 같은 치료제가 등장하면서 성병은 '만성전염병'처럼 점

139 武田秀一 閲, 1910,『入営兵準備教育講義録』1, 帝国軍人育成会, 41~42, 46쪽.

140 『徴兵事務摘要』, 陸軍省, 1909~1920.

141 '憲兵免役の件'(1906. 9. 1.) (아시아역사자료센터 C03027266800).

차 일상적인 질병으로 인식되었다.[142] 일본 육군은 1912년 매독을 병역 면제 사유에서 제외하고,[143] 1922년에는 현역의 '부상질병'에 관한 구분 중 성병과 관련한 규정까지 폐지하였다.[144] 그럼에도 불구하고 병역 기피자 증가에 대한 근본적인 해결책이 될 수는 없었다.

[표 9] 각국 육군의 성병 환자 비교[145]

국가	임질	연성하감	매독
프러시아	12.4	2.3	4.5
바이에른	10.9	1.2	3.3
오스트리아	29.1	10.0	17.3
프랑스	18.1	2.2	6.4
스페인	28.5	30.4	11.6
러시아	29.3	11.2	16.3
루마니아	20.4	9.6	37.8
미국	116.0	29.0	26.5
일본	13.0	10.5	7.8

일본 육군은 성병 확산을 우려하여 다양한 대책을 모색하였다. 이때 제1차 세계대전까지 각국의 성병 관리는 중요한 전범이었다. 특히 성병 확산으로 심각한 전력 손실이 발생한 연합국보다 일본이 평가하기에 성병 통제가 되었다고 여겨지던 독일 등의 성병 정책을 우선 수용하였다.[146]

142 심지어 일부에서는 살바르산 606을 매독 예방약처럼 인식하기도 하였다(『동아일보』 1920. 5. 10., '매춘부대훈련, 화류성예방차로 파란국의새시험').

143 『官報』 1912. 2. 3., '陸軍身體檢査手續中改正'.

144 『官報』 1922. 3. 8.

145 각국 육군의 성병 환자 통계는 1905~1909년까지 천 명당 발생 비율(%)을 기준으로 한 것이다. 다만, 일본의 경우는 1906~1910년까지를 기준으로 작성하였다(附表第三, 小池正晁, 1925, 『皮膚及花柳病講義録』, 陸軍軍医団, 86~87쪽).

146 山田弘倫, 平馬左橘, 1923, 『統計より観たる花柳病』, 南山堂書店, 8~48쪽.

군대에서의 화류병 예방법[147]

갑. 일반적인 훈련에 의한 방법

1. 가급적 조기에 의존하는 방법

을. 건강증진을 목적으로 하는 방법

1. 위안법, 예령상 병졸의 귀향 방법 등

2. 전염원의 감독

3. 방호적인 예방법, 군인이 자금을 절약할 수 있도록 위생실 또는 개인용품을 구매할 수 있는 매장 설치

병. 질병에 대한 방법

1. 조기 치료

2. 전염병 환자의 격리

3. 전문과 중 가장 유효한 방법으로 치료

4. 회복 이후의 감독

5. 제대 이후에도 치료를 받을 수 있도록 의사를 지정

일본 육군은 1921년 벨기에에서 열린 국제군사의학 및 약학회의(International Congresses of Military Medicine and Pharmacy)에서 군의 성병 예방에 대해 논의하였고, 이를 통해 만든 일본 육군의 화류병 예방법은 일본 육군의 배경과 관리 의도를 잘 보여준다. 이것은 근본적으로 정당성을 찾기 어려운 제국주의 팽창정책하에서 군비 확장과 전쟁을 지속하기 위해 일본 육군이 선택한 것이었다. 일본 육군은 군인에게 전투를 강요해야 하는 상황에서, 훈련과 의무만으로 이에 대한 동기 부여나 보상이 어려웠다. 이것은 이른바 '위안'이 필요하다는 논리로 이어졌고, '위안'은 생식기적 성교 행위로 귀결되었다. 일본 육군은 '위안'에 동원한 여성을 성병 관리란 명목하에 일종의 '전염원'으로 규정하였다. 일본 육군은 감

147 山田弘倫, 平馬左橘, 1923,『統計より観たる花柳病』, 南山堂書店, 324~325쪽.

염 가능성을 최소화한 상태에서 경제적으로 제약 없이 할 수 있는 여건을 조성하고자 하였다. 이를 위해 일본 육군은 이른바 '통제경로'를 만들어 관리하고자 하였다.

Ⅳ. 맺음말

일본 육군의 징병 신체검사를 중심으로 일본 육군의 성병 관리 변화과정을 살펴보았다. 일본은 개국 초기 성병을 서구 세력과 개항장 등을 중심으로 한 접객 여성 등에 한정된 문제로 인식하였다. 이에 따라 일본 정부는 개항장을 중심으로 매독병원 등을 설치하고, 접객 여성 등을 대상으로 매독검사를 강제하였다. 하지만 점차 일부만의 문제가 아닌 일본 전체로 확산될 수 있는 전염병 문제로 인식하였다.

일본 육군도 이러한 일본 정부의 성병 인식을 그대로 받아들였다. 일본 정부의 전염병 대응은 확산을 차단하는 것에 있었다. 초기에 일본 육군의 성병 관리는 성병의 군내 유입을 통제하여 확산을 차단하는 것이 주된 목적이었다. 이를 위해 징병 신체검사에서 성병으로 진단되면 면역시켜 성병 환자의 군내 유입을 차단하고자 하였다. 당시 일본 징병제도는 일본에 호적을 두고 있는 모든 남성에게 20세에 징병 신체검사를 받도록 하였기 때문에 징병 신체검사의 관리 대상에 성병을 포함한다면 군내 유입을 차단하는 것이 가능하다고 보았다. 이에 일본 육군은 징병 신체검사에 매독을 병역 면제 대상으로 포함하였다.

그러나 일본 육군의 기대는 애초부터 실현 가능성이 희박한 것이었다. 일본 육군이 병역 면제 대상에 포함시킨 매독은 당시까지 원인균이 명확히 확인되지 않은 상태였다. 이 때문에 그 감염경로도 사실 확인이 어려웠다. 원인균과 감염

경로가 불분명하다는 것은 그 실체를 정확히 모르는 상태라는 것을 의미하였다. 매독을 징병 신체검사의 관리 대상에 포함한다 해도 무엇을 어떻게 검사하고 진단해야 하는지 명확하지 않았던 것이다. 결국 징병 신체검사에서 성병을 검사하는 것은 기존 검사 방식을 답습하여 적용하는 수준에 그칠 수밖에 없었다.

징병 대상자 중 일부가 성병을 병역 기피 수단으로 활용하면서 일본 육군의 성병 관리는 문제가 복잡해졌다. 일본이 제국주의적 팽창정책을 적극적으로 취하면서, 일본 육군은 그 첨단에서 군비를 확장하였다. 일본의 정책은 그 주변국도 일본군이 군사 전략적 목적을 위해 작전 활동을 수행할 수 있는 공간에 포함한다는 것을 의미하였다. 군사 작전 활동 대상 지역이 확장됨에 따라 전략적 목적을 달성하려면 군비 확장이 필요했고, 군비 확장은 대규모 병력 동원을 기본 전제로 하였다. 문제는 이 과정에서 일본 사회에 병역 기피 풍조가 확산되고 병역을 기피하기 위한 수단으로 성병이 활용되었다는 점이다. 그 결과 일본 육군은 성병을 전시 병력 동원에 차질을 초래하는 요인 중 하나로 인식하였다.

1905년 매독 원인균을 분리하고, 이후 '바세르만 검사'를 활용하기 시작하였다. 당시 바세르만 검사는 매독의 감염경로를 보다 분명히 확인할 수 있는 것으로 인식하였다. 매독 원인균 분리와 감염경로의 확인은 그동안 육안 검사로 인한 문제점을 해결할 수 있을 것으로 여겨졌다. 또한 치료제라고 알려진 '살바르산 606'이 개발되어 상용화되었다. 손쉬운 검사와 치료제는 성병을 일상적인 만성전염병으로 인식하는 주요 근거가 되었다. 이러한 인식은 점차 파병이 빈번해지고 있는 일본에서 성병을 병역 기피의 주요 방법 중 하나로 선택하는 상황을 조성하였다. 일본의 침략전쟁 속에서 벗어나려던 일부 징병 대상자의 모습은 마치 제1차 세계대전 당시 유럽 전선에서 참호를 벗어나기 위해 목숨을 담보로 한 자해까지 서슴지 않았던 이들과 비슷하였다.

이에 일본 육군의 성병 관리도 변화할 수밖에 없었다. 우선 매독을 병역 면제 질병에서 제외하였다. 근본적으로 병역 면제 사유로 성병을 이용할 수 없도록 하기 위한 조치였다.

제1차 세계대전을 전후하여 일본을 비롯한 주요국은 성병에 대한 많은 연구 결과를 축적하였고, 그 결과 '바세르만 검사'를 통한 오진 가능성과 치료제로 알려진 '살바르산 606'의 부작용에 대해 파악하였다. 이것은 징병 신체검사 등의 방법으로는 군 내부로 성병이 유입되는 것을 차단할 수 없다는 것과 치료 역시 또 다른 위험성을 안고 있다는 것을 의미하였다.

결국 일본 육군은 여성을 범죄자화하고, 이들을 통제하여 성병을 관리하고자 하였다. 근본적으로 감염경로라는 것이 일본 육군이 기대한 것처럼 확정할 수 없다는 것이 분명했지만, 일본 육군은 군사적·경제적 이유 등을 들어 일종의 '통제경로'를 만들고자 하였다.[148] 하지만 그들이 구상한 '통제경로'가 실제로는 기능할 수 없는 허구라는 것을 스스로 알고 있었다. 일본 육군의 '통제경로'는 전형적인 허수아비 때리기 오류였다.

148 여기서 '통제경로'는 질병의 '감염경로'라는 특성을 활용하여 통제할 수 있는 경로를 만들어 감염 가능성을 최소화할 수 있다고 여겨지는 가상의 경로를 의미한다.

참고문헌

[저서]

吉見義明, 2006,『일본군 군대위안부』, 이규태 역, 소화.

________, 2013,『일본군'위안부' 그 역사적 진실: 일본군'위안부' 제도란 무엇인가』, 남상구 역, 역사공간.

데버러 헤이든, 2004,『매독』, 이종길 옮김, 길산.

마틴 반 클레벨트, 2006,『과학기술과 전쟁』, 이동욱 역, 황금알.

高崎正男, 1967,『陸軍軍需動員 (1) 計畫編』, 防衛研修所戰史室.

________, 1979,『陸軍軍戦備』, 防衛庁防衛研修所.

黒川雄三, 2003,『近代日本の軍事戦略概史―明治から昭和·平成まで』, 芙蓉書房出版.

黃堅 編著, 1986,『古文眞寶 前集』, 金學主 譯著, 明文堂.

加藤陽子, 1996,『徵兵制と近代日本, 1868~1945』, 吉川弘文館.

大山梓 編, 1966,『山県有朋意見書』, 原書房.

大浜徹也, 小沢郁郎 編, 1995,『改訂版 帝國陸海軍事典』, 同成社.

小川鼎三, 酒井シヅ 校注, 1980,『松本順自伝·長与専斎自伝』, 平凡社.

日本 厚生省五十年史編集委員會, 1988,『厚生省五十年史(記述篇)』, 財法人厚生問題研究會.

遠藤芳信, 2015,『近代日本の戦争計画の成立 : 近代日本陸軍動員計画策定史研究』, 桜井書店.

Judith R. Walkowitz, 1980, *Prostitution and Victorian society : women, class, and the state* (Cambridge : Cambridge University Press).

Laurie Bernstein, 1995, *Sonia's Daughters: Prostitutes and Their Regulation in Imperial Russia* (Berkeley, Calif.: University of California Press).

Mark Harrison, 2012, *Medicine and victory : British military medicine in the Second World War* (Oxford : Oxford University Press).

[논문]

강정숙, 1998,「대한제국, 일제 초기 서울의 매춘업과 공창제도의 도입」,『서울학연구』11.

박정애, 2009,『일제의 공창제 시행과 사창 관리 연구』, 숙명여대 박사학위논문.

山下英愛, 1991,「한국 근대 공창제도 실시에 관한 연구」, 이화여대 석사학위논문.

손정목, 1988, 「일제하 매춘업 – 공창과 사창」, 『도시행정연구』 3.

송연옥, 1998, 「일제 식민지화와 공창제 도입」, 서울대 석사학위논문.

______, 2017, 「일본의 일본군 '군위안부' 문제 연구 현황과 과제」, 『동아시아 일본군'위안부' 연구』, 한국학중앙연구원출판부.

신규환, 2008, 「개항, 전쟁, 성병: 한말 일제초의 성병 유행과 통제」, 『醫史學』 17(2).

신효승, 2019, 「러일전쟁 이후 일본 육군의 팽창과 徵兵 管區 변화」, 『학림』 43.

이성숙, 2001, 「영국 빅토리아 시대의 성병방지법과 매춘여성들」, 『서양사론』 69.

전성현, 2018, 「일제강점기 부산 유곽의 실태와 일본군과의 관련성」, 『역사와경계』 109

최상호, 2016, 「잠복매독 진단을 위한 혈청 검사의 해석」, 『대한내과학회지』 91(3).

하태영, 2002, 「법사회학적 관점에서 본 매춘에 관한 연구: 매춘 정책을 중심으로」, 『비교형사법연구』 4(2).

三上真理子, 2011, 「茨城県における徴兵逃亡·失踪者たち ： 明治·大正期の茨城県行政文書を中心に」, 『三田社会学第』 16.

大江志乃夫, 1981, 「'徴兵よけ'の神から千人針まで」, 『季刊科学と思想』 9.

村中朋之, 2004, 「明治期日本における国防戦略転換の背景－朝鮮を「利益線」とするに至るまで」, 『日本大学大学院総合社会情報研究科紀要』 5(100−111).

福田眞人, 2004, 「英国海軍軍医·検梅医ニュートンとその梅毒病院､そして梅毒言説 ： 近代日本梅毒の文化史」, 『言語文化論集』 25(2).

秋山博志, 2011, 「徴兵検査における抽籤制度の一考察」, 『佛教大学大学院紀要文学研究科篇』 39.

阿部康二, 2017, 「日本における amyotrophic lateral sclerosis(ALS)の初期論文とその今日的考察」, 『臨床神経学』 57(4).

黒野 耐, 1996, 「帝国国防方針｣戦略·作戦用兵考」, 『軍事史史学』 31(4).

M. W. Adler, Jul., 1980, 'The terrible peril : a historical perspective on the venereal diseases', in *The British Medical Journal, Vol. 281, No. 6234*.

[자료]

『동아일보』, 『황성신문』

『布告類編』, 1873, 記録課.

『陸軍省年報 第10年報』, 1887, 陸軍省.

『大審院民事判決抄録』.
『太政官布告』, 1882.
『娼妓芸妓解放資料』, 1873, 東京府.
『徵兵事務摘要』, 1900~1920, 陸軍省.
『改正徵兵令』, 1884, 伊藤書林.
『陸海軍法規全書』, 1900, 厚生堂.
『陸軍省統計年報』, 1883~1894, 陸軍省.
日本 内務省衛生局 編, 1912, 『衛生局年報』, 日本内務省衛生局.
日本 内務省衛生局 編, 1918, 『花柳病調査表』, 内務省衛生局.
日本 内務省衛生局, 1877, 『衛生局報告』.
日本 内閣官報局 編, 1872~1912, 『法令全書』, 内閣官報局.
日本 内閣記録局 編, 1891, 『法規分類大全 : 32 衛生門 2』, 内閣記録局.
日本 大藏省, 『官報』, 大藏省印刷局.
日本 陸軍省 編纂, 1902(2005 영인), 『日清戰爭統計集』.
日本 陸軍省 編纂, 1911, 『日露戰爭統計集』.
日本 陸軍省, 『密大日記 : 1907.1.~4.』.
日本 外史局, 1871, 『布告全書』, 北畠茂兵衛.
日本 厚生省豫防局, 1940, 『花柳病豫防ニ關スル法規及例規』, 厚生省豫防局.
佐賀県警察部衛生課 編, 1921, 『花柳病調査成績』, 佐賀県警察部衛生課.
村上勘兵衛, 1873, 『憲法類編』, 明法寮.
弾舜平, 1883, 『現行徵兵出役免役適例類纂』, 日新書斎.
弾舜平, 1885, 『改正徵兵事務全書』, 弾舜平.
「黴毒ノ血清診斷(承前)」, 1908, 『中外医事新報』 677.
フオル子ット, 1908, 「陸軍 黴毒ノ血清診斷」, 『中外医事新報』 676.
子一ゲリ(H. Naegeli), 1888, 「脊髓勞ト梅毒ノ關係」, 『中外医事新報』 192.
松山丹水君, 1888, 「花柳病の蔓延を予防すべし」, 『現社會』 1.
纂論「スピロヘーテ、パルリダ」研究論叢, 1906, 『中外医事新報』 634.
附表第三, 小池正晁, 1925, 『皮膚及花柳病講義録』, 陸軍軍医団.
小笠原美治 編, 1879, 『現行徵兵規則全書』, 弘令社.
山田弘倫, 平馬左橋, 1923, 『統計より観たる花柳病』, 南山堂書店.

拔爾蘇朗(Robert Bartholow), 1885,『内科新論』, 鳥谷部政人 訳, 内科新論出版事務所.

日本 海軍省, 1910,『日露戰役海軍衛生史』, 海軍省医務局.

日本 陸軍省 編纂, 1914,『明治三十七八年戰役陸軍衛生史』, 陸軍省.

日本 陸軍省, 1934,『徴兵検査諸統計図表 : 明治四十一年以降』, 陸軍省.

日本 陸軍省, 1908,『陸軍ニ於ケル花柳病地方花柳病蔓延ノ狀況調査』, 陸軍省.

日本 陸軍軍學校, 1936,『陸軍軍學校五十年史』, 陸軍軍學校.

松本安子, 1900,『男女生殖健全法』, 中央看護婦会.

武田秀一 閲, 1910,『入営兵準備教育講義録』1, 帝国軍人育成会.

石浦謙二郎, 1916,『兵役須知 : 適令者必携 一名·兵役の真意義』, 兵事雑誌社.

竹林佐介, 1899,『度量衡制度詳解』, 自治館.

筒井八百珠, 1897,『花柳病學』, 南江堂.

陸軍軍医団 編, 1913,『陸軍衛生制度史』, 小寺昌.

飯島茂, 1943,『日本選兵史』, 開発社.

Army and Navy Gazette

Dundee Courier

London Evening Standard

Morning Post

Shipping and Mercantile Gazette

Act for the Prevention of Contagious Diseases at certain Naval and Military Stations.(1864. 7. 29.).

'Adrenalin In The Treatment Of Accidents Due To Salvarsan Injections', Jun., 1914, in *The British Medical Journal, Vol. 1, No. 2788.*

Amos G. Warner, Mar., 1889, 'Notes on the Statistical Determination of the Causes of Poverty', in *Publications of the American Statistical Association Vol. 1, No. 5.*

Arthur G., 1920, *Life of Lord Kitchener. Vol 3.* (London : MacMillan and Sons).

August von Wassermann Albert Neisser, Carl Bruck, 1906, 'Eine serodiagnostische Reaktion bei Syphilis' in *Deutsche Medizinische Wochenschrift. 32. Jg., Nr. 48.*

Black, Henry Campbell, 1891~1900s, *Black's Law dictionary* (St. Paul, Minn. : West Publishing Co.).

Cesare Lombroso, William Douglas Morrison, Guglielmo Ferrero, 1895, *The female offender* (New York : D. Appleton & Co.).

'Deaths After Salvarsan', May., 1914, in *The British Medical Journal, Vol. 1, No. 2783*.

'Ehrlich's New Antisyphilitic Remedy', Sep., 1910, in *The British Medical Journal, Vol. 2, No. 2594*.

Frances A. Kellor, Jan., 1900, 'Psychological and Environmental Study of Women Criminals I', in *American Journal of Sociology, Vol. 5, No. 4*.

French, Herbert Cumming, 1907, *Syphilis in the army : ... and its influence on military service, its causes, treatment, and the means which it is advisable to adopt for its prevention* (London : Bale, Sons & Danielsson).

George Walker, 1922, *Venereal disease in the American Expeditionary Forces* (Baltimore : Medical Standard Book Co.).

Great Britain. Parliament, *Various Sanitary Acts, 1847~1876* (London : H.M.S.O., 1847~1876).

J. J. Heagerty, Dec., 1939, 'Venereal Disease Control During Wartime', in *Canadian Public Health Journal, Vol. 30, No. 12*.

J. M. Beattie, Apr., 1918, 'The Value Of The Wassermann Test', in *The British Medical Journal Vol. 1, No. 2991*.

John T. Phair, Nov., 1941, 'Communicable Disease Control in Wartime', in *Canadian Public Health Journal, Vol. 32, No. 11*.

Jonathan Hutchinson, Apr., 1911, 'Salvarsan ("606") And Arsenic Cancer', in *The British Medical Journal, Vol. 1, No. 2626*.

Malcolm Morris, 1917, *The nation's health : the stamping out of venereal disease* (London : Cassell).

Noguchi, Hideyo, 1911, *Serum diagnosis of syphilis and the butyric acid test for syphilis* (London : J. B. Lippincott).

'Psychological and Environmental Study of Women Criminals I', Mar., 1900, in *American Journal of Sociology, Vol. 5, No. 5*.

Rout E. A., 1922, *England and venereal disease v.1* (BMJ).

S. Nakajo and T. Asakura, Sep., 1915, 'Further Observations on the Serologic Diagnosis of Leprosy', in *The Journal of Infectious Diseases, Vol. 17, No. 2*.

Vedder, Edward Bright, 1918, *Syphilis and public health* (Philadelphia : Lea & Febiger).

William Burgess, Harry Olson, 1914, *The World's Social Evil : A Historical Review and Studyof the Problems Relating to the Subject* (Chicago : Saul Brothers, Publishers).

Wm. M. Bryan, Jas. F. Hooker, Nov., 1916, 'Prevalence of Syphilis: As Indicated by the Routine Use of the Wassermann Reaction', in *Public Health Reports (1896~1970), Vol. 31, No. 47*.

4. 오키나와 전장의 여성의 삶과 강간 공포*

: '위안부'를 본 사람들

홍윤신 | 오사카경제법과대학교 아시아태평양연구센터 객원연구원

Ⅰ. 머리말: 지도로 그린 기억

1992년 오키나와 나하에서 열린 심포지움에서 충격적인 지도 한 장이 발표되었다. 「오키나와 '위안소' 맵」이라는 이름으로 발표된 이 지도에는 오키나와 주민 증언을 중심으로 조사된 121곳 이상(1994년 추가 조사 130개소, 2019년 현재

* 이 논문은 필자의 박사논문 『沖縄戰下の朝鮮人と「性/生」のポリティクスー記憶の場としての「慰安所」』 早稲田大學博士學位論文,2012年.(The Koreans and the Politics of "Sex and Life" during the Okinawa War: "Comfort Station" in Memory, Waseda University, Tokyo, Japan, 2012)의 문제의식을 발췌하여 발표한 다음의 강연, 연구발표, 공동세미나에서의 원고를 가필 수정한 것임을 밝힌다. To Witness Violence: 'Comfort Stations' and Postcolonial Memory in Okinawa' 초빙강연회, New York 대학, 미국, 2018년 4월 18일, "Life" and "Fear of Rape" of Women Who Experienced the Battle of Okinawa: Focusing on Witnesses to "Comfort Women" UBC 대학Department of Asia Studies 단독연구발표회, 캐나다. 2018년 6월 14일, 오키나와 전장의 기억과 「위안소」, 동북아역사재단 국제심포지움 일본군'위안부' 문제 역사정의의 과제, 2018년 12월 14일. 위안소·'위안부'에 관해서는 사전적 의미에 동의하지 않기 때문에 괄호를 넣어야 하지만 본문에서는 생략하였다.

146개소)의 위안소가 표시되었다. 1992년은 김학순 할머니가 커밍아웃한 이듬해로 '위안부' 피해자들이 일본국을 상대로 첫 재판을 제소한 시기였다. 동시에 오키나와의 할머니로 알려졌던 배봉기 씨가 안타깝게 돌아가신 다음해이기도 했다. 배봉기 할머니는 김학순 할머니의 존재가 알려지기 20여 년도 전인 1970년대(1975년)에 알려졌다. 배봉기 할머니는 전후에도 오키나와에 남겨진 '위안부'의 존재를 일깨워 준 최초의 피해 여성이었다.

김학순 할머니의 커밍아웃 이후 그동안 배봉기 할머니의 존재를 알고 있으면서도 일본군'위안부' 문제에 대해 침묵해 왔다는 책임감이 오키나와 여성운동가들을 움직였다. 때마침 오키나와는 오키나와전의 참상을 다시금 되새기고 군사폭력에 대해 고민해보는 시기였다. 1992년은 전후 미군정 아래 있던 오키나와가 일본으로 복귀한 20주년이 되는 해였으며 복귀 이후에도 변함없이 존재하는 미군기지 문제를 다시 상기하면서 오키나와전의 피해상을 되돌아보는 시기였던 것이다. 「오키나와 '위안소' 맵」은 바로 이 복귀 20주년을 기념하는 심포지움을 준비하면서 제안되었다. 덕분에 오키나와는 일본에서 정부 조사가 아닌 현 단위에서 지역운동가와 주민들의 목격자 증언이라는 참여를 통해 자체적인 조사를 이루어낸 유일한 지역이 되었다. 넓은 의미에서 1991년 김학순 할머니의 증언은, 한국에서는 거의 잊혀져 있던 오키나와라는 섬 사람들의 일상에도 새로운 변화를 가져왔다고 할 수 있겠다.

「오키나와 '위안소' 맵」은 개략적인 위치만을 표시한 것이긴 하지만 오키나와 '위안소'의 규모와 이동에 관한 단초를 제공했다는 점, 더욱이 '위안부' 당사자가 아닌 타자의 눈에서 이 제도의 무고함을 밝히고자 한 첫 시도였다는 점에서 큰 의미가 있다. 기존의 오키나와전 관련 연구에서 '위안부'가 된 조선인 여성과 오키나와인의 관계성에 중심을 둔 선행연구는 거의 없다. '위안소'는 일본의 전쟁책임을 묻는 하나의 지표로 다루어져 왔는데 대부분 활동가들에 의해 진상조사의 측면에서 이루어져 왔다. 바로 이 점에서 1992년 오키나와의 '위안소' 맵을 중요한 선행연구로 위치시키고자 한다.

그러나 「오키나와 '위안소' 맵」의 시도는 일본군이 조선인 여성들을 둔 '위안소'를 주민들의 시선을 피하기 위해 낙도, 산, 원야 등에 설치해 '군사기밀'로 취급했다고 결론 지으며 일단락되었다. 이후 오키나와에서는 살아남기 위해 조선인 여자들이 군에 의존하지 않을 수 없었다는 점 등의 참상에 초점이 맞추어지면서 이것이 일본의 오키나와전 당시의 가해성을 강조하는 하나의 사례로 논해지는 경우가 많다. 오키나와전의 참상을 되새긴다는 것, 그 안에서의 조선인의 참상을 이야기한다는 것은 오키나와전 당시 '피해자이면서도 가해자' 위치에 처했던 오키나와인의 자기성찰이기도 하지만, 이러한 자기성찰이 한편으로는 가해국 일본을 향한 반감의 표시이기도 하다는 점은 짚고 넘어가야 하겠다.[1]

그런데 왜 '위안소'였을까? 「오키나와 '위안소' 맵」 책임자 가카즈 카츠코[嘉數かつ子]는 일본군'위안부'로 오키나와의 여성들 또한 많이 희생되었다는 점, 즉 공창제 아래에서 츠지 유곽이라는 오키나와의 유곽 여성들 또한 '위안부' 생활을 경험했고 이들이 아직 생존해 있다면 남성 중심의 작은 섬에서 또다시 괴로

1 오키나와전에서의 '위안부' 및 군부의 참상이 드러나게 된 것은 1972년 복귀를 목전에 둔 1970년대 초반이다. 주민의 시선에서 전쟁의 참상을 알린 『오키나와현사9 오키나와 전기1』(1971), 『오키나와현사 제10권 오키나와 전기2』(1972)에서 일본군의 조선인 학살은 제국주의 일본의 가해성을 추궁하는 형태로 등장한다. 동시기 오키나와의 조선총련 오키나와 지부가 중심이 되어 일본군에 의한 조선인 학살의 진상조사를 실시했다. 한국의 민단은 오키나와에 지부를 가지고 있지 않았다. 오키나와의 '위안부'로 알려진 배봉기는 조선총련의 김현옥이 임종까지 함께했다. 한국에서 '위안부' 문제를 처음으로 조사한 윤정옥은 광주민주화운동 직후와 1988년 두 차례 배봉기를 방문했다(한국일보 1980년 8월 29일, 1988년 9월 23일) 그러나 오키나와의 '위안부'에 관한 선행연구는 1990년대에 들어와서 시작되었으며 오키나와의 운동가(우라사키 시게코, 다카자토 스즈요)와, 진상조사 차원에서 오키나와를 방문한 연구자와 운동가의 조사(강정숙, 정신대문제연구소) 등이 있다.

움을 상기하게 될 것이라는 두려움 때문이었다고 취지를 밝힌 바 있다.[2] 이와 같은 오키나와 여성들의 염려는 한국 '위안부' 피해자의 커밍아웃이 전후 반세기가 지난 1990년대에 들어서야 이루어졌다는 점과 닮아 있다.

이 연구는 '위안소'라는 장소가 갖는 함의를 단지 일본군의 전쟁범죄의 표상이 아니라, 그곳에서 살아갔던 주민의 일상생활과 연결하면 어떠한가라는 문제의식에서 출발하였다. 하지만 '피해자이면서도 가해자로서 오키나와인'의 일반적인 체험으로 일반화하는 것 역시 경계하려 한다. 오히려 필자가 「오키나와 '위안소' 맵」이란 것에 주목한 것은 단순히 "도대체 '위안소'라는 것이 '위안부' 본인뿐만 아니라 그곳에 사는 사람들에게는 어떠한 것이었는가"를 묻고 싶었기 때문이다. 식민지 여성과 그곳에 살고 있던 사람들 사이의 '관계성'말이다. '군사기밀'로 취급된 '위안소'를 오키나와인들은 왜 그토록 열심히 증언하며 또 130군데 이상의 '위안소'의 존재를 지도로 표기할 수 있었는가. 오히려 이 점에 초점을 맞춘다면 총력전 상황의 오키나와전에서 조선인 '위안부'의 삶과 주민의 삶을 좀 더 밀접하게 논할 수 있지 않을까. 즉 '위안소'를 본 사람들에 의해 기억돼 왔던 점에 중점을 둔다면 '위안소'라는 성노예 제도의 폭력적 공간을 보다 넓은 의미, 즉 그곳에 살고 있던 사람들에게도 또 다른 의미에서 전장의 동원, 다른 말로 표현하자면 구조적인 폭력으로서 작용했다는 것을 밝힐 수 있지는 않을까.

그런 의미에서 이 연구에서 '위안소'는 '가해의 상징'으로서 고정화 된 공간이 아니다. 전시이기는 하지만 또 한편으로는 오키나와 주민의 일상의 '삶'의 공간과 밀접한 공간이자, 무수한 경험이 점점이 혼재하는 공간으로 정의된다. 그것

2 全國女性史研究會交流のつどい實行委員會『第5回全國女性史研究會交流のつどい報告集』「報告集」編集委員會編, 1994年, 8~10쪽, 가카즈 카츠코의 입장에 대해서는 2004년 1월, 오키나와 나하, 필자와의 인터뷰.

이 ‘위안부’ 본인의 증언이 아니라 그것을 본 사람들의 증언과 상황에 주목하는 이유이기도 하다. 현시점에서 필요한 것은 ‘타자화’된 시선으로 바라보는 ‘위안부’ 언설이 아니라, 역사연구와 증언연구를 입체적으로 종합해 ‘위안부 제도를 보는’ 시선에 대한 이의를 제기할 수 있는 인식론의 확장이라고 보기 때문이다.

이러한 문제의식에서 이 글은 오키나와에 위치한 130군데 이상(2019년 현재 146개소)의 ‘위안소’가 과연 주민의 삶, 특히 여성의 삶에 어떠한 영향을 끼쳤는가라는 물음을 가지고 크게 다음과 같은 세 가지에 중점을 둔다. 첫째, 오키나와 ‘위안소’의 전개에 관해 개괄적으로 설명하고(Ⅱ. 시기 구분), 둘째, 증언과 일본군 진중일기를 통해 ‘위안소’가 설치된 마을의 구체적 사례를 살펴 본 뒤(Ⅲ. 오키나와 전역 설치기), 셋째, ‘위안소’를 본 여성들이 느낀 공포(Ⅳ. ‘위안소’의 이동 난립기)에 관해 논하고자 한다.

Ⅱ. 시기 구분: 오키나와전과 ‘위안소’의 전개

오키나와전의 ‘위안소’는 언제부터 어떻게 진행되었을까. 먼저 개괄적인 사항을 오키나와전 참전 일본군의 남겨진 「진중일기」와 증언을 통해 분석하면 다음과 같은 3단계로 나눌 수 있다.

첫째, 〈‘위안소’ 일부 지역 설치기〉는 1941~1943년 초까지의 시기이다. 오키나와 본섬 자체의 군사적 비중은 그다지 높지 않았던 시기이다. 그러나 이 시기에도 일본군 해군은 오키나와의 다이토제도에 해군비행장을 건립했고 해군을 위한 ‘위안소’를 두었다. 다이토제도는 미나미다이토지마[南大東島], 기타다이토지마[北大東島], 오키다이토지마[沖大東島 일명-라사지마, 이 논문에서는 라사지마]로 구성되어 있다. 최초의 ‘위안소’는 1941년 해군의 비행장 건설과 함께 미나미다이토지마에 설치되었다. 한편 라사지마는 1944년 일본군의 자료로서는 오키나와전 당시 '위안소'로 끌려간 여성들의 명부가 실명으로 남아있는 유일한 섬이다.

둘째, 〈'위안소' 오키나와 전역 설치기〉는 1944년 봄부터 1944년 오키나와 나하의 90%를 전소시킨 10·10 공습 이전까지로 오키나와 본섬 전체가 군사기지화 된 시기이다. 전쟁상황은 지휘 총괄을 맡은 32군이 1944년 3월에 창설돼 주둔함으로써 가속화 되었다. 일본의 육해군이 오키나와에 건설한 비행장은 총 15개이며, 아시아 태평양 전쟁의 진격 및 일본 본토 방어의 전략적 중요성이 강조되면서 검토되었다. '위안소'는 오키나와의 비행장 부근 마을에 설치되기 시작했는데 1944년 여름에 정점을 이루었다.

셋째, 〈'위안소'의 이동/난립기〉는 1944년 10월 10일 미군이 오키나와 본섬인 나하를 집중 폭격함으로써 오키나와가 폐허화 되는 직전과 그 이후이다. 그럼에도 불구하고 이 시기 '위안소'는 결코 축소되지 않았으며 오히려 이동하여 난립했다. 오키나와 주둔군은 이 시기 빈번한 이동을 하게 되는데, 1944년 말 오키나와 주둔군 중에서도 중요한 위치를 차지하던 제9사단이 전황 악화로 타이완에 전출됨으로서 전력이 손상된 것을 원인으로 들 수 있다. 주민과 현, 군대가 총력전으로 건설했던 일본군의 비행장들은 미군이 상륙하여 역으로 사용할 것을 염려한 일본군 자신에 의해 파괴되었으며, 지상전 중심의 작전으로 전환되었다.

지상전을 대비한 주변 섬 및 지상전 돌입 후의 오키나와 본섬에서 '위안부' 역시 간호원으로서의 교육을 받았고 지상전의 노동력으로 동원되었다. '위안소'의 여성들은 주민과 마찬가지로 미군에 의해 포로가 됨과 동시에 '위안소'로부터의 일시적 자유를 얻었다. 따라서 소멸기를 정할 수 없다. 난립하는 '위안소'에서 전장으로 동원된 여성 개인이 미군의 포로가 된 날이 '위안소'의 소멸기이다. 일본군은 〈진중일지〉의 상당 부분을 소각했으나 그 남아있는 것과 미군의 포로수용소 기록 등에서 대다수의 '위안부'가 조선인 여성이고, 오키나와 츠지 유곽의 여성들도 상당수 동원되었음을 알 수 있다. 소수이기는 하지만 일본 본토에서 온 일본인 여성들과 타이완인 여성들도 오키나와 전장에 동원되었다는 주민의 증언이 있다.

이 글에서는 〈오키나와 전역 설치기〉와 〈'위안소'의 이동/난립기〉에 초점을 맞출 것이다.[3] 그렇다고 해서 오키나와전에 본격적으로 돌입하고, 지상전을 준비하는 과정과 그 이전의 오키나와 상황이 단절되는 것이 아님을 다시 한번 강조하고 싶다.

기존의 연구에서는 "오키나와의 방위는 군마 한 필"이라 불릴 정도로 오키나와 본섬 자체의 군사적 비중이 그다지 높지 않았다는 점이 강조되면서 〈일부 지역 설치기〉에 해당되는 다이토제도의 의미가 축소됐다. 1944년 제32군이 상륙함으로써 '평시'에서 '전장'으로 전개되고, 중일전쟁에 참전했던 군인들이 대거 상륙함으로써 비극으로 치달았다고 논해지는 경우가 많다. 그러나 오키나와전은 만주·중일전쟁과의 관계만이 강조되어서는 안 된다. 다이토제도는 1944년 3월 24일 제85병참경비대를 제32군에 편입하고 차례로 육군 4000명이 상륙했음에도 오키나와전에서 충분히 논의되지 않았다. 중일전쟁의 지나친 강조는 오키나와전의 의미를 지상전 중심의 연구로 축소할 위험이 있다.

또 오키나와 본섬과 근접한 섬 중에 미야코지마와 같은 인근 섬에는 1943년

3 '위안소' 맵 및 각 지역의 '위안소' 설계 상황에 관한 상세한 내용은 『沖縄戰場の記憶と「慰安所」(오키나와 전장의 기억과 「위안소」)』(洪玧伸, 2016年, インパクト出版會) 및 한국어판 (서해문집 2020년 발간 예정)에서 살펴 볼 수 있다. 이 서적들에서는 본 논문과 같이 시기구분을 통한 간략한 기술은 피하였다. 오히려 해석적 글쓰기로는 다루지 못하는 오키나와 방언에 의한 증언의 번역 방식을 고민하여 수록하였다.

부터 일본군에 의한 3개의 비행장 건설이 시작되어 1944년 이후 가속화 된다. 오키나와 전체 '위안소'의 10분의 1이 넘는 '위안소'가 미야코지마에 존재했다. 미야코지마는 〈일부 지역 설치기〉와 〈오키나와 전역 설치기〉 사이에 걸쳐있다. 또 미야코지마는 미군의 직접적인 상륙이 일어나지 않은 지역이기 때문에 피해가 적은 지역으로 평가절하돼 기존의 오키나와전 연구에서 충분히 다루어지지 않은 섬이었다. 이 역시 지상전 중심의 오키나와 선행연구의 한계라 할 수 있다.

물론 중일전쟁을 경험한 대다수 군대가 오키나와전에 참전했다. 그러나 오키나와 전장에 특히 '사키시마집단[先島集団]'으로 명명된 군대는 만주에서 오키나와 미야코지마로 상륙한 제28사단처럼 이미 청일전쟁과 러일전쟁의 전력을 가진 정예부대였다는 점을 상기해야 할 것이다. 이 점에서 송연옥의 주장은 오키나와 연구에 중요한 논점을 제시한다. 송연옥은 평시와 전시에 대한 구분 자체가 갖는 모순이 일본군'위안부' 제도를 바라보는 시점을 축소시키고 있다고 지적한다.[4] 개항, 청일전쟁, 러일전쟁까지 포함한 조선의 역사와 공창제의 변용을 검토하면서, 조선의 경우 일관되게 군사령부의 의견이 강하게 반영되는 군사점령형 관리매춘, 매춘업자의 경영형 공창제, 일본 내지와는 다른 형태로 진행되는 '식민지형 공창제'가 병존해서 전개되었다는 것, 즉 군'위안소'적 유곽이 존재했다고 지적하고 있다(『軍隊と性暴力－朝鮮半島の20世紀』 現代史料出版, 2010年). 필자 또한 공창제와 '위안부' 제도를 엄격히 분리하는 관점은 오히려 오키나와전의 '위안부' 제도의 본질을 축소시킨다고 생각한다. 메이지 정부의 영토팽창과 군사 점령이 전제가 되어 진행된 오키나와의 근대화 과정과 군사화의 역사를 생각할 때 일본 본토와 형태를 달리 했던 일본군 '위안소'의 설치

4 宋連玉, 2013年 10月, 「朝鮮史研究から見た日本軍『慰安婦』問題」『朝鮮史研究會論文集』第51集, 朝鮮史研究會, 18~19쪽.

에 대해서는 충분히 검토될 필요가 있다.

이 글에서는 〈오키나와 전역 설치기〉와 〈'위안소'의 이동/난립기〉를 중심으로 살펴보겠지만, 단지 지상전을 경험한 오키나와를 주목하는 것이 아니라 항공기지의 건설과 함께 전개되는 오키나와전의 전개과정, 즉 지상전이라는 결과론이 아니라 전장의 흐름 자체를 살피기로 한다. 때문에 다이토 서도에 포함되는 라사지마 및 〈오키나와 전역 설치기〉와 〈'위안소'의 이동/난립기〉 사이에 걸쳐 있는 오키나와의 주변 섬인 미야코지마의 사례도 함께 언급할 것이다.

Ⅲ. 오키나와 전역 설치기

1. 일상의 '점령'과 '위안소'

오키나와전 당시 비행장 건설이라는 것은 일본군과 오키나와 현 그리고 오키나와 주민, 이렇게 '군·현·민'이 삼위일체가 되어 추진한 총력전 태세의 상징이었다. 그러나 요한 갈퉁(Johan Galtung)이 말하듯 "가능성과 현실과의 사이에서 즉 실현가능했을지도 모를 현재와 결과 간의 사이에 발생하는 간극의 원인을 폭력"이라고 규정하고, "어떤 영향력의 작용 때문에 신체적 정신적인 실현가능성이 억압되는 상황"을 점령이라고 본다면 당시 오키나와전의 '군·현·민' 삼위일체 총력전 태세의 상징이었던 비행장 건설은, 일상 세계의 '점령'이기도 했다.[5]

> 비행장 예정지는 토질도 그렇고, 넓이도 그렇고 이곳이 최적지입니다. 선조에게 대

5 ヨハン·ガルトゥング, 2002年, 『構造的暴力と平和』高柳先男·塩屋保·酒井由美子 譯, 中央大學出版部 參考.

> 대손손 물려받아 경작하신 토지에 대한 애착도 있겠지만, 우리나라가 이 전쟁에서 승리하기 위해 국법이 정한 계획이니 두말할 나위 없습니다. 이런 취지이니 여러분들의 토지를 국가에 바쳐주시길 바랍니다.[6]

비행장 건설은 1943년, 즉 아직 오키나와전 주력부대인 제32군이 창설되기 1년 전부터 육군항공본부의 의뢰를 받은 오키나와의 건설업자 고쿠바구미[國場組]에 의해 시작되었다. 그리고 토지접수 단계에서 '충성'을 강조하는 군인들의 설명회가 이어졌다. 1943년 여름 오키나와 본섬의 요미탄[讀谷] 마을에서는 다카시호, 나미히라, 우에치, 자키미, 이라미나 등의 순수 농경지역 및 반농반어업의 마을 도구치에서도 활주로까지의 도로 건설을 위한 토지 접수가 시작되었다. 결국 오키나와 요미탄의 북비행장을 위해 1956필지(구역)의 30만 6천 평, 548명 지주의 토지가 접수되었다.

한편 같은 시기, 동양 최대의 비행장 건설을 기치로 내걸었던 이에지마[伊江島]는 1943~1944년까지 비행장뿐만 아니라 군인의 막사 및 부대시설을 설치하기 위한 농지가 차례로 접수되었다. 이에지마에서는 중앙에 위치한 산을 제외하고 거의 모든 토지, 428필지의 22만 2천 평, 지주 206명의 토지가 접수되었다. 이밖에도 요미탄 비행장의 보조 역할을 하기 위해 오키나와 본섬의 카데나의 토지가 접수되었다. 주변 섬에서는 미야코지마, 이시가키지마 등의 토지가 차례로 일본군 비행장 건설을 위해 접수되어 갔다.[7]

동양 최대 비행장이라는 이에지마의 비행장 건설과 오키나와 본섬의 요미탄의 북비행장 건설 사업에 도입된 청부 금액은 약 280만 엔으로 당시로서는 오

6 楚辺誌編集委員會, 1992年, 『楚辺誌「戰争編」』楚辺誌編集委員會, 50쪽.

7 『旧軍那覇飛行場等の用地問題事業可能性調査 報告書』南西地域産業活性化センター, 2007年 3月, 4쪽 參考.

키나와 최대의 공사였다.[8]

1944년 3월 7일의 「대본영 기밀 일지」에는 "류큐 열도 방위 때문에, 1군을 서부군 예하에 임시 편성한다"고 적혀 있다. 오키나와에 상륙한 32군 예하 사단 중 제9사단(통칭 다케武부대)은 7월 11일에 만주에서, 제24사단(야마山부대)은 8월 5일에 만주 동안에서, 제62사단(이시石부대)은 8월 3일 만주 북부에서 오키나와에 상륙했다.

비행장 건설을 향한 움직임이 최고조에 달한 1944년 여름, 기존의 농경지 중심의 평지는 타지역에서 국책사업에 동원된 노동인력으로 붐비게 된다. 이에지마에서는 오키나와 본섬의 북부 지역을 볼 수 있는데 육안으로 볼 수 있는 북부 지역의 거의 모든 곳에서 인력충원을 위한 노동력이 책출되었다. 공사가 절정에 달한 1944년 5월 5~15일까지 열흘간 타지역에서 배를 타고 이에지마로 들어온 노동력의 수는 3,529명에 달한다.[9]

이에지마에서 군 주도의 비행장 건설에 임했던 제50비행장대대의 1944년 진중일기는 상당수 남아있는데, 특히 비행장 건설을 위해 타지역의 3천 명이 넘는 대규모의 노동력이 총동원된 5월 상황은 '위안소'와 주민의 삶의 관계를 살피는데 중요하다.

제32군의 제50비행장대대의 타무라 마사부로 대장은 5월 7일 이에지마의 동비행장 기공식에서 장병들을 모아놓고 군기, 중노동에 대한 질병 및 사고 방지, 군기밀 유지 등 총 10개 항목에 달하는 훈시를 했다. 그중 9번째 항목에서 다음과 같이 설파하고 있다.

8 大城將保, 1999年 「32軍の沖縄配備と全島要基化」『沖縄戰研究Ⅱ』 沖縄縣文化振興會公文書館管理部, 99쪽.

9 飛行場大隊 「勞務者扱いに關する規定」『第50飛行場大隊陣中日誌』 昭和19年5月1日 본 명령에 의해 실시됨.

9. 항시 도덕적이고 굳은 절조를 지킬 것. 본 항목은 이미 나하에 상륙하면서 제일 먼저 당부한 말이지만 다시 한 번 강조함. 이번 작업에는 특히 노동자 중에 일부는 부녀자들이며, 직접적으로 접촉하면서 작업을 실시해야 되는 일도 많은 바. 더욱더 철저히 절조를 강건히 하고 경솔한 행동을 하지 않도록 할 것. 다시 한 번 솔직히 말하겠다. 일시적인 성욕에 휩쓸려 귀녀자와 성교를 하거나 또는 성교를 강요하는 일은 결단코 용서하지 않겠음. 단연코 중처벌을 할 것이며, 본 직무에 설비하는 특설 '위안부' 외에는 자중할 것을 명함. 즉 강간 등으로 군대의 위신에 손상을 입히거나 민심을 위반하는 자가 없도록 할 것. 백 가지 선행도 일순간에 물거품이 되는 것이니, 상시 행동가짐에 조심할 것을 명함.[10]

이 50대대의 진중일기를 분석하면 '위안소' 개설에 관여한 부대가 존재한다는 것을 알 수 있다. 이 부대는 「요새건축근무 제6중대」[11]로 5월 24일 〈50비행대작명 제43호〉에는 25일부터 새로운 '위안소' 개설을 위한 본격적인 작업을 시작했다. 군대 막사를 위한 건축재와 벌목을 했던 하시모토, 52명의 작업 인원으로 167그루의 목재, 8시간 작업, 27일에는 87명의 인원이 '위안소' 개설 공사를 했다.[12] 6월 5일자 보고에는 87명을 동원해 임시 '위안소' 설비작업을 위해 9시간 30분에 달하는 노동을 했다는 등의 사실이 일본군의 진중일기에 남아있다.[13]

한편 이에지마의 타무라 대장이 일본군을 모아놓고 성욕에 대한 주의를 설파하던 1944년 5월 7일, 카데나 비행장의 야스다 중령 역시 "작업의 특성상 지

10 『第50飛行場大隊陣中日誌』(昭和19年5月7日).

11 이 부대는 목수나 사관 제조공 등으로 구성된 부대로 중대장 밑에 약 339명, 소총 24정, 창검 327정 정도로 실지로 무기를 사용하는 부대가 아닌 일종의 건축 전문 부대이다(林博文, 2001年, 『沖縄戰と民衆』, 大月書店, 29쪽 參考).

12 「要塞六中作戰命令二九號-要建六中作命第二九號」『要塞建築勤務第6中隊陣中日誌』(昭和19年5月24日~27日).

13 『要塞建築軍務第6中隊陣中日誌』(昭和19年6月5日).

방의 근접도가 최대인 만큼 특별히 풍기문란에 주의하여 이름을 더럽히는 일이 없도록 주의할 것"이란 훈시를 했다.[14] 또 이에지마에 '위안소'를 설치하는 일에 관여한 「요새건축근무 제6중대」는 6월에 걸쳐 이에지마뿐만이 아니라 오키나와 본섬의 요미탄이나 카데나 및 나하까지 파견되어 '위안소' 설치를 돕고 있다.[15]

비행장은 오키나와의 '하늘의 점령' 만을 상정한 것이 아니다. 그것은 그곳에 살고 있는 사람들에게는 '토지의 점령'을 의미했으며, 비행장 건설을 위해 주민의 노동력 없이 작업 진행이 불가능했던 총력전 상황, 즉 '노동력의 점령'을 의미하는 것이기도 했다. '위안소'는 바로 이러한 3개의 점령 안에서 오키나와의 마을로 들어갔다.

2. 천황의 토지 오키나와의 '필요악'

'근대'로 접어들면서 오키나와 주민들로서는 류큐인에서 일본인으로 변화되는 것이 급선무였다. 군민 일체의 총력전 아래에서 일본군의 상륙 당시 오키나와 주민들이 일본군을 어디까지나 '우군'으로 환영해야 했다는 점은 간과할 수 없다. 그러나 '위안소'에 관해서는 어떻게 반응했을까?

> 여기는 만주나 남방이 아니다. 적어도 천황의 토지 일부다. 황토 안에 그런 시설을 설치한다는 것은 있을 수도 없는 일이다. 현으로서는 이 건에 협력할 수 없다.[16]

14 大城將保「32軍の沖縄配備と全島要基化」『沖縄戰研究Ⅱ』前揭書, 111쪽.

15 『要塞建築軍務第6中隊陣中日誌』(昭和19年6月1日~6月30日).

16 野里洋, 1993年,『汚名 第二十六代沖縄縣知事 泉守紀』講談社, 90~91쪽.

당시 오키나와 현의 이즈미 슈키[泉守紀] 지사는 '위안소'를 설치한다는 것 자체가 오키나와를 해외 점령지 수준인 '준외지'로 차별 취급하는 것이라는 입장이었다. 또 일부이긴 하지만 반대하는 주민은 어디까지나 지역사회의 "풍기를 문란하게 한다"라는 입장을 지니고 있었다. 조선인으로 구성된 일본군'위안부'들은 '조센'과 중국어로 성기를 의미하는 '삐'의 합성어인 '조센 삐'라는 별칭으로 불렸다. 도카시키지마와 같은 섬에서는 풍기문란을 이유로 현지의 여성청년단이 '조센 삐'가 섬에 들어오는 것을 강경하게 반대하기도 했다. "도카시키지마에는 츠지에 팔려 창녀가 된 여자는 단 한 명도 없다", "그런 여자들이 들어오면 풍기가 문란해진다", "도카시키지마의 여성들이 내지로부터 온 군인에게 그런 여자와 같이 오인 당해선 곤란하다"는 것이 현지 여성청년단의 반대 이유였다.[17]

일본 본토보다 뒤늦게 시작된 '근대화' 과정 속에서 기존의 오키나와가 가진 전통이나 개방적인 성의식들은 미개한 것이며 배척되어야 할 가치로 취급되었다. 이 때문에 오키나와 현은 황군의 토지에는 설립되지 않은 '위안소'가 대량으로 설치되는 것은 식민지와 같은 취급을 받는 것이라고 분개했다. 특히 오키나와 여성들은 일등신민인 일본군에게, 자신들이 성적으로 문란한 미개인으로 보여지는 것에 대한 웅변이 '위안소'에 대한 거부로 표출되기도 한다.

그러나 총력전 상황의 오키나와에서 주민의 협력이 필요했고 그 유지가 절실했다. 군이 자체적으로 "오키나와인이라는 말을 사용해서는 안 된다. 오키나와에는 과거 여러 가지 역사가 있었지만, 현재는 3부 43현의 하나, 오키나와 현이며, 그들은 일본인이다", "되도록 군사와 일반 민중과는 동일 장소에 일하는 것을 피할 것"[18] 등을 특별히 인지시키기도 했다. 군은 오키나와 주민

17 川田文子, 1994年,『赤瓦の家：朝鮮から來た従軍慰安婦』筑摩書房, 58~59쪽.

18 大城將保, 1999年,「32軍の沖縄配備と全島要基化」『沖縄戰研究Ⅱ』沖縄縣文化振興會公文書管理部史料編集室編, 沖縄縣敎育委員會, 92~93쪽.

들 사이에 존재하는 '준외지(식민지)' 취급 당하는 것에 대한 불만을 염려해 일본군과 주민 사이에 일어날 수 있는 갈등을 막으려고 했다.

한편 '위안소'에 대해서는 "대부분 전쟁터에는 '위안소'를 두고 있다. '위안부'들은 여러분의 몸을 지키기 위해 필수불가결"하다[19]는 논리로 설득했다. 오키나와에 대한 '차별'이 아니라는 점을 강조하는 것이 오히려 오키나와 여성을 보호하기 위해 '위안소'를 설치한다는 여성의 몸에 대한 또다른 '차별'의 명분으로서 사용되었다. 특히 군은 식민지에서 끌고 온 여자들로 이뤄진 '위안소'가 오키나와 여성을 지킨다고 하는 논리로 그 설치 필요성을 설득했다.

더욱이 제32군이 증강됨에 따라 10만 명에 가까운 군대가 주둔한 44년 이른 여름, 군은 설치를 반대하고 있던 현에게도 '위안소' 설치를 위한 본격적인 협력을 요구하지 않을 수 없었다.[20] 지사가 협력을 거부한 탓인지는 분명하지 않지만 군은 나하경찰서에 협력을 요구했고, "츠지에는 사무소가 있다"며 경찰서 역시 군의 신청을 회피했다. 결국은 당시 유곽거리에 있었던 츠지의 사무소로 군관계자가 직접 찾아가 "군인의 사기를 고무하기 위해 최선을"이라는 내용으로 연설한 뒤 반강제적으로 츠지 유곽의 여성들을 '위안소'에 지원시키려 했다. 그러나 식민지에서 끌려온 '위안부'들이 하루에도 많은 병사를 상대하지 않으면 안 되는 참혹한 상황인 것을 알고 있었던 츠지 유곽 여성들에게 이 연설은 역효과였다. 나하경찰서의 보안계에 폐업하겠다는 소원이 쇄도했다. 군은 "병, 결혼 이외에는 폐업 이유가 될 수 없다"며 '위안부'가 되느니 폐업을 하자는 츠지 유곽 여성들의 움직임을 막는 엄명을 나하경찰서에 지시한다. 이렇게 해서 츠지 유곽의 여성은 '오키나와 방위를 위해서 온 군'을 위한다는 대의명분에 의

19 福地曠昭 編著, 1992年, 『オキナワ戰の女たち：朝鮮人従軍慰安婦』海風社, 265쪽.

20 全國女性史研究會交流のつどい實行委員會, 1994年, 『第5回全國女性史研究會交流のつどい報告集』「報告集」編集委員會編, 11~15쪽 참조.

해 조선인 '위안부'와 함께 전장에 휩쓸리게 되었다.[21]

이는 '근대 일본'에서 폭력을 통제해야 할 경찰과 국민을 보호해야 할 책임이 있는 공적 집단인 군대가 개인에 대한 폭력을 '정당화'하는 기관으로 변질되는 과정이었다. 단적으로 말하면, "만주도 남양군도도 아닌 황군의 토지 오키나와"에 살고 있던 유곽의 여성은 병사의 성적 욕구를 '해소'시켜, "양가집 규수를 지키기 위한 방파제"가 된 것이며, 그것이 공창제도에 의해 정당화되고 있었던 것이다. 또 이처럼 '성(性)'이라는 사적 영역이, 공창제도와 군대에 의해 '공적'인 영역으로 옮겨지는 순간, 이들 여성들은 항상 '국민의 영역'에서 역할을 완수해왔음에도 법에 의해 보호되어야 할 대상인 '국민'으로부터 분리되었다.

사실상 츠지 유곽의 여자들은 '애국'이라는 영역에 들어갈 수 없는 '이름이 없는' 존재였다. 천황을 중심으로 한 군국주의 교육이 오키나와에 전해지자 여성들은 애국부인회 같은 조직에 적극적으로 참여했으나, 츠지 여성들은 애국부인회에 입회를 거부당하는 경우가 많았다. 우리도 나라를 위해 애국할 법률적 권리가 있다고 주장하는 츠지의 여성도 있었지만, 이는 암묵적 동의에 의해서 묵살되었다. 이른바 "똑같은 취급을 받는 것이 창피하다"[22]라는 시선 속에서 츠지 유곽 여성들이 입회하면 일반 여성들이 탈퇴해 버리는 경우가 발생했기 때문이다. '츠지 촌야(村屋)'라 불리운 츠지 여성들의 집회 사무소가 생긴 것은, 세금에 관한 수속, 보건 위생 관리 등 관공서에 제출하는 서류의 작성 처리 등의 필요성에서 기인한다. 즉 일본군'위안부'로서 '우군'이 성병에 걸리지 않도록 하기 위해 현과 경찰이 요구한 법을 지키는 일이 츠지 유곽 여성들에게 허가된 '애국'이었던 것이다. 아이러니하게도 츠지 유곽의 여성들은 '위안부'가

21 浦崎成子「沖縄戰と軍『慰安婦』」『「慰安婦」戰時性暴力の實態1(日本·台湾·朝鮮編)』金富子·宋連玉 編, 緑風出版, 2000年, 96~97쪽.

22 『那覇女性史(近代編): なは·女のあしあと』, 那覇市總務部女性室那覇女性史編集委員會編, 株式會社ドメス出版, 1998年, 406쪽.

되기 전에는 '애국'의 길을 차단당했고, 일본군에게 '성'의 제공을 공식적으로 받아들이고 나서야 비로소 일반 여성들이 속한 애국부인회와 같이 "나라를 위해서"라는 임무를 수행할 수 있는 권리를 얻었다.[23]

츠루미 슌스케[鶴見俊輔]는 '15년 전쟁(1931~1945)'에서 '칙어'라 불리는 "천황에게 충성을 맹세하는 언어들, 즉 일종의 키워드가 되는 언어사용에 능숙하면 천황에 대한 충성스러운 신민이 되는 패스포트를 보장받는 셈이 되며, 신민으로서의 임무와 역할을 완수할 수 있게 된다"라고 했다.[24] 그러나 일본군과 함께 국경을 초월할 것을 강요당한 식민지에서 강제 동원된 '위안부'와 오키나와의 츠지 유곽 여자들에게 '충성스러운 신민이 되는 패스포트'란, 단지 '칙어'라는 언어가 아닌, 성노예로서 몸으로 충성을 맹세했을 때에야 비로소 주어지는 것이라고 말할 수 있다.

각 마을에 설치된 '위안소'는 군인들의 성적 스트레스를 해소함과 동시에 일반 여성을 보호한다는 명목으로 하나의 분단을 가져왔다. '위안소'는 '보호되어야 할 성(性)'과 그렇지 못한 '성' 사이의 분단이었다. 그 안에서 성을 제공하는 조선인 여성들은 물론이고 기존의 유곽으로부터 '애국'을 위해 '위안소'로 내몰려진 여성들은 '필요악'으로 취급되었다. 이는 일종의 국민의 변경이며 보호되지 않아도 될 몸으로 '인종화' 되어 가는 차별의 정치학이었다.

3. 마을로 들어간 '위안소'

주민의 삶에 주목하면서 증언과 진중일기를 대조해 분석하면 한 가지 새로

23 애국부인회의 입회를 거부당한 츠지 유곽의 여성들은, 중일전쟁이 촉발된 직후에는 국방부인회 회원에 가입되었다(『那覇女性史(近代編): なは·女のあしあと』, 前揭書, 413~414쪽).

24 鶴見俊輔, 1989年, 『戦時期日本の精神史1931~1945年』岩波書店, 49~51쪽.

운 사실에 착목할 수 있다. 오키나와의 민속자료와 자연환경을 동시에 생각해 볼 때 '위안소'는 결코 주민의 시선을 의식하여 산이나 원야에 설치된 것은 아니라는 사실이다.

군민현이 일체가 되어 비행장을 설치했던 이에지마에서 민가를 빌려 '위안소'로 개조한 타무라 부대의 경우 부대 이름 대신 '위안소 앞의 방공호'로 불렸다. '위안소' 앞에 제3중대의 방공호가 있었는데, 이 방공호는 우체국이 있던 자리기도 했다.[25]

마실 물이 귀했던 미야코지마의 경우 '위안부'로 동원된 여성들과 일반 주민들이 마을에서 식수를 공동으로 이용하던 우물터에서 교류를 한 경우도 있었다. 일본군 역시 식수나 빨래를 '위안부' 여성들에게 담당시키면서, '위안부' 여성이 물가까지 왕래할 수 있는 자유를 허락했다. 주민 대다수가 '위안부' 여성의 존재와 '아리랑' 노래를 기억하고 있다.[26]

한편 집단자결의 피해 지역의 대명사가 된 요미탄촌은 2004년 오키나와현의 현사(県史) 중 가장 세세하게 '위안소'를 목격한 주민의 체험을 실은 곳이기도 하다. 이 현사에는 1992년 오키나와 여성그룹이 조사한 요미탄 내의 '위안소' 11군데 외에도 추가로 발견된 '위안소' 및 해당 목격 증언을 실었다.[27] 그러나 이 현사보다 더 중요한 것이 2002년 단계에 조사된『요미탄촌의 개별 전시 상황 야고(호구)조사표(讀谷山村の各字戰時概況図及び屋7等一覽表)』이다. 오키나와는

25 「米兵の目を逃れつつ二年間のガジュマル樹上生活」佐次田秀順(大正六年七月生)『証言資料集成 伊江島の戰中·戰後体驗記錄-イーハッチャー魂で苦難を越えて』伊江島教育委員會, 1999年, 808~809쪽 參照.

26 92년 '위안소' 맵 조사 당시 미야코지마의 예는 그다지 깊이 조사되지 않았는데, 그것은 '위안소'가 일종의 감금 상황이 아니었다는 점과 지역 주민들이 '위안부'와 밀접한 관계를 가지고 있었다는 증언들이 위압감을 주었기 때문이었다. 자연환경과 주민의 전쟁 체험을 중시하는 조사로 새롭게 밝혀졌다(日韓共同「日本軍慰安所」宮古島調査団『戦場の宮古島と「慰安所」-12のことばが刻む「女たちへ」』洪玧伸編, なんよう文庫, 2009年 参考).

27『讀谷村史 第5巻資料編4-戰時記錄上卷』讀谷村史編纂委員會, 2004年.

야고라 하여 각각의 집마다 이름을 붙여 친밀한 지역사회를 형성하는 것이 특징이다. 바로 이 야고 조사에서 민가를 '위안소'로 사용한 경우와 그 위치 등의 의미를 다음과 같이 분석할 수 있다.

중국 전선에서부터 1944년 여름에 상륙한 타다 부대는 상륙 당시 중국 전선에서 조선인 '위안부' 2, 3명과 함께 왔다. 다카시호[高志保]라는 마을에 설치한 '위안소'는 마을의 정중앙에 위치하고 있다. 1943년 초부터 비행장 건설을 위한 막사가 설치되기 시작한 요미탄의 키나[喜名]라는 마을은 비행장 건설로 노동자의 숙박시설이 밀집하여 마을 경제가 활성화 되는 것처럼 보였다. 그러나 1944년이 되면 군인들이 임시 숙소로 마을 전체 각 민가들에 몇 명씩 잡거를 하게 되었다. 초등학교까지 막사로 이용되면서 마을의 성격 자체가 총력전 아래의 커다란 군밀집 지역으로 변하게 된다. 이곳에 위치한 '위안소'는 대다수가 민가를 이용했다. 이들 민가는 기존의 연구에서 말하는 산릉지역과 밀접하다. 그러나 마을 키나는 전전부터 요미탄 지역의 행정 중심지였고, 산릉지역이라고는 하지만 민가이며, 일본군이 '위안소'로 지은 막사 역시 투우장 한가운데 위치했다. 투우장은 전쟁 전에는 농경사회의 중요한 타지역과의 연대를 위한 오락이 이루어지는 공간이었다. 투우경기는 4월에서 9월까지 성대하게 이루어지며 키나란 지역에서는 밧줄을 엮어 각 마을 별로 줄다리기를 하는 바로 그 투우장 터에 '위안소'가 지어졌다.

이라미나[伊良皆]에는 '위안소' 두 곳이 목격되었는데 모두 츠지 유곽의 여성들이 있었던 곳이었다. 길가에 위치해 저녁시간에 긴 줄을 선 일본군들의 모습, 영양실조로 중병을 앓던 '위안부'의 모습이 목격된다. 행정중심지 키나와 이라미나 경계 지역에는 무려 30여 명의 조선인 여성들이 있었던 삼각막사의 일부분이 '위안소'였다는 증언이 있다.

중남부의 '위안소'는 특히 산릉지역에 많이 위치했다. 이는 대부분 〈'위안소'의 이동/난립기〉 즉 일본군이 전력 상실로 인해 비행장 건설을 포기하고, 지상전에 대비하기 위해 산릉지역으로 이동하였기 때문이다. 그러나 이 역시 주민들의 일상공간과 크게 분리되지는 못했다.

일본군의 이동 편의에 따라 '위안소'가 설치되었음이 분명한 지역으로는 오키나와 중남부 지역인 우라소에[浦添]를 들 수 있다. 우라소에는 전체 18곳의 아자(마을보다 작은 단위를 세는 단위) 중 7아자에 총 14군데의 '위안소'가 설치되었는데 이 역시 대부분 민가였다. 당시 이 지역에 주둔했던 『제62사단 보병 제63여단 독립보병 제14연대 역사』에 '위안소' 위치를 표시하면 '위안소'는 당시 주둔군 이동 경로의 핵심 도로 근처에 위치했다는 것을 알 수 있다. '위안소'는 대부분이 민가였지만, 「이시 병단회보(石兵団會報)」 12월 5일자에 의하면 장교만을 위해 일본 본섬에서 온 일본인 여성들이 있는 〈제3위안소〉라는 것도 지어졌다. 우라소에 시립 오키나와 연구학 연구소에 보관되어 있는 한 비공개 체험수기에 의하면, 당시 류큐왕조 자손의 별장이 일본군의 〈제3위안소〉로 쓰였다. 류큐왕조의 자손들이 가진 별장이 이용된 경우는 육군 오키나와 동비행장(일명, 니시하라 비행장)이 위치했던 니시하라에도 있었다. 이곳은 주민들에게 익히 알려진 별장이 장교들을 위한 '위안소'로 쓰였고, 약 3천 평에 달하는 부지가 장교연회장으로 쓰여 매일 밤 장교들이 연회를 열었다.

이처럼 오키나와의 문화와 밀접한 관계를 맺는 곳까지 위치한 '위안소'는 총력전 체제 속의 하나의 풍경이었으며, 잃어버린 민가이자 생활공간의 일부였던 곳이기도 했다.

Ⅳ. '위안소'의 이동/난립기

1. 10·10 공습과 '위안소' 규율의 강화

일본군이 '위안소'에 대한 주민의 시선을 의식한 것은 주민에 대한 군의 비밀누설 방지(방첩)가 강화되던 1944년 말부터이며, 본격적으로 '위안소' 규정이 체계화 된 것은 1944년 10월 10일 미군 공습을 전후한 시기였다. 이는 주민과 일본군의 접촉을 금지하는 가운데 체계화된다. 이 시기는 '위안소'를 둘러싼 주민의 비판적인 시선이 군의 풍기문란을 둘러싼 비판으로 이어진 시기이기도 했다.

오키나와의 최고사령관이었던 제32군의 와타나베 마사오와 임무교대를 한 우시지마 미츠루 최고사령관은 1944년 8월 10일 오키나와에 착임해 전쟁이 끝나 오키나와에서 자결할 때까지 오키나와전의 최고사령관의 자리에 있었다. 1944년 8월 31일 착임 후 처음으로 우시지마는 오키나와 본섬의 주둔군은 물론 멀리 떨어진 다이토제도의 대장을 포함한 각 사령관과 부대원을 한자리에 불러 다음과 같이 훈시한다.

제1 '삼험한 군기 아래 철통 단결할 것'
제2 '건투 정신을 발휘할 것', '마지막 한 명의 병사에 이르기까지 건투 정신을 유지해 태연히 적의 격멸에 임할 것'
제3 '신속하게 전투태세를 갖추고 훈련을 철저히 하며 결단코 긴장을 늦추지 말 것'
제4 '해군 항공 및 선박의 긴급한 공동 공격을 유지할 것'
제5 '주둔지의 자급자족을 철저히 실행할 것', '주군 지역의 물자를 활용하며 나무 한 그루 풀 한 포기까지 전력화 할 것'
제6 '지방관민을 기쁘게 해 군의 작전에 기여하고 솔선하여 향토를 방위할 수 있도록

지휘할 것'

'이를 위하여 성심을 다해 지방관민을 지휘하여 기꺼이 군의 작전에 협력하도록 함과 동시에 적의 공격이 있을 때에는 군의 작전을 저해하지 않고 솔선하여 전력증강에 기여하고 향토를 방위할 수 있도록 지휘할 것'

제7 '방첩에 엄중히 주의할 것'

'또한 세부 사항에 관해서는 군참모장이 지휘하도록 할 것'.[28]

훈시 제5와 제6에서 말하는 것처럼 주둔지역에서의 자급자족이 강조되는 상황, 즉 군량 및 노동력 제공 등에서 오키나와 주민의 협력이 필수인 상황이었다. 주민의 노동력 역시 나무 한 그루 풀 한 포기의 전력화에 포함되었다. 그러나 군에 협력하여 지역의 향토방위까지를 담당해야 하는 주민은 방첩(비밀유지)에 각별한 주의를 해야만 하는 경계 대상이기도 했다.

이시부대는 1944년 8월 19일 나하에 상륙한다. 오키나와에서 투입된 62사단 이시부대는 원래 중국 북부[北支那]에서 상하이로 이동 집결한 뒤 나하로 투입된 부대로 중국에서 이미 강간과 탈취의 경험이 있는 부대였다.[29] 이시부대는 미완의 비행장이 된 니시하라 비행장 건설 후 우라소에[浦添]와 니시하라[西原] 일대의 진지구축을 주도했다. 상륙 직후라고도 할 수 있는 1944년 9월 7일 『이시병단 회보』 제49호에는 「방범관계」라는 항목이 있다.

二, 방범관계

1. 관할에 임하는데 있어 '아와모리(오키나와의 소주 설명주)'가 풍부하고 게다가 '알

28 防衛廳防衛研修所戰史室『沖縄方面陸軍作戰』朝雲新聞社, 1968年, 84~85쪽.

29 북지나(北支那) 방면군은 익히 널리 알려진 것처럼 난징대학살의 다음 해인 1938년 6월 27일 중국 북부의 (일본군)의 안전이 위험에 빠진 주요 이유가 일본군에 의한 강간의 증가이며, 중국인의 증오와 복수에 기인하고 있다는 원인분석과 경고[岡部直三郎參謀長による通牒]를 전 부대에 하달한 바 있다.

콜' 함유량이 많아 과도하게 음용하면 종종 상식을 벗어나 행동이 난폭해질 염려가 없지 않음으로, 사적 제재의 근절과 함께 음주예의의 초석을 세울 것.

2. 강간과 약탈이 군인의 위신을 실추하고 민심이반 혹은 반군 사상을 유발하는 유력한 요소가 되는 것은 과거의 뼈아픈 경험이 입증하는 바, 특히 오키나와현 사람들 중에는 타지역민과 비교해 사상적으로 배은망덕하며 이익을 꾀하는 경향이 큰 자가 많고 그 구체적인 표현은 중상, 진정서, 투서 등을 들 수 있으니, 그럼으로 약탈 및 강간의 영역에 들어가지 않는다 하더라도 이에 가까운 소행만으로도 군에 대한 반감을 양성할 수 있다. 또 일부 지역은 정조관념이 약한 곳이 있어 그런 유혹에 넘어가서 무지불식 간에 외설, 간통, 약취, 유괴, 주거침탈 등의 범죄를 저지르지 않도록 할 것.

관할 지역은 소위 유언비어가 많은 지역성이 있고 또 관할 전반에 걸쳐 군기 보호법에 의해 특수지역으로 지정되는 등 방첩상 각별히 경계해야 하는 지역이기 때문임을 감안하면 군 자체의 각종 위반자를 발생시키지 않도록 만전을 기해야 할 것.

『이시병단 회보[石兵団會報]』 제49호 1944년 9월 7일 10. 00 仲間

같은 날의 회보(『이시병단 회보[石兵団會報]』 제49호 1944년 9월 7일)에 "오키나와 본섬에서 강간 비행이 많아짐. 엄벌에 처함으로써 병사 한사람 한사람에 이르기까지 지휘 교육을 할 것"이란 기술이 있어, 과거의 뼈아픈 경험이 이야기하는 강간에 대한 강력한 금지를 촉구하는 사건의 배경에는 군대에 의한 강간사건이 빈번했음을 뒷받침해주고 있다. 그러나 오키나와에서 강간사건을 언급하는 이시부대의 회보문 중에는 점령지 중국에서의 '내셔널리즘'에 대한 언급 대신 군이 파악하고 있는 '오키나와인의 특성과 지역성'이 자리하고 있음을 주의깊게 살펴보지 않으면 안 된다.

1944년 말부터 강화되는 '위안소' 규정은, 32군 최고사령관 우시지마가 나무 한 그루 풀 한 포기조차 전력화 하는 과정에서, 주민을 협력 대상임과 동시에 방첩을 위한 경계대상으로 삼았다는 점, 또 이시부대가 언급하는 오키나와인의 특성에 대한 경계와 함께 생각할 필요가 있다. '위안소' 규정의 가장 중요한 부분으로 강조된 것이 군과 민간의 불필요한 접촉 금지 항목, 즉 외출지역의 제한이었기 때문이다.

> 5. 곧 외출 허가 시에도 지방 인가 내에 들어가는 것을 금함. 물품을 구입할 때일지라도 먼저 조달하고 집 안에 들어가는 것은 각 부대의 한 명의 일병에 이르기까지 교육을 철저히 할 것. 외출구역은 대개 여단(구역 내 부대를 포함함) 구역은 여단에서 구별해서 처리하도록 하고, 직할 대대본부는 대대본부가 구별처리할 예정이니 의견이 있으면 다음 회보 때까지 통보할 것.
>
> 『이시병단 회보[石兵団會報]』 제49호 1944년 9월 7일

일주일 후인 9월 14일 『이시병단 회보』에는 사단여단의 통제하에 외출 허가를 받고, 외출 구역 및 외출일, 가격, 이용시간대 등 자세히 '위안소' 이용에 관한 사항을 규정하고 있다. 9월 17일 『이시병단 회보』에는 사령부가 있던 나카마 지역의 '위안소'를 '나카마 주군 후방시설'로 명명하면서 군전용 위안시설을 지정, 영업일, 기녀 등을 조사하고 영업내규 등을 정해놓고 있다. '후방시설'로 명명된 곳은 각 부대의 관리가 강조되며 별도로 순찰보고를 하고 있는데 이 「순찰보고」는 짐마차의 감독병이면서 짐마차를 타고 다니는 병사, 경례하지 않는 병사, 사탕수수를 먹으면서 걸어다니는 병사, 작업 후 귀대 시 반 나체가 되어 활보하는 병사, 군모를 쓰지 않고 두건만 두르고 활보하는 병사 등 군기가 무너지고 있음을 경고하고 있다.[30]

대부분 오키나와전을 증언하는 주민들의 시간 관념은 1944년 10월 10일 이전과 이후로 나뉜다. 10·10 공습으로 불리는 1944년 10월 10일 공습으로 나하

30 『石兵団會報』 第497(昭和19年9月7日10.00 仲間).

의 90%가 전소되었다. 일본군은 본격적인 지상전에 돌입하면서 1944년 7월부터 비전투원인 노약자와 어린이를 중심으로 오키나와 본섬의 북부로 주민 소개를 실시한다. 그러나 주민이 자주적으로 피난하는 것은 10·10 공습 이후였다. 예를 들어 이에지마의 경우 오키나와 북부 나고시의 모토부가 소개지역이 되는데, 전쟁 전 인구 약 7000명 중 10·10 공습 이후부터 1945년 3월까지 주민 약 3000여 명이 서둘러 소개하였다. 이는 10·10 공습이 주민에게 얼마나 충격적이었는지 보여준다고 할 수 있다.[31]

10·10 공습 후 주민의 식량난은 심각했다. 요미탄의 작은 마을 오야지[字親志]의 경우 주로 임업을 하는 마을이라 생계를 위해 작은 밭을 경작하는 정도였는데, 밭 경작 역시 요미탄에 설치되는 비행장을 건설하기 위한 징용으로 곤란한데다 적은 수확량을 군에게 공출당해 심각한 식량난에 시달렸다. 10·10 공습으로 피해가 심각해지자 생활난으로 11월부터 주민의 과반수 이상이 피난길에 올랐다.[32]

그러나 10·10 공습 이후에도 '위안소'는 결코 축소되지 않았다. 오히려 군대의 이동과 함께 산릉지역으로 이동하면서 난립했다. 제56비행장대대 파견부대로, 전술했던 '위안소'와 막사를 개조하는 건축관련 부대인 〈건축근무 6중대〉의 1944년 12월 24일부터 1월까지의 진중일기에는 군인구락부('위안소')의 내부 개조 기록과 동원 일정이 상세히 남아 있다.

> 12월 25일 출장인원 하사관 1, 병사 38, 흐림. 북비행장
>
> 행동 1. 작업단장의 명령에 의해 시게노부 하사는 병사 31명을 인솔하여 다음과 같은

31 伊江島史編集委員會, 1980年, 『伊江島村史(下)』, 405쪽. 大城將保 「伊江島の戰鬪概要」『証言·資料集成 伊江島の戰中·戰後体験記録-イーハチャー魂で苦難を越えて』, 伊江島教育委員會, 1999, 36쪽.

32 「字概況-親志」『讀谷村史 第5卷資料編4－戰時記録上卷』讀谷村史編纂委員會, 2004年, 113~115쪽.

작업을 실시한다.

① 미야다 상병은 9명을 지휘하고 방공호 굴착 작업을 실시함.

② 아라다케 상병은 병사 20명을 인솔하여 군인구락부 개조 및 철조공사 작업을 겸하여 목공 잡일 작업에 종사함.

진도, 군인구락부 내부개조 5분 정도까지. 철조 공사 작업은 8분 정도까지, 소나무 목재 벌목 10명. 트럭 내부 상자 수리 11대 완료. 위생, 1 입원 3인실 2개.

『제56비행대대 파견 시게노부반 요새건축 제6중대 진중일지』 1944년 12월 25일

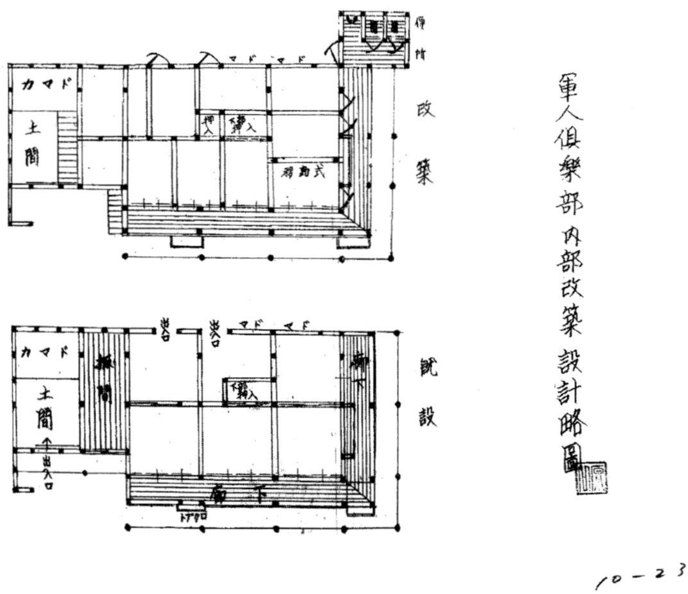

〈그림 1〉 군인 구락부 내부 개축 설계도면

출처: 『要塞建築勤務第6中隊 北飛行場56飛行場大隊派遣重信班 陣中日誌』(昭和20.1)

'위안소'는 26일 80%가 완성되었다. 28일에 미야다 상병 인솔 부대는 56비행대대 군인구락부 외에도 새로이 427부대 군인구락부 개축을 위해 내부 시설을 확충하는 작업을 실시하여 완성한다. 30일에는 아라다테 상병 인솔 병사

13명이 군인구락부 내부 개축을 완료했다.[33] 〈그림 1〉과 같이 완성된 내부 구조도의 방의 수는 기존의 두 배 가까이 증가한 것이었다.

이 시기에 이용되었던 '위안소'는 공습으로 불에 탄 건물을 재건한 것, 새롭게 만들어진 것, 텐트나 천막, 오두막 같은 것도 있었다. 또한 민가로 사용된 것을 군이 접수하는 형태로 만든 것이 대다수였기 때문에 주민과의 접촉은 피할 수 없었다. 그런데 츠지하루[辻原], 나카이마[仲井眞], 고친다[東風平]의 기시[宜次]와 같이 '위안소'가 난립하고 있는 지역조차, 조선인 '위안소'는 일반인의 눈에 띄지 않는 외진 곳에 설치되었다. 10·10 공습 이후에 주민과의 접촉이 엄격히 금지됐던 식민지 출신의 '위안부'는 살아남기 위해서 일본군에 의존하지 않을 수 없는 시기로 접어든다.[34] 이는 단지 조선인 '위안소'뿐만 아니라 츠지 유곽의 여성들에게도 해당된다.

10·10 공습으로 츠지 유곽도 흔적도 없이 불에 타버렸다. 갈 곳이 없어진 츠지 유곽의 여자들이 군과 직접 개인 계약을 맺었던 시기도 이 즈음이다.[35] 츠지의 유녀를 '쥬리'라 부르는데 '쥬리'였던 우에하라는 10·10 공습 이후, "간호부장이라는 이름 하에 방공호 속에서 일했다"라고 증언하고 있다.[36] 미야자키 츠루(가명) 역시 '쥬리'였던 여성으로서 10·10 공습으로 오키나와에 있는 가족을 전부 잃었고, 하에바루의 츠카잔[南風原 津嘉山]이란 곳의 촌야를 사용해 만들어진 군인구락부('위안소')에 갔지만, 12월에 슈리지역의 성병 검사실에서 성병에 감염된 것이 판명돼 1개월 정도 입원 당한 경험이 있다고 증언하고 있다.[37]

33 『第56飛行場大隊派遣重信班要塞建築勤務第6中隊 陣中日誌』(昭和19年12月30日).

34 全國女性史研究會交流のつどい實行委員會 『第5回全國女性史研究會交流のつどい報告集』「報告集」編集委員會編, 1994年, 8~14쪽.

35 『石兵団會報』(昭和20年11月12日).

36 上原榮子, 1976年, 『辻の華』 時事通信社, 328쪽.

37 「辻から壕へ 戰火をくぐりぬけて」『沖縄女性史研究 第27：沖縄戰を生きぬいて』, 1982年, 7~11쪽.

성병검사는 10·10 공습 이후에도 계속되었고, 주민과 '위안부'의 접촉은 더욱 엄격히 규제되었다. 카데나에는 마을 한가운데 임시 건물로 지은 '위안소'에 조선인 여성 10여 명이 있었는데, 이 '위안소' 앞에 길을 끼고 위치한 오야마병원에서 성병검사가 실시되었다. 당시 오야마병원에서 성병검사를 했던 간호원 다마시로 스에는 10·10 공습 이후 이 병원에서 일했다. 이때 인근 '위안소'의 조선인 여성들은 1개월에 한 번, 혹은 2주일에 한 번 단위로 오야마병원까지 성병검사만을 위해 왕래할 뿐이었으며, 10~15명 단위로 헌병이 인솔해 왔다. 간호사이었던 다마시로는 진료를 마치고 집으로 돌아가는 시간 카데나의 길거리에 30여 명의 군인들이 줄을 지어 차례차례 '위안소'로 들어가는 모습을 목격하곤 했다고 증언한다. 츠지 유곽의 여성들은 장교를 상대했으며, 조선인이 오지 않는 다른 날이 성병검사일로 지정되었다.[38]

후방 시설로서의 '위안소'에 관한 기술은 10·10 공습 이후는 물론 1945년 초까지 빈번하게 나타난다. 이 시기의 '위안소' 건립 형태를 주민의 증언을 중심으로 살펴보면 일본군은 조선인 '위안소'뿐 아니라 츠지 유곽 여성들이 있었던 '위안소'까지, 주민들의 접촉을 철저히 막았던 것으로 보인다.

카데나의 중비행장 주변에 10·10 공습 이후 츠지 유곽 여성을 데려온 구에누메[桑江ヌ前]라는 마을이 그렇다. 10·10 공습 이후 군대 이동이 잦아지면서 이 마을에 '타바소'라는 야고를 가진 가장 큰 집은 몇 차례나 다른 군대의 '위안소'로 제공하지 않으면 안 되었다. 집주인 타바는 당시 상황에 대해 이렇게 말한다.

> "이 집을 '위안소'로 사용할 테니 한시라도 빨리 비워주길 바란다"라며 강요하는 겁니

38 「大山病院の看護婦として(玉城スエ)」『讀谷村史 第5卷資料編4-戰時記錄(下)』讀谷村史編集委員會, 讀谷村, 2004年, 694~696쪽.

> 다. "갑자기 그렇게 말하면 어디서 살라고요. 곤란합니다"라고 말하자 "이건 군의 명령이다!"라면서요. 이리저리 생각해 본 결과 다행히 집터 내에 말과 소 외양간이 있으니까 그럼 여기라도 살 수 있도록 이시부대의 대장 장교와 교섭했지요. "좋아. 그런 거라면 괜찮겠지. 단 '위안소'의 상황이 보이지 않도록 단단히 봉쇄하도록"이라며 간신히 허가를 받아서 말과 소 외양간에 다다미를 깔고, 외양간 앞은 대나무로 치고, 그렇게 저희는 살았어요. 〈중략〉 일본이 전쟁에서 이기기 위해서라 생각해서 군대에게 협력했는데 집세는 받았는지 어땠는지 모르겠고. 문 앞에는 '위안소'라고 접근금지 간판이 세워져서 절대로 들어갈 수가 없었습니다. 우리도 볼 수 없었고 집안에 들어갈 수도 없었지요.[39]

'타바소'를 거쳐간 것은 다케부대 제9사단과 이시부대이다. 제9사단이 타이완으로 이동한 것은 오키나와전에서 특별한 의미를 지닌다. 이후 오키나와전은 지상전 태세로 돌입하고 군대 이동이 심해지기 때문이다. 그리고 이어 타바소에 '위안소'를 사용했던 이시부대는 10월 2일 위생 콘돔은 후방시설 담당부대가 관리하고,[40] 10월 19일 츠지 유곽 여성들이 누구와 계약을 맺었는지까지 조사하라는 명령이 내려진다.[41]

10·10 공습 이후의 지상전 돌입 상황에서 규율은 더욱 강화되었다. 타바소의 주인이 목격한 '접근금지' 간판은 이 상황에서 설치된 것이다. '위안소'에 관한 12월 〈내무규정〉 안에 군인들이 '위안소'로 들어갈 때 사용한 허가표와 부락민 입지를 금지시키는 간판이 남아 있다(〈그림 2〉참고).[42]

39 「桑江ヌ前にあった慰安所(田場典仁)」『戰時体験記録-北谷町』企畫課町史編集室, 北谷町, 1995年, 172~173쪽.

40 「石兵団會報」第647 浦添國民學校(昭和19年10月2日).

41 「石兵団會報」第647 浦添國民學校(昭和19年10月19日).

42 이시부대가 이동하고 또 다시 이동해온 부대가 '타바소'를 '위안소'로 쓰겠다고 찾아왔을 때, 집주인 타바 씨는 생명을 걸고 이렇게 반발한다. "너희 같은 야만인에게 집을 어떻게 빌려주냐. 이것 좀 봐봐라. 이렇게 훌륭한 목재로 지은 집을, 이것 좀 봐 이렇게 망가뜨리고." 일본도로 흠집을 낸 군인들에게 화가 나 고함을 쳤지만, 결국 타바소는 1945년 3월 미군의 상륙 직전까지 '위안

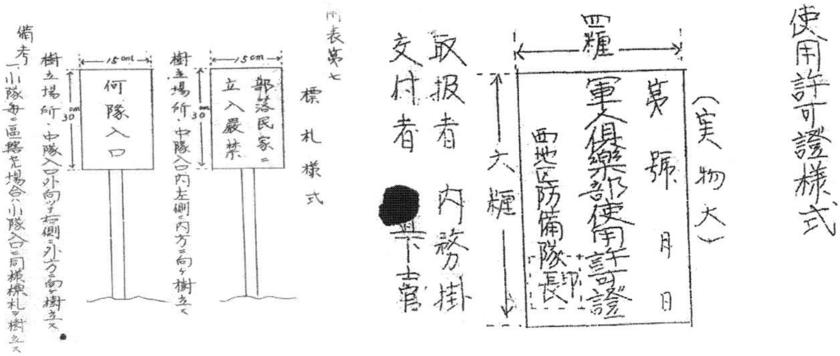

〈그림 2〉 '접근금지 구역 간판 표식' 및 '군인 구락부 사용 허가증'
출처: 제3475부대 『내무규정』 1944년 12월

이는 단순히 '위안소'가 풍기를 문란하게 하는 지역이었기 때문만은 아니다. 내무규정 본문에는 병사의 금지구역이 명기되어 있고, 외출 가능 지역, 부락민 금지구역 등이 지정되어 있다. 즉 '위안소' 여성들이 '위안소'와 성병검사를 받는 병원까지 왕복하는 자유가 허가된 것과 마찬가지로 병사에게도 일반 주민의 거주지역이 아니라 '위안소'까지 왕복할 수 있는 자유가 허가된 것이며, 이것이 '군기밀'이라는 것, 즉 비밀 유지라는 측면이 강조되기 시작한 것이다.

실제로 오키나와의 일본군'위안부'로서 전후 최초의 증언자가 되었던 배봉기 씨는 10·10 공습 이후 오키나와에 도착해 도카시키지마에서 '위안부'로 생활하다 일본의 패전을 경험했다. 배봉기 씨는 도카시키지마의 주민과는 거의 접촉하지 못했고, 군이 민간인과 접촉하는 것을 통제했다고 말한다. 섬에서 궁지에 몰린 주민들의 대다수가 집단으로 자결하였는데 배봉기 씨는 그 사실조차 알지 못했다.[43] 당시 '위안소'로 사용되었던 빨간 기와집 옆에 살았던 신자토[新里武光]의 증언에 의하면 조선인 여성들과 접촉이 가능한 것은 취사 담

소'로 쓰였다(「桑江ヌ前にあった慰安所(田場典仁)」『戦時体験記録-北谷町』企畫課町史編集室, 北谷町, 1995, 175쪽).

43 山谷哲夫 編著『沖縄のハルモニ : 大日本賣春史』晩聲社, 1979年, 48쪽.

당자인 민간인과 집주인 정도였으며 주변 사람들도 섬 사람들도 이를 당연히 여겼다고 한다.[44]

이 시기 오키나와의 '위안소' 규정은 오키나와 본섬만이 아니라 주변 섬 역시 동일하게 실시된 것으로 보인다. 오키나와 다이토제도의 라사지마에 1944년 12월 7명의 '위안부'가 도착했는데, 다이토제도 주둔군 자료에는 이들의 본적, 이름, 예명, 연령, 개시일, 업자 이름 등이 기술되어 있다. 그런데 이 조사 내용은 이시부대의 조사표와 거의 동일하며, 명단에는 "조선의 달성군에서 19세로 유곽 경험이 없음"이라고 적혀 있는 여성의 이름이 기재되어 있다. 또 "규정은 귀대의 것에 의함"이라 명기되어 있어 '위안소' 규정이 라사지마까지 존재했다는 점을 알 수 있다.[45]

반면 군의 '위안소' 규정이 강화되었음에도 불구하고 오히려 주민들은 군의 '풍기문란'에 대해 비판적이고 날카로운 시선을 보였다는 사실에도 주목할 필요가 있다.

특히 오키나와전의 운명을 바꾼 10·10 공습 전날 일본군이 '츠지호텔'에 있었다는 이야기는 일본군의 태만에 관한 대표적인 사례이자 군의 배반적 행위로 알려져 왔다.[46] 장교가 츠지 유곽에서 밤낮으로 마시고 떠드는 것을 목격한 주민들은 현재 사면초가적인 미군과의 결전을 이겨내기 위해 전부가 군과 일체가 되어 긴장하고 있는 '우리의 향토 오키나와'가 마치 외지의 식민지인 것같이 받아들였다. 대포나 기관총 진지 구축 때문에, 처음에는 단독주택에 "위안소"를 설치했던 다마구스쿠 촌의 주민들은 10·10 공습 뒤에는 '위안소'의 설

44 2006년 10월 31일, 오키나와 도카시키지마, 필자와의 인터뷰.

45 『大東諸島支隊第4中隊 陣中日誌』(昭和19年12月4日).

46 「首里城の沖縄戰32軍司令部壕(1992年6月17~8月12日)」『琉球新報(1992年6月~8月12日)』「⑫, 暑さ, 溫氣, 惡臭との闘い」.

치를 반대했다. 그럼에도 군령에 의해 무리하게 오두막에 '위안소'가 만들어진 예도 있었다.[47] 그리고 "마치 외국 군대가 주둔하고 있는 것은 아닌가 하는 착각마저 느끼게 했다고 회고하는 사람"[48]도 나타나게 되었다.

제32 군사령부가 슈리성의 지하에 구축한 방공호로 이전한 것은 1945년 1월이었다. "여자를 방공호까지 끌어들여 희롱하면서 도대체 전쟁을 할 수 있단 말인가"[49]라는 비판의 목소리가 높아졌다. 1월 말이 되자 일찍이 '위안소'의 설비 등에서 일본군과 대립하고 있던 이즈미 슈키[泉守紀] 현지사가 카가와현[香川縣]으로 전직하면서, 현내의 치안 담당자와 고급 관리가 현외 출장 등을 이유로 오키나와를 떠나 돌아오지 않는 상황이 계속 발생했다.

이런 균열 속에서 군민현이 일체가 되어 건설한 총력전 태세의 상징이자, 충성의 상징이었던 비행장은 일본군의 손으로 파괴되었다. 대본영이 32군의 비행장 파괴를 허가한 것은 1945년(소화 20년) 3월 10일이었다. 제50비행장대대의 지휘하에 동양 최대의 비행장 건설을 장담했던 이에지마의 비행장은 3월 13일부터 일본군의 손으로 파괴됐다. 3월 30일에는 요미탄과 카데나의 비행장이 파괴되었고, 특히 요미탄의 북비행장의 경우 10·10 공습으로 피해를 입은 비행장을 주민이 총동원되어 보수해, 타이완–오키나와 항공작전에 쓰이기도 했던 곳이었다.[50]

미완의 비행장으로 남은 서쪽 해안의 비행장 부지에는 미군 상륙을 대비하기 위해 방파제를 쌓는 작업이 진행된다. 32군 사령부는 나하의 슈리에 지상전을 대비하는 진지를 구축하고 나하 일대는 '비밀유지'가 한층 강조되는 지역

47 福地曠昭 編著, 前揭書, 137쪽.

48 林博史, 2001年, 『沖縄戰と民衆』大月書店, 69쪽.

49 沖縄タイム編, 2001年, 『鐵の暴風』沖縄タイムス社, 295~296쪽.

50 『沖縄方面陸軍作戰』朝雲新聞社, 1968年, 189쪽 參考.

이 되었다. 중국 전선에서부터 상륙하여 미완의 비행장 부지와 진지 구축에 힘쓴 이시부대, 앞서 언급한 '제3'위안소" 및 류큐 왕족의 별장까지 '위안소'로 이용했던 이시부대는 미군이 상륙하면서 전멸하고, 이시부대 뒤에 「내무규정」을 한층 강화한 야마[山]부대가 니시하라 일대를 수비하게 된다. 이 시기 일본군 내에서는 "유언비어는 폭염과 폭탄이 비를 쏟는 것처럼 쏟아지는 가운데 확산", "만일 포로가 되면 가혹한 경우에 처하게 된다", "남자는 벌거벗겨진 채로 전차에 딸려 죽이고 노약자와 어린이는 전차로 짓이겨 죽이고, 젊은 여자는 노리갯거리가 된다" 혹은 "기노완 촌장은 포로가 되자마자 나이어린 처녀들을 모아서 '위안소'의 주인이 되어, 미군과 협력하고 있다", "스파이가 많아 일본군은 악전고투하고 있는 것" 등 일본군의 작전 실패를 오키나와 주민의 책임으로 돌리는 언설이 증가했다.[51]

2. 주민의 통치수단이 된 여성의 몸과 '강간 공포'

그렇다면 전황의 악화로 '사기' 저하와 일본군에 대한 시선의 변화가 가속화되는 상황에서 일본군은 어떻게 통치력을 강화하였을까. 또 고관들마저 달아나버리는 현실에서 군율에 대한 민간인의 '충성'을 어떻게 확보해내려 했을까. 단순히 애국이라는 것으로 설명할 수 없는 죽음이 오키나와전의 주민, 특히 여성들의 자결이라는 부분이다.

1945년 2월, 제32군의 참모장은 "몸 가까이 죽창 같은 무기를 취하고 야간에 적을 베어버리는 유격전 및 게릴라전까지 조직해서 싸우지 않으면 안 된다"고 주장했고, 주민 역시 "직접 전투 임무에 임해 적병을 죽이는 것이 가장

51 「無茶な守備軍(大城純勝)」『西原町史 第3巻(資料編2)-西原の戰時記錄』西原町役場, 1987年, 447쪽.

중요하다"고 강조한다. 굴파기, 탄환 옮기기, 식량 제공은 물론, 이제 주민은 변변치 않은 무기라도 들고 온몸을 바쳐 전투에서 적을 죽이는 총력전 상태로 돌입하게 된 것이다.[52]

1945년 2월 총력전 당시의 조선인과 츠지 유곽의 여성들이 처한 현실도 진중일지에 남아 있다. 라사지마에서는 1945년 2월 10~20일까지 열흘에 걸쳐 '위안부' 여성들에게 「위생법 구급법 교육」이 실시되었다. 종군간호부를 대신해 '위안부'에게 그 임무가 주어진 것이고, 숙소도 군과 함께 제2방공호로 이전되었다.[53] 당시 라사지마에는 기존의 주민들을 소개시켜 군인과 '위안부'만 거주했다. 노동력의 충원이라는 측면에서 위안부도 전시 동원의 대상이었다.

미군의 함대사격으로 2,156호의 가옥 중 22.1%인 475가옥이 일가전멸한 니시하라에도 구급법 교육과 간호부 동원령이 떨어졌다.

> 당시 의원이었던 아버지 데도콘 쥰메이[手登根順明]는 "지방의 어린 딸에게조차 무슨 군인이나 되는냥 영장이 날아오다니"라며 격노했습니다. 그리고 우리들(간호부로 동원된 - 설명주) 9명이 부대로 들어갈 때, 아버지가 모두 불러놓고는 부대는 부락 안에 있었는데도 일단 배웅해 주셨어요. 그때 아버지는 방공호에서 쿨피스 한 병을 가져오셨는데요. 그리고선 "니들 9명은 말이지, 정말 눈에 넣어도 아프지 않은데. 니들에게 영장이 날아오는 건 말야. 이 전쟁은 뭐 끝난 전쟁이란 거다. 절대 죽으면 안 돼! 죽으면 개죽음이다! 꼭 돌아와야 돼, 다시 한번 보여줘야 된다고! 절대 죽지 말고, 죽을 때는 아버지가 꼭 탄약 하나를 가지고 가서 같이 죽을 테니까. 개죽음은 안 돼! 절대 죽지 말아라 애들아!"라고 하셨답니다.[54]

52 琉球政府編, 1970年, 『沖縄縣史第2卷』 琉球政府, 643쪽.

53 「沖大東島地區隊作命第9號」 『大東島支隊第4中隊陣中日誌』(1945年2月10日), 노동력으로서의 '위안부' 동원은 이에지마 주둔군의 진중일지와의 비교에서 알 수 있다. 이에지마 역시 1944년 7월 주민 소개가 시작된 직후인 1944년 8월 3일 '위안부' 10명에게 구급법 교육을 한 기록이 남아있다(『第50飛行場大隊陣中日誌』昭和19年8月3日).

54 浦添市史編集委員會編, 1984年, 『浦添市史 第5卷(資料編)4-戰爭体驗記錄』 浦添市教育委員會, 114쪽.

개죽음은 안 된다고 하면서도 어린 딸과 그 친구들을 위해 자결용 수류탄을 준비하고 기다린다는 아버지 데도콘 쥰메이는 니시하라의 비행장 건설과 함께 주둔한 제19항공지구 사령부 제3비행장 중대의 '위안소' 설치를 용인하고 별장을 비워준 마을의 유식자이기도 했다.[55] 이후 우라소에 일대의 일본군은 괴멸한다. 데도콘 쥰메이의 딸 마리코는 중환자를 오키나와 나하의 슈리 야전병원까지 이송하던 도중 길을 잃고 전장을 헤메다 미군의 정찰기를 피해 간신히 방공호에 몸을 숨겼다. 그리고 이내 스파이 용의를 받게 된다. "이런 손이 전쟁 협력자라고? '위안부'가 아니라면 넌 스파이다"라는 일본군의 발언에 마리코는 방언으로 강력하게 항의한 뒤, 스파이 용의를 씌운 부관 앞에서 수류탄을 터뜨려 본인도 자결하려다 오키나와 출신 대위의 신원보증으로 간신히 스파이 용의를 벗게 된다.[56]

'위안부'와 어린 소녀까지 전장에 몰리는 1945년 봄, 4월에는 주민의 역할 강화와 함께 주민을 관리·통치하기 위해서 오키나와 방언을 사용하는 주민은 스파이로 모는 스파이전을 본격화한다. "작금의 군인 군속은 표준어 외의 언어 사용을 금지함. 오키나와 어를 말하는 자는 즉시 처분하라"[57]라는 통지에 의해 '우군'에 의한 주민 학살이 정당화 되었다. 또한 스파이전이라 불리는 광기 어린 살육의 정당화 과정에 더해 여성들이 느낀 강간에 대한 공포가 있다.

가와사키[川崎]의 증언을 통해 "우군을 위해서"를 외치며 미군을 죽이기 위한 무기를 지녔으며, 일장기 아래 보호 받아야 할 국민이었음이 분명한 오키나와인 여성이 '스파이'로서 죽임을 당하는 장면을 살펴보자.

55 浦添市史編集委員会編, 前掲書, 101쪽.

56 「3.女子救護班をスパイ嫌疑」『浦添市史第5巻(資料編4)-戰争体験記録』前掲書, 196~201쪽.

57 『琉球軍會報』昭和21年4月9日(「琉」는 제32군의 통칭).

나이는 30세 정도. 반소매와 반바지의 군복 차림. 머리는 삭발. "스파이 행동을 하면 우에하라 토미와 같이 될 것이다"란 헌병의 말이 (가와사키의) 뇌리에 강하게 각인되었다. "스파이를 지금부터 처형한다"는 헌병. 오키나와 사범학교의 논안 갱에서 20미터 정도 떨어진 전신주에 토미는 무릎을 꿇은 자세로 묶여졌다. 방공호 안에 있던 조선인 종군'위안부' 네다섯 명이 일장기를 꽂은 깃대를 잡고 토미의 앞에 섰다. 헌병의 "그 다음, 그 다음"이라는 명령에 따라 '위안부'가 차례로 깃대 창날의 뾰족한 부분으로 토미를 찔렀다. 연이어 헌병이 묶은 밧줄을 자르고 토미를 앉혔다. "(중략) 나는 검술은 서툴지만 이라며, 일본도를 뽑아냈다"(가와사키 씨) 그 군인은 토미의 등 뒤에 서서 칼을 위에서부터 내리쳤다. 두 번 내리치자 목이 내동댕이 쳐졌다. 그때마다 주위에서 보고 있던 군인과 철혈근황대의 여러 명이 몰려와 흙덩어리나 돌을 토미에게 내던졌다. (중략) 학우를 잃은 사람들은 마치 "너를 위해서"라는 듯 토미의 사체를 기습하고 있었던 것이다.[58]

이 상상을 초월하는 살육의 장에서 문제 제기되어야 할 것은 왜 식량을 비롯해서 모든 것을 일본군에 의존하지 않을 수 없었던 가장 연약한 존재인 '위안부'가 가장 먼저 가해자의 입장에 처해졌는가라는 것은 아니다. 오히려 문제시되어야 할 것은 '가해'와 '피해', '우군'과 '적군', 그리고, 지켜야 할 '국민'과 그렇지 않은 '비국민'의 도식이 일본군의 명령에 의해서 단번에 붕괴되어 버리는 바로 그 순간이다. 철혈근황대와 같은 일본인이 되기 위해 전장에 동원된 오키나와인과 표현할 언어를 잃어버린 채 공범관계에 처하게 된 '위안부'의 관계성에 주목해야만 한다. 살육의 공범관계로 인한 '공포'가 군의 명령에 의해 일순간에 증폭된 것이다. "우군을 위해서" 혹은 "일반 여성을 지키기 위해서"라는 명분으로 동원된 즈지 유곽 여자의 체험과, '인종화 된 몸'으로만 존재하는 그

58 「首里城の沖縄戦32軍司令部壕(1992年6月17~8月12日)」『琉球新報』「7,スパイのぬれぎぬで：上原トミさん」.

리고 주민의 생활 세계와는 분리된 식민지의 '위안부'의 체험은 공통의 공포 안에서 공존한다. 이들과 더불어 주민들은 '죽음의 정치'에 대한 공포와 일체화 되어가는 과정을 걷게 된다. 바로 이 부분을 주목할 필요가 있다.

긴박함이 더해가는 전장에서 몸을 숨기고 있던 수많은 오키나와 주민들은 자연호 및 방공호를 일본군에 빼앗기면서 사망에 이르렀다. 일본군에 의해 숨을 곳을 빼앗긴 상태에서 공습이 끊이지 않는 외부로 쫓겨 전쟁의 희생양이 되거나 식량을 빼앗겨 영양실조로 사망한 것이다. "아이는 전쟁의 방해자다. 죽여버릴 것이다. 아이를 울리면 누구라도 좋으니까 죽여버릴 것이다"는 군인의 위협에, 자연동굴 안에서 적에게 들키기 전에 죽이라는 군의 명령과 공포에 숨죽이는 암묵적인 동의 속에서 아이의 입에 기저귀를 밀어 넣어 어머니가 아이를 죽이는 경우조차 빈번히 일어났다.

오키나와 현의 인구 60만 명 중 20%에 달하는 주민이 오키나와전에서 희생됐으나 그중 일본군과 미군 사이에서 숨을 장소를 잃어버린 채, '집단자결'이라는 죽음을 선택한 경우도 묵과할 수 없다. 그즈음 일본군은 "미국 병사에게 잡히면, 여자는 수치를 당하며 남자는 남근을 잘린다"[59]라는 유언비어를 유포했다.

자연동굴에 피난 중이던 140명 중 83명이 '집단자결'의 길을 선택한 치비치리 가마는 이러한 '우군'의 '죽음의 정치'에 대한 '공포'가 어떻게 자결로 주민을 몰고 갔는지를 구체적으로 보여준다.

만주에서 간호부 경험이 있는 여성 주민 유키는 일본군이 만주에서 어떻게 여성을 강간했는지 보아 왔다. 치비치리 가마가 위치해 있는 요미탄촌에 미군이 상륙하자, 동굴 안은 온통 공포로 가득 찼는데 가마 안에서 유키는 "일본 병사가 중국 전선에서 저지른 일들과 같은 일을 미군에게서 당할 수 있다"라고

59 沖繩縣教育委員會編, 1974年,『沖繩縣史第10卷』繩縣教育委員會, 785쪽.

호소한다.

치비치리 가마의 생존자들은 당시 주민 스파이 전으로 공포에 사로잡힌 오키나와인에게 유키의 증언이 신빙성 있는 사실로 받아들여졌다고 말한다. 독약을 주입하여 가족 단위의 죽음이 먼저 이루어졌고 죽창을 들고 굴 밖으로 나가던 두 명의 남성이 미군에 의해 살해 당하자, 차례 차례 굴 안에서는 가지고 있던 칼로 서로의 목을 따거나 연기를 피워 질식사하는 등의 죽음이 이어졌다.[60]

이와 같이 일본군의 구체적 잔악 행동은 경험자의 증언을 통해 오키나와의 주민에게 전달되었다. 그리고 집단자결의 원인이 된 경우는 치비치리 가마 외에도 흔히 나타나는데 실존 인물로서 일본군의 전시 성폭력의 대상으로 표상화 된 조선인 '위안부'를 알고 있는 주민은 군이 유포한 미군에 의한 강간을 현실로서 받아들였을 가능성 또한 배제할 수 없다. 실제로 치비치리 가마의 집단자결의 기폭제였던 만주 간호원이었던 유키는 카데나의 오야마병원에서 조선인 '위안부'의 성병검사를 했던 간호원 중 한 명이기도 하다. '위안부'의 존재는 중국 전선에서 벌어진 일본군의 만행과 연결되어 미군에게 같은 짓을 당하는 것은 아닐까라는 '공포'로 전환되어 간 것이다.

아이러니하게도 일본군은 이러한 주민 사이에 퍼진 중국발 전쟁 공포를 미군에 항복하는 것을 방해하기 위한 통치 수단으로 이용했다. 일본군은 "미국은 젊은 여자는 나고[名護-미군 수용소가 있던 지역, 설명자주]에 모아 모두 쥬리로 삼고, 희롱한 뒤에 사용할 수 없게 되면 죽여 버리기 때문에 큰 수모를 당한다. 산 속으로 도망치는 편이 낫다",[61] "만약 포로가 되면, 남자는 불도저에 깔려 살해 당하고 여자는 데리고 가서 피에 미친 동물과 같은 미국과 영국군의 독사

60 琉球弧を記録する會編, 2003年,『島クトゥバで語る戰世-100人の記憶-』琉球弧を記録する會, 73~74쪽.
61 琉球政府編, 1971年,『沖縄縣史第9卷』琉球政府, 106쪽.

같은 이빨에 노출된다"라고 하는 유언비어가 일본군에 의해 흘러갔다. 또한 "미국 병사에 잡히면 무슨 일을 당할지 모른다"[62]라는 유언비어는 "군인은 죽창을 들고 돌진하라. 다른 이들은 스스로 자신의 몸을 처리하라"[63]는 '죽음'의 명령으로 연결되었다. 그러한 '죽음'의 명령은 일본군에 의존하면서 전쟁지역에서 방황하는 '위안부'의 존재를 통해서 주민의 미군에 대한 '강간 공포'를 일으키는 매개체가 되었다.

"죽창을 들고 미군을 베는 행위"를 강요당한 사람 중에 우라소에[浦添]의 여자청년단이었던 마키시 키요코[眞喜志清子]의 증언을 살펴보자. 그녀는 탄약을 옮기고, 진지의 확장 작업은 물론, 물 긷기 등으로 군에 협력하고 있었다. 그러나 그녀는 급기야 직접 미군을 향해 돌진하는 군사 행위까지 강요당한다. 죽음의 공포를 느끼고 울고 있는 그녀를 적발한 군인은 다음과 같은 대화를 나누었다고 한다.

> "너는 그렇게 죽는 것이 무서운가?"
> "네! 무섭습니다."
> "자, 살 수 있는 방법을 알려주지!"
> "하지만 전쟁터에 나가면 모두 죽는다고 하잖아요."
> "좋아, 살아남을 수 있는 방법이 있다. 낮에 여기를 빠져나가, 미국 병사의 품에 안겨. 그러면 살아남을 수 있다."
> "그건 더 무서워요. 그렇게 살아남는 것보다는 오히려 죽는 것이 낫겠어요."
> "그래, 그럼 빨리 준비하라!"[64]

62 宜野湾市教育委員會編, 1982年,『宜野湾市史第3巻(資料編2) 市民の戰爭体驗記錄』宜野湾市, 22쪽.
63 琉球弧を記錄する會編, 前揭書, 103쪽.
64 浦添市史編集委員會編, 1984年,『浦添市史第5巻』浦添市教育委員會, 128~129쪽.

오키나와전 연구자 하야시 히로후미[林博史]는 마키시 키요코의 증언이 "나라를 위해 충성을 다 바친다는 당연스러운 의식이 주입되었기 때문이라고는 하지만, 그녀에게 확실한 죽음을 선택하게 하기 위해서는 살아남는다는 것에 대한 공포(특히 성적 폭력에 대한 두려움)가 이용되었다"라고 지적했다.[65] 이러한 하야시 히로후미의 '살아남는 것에 관한 공포'에 필자는 전적으로 동의한다. 그러나 동의하기 때문에 더욱 강조해야 할 점은 바로 마키시 키요코의 "오히려 죽는 것이 낫겠어요"라고 하는 증언에서 나타나는 공포는 하야시 히로후미가 말하듯 주입받은 '나라'에 대한 충성심, 혹은 '적'을 향한 '민족주의적인 거부' 반응에 기인했다고 단정할 수 없다는 점이다. 그것은 오히려 전장에서 표상으로서의 '위안부'를 아는 자가 느끼는 실체적 공포일 수 있다. 곧 다가올 직접적인 폭력이기에 공포의 회피가 전시동원의 군율로 작동되고 있다는 점에 주목해야 된다.

하야시가 간과하였던 점은 전쟁터로 내몰린 마키시 키요코의 다음과 같은 체험이다. 이 체험은 '강간 공포'와 '위안부'의 관계성을 생각할 때 중요한 단서가 된다. 결국, 마키시 키요코는 동료 4명과 함께 미군을 직접 죽이기 위해 방공호 밖으로 나간다. 방공호 안에서는 일본 군인이 가져다 준 향수를 비롯한 화장품이 많았기 때문에 몇몇 동료들이 죽기 직전에 화장을 하는 모습도 보였다. 다행스럽게도 일행은 적진을 숨죽이며 돌파, 다시 군의 지시에 따라 소개장을 가지고 오키나와 남쪽의 '나츠 진지'라는 곳에 파견된다. 그러나 위병에게 소개장을 보여주고 통과되어 들어간 진지 안의 방은 동굴 진지이긴 하지만 여관과 같이 만들어진 방이었고, 이 방을 보고 나서 일행은 동요하기 시작한다. "식사도 우리들이 만드니까. 자 편히들 쉬어 두세요"라는 일본군의 친절은

65 林博史, 2001年,『沖縄戰と民衆』大月書店, 146쪽.

오히려 불안을 증폭시켰다. 이 불안은 "우리는 조센 삐가 되는 것은 아닌가"하는 공포였다고 마키시 키요코는 회고한다. 결국 그녀들은 미군을 직접 공격하기 위한 군대가 돌아와서 자는 새벽 무렵에 군의 명령을 처음으로 어기고 위병에게 들키지 않기 위해 몇 분 간격으로 일본군 무리에서 빠져나와 바다 근처로 도망쳤다. 마키시 키요코는 "전원이 무사히 탈출한 후 얼싸안고 울면서 무사히 탈출한 기쁨을 눈물로 맞았다"라고 회고했다.[66]

'조센 삐'가 되는 것은 아닐까라는 공포는 "미국 병사에 안겨 살아남느니 죽는 것이 좋다"라는 공포와 직접적으로 연결된다. '강간 공포'는 일본군이 이들을 적진에 보내는 명령임과 동시에 처음으로 황군의 명령을 배반하게 하는 직접적인 공포이기도 했던 것이다. 이는 '애국'이라는 절대적인 것과 혹은 적과 몸을 섞는 것에 대한 민족적 거부반응으로는 설명될 수 없는 군대의 폭력성에 대한 근원적이자 감각적인 거부반응이었다.

V. 맺음말: 기억의 교차, 괄호 안의 용어, 또는 고통의 잔여

오키나와에서는 '천황' 아래 하나가 된 '일본인', 제국주의 교육을 받고 스스로 일본인이 되기 위해 힘쓴 오키나와인, 그리고 식민지에서 강제 동원된 사람들이 '신민'으로서 '순국'할 것을 강요받았다. 그런데 일본군은 보호해야 할 이들 신민에게 총을 들이대었고, 오키나와 어를 사용하는 주민을 스파이로 몰아세워 학살했다. 나아가 미군이 상륙하고 전쟁이 막바지로 치달으면서 주민들의 유일한 탈출구였던 방공호를 점유해 주민들을 전장으로 내치는 일도 발생했다. 극단적인 공포 속에서 대다수의 주민은 '집단자결'을 선택할 수밖에 없

66 浦添市史編集委員會編, 前揭書, 131~133쪽.

었다. 이렇듯 '적'과 '우'는 중첩되어 나타났다. 또한 '가해'와 '피해' 사이에서 살아남기 위해 일본인이 되었기에 오키나와인은 일본인과 공범 관계를 맺었다. 자신의 생명을 보호해 줄 것으로 믿었던 '삶의 정치' 이면에 죽음을 강요하는 '죽음의 정치'가 침잠되어 있는 것을 오키나와 전장의 체험들은 말해준다. 이 글은 이러한 오키나와 전장 속에서 더더욱 '죽음의 정치'에 밀접하게 관계를 맺고 있었던 '위안부'였던 여성들과 오키나와 여성들의 삶이 어떻게 교차되는가를 살피고자 하였다.

본문에서 살펴본 바와 같이 오키나와에 동원된 '위안소'라는 시설은 여성의 '성(性)'이라는 사적 영역을 "나라를 위해"라는 명분하에 동원시킨 제국주의 국가, 일본의 국가안보를 위해 만들어졌다. 국가안보가 일본인으로서 개인의 안보를 지켜줄 것으로 믿었던 오키나와 주민들은 조선인 여성은 물론 오키나와의 츠지 유곽 여성 역시 자신과는 무관한, 혹은 우군을 위한 필요악으로 규정해 '이름 없는 존재'로 인식했다.

한편 오키나와인들은 우군인 일본군이 오히려 주민을 스파이로 몰아 죽이고 학살하는 체험을 했다. '우군'의 '생의 정치'를 신념으로 믿었던 주민은 일본군의 군율이라는 것이 미군이 상륙하는 전장으로 주민을 내모는 '죽음의 정치'임을 인식하게 한 것이다. 그러면서 우군의 승리를 위한 조치였던 '위안소' 역시 일본군의 풍기문란이라는 언설로, 절대적 복종의 대상이었던 황군에 대한 비판의 장으로 변했던 것이다.

총력전이었던 오키나와에서는 주민들의 전쟁협력이 필수불가결했다. 일본군에 대한 주민의 비판과 불신이 심각해지자, 일본군은 오키나와 방언을 사용하는 주민을 스파이로 몰아 학살함과 동시에 군율보다 더욱더 효율적인 제재조치로서 강간 공포를 이용하였다. 미군에게 항복하면 오키나와의 여성들도 강간당하고 잔인하게 죽임을 당한다는 유언비어의 확산이 본격화된 것이다. 중국에서 일본군이 중국인 여성들에게 저지른 잔인한 학살이 주민들 사이에서 알려져 있었고, 자신들과는 별개의 인종이자 이름 없는 존재였던 '위안부' 여성들이 이 시점에서는 "우리들도 저 여성들처럼 당할 수 있다"는 공포의 매개체로서 인식되었다. 전장의 '위안부'라는 형태로 구체화된 성폭력의 공포가 일반 주민들의 공포를 확산시키는 계기로 작용하였으며, 일본군과 같은 짓을 할지 모를 미군에 대한 보이지 않는 공포로 연결되었다.

이 글에서 살펴본 바와 같이 이러한 과정은 일본군이 어떻게 성을 수단으로 하여 지역 주민을 위협하였는지 명확히 보여준다. 동시에 '가해자이면서 피해자'라는 오키나와인들의 전후 인식은, '조선인'과 '일본인' 혹은 '일본인'과 '오키나와인'이라는 도식만으로는 불충분하다는 점을 극명히 보여준다.

즉 국가안보를 위해 희생양이 되는 개인으로서 '일반 여성'과 '위안부'가 된 여성에게 인종, 국가, 젠더가 차별과 피차별이라는 이분법적 구조로서 국가안보의 이념과 일치될 때, 전쟁을 종용하는 군율이 어떻게 공포를 무기화 하여 인간의 가치나 존엄조차 대상화 가능한 생체권력으로 변화하는지를 보여준다. 전후 반세기가 지난 지금 오키나와의 전장에서 일본군에게 성을 제공한 여성들의 체험을 오키나와 전장의 기억 속에서 생각해 보는 이유가 바로 여기에 있다.

현실정치 속에서 오키나와는 여전히 일본에 속한 하나의 현에 불과하다. 그러나 오키나와 전장의 기억은 단순한 전쟁의 기억이 아니다. 천황제에 대한 절대적 신념이나 '성전' 의식이 결국은 어떻게 인간을 대상화시키는가에 대한 가해국 일본인으로서의 기억이다. 또한 국가안보가 우선시 된 사상이 어떻게 개인의 삶을 파괴시키는가에 관한 기억이며, '우리'에 채 녹아들지 못한 피차별 집단으로서 개인이 스스로 국가의 가해에 공범자가 되었을 때, 어떻게 자승자

박이 되어 자신을 옥죄이는가에 대한 '채 일본인이 되지 못한 사람들의' 성찰적 경험이 오키나와 여성들의 체험이기도 하다. 「오키나와 '위안소' 맵」이 보여주는 것은 그들이 체험한 감각적인 공포와 현재진행형의 기지폭력 속에서 발화되는 '평화'의 언설이 아닐까. 이 시점에서 논해야 할 것은, 타자로 여겨왔던 이러한 '전후'의 성찰적 경험들이 서로 얽히고 복잡한 관계를 맺어가는 가운데, 과거의 전장에 대한 기억 역시 현재의 '삶'의 한 부분임을 고찰해 보는 것이라 생각한다. 이는 어찌보면 '위안부'와 집단자결 모두 본인의 자유의사에 반해 강제적 상황에 처했다는 피해자들의 외침이 간략한 괄호로 표기되어야 하는 언어적 한계, 즉 일본군'위안부'라는 용어와, 전장에서의 죽음이 일본군의 타살에 다름아님을 강조하는 오키나와인들이 '집단자결'이라는 용어가 가지는 한계를 어떻게 교차시킬 수 있는가의 고민과도 연결된다.

그러나 이 글에서 사용한 강간 공포라는 언어 자체가 얼마나 이들의 경험을 충분히 담아낼 수 있을 것인지는 좀 더 고민이 필요할 듯하다. 특히 오키나와어로 표현된 전장의 기억, 이 '언어화의 불가능성'을 실감하면 더욱 그러하다. 오키나와어로 이야기되는 공포의 증언들이 바로 그것인데 이것은 좀 더 상세한 문맥 설명과 내용 분석이 필요할 것이다. 채 교차되지 못하고 남아버리는 '고통의 잔여'로서 이 글에서는 일단 번역하지 않고 남겨둔다.

참고문헌

[저서]

琉球政府編, 1970,『沖縄県史第2巻』琉球政府.

__________, 1971,『沖縄県史第9巻』琉球政府.

沖縄県教育委員会編, 1974,『沖縄県史第10巻』縄県教育委員会.

上原栄子, 1976,『辻の華』時事通信社.

山谷哲夫 編著, 1979,『沖縄のハルモニ：大日本売春史』晩声社.

伊江島史編集委員会, 1980,『伊江島村史(下)』伊江島.

鶴見俊輔, 1989,『戦時期日本の精神史1931―1945年』岩波書店.

楚辺誌編集委員会, 1992,『楚辺誌「戦争編」』楚辺誌編集委員会.

福地曠昭 編著, 1992,『オキナワ戦の女たち：朝鮮人従軍慰安婦』海風社.

野里洋, 1993,『汚名 第二十六代沖縄県知事 泉守紀』講談社.

川田文子, 1994,『赤瓦の家：朝鮮から来た従軍慰安婦』筑摩書房.

全国女性史研究会交流のつどい実行委員会, 1994,『第5回全国女性史研究会交流のつどい報告集』「報告集」編集委員会編.

北谷町, 1995,『戦時体験記録－北谷町』企画課町史編集室.

那覇市総務部女性室那覇女性史編集委員会編, 1998,『那覇女性史(近代編)：なは·女のあしあと』, 株式会社ドメス出版.

伊江島教育委員会, 1999,『証言資料集成伊江島の戦中·戦後体験記録－イーハッチャー魂で苦難を越えて』伊江島.

林博文, 2001,『沖縄戦と民衆』大月書店.

沖縄タイム編, 2001,『鉄の暴風』沖縄タイムス社.

ヨハン·ガルトゥング, 2002,『構造的暴力と平和』高柳先男·塩屋保·酒井由美子 訳, 中央大学出版部.

琉球弧を記録する会 編, 2003,『島クトゥバで語る戦世－100人の記憶―』琉球弧を記録する会.

読谷村史編纂委員会, 2004,『読谷村史 第5巻資料編4－戦時記録上巻』読谷村史編纂委員会.

日韓共同,「日本軍慰安所」宮古島調査団, 洪玧伸編, 2009,『戦場の宮古島と「慰安所」－12のことばが刻む「女たちへ」』なんよう文庫.

洪玧伸, 2016,『沖縄戦場の記憶と「慰安所」』インパクト出版会.

[논문]

大城将保, 1999, 「32軍の沖縄配備と全島要基化」『沖縄戦研究Ⅱ』沖縄県文化振興会公文書館管理部.

浦崎成子, 2000, 「沖縄戦と軍『慰安婦』」『「慰安婦」戦時性暴力の実態1(日本·台湾·朝鮮編)』金富子·宋連玉 編, 緑風出版.

洪玧伸, 2012, 「沖縄戦下の朝鮮人と「性/生」のポリティクスー記憶の場としての「慰安所」」, 早稲田大学博士学位論文.

宋連玉, 2013, 「朝鮮史研究から見た日本軍『慰安婦』問題」『朝鮮史研究会論文集』第51集, 朝鮮史研究会.

[자료]

飛行場大隊, 1944, 「労務者扱いに関する規定」『第50飛行場大隊陣中日誌』(1944. 5. 1).

『第50飛行場大隊陣中日誌』(1944. 5. 7).

「要塞六中作戦命令二九號—要建六中作命第二九號」『要塞建築勤務第6中隊陣中日誌』(1944. 5. 24−27).

『第50飛行場大隊陣中日誌』(1944. 8. 3).

『要塞建築軍務第6中隊陣中日誌』(1944. 6. 1−6.30).

『石兵団会報』(1944. 9. 7).

『石兵団会報』(1944. 10. 2).

『石兵団会報』(1944. 10. 19).

『石兵団会報』(1945. 11. 12).

1946, 『琉球軍会報』(1946. 4. 9).

防衛庁防衛研修所戦史室, 1968, 『沖縄方面陸軍作戦』朝雲新聞社.

「首里城の沖縄戦32軍司令部壕」『琉球新報』. 1992.6.17.−8.12.

南西地域産業活性化センター, 2007, 「旧軍那覇飛行場等の用地問題事業可能性調査 報告書」(2007. 3).

宜野湾市教育委員会 編, 1982, 『宜野湾市史第3巻(資料編2) 市民の戦争体験記録』宜野湾市.

浦添市史編集委員会 編, 1984, 『浦添市史 第5巻(資料編)4−戦争体験記録』浦添市教育委員会.

西原町史編纂委員会 編, 1987, 『西原町史 第3巻(資料編2)—西原の戦時記録』西原町役場.

2부

장소, 기억, 역사 : 일본군'위안부' 피해 실태

5.
『상하이니치니치신문[上海日日新聞]』으로 보는 일본군'위안부'의 실상*

송연옥 | 아오야마가쿠인대학교 문화센터아리랑관장

Ⅰ. 머리말: 왜 상하이인가?

'위안부' 문제는 식민지 지배와 전쟁 책임을 집약적으로 드러내는 것으로서 역사인식 문제의 핵심에 있는 중요한 이슈다. 그러나 일본에서는 과거 30년간 계속되어 온 논쟁, 곧 '위안부' 제도와 공창제의 차이를 둘러싼 논쟁은 교착 상태에 있다. 이 글에서 상하이의 사례를 논의의 보조선으로 삼는 것은 논의의 뒤얽힘을 풀려고 하는 시도에서이다.

상하이는 제국 일본의 섹슈얼리티라는 관점에서 보면, 일찍부터 해외에 진출한 지역이었고 '가라유키상', 또는 일본 여성이 해외 이송된 출발지였다. 상하이에서 겪은 경험은 일본이 부산 거류지에서 성매매 단속을 하는 데에도 규

* 번역 박정애(동북아역사재단 연구위원).

범이 되었다. 다음으로 일본의 이른바 중일 15년 전쟁에서도 상하이는 전투지인 동시에 점령이기도 했다. 공창제와 '위안부' 제도의 연속성과 단속성(斷續性)을 밝히는 데 많은 시사점을 주는 역사적 현장이라고도 할 수 있다.

이 글에서 주요한 자료로 사용한 『상하이니치니치신문』은 인신매매되어 성착취를 당한 여성의 실태를 기록하고 있는 몇 안 되는 신문이다. 특히 조선인 여성의 참상을 알 수 있는 기사가 상대적으로 많아 인신매매의 경로, 실태, 노예적인 처우까지 엿볼 수 있다.

제국 일본의 거류지, 조계, 점령지에서는 일본 '내지'에서 사용되고 있는 유곽이나 가시자시키[貸座敷]라는 말을 피해서 가시세키[貸席], 요리점이라는 단어를 사용했다. 마찬가지로 여기에서 매춘하는 여성을 창기라고 말하지 않고 예기나 작부라고 바꿔 불렀다. 성매매를 노골적으로 드러내는 용어를 피한 것은 거류지 등에 미치는 구미 열강의 눈을 의식했기 때문이었다.

그러나 이러한 용어의 애매함을 여성을 속이는 수법으로 사용하고 열악한 조건으로 여성을 대우하는 등 업자의 횡포도 보였다. 제국의 성관리 정책은 변화하는 상황에 대응하지만, 점령지의 지배가 진행되자 요리점을 갑종·을종, 1종·2종으로 나누고 예기도 갑종·을종, 1종·2종으로 분류해서 성관리를 시스템화했다.

국익이나 국가적 체면 등의 정치적 의도에서 빚어낸 애매한 용어가 실태를 오인시키는 것은 공창, '위안부'도 마찬가지다. '위안부'와 공창의 차이를 둘러싼 논쟁에서 쌍방이 다른 주장을 하는 것같이 착각하지만, 실제는 양 진영이 묘사하는 공창제는 에도시대의 요시와라[吉原]로 대표할 수 있는 성매매 방식을 전제로 한다. 공창제라는 말의 동일성 때문에 제국 지배를 위해 이식된 조선이나 타이완의 공창제, 식민지형 공창제의 실태까지도 요시와라와 같은 것이라는 인상이 조작되어 버린다.

공창제와 '위안부' 제도의 차이로 공창제는 평상시의 시민법하에서 폐창 규정이 존재하는 것으로 정의되어 있고 이를 전제로 양 진영의 논쟁이 계속되고 있다. 이 글에서는 제국 일본의 침략과 함께 상하이의 성관리 실태와 그 아래에서 신음했던 여성들의 모습을 떠올리고자 한다.

본론에 들어가기 전에 우선 선행연구와 자료에 대해서 간략하게 소개하고자 한다.

1990년에 상하이에 대한 역사학 연구가 적다는 반성에서 '일본상하이사연구회'가 창립되어 2000년 이후 관련 자료를 올린 홈페이지[1]도 열었다.

이 글의 주제와 겹치는 연구는 몇 편이 되지 않는다. 후지나가 다케시[藤永壯]의 「상하이의 일본군 위안소와 조선인[上海の日本軍慰安所と朝鮮人]」[2]과 함께 「〈자료소개〉 상하이의 공창제도에 관한 법령자료에 대해서[〈資料紹介〉上海の公娼制度に關する法令資料について]」[3]와, 문화교류의 관점에서 쓴 도켄[唐權]의 『바다를 넘은 정사(情事)—중일문화교류비사[海を越えた艶ごと日中文化交流秘史]』[4], 쑤즈량[蘇智良]의 상하이의 일본군 위안소에 관한 연구가 있는 정도다.

한국의 상하이 연구로서는 쑨거즈[孫科志]의 『상하이 한인사회사』(한울, 2001)와 김광재의 『근현대 중국 관내지역 한인사 연구』(경인문화사, 2015)가 있고, 이 글의 주제와 겹치는 것으로서는 박정애의 「중국 저장성[浙江省] 진화[金華]의 위안소와 조선인 '위안부'」[5]가 있다.

1차 자료로서는 『지나재류방인인명록(支那在留邦人人名錄)』(이하 『방인인명록』) 각

1 http://shanghai-yanjiu1.sakura.ne.jp/mysite2/

2 大阪産業大學産業研究所, 1995, 『國際都市上海』(産研叢書 1).

3 『大阪産業大學論集 人文科學編 86』 1995. 10.

4 新曜社, 2005.

5 『페미니즘연구』, 17(1), 2017. 4.

연차 판[6]과 『상하이안내[上海案內]』(제1판, 제7판, 제8판, 제9판, 제10판, 제11판), 『외무성 경찰사 지나의 부 중지판(外務省警察史 支那之部 中支版)』(이하 『중지판』), 『상하이총서[上海叢書]』, 『상하이니치니치신문[上海日日新聞]』, 『대륙신보(大陸新報)』 등을 사용했다.

Ⅱ. 상하이의 일본인 사회와 성매매

1. 상하이 상륙 후 요리점의 발전

일본의 근대가 막이 열릴 무렵 외무성이 발급하는 여권을 가지고 해외에 나간 일본 여성은 누구일까? 바로 나가사키[長崎]에 머물고 있던 프랑스, 영국, 청나라 남성을 따라 상하이로 건너간 유녀(遊女)들이다. 1866년의 관세 개정 교섭에서 에도 막부가 외국 선박에 함께 타는 일본인 뱃사람[水夫]의 승선과 재류 외국인의 고용인의 해외출국을 인정한 것이 배경이다. 곧 청일수호조약(1871년) 이전에 해외에 도항했던 유녀들은 일본 정부가 서구 열강이나 청나라와 유리한 관계를 이끌기 위한 외국인 우대책의 수단으로 사용된 것이다.

상하이에 건너간 유녀들의 생활은 다음 기록에서 그 단편을 엿볼 수 있다.

> 메이지 원년부터 4, 5년 즈음까지 상하이에 머무는 방인(邦人) 수는 10명 내지 100명에 그쳐서 1년 평균 5, 6명 정도씩 증가해 간 셈이다. 그리고 그 사이 어느 시대를 막론하고 대략 남자 3분의 1에 대해 여자 3분의 2라는 비례였다. 남자는 역시 잡화, 도기(陶器), 방물 등의 상인이 대다수로 다음이 상사원 및 관리의 순이고 여자 쪽은 60,

6 『지나재류방인인명록(支那在留邦人人名錄)』은 긴후사[金風社]·시마즈 초지로[島津長次郎]가 1913년부터 1944년(제34판)까지 발행한 일본인 유직자에 관한 정보지이다. 상하이 재류자에 관한 정보가 상세하다.

70% 정도가 예의 외국인을 상대로 성매매를 하고 있었다. (중략) 그러한 의미에서 말하면 그들 성을 파는 여자[賣女]는 한편 일본인 발전의 선구자일지도 모른다.[7]

원래 청나라에서는 기본적으로 '금창(禁娼)' 정책을 취하고 있었지만, 상하이 현성(県城) 옆에 조계가 나타나면서 달라졌다. 그 이유는 태평천국의 난(1851~1864)과 난징[南京] 점령에 의해 '난민'이 된 창기가 상하이에 많이 유입되고 이를 전후해서 상하이의 영국 조계, 프랑스 조계 당국이 중국의 '금창' 정책을 무시하고 각각의 관할 지역 내에서 '공창제도'를 실시한 것이다.[8]

1877년의 기록에 의하면 조계공부국(租界工部局)은 일본 측에도 성병치료를 실시하고 공부국의 창부관리조례의 관할하에 들어와야 한다는 것을 동의시켰다.[9] 그러나 성매매가 이뤄지고 있던 동양다관(東洋茶館) 18채(일본인 경영은 14채)에 대해 조계 경찰은 단속을 강화하고 이윽고 일본영사관에 대해 일본인 기루의 폐쇄를 요구했다.

상하이 일본영사관(1872년 개설)의 초대 영사로 취임한 시나가와 타다미치[品川忠道]를 가장 괴롭힌 것은 일본인의 성매매 문제였다. 이와 관련하여 1876년에 개원한 정토진종(浄土真宗) 혼간지(本願寺)의 상하이 별원[10]에서도 국가 위신을 지키기 위해 유녀들의 교육을 하고 있었다.

시나가와 영사는 일본 외무성 앞으로 1882년(메이지 15년) 6월, 외국인 및 청국인 등의 경멸을 불러오므로 여성에 대한 여권 발급 조건을 엄격하게 하도록

7 池田百川, 1923, 『上海百話』, 1~2쪽.

8 劉建輝, 2000, 「魔都上海」, 講談社.

9 후지나가[藤永]의 앞 논문(117쪽)에서는 외국인 선원 상대의 매춘부가 1876년에 조정에서 면허를 받고 1877년에는 영국 해군 사령부가 수병 사이에 성병이 만연될 것을 우려하여 매춘 여성의 건강진단과 등록을 위해 성병 병원의 개설을 공동조계 공부국에 요구했다고 한다.

10 1876년. 다음해에는 조선의 부산에도 히가시혼가지[東本願寺]로부터 오쿠무라 엔신[奥村円心]이 파견되었다. 일본의 식민지 도시에 필수적이라고 말할 수 있는 종교단체, 유곽, 군대 중에서도 혼간지는 첨병으로서의 역할을 했다.

요청했다. 이에 대해 외무성은 8월에 "밀매음을 하거나 또는 매합객지(媒合客止)를 한 자"의 초범, 재범, 삼범에 대한 처벌 내용과 밀고자에 대한 보상을 결정한 '매음벌칙'을 정하겠다고 응답했다.

다음 해인 1883년 11월에 외무성은 더욱 정밀하게 만든 '매음벌칙'의 시행을 지시하고 그 제1조로 '매음자', '매합용지(媒合容止) 및 지령자', '포주(窩主)'에 대해서 벌금을 내도록 했다.[11] 1884년 5월에 새로 부임한 안도 다로[安藤太郎] 영사는 동양다관을 폐업시키는 데 성공하고 여성들을 홍콩이나 싱가포르로 추방했다.

그러나 이러한 강경책도 오래 지속될 수 없었다. 1886년 3월에 일본 여성 400명 이상이 상하이에 도항했는데 그 반수는 "매음을 목적으로 하는 자"라고 보고되었다. 그 배경에는 1875년 미츠비시상회[三菱商會]에 의한 요코하마[橫浜]-상하이[上海, 고베(神戶), 나가사키(長崎) 경유] 사이의 정기항로가 개설된 이래 점차 도항이 쉽게 된 사실이 있다. 특히 나가사키현 사람에게는 상하이가 도쿄보다 500km나 가깝기 때문에 '나가사키현 상하이시'라고 말할 정도로 대부분이 상하이를 지향했다. 당초 일본 외무성에 일본 여성의 매춘 문제에 대한 일관된 원칙이 없었다. 그 판단 기준은 '국체[御國体]'를 포함한 국익에 있었고 시기, 장소, 이권의 내용에 따라 여러 규범을 활용했다.

1885년 7월에 이노우에[井上] 외무경은 출발항인 나가사키와 후쿠오카, 야마구치[山口], 효고[兵庫], 오사카[大阪], 가나가와[神奈川]의 각 지사 앞으로 "이들 부녀는 빨래, 바느질 또는 피고용이라고 말해도 그 실제 반 이상은 매음을 목적으로 하는 자"이기 때문에 여권을 발급할 때는 엄격하게 조사하도록 명령했다.[12]

그러나 1892년 3월에 에노모토[榎本] 외무대신이 청나라, 조선, 홍콩, 싱가포

11 『外務省警察史 中支版』(이하 中支版) 제42권 수록, 不二出版, 2000, 20467~20469쪽.

12 『中支版』 제42권, 20482~20483쪽.

르, 샌프란시스코, 밴쿠버의 각 영사에게 보낸 「해외도항매음부녀단속방법에 관한 훈달[海外渡航賣淫婦女取締方に關する訓達]」에서는 일본의 해외 발전을 위해서는 일본 법률에 저촉하지 않는 한 여성이 해외로 건너가는 것에 관용하도록 전하고 있다. 일본의 법률에 저촉하지 않는 한이라는 것은 공창제를 가리키는 것이었다. 국가 재정의 관점에서도 여성들이 고향에 송금하는 외화도 버리기 어려웠을 것이다.

상하이에서 일본 정부가 취했던 성매매 문제의 대처가 조선에서 규범이 되었다. 동시기(1883년) 조선의 인천 영사도 서구열강의 안색을 살피는 외무성과 공동조계에서 벌어지는 성매매업을 둘러싼 격론을 나누었지만 외무성은 상하이의 단속 방침을 따르도록 지시했다.

2. 러일전쟁과 가시세키[貸席]의 출현

1881~1882년경에는 상인을 중심으로 60명 정도였던 상하이 거주 일본인은 청일전쟁과 러일전쟁을 계기로 증가했다. 재외거류민단법이 발포되고 상하이 거류민단으로 개칭된 것도 러일전쟁 후의 인구 증가가 배경이었다.[13]

제1차 세계대전 중인 1915년에는 1만 명을 돌파하고 영국인을 제치고 상하이 재류 외국인 수의 제1위가 되었다. 장제스[蔣介石]에 의한 상하이 쿠데타(1927년) 이후 2만 5천 명을 넘었고 이후 1937년 '제2차 상하이 사변'까지 상하이 거주 일본인 수는 2만 3천 명에서 2만 7천 명 사이에서 늘거나 줄거나를 반복했다.

그후 한번에 인구가 증가한 것은 중일전쟁이 전면화한 시기이다. 곧 제1차 상하이사변을 계기로 일본인의 '중지(中支)' 방면, 특히 상하이로 진출하는 자가

13 菊村菊一, 1941, 『上海事情』, 博文館.

증가했다. 더욱이 제2차 상하이사변을 거치면서 격증하여 1943년에는 10만 명을 넘어 거류민 수는 4배로 늘어났다.[14]

결국 전쟁이 끊임없이 일본인을 끌어들이는 계기가 된 것이다. 아시아 태평양 전쟁 종결시, 해외 재류 일본인 총수 300만 명 가운데 만주를 제외하고 중국에 100만 명이 거류했다. 그 10% 이상이 상하이 및 그 주변의 창강[長江] 중하류에 살고 있었다는 것에서도 상하이가 그 핵심에 위치했다는 것을 확인할 수 있다.[15]

[표 1] 상하이 재류일본인 수의 변천(1907~1940년)

年	人数(前年比)	その年の大きな事件
1907(明治 40)年	6268人	
1908(明治 41)年	7325人(+16.9%)	
1909(明治 42)年	8057人(+10.0%)	
1910(明治 43)年	7682人(−4.7%)	
1913(大正 2)年	9594人(+24.9%)	1912年 1月, 中華民国成立
1914(大正 3)年	11138人(+16.1%)	7月, 第1次世界大戰開始
1915(大正 4)年	11761人(+5.6%)	
1916(大正 5)年	11393人(−3.1%)	
1917(大正 6)年	13913人(+22.1%)	ロシア2月革命, 10月革命
1918(大正 7)年	15431人(+10.9%)	11月, 第一次世界大戰終結
1919(大正 8)年	18257人(+18.3%)	
1920(大正 9)年	15148人(−17.0%)	
1921(大正 10)年	17777人(+17.4%)	7月, 上海で中国共産党結成
1922(大正 11)年	18659人(+5.0%)	12月, ソ連邦が成立
1923(大正 12)年	17759人(−4.8%)	9月, 関東大震災
1924(大正 13)年	19016人(+7.1%)	1月, 第一次国共合作
1925(大正 14)年	21069人(+10.8%)	5月, 上海で5·30事件
1926(大正 15·昭和 1)年	21712人(+3.1%)	

14 菊村菊一, 위의 책.

15 前田輝人, 2007, 「金風社人名錄に見る日中全面戰爭期在上海日本人社會の変容」, 『アジア太平洋論叢』 17, アジア太平洋研究會 참조.

1927(昭和 2)年	27054人(+24.6%)	
1928(昭和 3)年	27789人(+2.7%)	6月, 関東軍が張作霖を爆殺
1929(昭和 4)年	27697人(−0.3%)	10月, 世界恐慌が始まる
1930(昭和 5)年	24899人(−10.1%)	
1931(昭和 6)年	25009人(+0.4%)	9月, 満州事変開始
1932(昭和 7)年	26539人(+6.1%)	1月, 第一次上海事変開始
1933(昭和 8)年	29011人(+9.3%)	3月, 日本が国際連盟脱退
1934(昭和 9)年	28802人(−0.7%)	
1935(昭和 10)年	25001人(−13.2%)	
1936(昭和 11)年	23672人(−5.3%)	
1937(昭和 12)年	23672人(−−−−)	8月, 第二次上海事変開始
1938(昭和 13)年	34676人(+46.5%)	10月, 日本軍が武漢三鎮占領
1939(昭和 14)年	51093人(+47.3%)	9月, 第二次世界大戦が始まる
1940(昭和 15)年	65401人(+28.0%)	9月, 日独伊三国同盟

① 外務省通商局編「海外各地在留本邦人職業別表」「海外各地在留本邦人職業別人口表」「在外本邦人国勢調査報告」「海外各地在留本邦人人口表」などを基礎資料として, 本データを作成している.
② 1911年と1912年は,「海外各地在留本邦人職業別表」が存在するかどうかは不明である.
③ 上海在留日本人数は,「在上海総領事館管内」の総数を記載した. 総数には「本邦内地人」の他に,「朝鮮人」「台湾籍民」が含まれている.
『共同研究上海の日本人社会とメディア』에서 重引

초기에 상하이에 건너온 일본인의 가족 구성은 그 대부분이 단신이나 아이를 데리고 오지 않은 부부였다.[16] 음식점 중에는 단신자 상대로 성매매를 하는 곳도 있었지만, 이윽고 예기를 둔 최초의 요리점, 후지무라야[藤村屋]가 개업해서 청일전쟁 후에 번성했다. 이것을 본 시라이시 로쿠사부로[白石六三郎, 1868~1934]가 1900년에 폐쇄된 동양기루 터에 요리점 로쿠산정[六三亭]를 개업하고 이어서 1907년에 조계지 밖의 장완로(江湾路)에 6000평의 새로운 업소, 로쿠산화원[六三花園]을 열었다.[17] 조계지 밖(자베이, 閘北)의 장완로에는 '상하이 육전대 본

16 高橋孝助 古廏忠夫 編, 1995,『上海史』, 東方書店, 122쪽.

17 松村茂樹, 1997. 3.,「吳昌碩と白石六三郎—近代日中文化交流の一側面」,『大妻女子大學紀要·文系』29 참조.

부'라고 불렸던 일본 해군 육전대 사령부가 있었고, 로쿠산화원의 위치는 그 서북쪽이었다.

상하이에서 러일전쟁 후에 영사관령 제3호 〈예기영업취체규칙〉(1905년), 영사관령 제1호 〈요리업영업취체규칙〉(1906년)이 제정되었던 것도 가시자시키[貸座敷, 유곽을 말함]와 요리점의 구별을 명확하게 하기 위해서였다.

"러일전쟁 후 방인의 눈부신 발전에 따라 요리점도 놀랄 만한 발전을 보이고, 현재 요리점 조합조차 조합원 18채, 예기 총수 200명인데, 로쿠산정, 츠기노야[月廼家], 마츠노야[松廼家]는 모두 조계 외로 확대한 화원을 가지기에 이르렀다"[18]고 쓰여 있다. 그러나 로쿠산정과 같이 영사관의 영빈관적인 입지를 구축했던[19] 곳 외에는 경영이 반드시 안정적인 것도 아니어서 경영자 및 소재지가 바뀌는 경우도 많았다.

이러한 불안정성은 상하이 요리점의 예기 고용률이 높은 것에서도 나타나고 있다. 곧 요리만으로 경영을 유지하는 것이 어렵다는 사회 사정이 배경에 있었다. 일본 '내지'에서는 예기의 요리점 내 거주를 금지하고 있었지만, 해외의 거류지라는 사정도 있어 예기는 요리점 안에 거주할 수 있었다. 당연히 요리점 안에서 성매매가 이루어질 가능성도 높았다.

「예기영업취체규칙」, 「요리옥영업취체규칙」이 제정될 때, 동시에 20명이라는 예기 수의 제한이 풀려서, 로쿠산정과 츠기노야는 예기 40명 정도를 고용했다. 예기의 출신지는 나가사키 출신지가 가장 많았고, 오사카, 교토, 도쿄와 같은 대도시 출신자가 뒤를 이었다. 또한 기라쿠[喜樂]처럼 중국인 예기를 둔

18 『上海案內』第8版, 1919.

19 영사관의 공식행사에 사용되었기 때문에 조선의 독립운동가 사이에서도 요인 습격의 장이라고 인식되었다. 로쿠산정 의거로서 알려진 사건의 무대는 로쿠산정이다.

요리점도 있었다.[20]

상하이에서 가시세키, 곧 내지에서 가시자시키와 같은 곳은 1907년 7월부터 개업했다.[21] 앞에서 설명한 바와 같이 상하이에서 가시세키의 개업을 허용했다는 것은 가시세키와 요리점, 곧 성매매와 연회 자리의 공간 분리, 창기와 예기의 업무 내용을 분명히 구별하려고 했기 때문일 것이다. 이후 가시세키의 예기, 곧 창기를 을종예기라고 고쳐 불렀다.

그러나 『상하이 안내 제7판』(1917)의 인명 색인에는 예기창기 소개소(이소노 에타로, 磯野榮太郎)가 1채 보이는 것에서도 동일 업자가 예기, 창기를 고용하고, 요리점이나 가시세키에 알선한 것을 알 수 있다.

1907년에 성립한 상하이 거류민단에서는 1908년 5월부터 요리점, 음식점, 가시세키, 예기, 작부에게 '수수료(과금 또는 세금)'를 징수하게 되고 이를 민단의 재원 확보의 일부로 충당했다.[22] 또한 조선에서도 성풍속업(접객업)에서의 징세나 땅값 수입이 민단의 재원을 뒷받침했다.[23]

가시세키는 『상하이 안내 제8판』(1919)에서는 조로야[女郎屋]라고 소개하고 있었는데 이것은 미요시관[三好館], 다이이치[大一], 에이라쿠관[永樂館], 고마츠정[小松亭]을 가리켰다. "방인의 조로야는 일본 제국의 체면상 조계지 안에 허가받지 못하고 모두 조계지 밖에" 소재하고 있고, 미요시관이 가장 오래되었으며 에이라쿠관, 다이이치, 고마츠정 순으로 개업되었다.[24] 고용 창기

20 『上海案內』 第8版, 1919.

21 在上海總領事館, 1938, 「昭和十三年中に於ける在留邦人の特殊婦女の狀況及其の取締り並に租界當局の私娼取締狀況」(吉見義明 編, 『從軍慰安婦資料集』, 大月書店, 184쪽).

22 藤永壯, 앞의 논문, 123~124쪽.

23 宋連玉, 「世紀轉換期の軍事占領と「賣春」管理」, 148~149쪽.

24 外務省 外交史料館, 『在外本邦賣笑婦取締並送還關係雜件』(第1卷)K3.3.0.2에서는 다이이치가 1910년, 미요시관이 1911년이다. 또 에이라쿠관은 1926년에 소실되어 그 후 재건할 수 없었기 때문에 1926년 이후의 가시세키 수는 3채였다. 미요시관이 다이이치 후에 창업했다는 것은 경영자가 바뀌었기 때문인 것으로 생각되고[미츠요시 가키치(光吉鹿吉) → 미츠요시 도키(光吉トキ)], 가시세키

수는 미요시관이 18명, 에이라쿠관이 11명, 다이이치가 9명, 고마츠정이 6명이어서 상하이에서는 일본의 창기가 42명이 있었던 셈이다. 가시세키 4채 중 좋은 예기를 두고 있었다고 평가되고 있던 미요시관은 창기 수에서 로쿠산정이나 츠기노야에 미치지 못했지만 마츠노야나 하마요시[濱吉]를 넘어서고 있었다.

1917년에 발간된 『상하이 안내 제7판』의 인명 색인에는 미요시관,[25] 다이이치, 에이라쿠관의 옥호는 보여도 고마츠정의 옥호는 보이지 않는다. 1918년부터 「특수요리옥 영업」의 신규개업을 허가하지 않았기[26] 때문에 고마츠정은 그 직전에 개업했던 것으로 보인다.

[표 2] 『상하이 안내 제8판』을 기본으로 한 가시세키 일람

구 분	소재지	경영자	①	②	비 고
미요시관[三好館]	吳淞路 松栢里	미츠요시 도키[光吉トキ]	○	○	
에이라쿠관[永樂館]	狄思威路	나가이 쇼지로[永井正次郎][27]	○	○	
다이이치[大一]	宝山路	시라가와하마[白川ハマ]	○	○	②의 소재지는 東宝興路
고마츠정[小松亭]	蚪江路	고모리 다다시[小守忠][28]	○	○	②의 소재지는 蚪江路 大富里 5호

출처: ①은 『上海案內 第10版』(1924) ②는 『上海年鑑』(1926)

『상하이 안내 제8판』(1919), 『상하이 안내 제9판』(1921)에서 보이는 조로야라는 말은 『상하이 안내 제10판』(1924)부터 2등 예기옥(芸妓屋)으로 바뀌고 창기는 2등 예기가 된다. 나아가 1928년에 나온 『상하이 일람』에는 2등 예기에서 을종

가 출현한 것은 1907년으로 보는 것이 타당할 것이다.

25 『上海案內 第11版』, 1927.

26 藤永壯, 앞의 논문, 124쪽.

27 『방인인명록』(1920년판)에는 나가이 쇼타로[永井正太郎]라고 적혀 있다.

28 『방인인명록』(1920년판)에는 고모리 료조[小守良蔵]로 적혀 있다.

예기로 변화했다.

덧붙여 『상하이 안내 제11판』(1927년)이나 『상하이 일람』(1928)[29]에 에이라쿠관의 이름이 보이지 않는 것은 1926년에 불타버렸기 때문이고, 그 뒤 가시세키는 3채 뿐이었다.

『방인인명록』(1920년판)의 영업별 요리점 란에, 오래된 요리점[老舗料理店]인 로쿠산정이나 하마요시[濱吉]와 같이 미요시관[三好館]이나 다이이치[大一, 다이이치 살롱으로 개칭]도 기재되어 있다. 이는 상하이에 살고 있는 일본인의 감각으로 볼 때 요리점과 가시세키 사이에 큰 차이가 없었기 때문일 것이다. 실제로 다이이치나 미요시관의 소재지에서 '내지'의 가시자시키와 같은 영업구역이 제한되어 있지 않았음을 알 수 있다.

가시세키에 대해 상하이 총영사관은 "일본 제국의 체면상 조계지 안에 허가받지 못해 모두 조계지 밖"으로 몰아갔다[30]고 하지만, 다이이치가 소재했던 동바오싱로[東宝興路]나 미요시관이 소재했던 우송로 송바이리[吳淞路 松栢里]는 조계지 밖이라고는 해도 오히려 해군 육전대 본부와 가까운 곳에 있어 육전대 장병이 이용하기 편리한 곳에 있었다.

더욱이 재류 인구가 증가함에 따라 요리점도 조계지 밖에 가게를 냈다. 로쿠산화원이 조계지 밖의 장완로[江湾路]에 위치하고 있었던 것처럼 일본인 주거지의 중심이 북상하여 조계지 밖으로 서서히 확대했던 것이지 결코 가시세키가 외진 곳에서 영업하고 있었던 것은 아니다.

29 山崎九市編, 至誠堂新聞舗.

30 『上海案内 第8版』 1919.

3. 중국 측의 폐창 정책과 일본 외무성의 대응

난징 국민정부는 1927년에 주권을 장악함에 따라 상하이에서 중국 측이 조계지를 회수하려는 움직임을 보이고 일본인 경영의 가시세키가 위치하는 홍커우 지구[虹口地區] 경계 도로에 대한 행정권을 주장했다. 동시에 1928년부터 난징에서 시작한 폐창 추진 정책을 각 도시로 확대하고 상하이특별시에서도 1929년 6월, 공안국이 중국인 공창을 폐지하기로 선고함과 동시에 중국인 거리에 있는 일본인 업자에 대해서도 폐쇄를 강요하는 태도를 보였다.[31] 1930년 3월에는 일본인 총영사관에 조회하여 4월 10일 기한으로 가시세키의 영업을 금지하고 업종 변경[轉業] 또는 공동 조계지로 이전할 것을 요구했다.

이러한 '압력'에 대해 상하이 일본총영사관 경찰은 1929년 5월에 주식 조직인 권번[檢番]을 설치하도록 하고, 예기의 보호·단속과 대우 개선을 도모하는[32] 한편으로, "여전히 해당 업자는 모두 지나(支那) 거리에 존재하며 지나 측 당국에서도 최근 이러한 업자 금지를 촉진하는 운동에 힘쓰고 있는 실정에 비추어 이제부터 새로 고용하는 것을 금지하고 또 적당한 시기에 자발적으로 폐업, 또는 우리 영사관의 명령이 있을 때는 언제라도 폐업할 준비를 하도록 시달하고 그런 조건 하에서 영업을 계속 할 수 있도록 하였다"[33]고 하고 가시세키인 미요시관, 고마츠, 다이이치살롱은 요리 겸 여관업으로 간판을 갈아달고 그 명맥을 유지했다. 더욱이 일본영사관 측에서는 1931년 11월에는 을종예기를 작부라고 개칭하고 동시에 연기(年期) 고용제도를 폐지하도록 결정했다. 그러나

31 在上海總領事館「昭和十三年中に於ける在留邦人の特殊婦女の狀況及其の取締り並に租界當局の私娼取締狀況」吉見義明 編,前揭資料, 184쪽.

32 吉見義明 編, 위 자료.

33 「昭和六年中ニ於ケル在留邦人其ノ他ノ特殊婦女ノ狀況及其の取締」,『外務省警察史 支那ノ部』21163쪽. 덧붙여 상하이거류민단은 1926년 3월 19일에 새로운 '세금부과[課金]조례'를 공포하고 수수료를 특별과금으로 고쳐 부르면서 3달러에서 4달러로 돈을 올렸다(藤永壯, 앞의 논문, 125쪽).

을종예기, 곧 창기를 작부로 삼는 것으로 성매매를 규제하는 것보다 허가 연령의 차이(창기는 18세, 작부는 16세)를 악용하여 더욱 어린 나이의 여성을 성매매시키는 범죄도 끊이지 않았다.

창기 수의 추이를 보면, 영사관의 방침 전환 아래에서 1919년에는 42명, 1928년 말, 1929년 말 모두 32명, 30년 말에 19명으로 감소했지만, 에이라쿠관을 제외하고 미요시관, 다이이치살롱, 고마츠정에서 일하는 창기 수는 31년에는 29명으로 늘어났다.[34]

1931년 초두의 상하이 화류계는 불경기를 몰랐고 따라서 상하이 거류민단의 재원도 윤택했다.[35] 요리점도 전년(1930년)보다도 3곳 증가해서 28채, 예기도 15명 증가한 188명이었던 것이다. 권번은 이러한 호황에 대응하기 위해 일본에서 많은 예기를 고용할 필요가 있다고 인식하고 영사관에 예기 연한의 연장을 신청했다.[36]

"풍속을 어지럽히는 자"로 지목되어 퇴거 명령을 받은 자는 [표 3]과 같았는데, 여성의 수가 많았던 것은 퇴거 이유가 성매매에 집중했다는 사실을 방증한다.

[표 3] "풍속을 어지럽힌 자"로 지목되어 퇴거 명령 받은 사람의 수

쇼와 3년(1928)		쇼와 4년(1929)		쇼와 5년(1930)	
남	여	남	여	남	여
6	9	4	20	4	15

34 『外務省警察史 中支版』 21097쪽. 단, 같은 책 21104쪽에는 건강진단(성병검사)을 받은 을종예기(창기)의 수는 27명으로 보고 있다.

35 유흥 과금은 예상 이상의 호성적, 권번이 시작한 이래의 번창」, 『上海日日新聞』 1931. 1. 29. 「불경기를 모르는 화류계, 민단의 부업도 윤택하다」, 『上海日日新聞』 1931. 3. 31.

36 『上海日日新聞』 1931. 2. 8. 일본 '내지'에서는 예기 연한에 제한이 없었는데 상하이에서는 4년으로 제한되어 있었다. 이는 '내지'와 상하이의 예기의 의미가 서로 달랐다는 것을 방증한다.

Ⅲ. 제1차 상하이사변과 해군·육군 위안소의 개설

영사관이 성매매업의 축소를 도모하면서도 금지를 단행하지 않은 것은 전쟁에 따른 군대의 증강이다. 육군에 대항해서 해군이 관할구역으로 했던 상하이에는 우선 중국에서 경비와 전투를 담당했던 제3함대를 편성하고(1909년), 그 후 장제스의 북벌군이 창강[長江] 유역에 도달하자 일본인 거류민 보호를 이유로 해군육전대를 상륙시켰다(1927년). 1932년부터는 상하이 해군특별육전대로서 상설 부대가 존재했다.[37]

1932년의 제1차 상하이사변은 관동군이 '만주국'을 수립하려는 책동에서 국제사회의 비판을 피하기 위한 양동작전(陽動作戰)이었다. 1월 28일 심야에 전투를 개시해 2월에 육군이 3개 사단을 파견하고 상하이 북부를 점령해 3월 3일에 전투가 중단되었다. 이후 일본군은 공동조계 북부와 동북의 넓은 지역을 경비하게 되면서 일본인들에게 홍커우 지구는 '일본 조계'라는 의식을 갖게 되었다.[38]

따라서 성매매업에 대해서도 "동년(1929년) 공창폐지를 대체할 편법으로 요리점 작부 제도를 두어 그 후 고용 작부의 개선을 도모해오는 바"가 "쇼와 7년(1932년) 상하이사변 발발과 동시에 우리 군대가 현지 주둔 증원에 따라 이들 병사의 위안기관에 일조로서 해군 위안소(사실상의 가시세키)를 설치하고 현재에 이르렀다"[39]고 외무성 보고에 있듯이, 중국 당국의 압력을 받은 '요리점 작부 제도'로 개편한 후에 군이 스스로 나서 병사를 위한 성적 위안시설을 준비하고 관리, 통제해 나갔다.

쑤즈량은 1931년 11월에 류타오후[柳條湖] 사변을 앞두고 긴박한 상하이에서

37 笠原十九司, 2017, 『日中戰爭全史(上)』 高文硏, 122~124쪽.

38 榎本泰子, 2009, 『上海』 中公新書, 152~153쪽.

39 在上海總領事館, 「昭和十三年中に於ける在留邦人の特殊婦女の狀況及其の取締り並に租界當局の私娼取締狀況」, 吉見義明 編, 앞의 책, 184쪽.

동바오싱로[東宝興路]에 소재했던 다이이치살롱이 해군육전대사령부가 승인하는 위안소 제1호가 되었고 그외에 고마츠정, 미요시관, 에이라쿠관[40] 등 가시세키도 해군특별위안소로서 지정되었다고 한다. 이에 따르면 상하이에서는 이미 개전 전에 가시세키가 해군특별위안소로 지정되었던 것이 된다.[41]

재 상하이 영사관의「쇼와 7년(1932) 12월 말 조사 방인의 제 영업」에서는 해군위안소가 17채 있고, 3채가 폐업, 작부는 166명, 폐업은 31명이라고 보고되고 있다.[42] 여기에서 폐업한 것으로 알려진 해군 위안소 3채는 다이이치살롱, 미요시관, 고마츠정을 가리키고, 폐업한 작부(창기) 31명은 그곳에 고용되어 있던 여성들이었다. 따라서 종래의 가시세키가 위안소로 전용된 것은 1년도 채 되지 않았던 것이다. 그 이유로 생각할 수 있는 것은 제1차 상하이사변이 소규모의 국지전으로 끝났기[43] 때문에 많은 위안소를 필요로 하지 않았거나 양자자이[楊家宅] 위안소의 경우 등은 위안소 규정이 너무 엄격해서 병사가 오지 않아서 민간 경영으로 이행한 일 등이 있었기[44] 때문으로 보인다.

1933년 8월의 기록에 따르면 해군의 지정 위안소로서 베이쓰촨로 요코하마교[北四川路 横浜橋] 옆 메이메이리[美楣里]와 커밍리[克明里](하사관용)[45]가 개설되었다. 동시에 숙박소, 하숙, 위안소, 식당, 찻집[喫茶店], 당구장, 활동사진관, 오

40 앞에서 설명한 바와 같이 에이라쿠관(永樂館)은 1926년에 불탔지만, 일본의 폐창운동가들이 영사관 경찰에 민원을 한 것이 주효했다고 한다(外務省 外交史料館, 『在外本邦賣笑婦取締並送還關係雜件』(第1卷)K3.3.0.2).

41 蘇智良, 2016, 『上海の慰安所施設』(齋藤敏康譯), 『立命館経濟學』 64(6).

42 吉見義明 編, 앞의 책, 90쪽.

43 제1차 상하이 사변은 제19로군 약 3만, 국민정부의 중앙군 약 1만, 일본군 4만에 따른 전투였지만, 국제연맹의 권고로 1932년 3월 하순부터 중일 양국 및 영국, 미국, 프랑스, 이탈리아의 4개국 관계에 따라 정전회의가 열려, 5월 5일 정전협정이 성립했다. 일본군은 3,091명이라는 희생자를 내고 상하이에서 철수했다(笠原十九司, 2017, 『日中戰爭全史』, 高文研, 125~127쪽).

44 西野瑠美子, 2000, 「上海の慰安所·現地調査報告書—上海に慰安所の記憶と痕跡を訪ねて」, 『戰爭責任研究』 27, 日本の戰爭責任資料センター.

45 요코하마교[横浜橋, 헝방교]는 홍커우 강에 걸쳐 있는 다리로 메이메이리[美楣里]는 다리의 북동쪽, 커밍리[克明里]는 다리의 남서쪽에 위치하고 있다.

락관, 공설목욕탕도 군 전용으로 지정되었다.

종래의 가시세키와는 달리 위안소 개설 지역을 지정하는 방식은 일본 '내지'의 공창제 그대로이다. 요코하마교의 위치는 다이이치살롱이 있는 동바오싱로[東宝興路]에서 가까웠고 또한 해군육군본부에서도 멀지 않았기 때문에 병사가 이용하기에 편리한 장소였다고 할 수 있다.

[표 4] 해군 지정 위안소의 옥호와 경영자

옥호	경영자	장 소	1933[46]	1936[47]	1939[48]	1940[49]
다이이치 오보시 [第一大星]	세키네 후지 [關根フジ]	北四川路 横浜橋傍 美楣里	○			
다이쇼관 [大正館]	오야 마사이네 [大家正稻]	〃	○			
가이라쿠 [海樂]	조응도[曺應道]	〃	○			
아케보노 [曙]	무라카미 도미오 [村上富雄]	〃	○	○	○	○
우키후네 [浮舟]	야마다 다메 [山田タメ]	〃	○	○		
미야코정 [都亭]	마카리 겐지 [間狩源治]	〃 29호	○	○		
상하이클럽 [上海俱樂部]	마카리 겐지 [間狩源治]	〃 26호		○	○	○
우메즈기 [梅月]	나카쿠마 도미조 [中熊富藏]	〃	○			
지토세 [千登勢]	구니모토 주타로 [國本忠太郎]	〃	○			
즈쿠시 [筑紫]	다시로 다츠지로 [田代辰次郎]	〃 36호	○	○	○	○

46 「上海に於ける外出員心得」 昭和8年 11月(防衛省防衛研究所) 해군 일반 사료 ②전사(戦史)·만주(상하이)사변·레퍼런스 코드 C14120189800.

47 『邦人人名録』 28판, 1936.

48 『邦人人名録』 29판, 1939.

49 『邦人人名録』 30판, 1940.

잇신정 [一心亭]	사카이 이와키치 [坂井岩吉]	〃 7호				
산유 [山遊]	야마나카 쇼지 [山中正治]	〃				
쇼치쿠 [松竹]	사와라 마타지 [佐原又治]	〃 21호				
고무 [紅夢]	후쿠시마 쇼조 [福島勝藏]	〃				
도유엔 [東優園]	바바 한조 [馬場半三]	北四川路 克明里 4, 5, 6호(하사관용)[50]				
상하이 [上海]	우토 우노 [宇都宇乃]	〃 7, 8, 9호(하사관용)				
다이쇼관 [大勝館]	하야시다 아키라 [林田晃]	〃 8호				

이상의 경영자 이름은 『상하이 안내 제7판』(1917) 「성명검색」이나 『방인인명록』(1920)에는 보이지 않는다. 따라서 '토착 그룹'이 아니라 1930년 전후에 상하이에 건너 왔든가, 군의 요청으로 위안소 개설을 하기 위해 온 업자일 것이다.

아케보노[曙]의 경영자인 무라카미 도미오[村上富雄]도 1930년 11월경에 상하이에 와서 상하이 주둔의 해군병사를 상대로 성매매업을 운영하고 있다가 해군 위안소 지정을 받았다. 무라카미는 1932년 3월에 위안부의 징집을 나가사키의 동업자 또는 제겐[女衒]에게 요청했다. 무라카미의 의뢰를 받은 관계자가 협력하고 나가사키에서 수십 명의 여성을 유괴해서 상하이에 이송하도록 했다. 이 죄상이 1936년에 형법 226조를 근거로 처벌되어 무라카미 도미오는 3년 6개월의 실형 판결을 받았다.[51] 그러나 [표 4]에서는 무라카미의 이름이

50 앞에서 언급한 「상하의 외출원 마음가짐[上海に於ける外出員心得]」에는 지명만 적혀 있지만, 『방인인명록』에는 번지도 기입되어 있다. 이에 따르면 도우엔[東優園]은 커밍리 4호에 소재. 또한 1939년 판에는 경영자의 이름이 쿠와바라 준지로[桑原潤次郎]로 바뀌었다. 쿠와바라는 1906년에 이미 상하이에서 제화업을 운영하고 있었지만(遠山景直, 『上海』, 1907), 1933년에는 지정 공중목욕탕(다이와온천, 大和温泉)을 경영하는 상하이의 고참 집단이다.

51 法曹界, 1936, 『大審院刑事判例集』 16(4), 254~262쪽; 戸塚悦郎, 2008, 『普及版 日本が知らない戦争責任』, 現代人文社, 327~342쪽.

1933년의 지정위안소 명부에서부터 시작하여 1940년 시점까지도 경영을 계속하고 있던 것으로 판명된다.

〈사진 1〉 집결 주택으로서 사용된 메이메이리[美楣里] 위안소
(필자 촬영 2016년 8월 20일)

또한 미야코정[都亭]과 상하이클럽[海俱樂部]을 운영하고 있는 마카리 겐지[間狩源治]는 1937년 12월에 위안부 징집 허가를 후쿠오카 지사에게서 얻을 정도로 혜택을 받고 있었다.[52]

우메츠기[梅月]의 경영자인 나카쿠마 도미조[中熊富藏]는 오사카 출신으로 나가사키의 가시자시키인 '우메즈기루[梅月樓]'를 경영하면서[53] 1933년부터 나가사키시 시의회의원, 현의회 의원을 역임했다. 이러한 경력으로 해군의 신임을 받아 위안소를 맡은 것이겠지만, 바로 물러난 것인지, 1936년 이후의 『방인인

52 앞의 자료 「昭和十三年中に於ける在留邦人の特殊婦女の狀況及其の取締並に租界當局の私娼取締狀況資料」(吉見義明 編·解說,『從軍慰安婦資料集』 수록, 100~102쪽). 무라카미가 언제까지 상하이에 있었는지는 불명확하지만, 마카리(間狩)는 일본 패전 후에 고향인 사가현으로 돌아갔다(『上海邦人歸國先名簿』, 1946).

53 遠山景直, 1907,『上海』.

명록』에는 이름이 보이지 않는다.

위안소 경영자 중에 예외적인 존재로서 쿠와바라 준지로[桑原潤次郎]와 조응도[曺應道]를 들 수 있다. 쿠와바라는 1906년 이미 상하이에서 제화업을 운영하고 있었는데 1933년에 공중목욕탕(야마토온천, 大和溫泉)의 지정 경영자도 되었다. 그러다가 1939년 『방인인명록(중지판 29판)』에 도유엔[東優園]의 새로운 경영자가 되었다는 것이 기록되어 있었다.

조응도는 상하이에서 한커우[漢口]를 돌아다니면서 총기, 아편 등의 밀수에 관여하고 있던 브로커 출신이었다.[54] 1939년에 한커우 조선인 회장도 지낸,[55] 이른바 '중지', 곧 중국 중부 이면(裏面) 사회까지 꿰찬 실력자다. 해군은 병사의 성관리를 하기 위해 이러한 인물의 네트워크까지 교묘하게 이용했던 것이다. 조응도의 이름은 1940년의 『조선인 인명록』「한커우[漢口]」 부에서 다테이시[立石]라는 창씨명으로 기록되어 있다. 이에 따르면 본적지는 평안남도 안주군 안주읍 화양리이고 우한계림회(武漢鷄林會)의 참사직이며, 다이쇼관[大勝館, 을종요리점[56]], 야마토루[大和樓]를 경영했다. 『방인인명록 11판』(1920)과 같은 책 21판(1930)에는 야마토루[大和樓]는 가시세키 요리점이었다고 생각된다. 그러나 조응도도 1933년 이후에는 『방인인명록』 등의 자료에도 보이지 않는다.

오카무라 네이지[岡村寧次, 1932년 2~8월까지 상하이 파견군 참모부장]가 나가사키 현지에게 요청해서 위안부단을 불러온 것은 해군이 운영하고 있던 위안소를

54 警察情報綴(昭和11年), 1936. 7. 11., 京鍾警高秘 第109757, 「中國杭州航空學校に入學しようとした不逞鮮人檢擧の件」.

55 외무성 외교사료관 소장, 昭和 戰前篇 D.2.3.0 경찰사항(警察事項), 단속처분(取締處分). 참고로 1939년 한커우 재주 조선인은 277호, 남자 741명, 여자 1,326명 합계 2,067명으로 여자가 압도적으로 많았다. 1941년 1월의 한커우 재주 조선인은 남자 674명, 여자 718명이다(재 한커우 일본총영사관·우한지방 재류방인 및 제3국인 통계표 1월 1일 조사).

56 다이쇼관[大勝館]이 을종요리점이라는 것은 한커우 화평 일어학교 교장, 유상근(柳相根)의 보고에 따른다(「〈현지보고〉한커우와 조선인 근황」, 『삼천리』 13(6). 1941. 6).

본뜬 것이라고 회상했지만,[57] 육군 위안소는 해군 위안소와 거의 동시에 개설되고 있었다.

이사카 다케시[猪坂威] 군의관이 관여하고 개설한 육군 위안소는 '군오락장'이라고 불렸다.[58] 공창제도가 시행된 이래, 성병검진에 관여해온 군의관의 세계에서 해군의 사례를 따를 것도 없이 성병예방을 위해, 또한 군대 안의 동성애를 방지하기 위해, 여성에 의한 병사 전용의 성적 위안시설이 필요하다는 공통의식이 있었을 것이다.

육군『쇼와 7년[昭和七年] 2월 2일 起 진중일지(陣中日誌) 이사카[猪坂] 군의』의 위안소에 관한 기사에는 3월 24일에 이사카 군의가 참모부에 출두하여 공창시설을 설치하기로 했는데 "이에 관한 일절의 시설은 군이 통제 계획하는 것으로 함"이라고 기록되어 있다. 4월 1일의 일지에는 "목하 병원에 입원 중인 상하이 파견군 화류병 환자는 97명에 이르므로" 화류병, 곧 성병예방 대책으로서 이사카는 "접객부의 공인집창제를 취하여 접객부 검진 규정 및 세균 검사[顯微] 규정에 의해 엄중 예방소독법을 실행할" 것과 "출입금지 가옥(지역)을 설정하여 사창에 의한 화류병 전염 방지"를 결정하고 4월 3일부터 "우송(吳淞)의 군오락장에 가서 접객부의 채용 신체검사를 실시"하며 4일에 군오락장취체규칙을 발령했다. 이사카 군의는 군이라는 공적 기관에 의해 성병검사를 하는 것에서 위안소를 공인집창제라고 했다.

57 稻葉正夫編, 1970,『岡村寧次大將資料』(上卷·戰場回想編), 原書房, 302쪽.

58 『十五年戰爭極秘資料集 補卷5』 제1차 상하이 사변의 제9사단 군의부「陣中日誌」. 원본은『昭和七年二月二日起 陣中日誌 猪坂軍医』등사판 인쇄, 일본 문서철본[和綴本], 213쪽. 내용은 쇼와 7년(1932년) 2월 2일 가나자와[金澤]에서 히로시마[廣島]를 거쳐 상하이에 상륙하고 전투를 한 같은 해 4월 30일까지의「군의부(軍医部)의 전투일지」는 극히 적다(野田勝久 編 解說, 1998). 이사카 다케시는 성병치료를 위한 살바르산 606호에 대해서 논문을 기고했다(金澤医科大學十全會雜誌, 42V8, 1937. 8.).

Ⅳ. 『상하이니치니치신문』으로 보는 여성들의 실상

현존하는 『상하이니치니치신문』에 보이는 여성들의 모습은 1931~1937년 4월까지, 곧 제1차 상하이사변 전부터 제2차 상하이사변 전의 것이다. 육군 위안소는 육군 철수로 인해 찾아볼 수 없기 때문에 지면에 등장하는 여성들은 해군 위안소와 그 주변에 있던 사람들로 해석이 된다.

일본의 군사점령 이전에 중국 측이 가시세키 등을 억압한 것도 있으나 모더니즘을 환영하는 시류에 의해 상하이에서는 댄스홀이나 카페, 카바레가 전성시대를 맞이했다.[59] 군의 철수에 따른 환락가의 불경기에 업계는 여러 가지 대응을 했던 것이다. 1931년 6월에 오래된 요리점, 츠기노야[料理店]의 댄스홀 개업[60]을 효시로 많은 요리점이 댄스홀화하고 있던 것도 시류의 변화였다.[61] 1931년 초 상하이에 있는 댄서를 출신지 별로 보면, 나가사키(22명), 오사카(17명), 효고(15명), 도쿄(13명), 미에(12명), 후쿠오카(7명), 사가, 조선, 히로시마(6명), 와카야마, 카가와(5명), 홋카이도(4명) 순이다.

카페는 댄스홀 정도로 개업 자금이 들지 않는 접객업이었지만, 상하이에서는 여급 수를 7명으로 제한하고 있었다.[62] 그러나 실제로는 당국의 눈을 속이고 그 이상 수의 여급을 고용하거나 성매매에 종사시키거나 했기 때문에 영사관 경찰도 여급의 허가를 의무화하고 허가받지 않은 여급을 고용한 업종에 구류 5일 처분을 하기도 하였다.[63]

59 신문 연재소설의 예고 제목인 『매소가(賣笑街)』에서 상하이 사회의 성매매 규모와 일상을 가늠해 볼 수 있을 것이다.

60 『上海日日新聞』 1931. 6. 30.

61 『上海日日新聞』 1934. 1. 11.

62 『上海日日新聞』 1934. 7. 7.

63 『上海日日新聞』 1934. 8. 20; 8. 28; 9. 2.

1934년 초 상하이에서 성 관련업에 종사하는 여성 수는 전체 1,601명이다. 그 가운데 여급(497명)이 가장 많고 이어서 예기(204명), 나가이[仲居, 188명], 댄서(187명), 작부(185명), 기타(340명) 순이다. 예기나 나가이는 요리점, 음식점에, 여급은 카페, 바에, 작부는 가시세키에서 접객하는 여성을 가리키는데, 여급 수에서 카페가 인기가 있었던 것을 엿볼 수 있다. 다만 위안소에 있던 여성이 이 수치에 포함되어 있었는지는 불분명하다.

다음으로 여성의 상황을 민족별로 보고자 한다.

1. 일본 여성[64]

〈사례 1〉

교정[京亭]의 하치로[八郎]로 있는 모리가와 노리코[森川德子]는 전차금 없이 수입에서 포주가 28%를 수수료로 가져가기로 약속했지만, 실제로는 수수료 29%를 착취당하며 수입도 명시되지 않아서 영사관 경찰에게 호소했다.[65]

〈사례 2〉

도고[東語]의 돈하치로 있는 스미요시 하루코[住吉ハル子, 22세, 후쿠오카 출신]는 16~22세까지 양어머니에게 팔려 상하이에서 예기 생활을 하고 있는데 양어머니가 다시 하루코를 팔려고 하자 저항하여 자살했다.[66]

〈사례 3〉

메이메이리의 해군 위안소, 아케보노[曙樓](무라카미 도미오 경영)의 작부 아라카와 토모코(26세, 가명)는 나가사키 출신으로 집안이 파산하여 학업을 중단하고 가족을 부양하기 위해 예기가 되었다. 남편과 이혼하고 1934년 1월에 전차금 300엔으로 아케보노

64 『상하이니치니치신문』에 등장하는 접객업 종사 여성이지만 일본인의 경우는 가명, 조선인의 경우는 본명을 적고 있다.

65 『上海日日新聞』 1931. 6. 23.

66 「홍등에 살고 홍등에 죽다. 돈하로는 왜 자살?」, 『上海日日新聞』, 1936. 10. 16; 1936. 10. 17.

고 그 후 병으로 휴업했지만 등루객의 대응을 둘러싸고 남성 종업원과 말다툼을 하다가 구타를 당한 것으로 경찰이 개입하여 업주의 계약위반이 발각되었다.[74]

〈사례 6〉

메이메이리[美楯里] 19호, 미야코정[都亭, 마카리 겐지 경영]의 작부 이쿠코[いく子]로 있는 유갑진(柳甲珍, 20세)은 전차 100달러로 고용되어 있었는데, 남성 종업원과 언쟁을 하여 업주에게 해고되었다. 해고되어도 전차금 때문에 미야코정에 구속된 현재 상태에서는 발을 씻을 수 없다며 영사관 경찰에 고발하였다.

사례 5의 이봉석은 개설 직후의 해군 위안소에 왔는데 사례 3의 일본 여성이 받은 전차금에 비해 60%밖에 받지 않았다. 더욱이 사례 두 건은 차별적인 경제적 대우뿐만 아니라 일상적으로 민족 차별에서 오는 구타나 학대에 시달렸던 것이 아닐까 라는 추측을 하게 한다.

『상하이니치니치신문』은 일찍이 1931년 초부터 부산이나 칭다오[青島]를 경유해서 상하이에 끌려와 매춘을 강요받고 있던 조선 여성의 모습을 보도하고 있었다. 그중에는 일본 여성 아래에서 강제매춘 피해를 받고 있는 경우도 보인다.

나가사키 출신의 오카무라 키쿠[岡村キク, 56세]는 10년 이상 전부터 홍콩에서 하숙업으로 속이고 성매매업을 운영했다. 1931년 2월 말에 일본영사관이 퇴거 명령을 내렸는데도 4월에 다시 퇴거 명령을 받고 있었다. 이때 오카무라가 고용하고 있던 여성은 경남 출신의 강병지(姜兵只, 21세), 최이남(崔利男, 18세)이었다.[75]

그러나 조선 여성의 피해에 한정해 볼 때 시대와 함께 유괴나 강제매춘에 손을 대는 조선인도 증가해 갔다. 동래군 동래면 출신의 박재갑(朴在甲, 33세)은

74 「산발한 조선인 작부의 호소, 귀국 소망이 이루어진다」, 『上海日日新聞』 1934. 4. 29.

75 『上海日日新聞』 1931. 4. 3.

1930년 6월부터 시모노세키[下關]에서 일본명으로 간판을 걸고 식당을 경영했는데 부산에서 끌고 온 17세, 18세, 19세 여성을 100~150엔의 전차금으로 여급을 시켰다. 불경기 때문에 경영부진에 빠지자 상하이로 건너가 여성들에게 매춘을 강요했다.[76]

『상하이니치니치신문』 지면에서 조선 여성의 밀매춘 검거 기사가 많이 보이는 것은 1934년부터 제2차 상하이사변까지이며, 사례 5와 6의 시기도 겹쳐 있다. 제1차 상하이사변에서 개설된 육해군 위안소 및 위안소 주변에 확대한 성매매업이 육군의 철수, 병사의 감소, 그 전후의 경기침체에 의해 많은 여성이 위안소에서 방출되어 '밀매춘' 피해자가 된 것은 아닐까. 일례로 1934년 말에 조선 여성 9명이 검거된 사건을 소개하면, 여성 9명의 출신지는 경남 3명, 경북 2명, 전북 2명, 경기 1명, 평양 1명이고 연령은 거의 20세 안팎이었는데 그 중에는 31세, 44세의 여성도 있어서 기자도 놀라움을 숨기지 않았다.[77]

또한 『상하이니치니치신문』 1934년 1월 22일에 '하사관을 둘러싸고 위안소 다툼, 메이메이리와 커밍리'라는 제목의 기사가 게재되어 있는데 그 내용은 해군 양 위안소가 감소한 고객을 둘러싸고 다툰 것으로 무라카미 도미오에 대해서 구와바라 준지로와 마카리 겐지가 대립하고 있다. 앞에서 설명한 바와 같이 무라카미 도미오가 1932년에 저지른 죄가 1936년이 되어 추궁받은 배경에도 해군 위안소의 이용가치 감소와 그에 따른 업자 간의 다툼이 관련되어 있을지도 모른다. 또한 제2차 상하이사변으로 다시 위안소의 필요성이 늘어나고 결과적으로 무라카미의 이름은 1940년의 『방인인명록』에 기록되어 있는 것이다.

변화하는 정세에 대응해서 상하이 총영사관은 요리점의 신규 영업주 및 일

76 『上海日日新聞』 1931. 6. 25.

77 『上海日日新聞』 1934. 12. 9.

하는 사람의 점감책(漸減策)을 강구하고 1936년 시점에서 「요리점 겸 치옥(置屋)」의 수는 24채(1931년은 28채), 예기의 수는 145명(1931년은 188명)으로 감소했다.[78]

V. 제2차 상하이사변과 점령지 환락업의 확대

일본의 육군, 해군은 만주사변에 의해 방대한 임시 군사비를 획득하고 군비 확장에 성공했는데, 제2차 상하이사변은 더 한층 군사예산 확대를 노린 해군의 모략이었던 것이다.[79]

그 결과 상하이 재류일본인 수는 1937년 중일전쟁 개시 직전의 4배로 늘어났다. 나가사키, 도쿄, 오사카, 후쿠오카, 효고, 쿠마모토, 가고시마 출신자 가운데서도, 특히 도쿄 출신자의 비율이 배로 늘어난 것도 국책 주도에 의한 '권력적 인구 이동'을 보여준다. 상하이의 산업구조는 경공업, 중소영세 규모의 상공업, 서비스업에서 '시국산업'의 중공업으로 변화했고 일본군 및 경찰경비 관계자가 "압도적 존재가 되는 도시 공간으로 변모했다"고 지적된다.[80]

지역적으로는 상하이의 남북으로 이어지는 '홍커우[虹口]', '자베이[閘北]' 지구에서 '사변' 후는 국책회사나 관공 조직 근무자가 사는 신도시부 '시중심구'로 상하이의 중심이 이동했다.

군사·정치·경제·지리적인 조건이 변화하고, 상하이의 일본인화가 진행되는 가운데 성매매업의 방식도 변화했다. 타자의 눈이 닿지 않는 '외지'에서는

78 「昭和十一年中に於ける在留邦人の特殊婦女の狀況及其の取締」, 吉見義明, 앞의 책, 91~92쪽.

79 笠原十九司, 2017, 『日中戰爭全史』 高文硏, 125~127쪽.

80 前田輝人, 2007, 「金風社人名錄に見る日中全面戰爭期在上海日本人社會の変容」, 『アジア太平洋論叢』 17, アジア太平洋硏究會, 47쪽. 이 논문에 의하면 1943년의 상하이 외무성 공관직원 수를 점하는 경관, 경무 관계자가 40%를 점하고, 1939년에서 1943년 사이에 약 2배로 증가했다.

성매매업도 서구라는 타자의 규범에서 자유로워졌고 환락가의 확대와 함께 위안소와 가시세키 사이의 경계도 애매하게 되어 갔다.

재 상하이총영사관의 보고 「昭和十三年中に於ける在留邦人の特殊婦女の狀況及其の取締り並に租界當局の私娼取締狀況」에 따르면, "지나사변에 의한 현지 정세는 종래의 점감책을 지속할 수밖에 없는 사정이 있음을 돌아보며 설비, 기타 조건을 붙여 증가를 허가하는 것으로 하고 12월 말 현재 요리점 및 치옥(置屋) 27채, 예기 257명으로 전년에 비해 67명의 증원을 보거나"라고 했다.[81] 곧 전쟁과 그 후의 점령이 업자, 예기의 증원을 불러왔던 것이다.

『방인인명록(중지판) 제30판』(1940)에는 가시세키 4채와 그동안의 『방인인명록』에서 보지 못한 육군 위안소 경영자의 이름이 보인다.

[표 5] 제2차 상하이사변 이후의 貸席와 육군위안소

가시세키	경영자	출신지	소재지
다이이치살롱 [大一サロン]	곤도미츠코 [近藤美津子(미츠, ミツ)]	도쿄	동바오싱로[東宝興路] 125호
살롱 고마츠 [サロン小松][82]	고모리 신타로 [小森辰太郎]	사가	하이넝로[海能路] 30호
고게츠 [滬月]			동바오싱로 183호
스에히로 [末廣]	기타무라 요시헤이 [北村芳平]	히로시마	동바오싱로 138농 3호
육군 위안소[83]			
미요시 [みよし]	마츠시타 요시마츠 [松下芳松]	나가사키	완안로[万安路] 777호[장완(江湾)지구]
헤이와장 [平和莊]	다키바타 료스케 [瀧端良介]	카가와	완안로 759호(장완지구)

81 在上海總領事館, 「昭和十三年中に於ける在留邦人の特殊婦女の狀況及其の取締り並に租界當局の私娼取締狀況」, 吉見義明 編, 앞의 책, 184쪽.

82 고마츠정은 1936년판부터 살롱 고마츠로 개칭.

83 『방인인명록』에서 해군위안소가 되지 않은 것의 소재지여서 육군위안소로 해석했다.

다치바나루[立花樓]	다테와키 다츠오[立脇辰雄]	오이타	화위엔로[花園路](장완지구)
제2가모가와[第2加茂川]	나카무라 타다노부[中村忠信]	나가사키	시 중심구 櫻花園
닛토클럽[日東クラブ]	나카타니 미호마츠[中谷三保松]	사가	시 중심구 櫻花園內
쿄야[京屋]	후나츠야 마사지로[船津屋政次郎]	나가사키	시 중심구 昭和路
시키시마루[敷島樓]	니시이 코요네[西井コヨネ]	오카야마	시 중심구 양자자이[楊家宅]
가게츠[花月]	하나무라 겐키치[花村鎌吉]	기후	淞興路 2327
다마노야[玉之家]	후지노 테츠지로[藤野哲二郎]	히로시마	畑路通

육군 위안소는 북동부의 신개척지 '시중심구'에 집중되어 있었는데,[84] 위의 가시세키 4채는 옛 일본인 거리에 가까운 장소에 위치해 있다. 재 상하이 총영사관 「昭和十三年中に於ける在留邦人の特殊婦女の狀況及其の取締り並に租界当局の私娼取締狀況」에도 "일반 가시세키 3채는 거의 거류방인을 고객으로"한다고 하듯이 다이이치살롱도 시국에 맞는 영업형태로 바꿨을 뿐만 아니라 "일본인 소좌급의 사람이 아니면 들어오는 것을 허용하지 않았던 고급 살롱"화를 도모하는 것으로 전시특수에 수요를 받게 되었다.

여기에서 미요시관을 볼 수 없는 것은 일본군의 군사기지가 해군육전대보다 북부로 이동해서 옛 시가지 근처에 있던 가시세키 등은 시류를 타지 못하고 도태되었기 때문일 것이다.

또한 같은 자료에는 1937년 12월에 가시세키가 11채(그중에 해군 위안소는 7채)로 고용되어 있는 작부의 총수가 191명으로 보고되고 있다. 이에 따르면

84 덧붙여 1941년 10월 말 조사에서 위안소가 12채 있다는 기록이 있는데 이것은 육군위안소를 지시하는 것으로 보인다(朝鮮銀行 京城總裁席 調査課, 『極秘 內地, 支那各地在住の半島人の活動狀況の關する調書』, 昭和十七年(1942)七月).

1932년에 17채였던 해군 위안소는 7채로 줄어들었는데 그 이유로서 상하이에서 해군과 육군의 역학관계의 변화나 점령의 진척에 따라 접객업이 다양화하여 위안소의 수요가 줄어든 것을 생각할 수 있다. 그리고 같은 자료에는 육군 위안소에 '임시 작부'가 300명이라고 했는데 앞의 191명보다 약 1.5배 많은 수의 작부에게 '임시'라는 단어를 붙인 것은 육군의 경우 특히 전황 변화에 따라 여성들이 항상 유동적이었음을 나타내는 것은 아닐까.

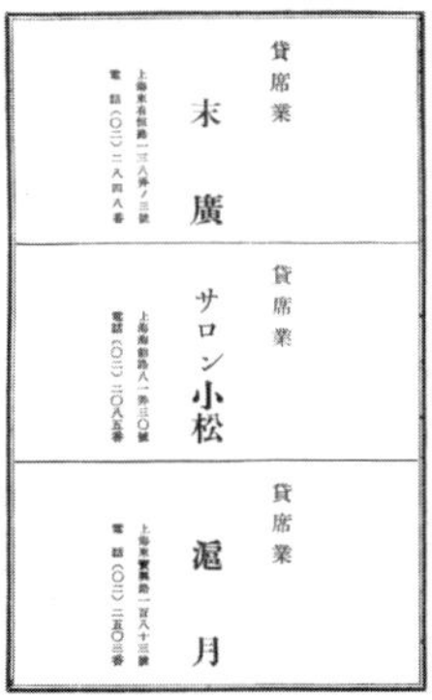

〈사진 2〉현존하는 다이이치살롱 건물(필자 촬영 2016년 8월 20일)[85]

85 『大陸年鑑 昭和十六年版』, 上海大陸新報社, 1940.

『강제로 끌려간 조선인 군위안부들 증언집 1』[86]에 상하이 위안소에 있던 하순녀의 증언이 있다. 1920년 진주에서 태어난 하순녀는 21, 22세 무렵(1941년 또는 1942년) 끌려간 곳이 프랑스 조계였는데, 육군 병사를 상대한 위안소였다고 회상했다. 근처에 도쿄 출신의 일본인이 운영하는 해군 위안소가 있었으며, 그곳에는 일본, 조선, 중국 출신의 여성들이 해군 병사를 상대하고 있었다고 한다. 시기로 보면 제2차 상하이사변 이후 일본이 상하이 점령을 확대한 시기에 해당한다.

위안소의 감독 책임에 대해서는 "육해군에 전속하는 군매점[酒保] 및 위안소는 육해군이 직접 경영 감독하는 것으로 영사관은 관여하지 않으면 안 될 경우에도 일반적으로 이용하도록 하는 소위 군매점 및 위안소에 대해서는 (중략) 업자에 대한 일반의 단속은 영사관의 임무에 해당한다. 그 출입하는 군인군속에 대한 단속은 헌병대에서 처리하는 것으로 한다", "군 전속의 군매점 및 특수위안소를 (모두 육군 해군)에서 허가한 경우는 영사관의 사무처리를 간편하게 하기 위해 해당 군헌이 수시로 그 업태 영업자의 본적, 주소씨명, 연령, 출생, 사망 기타 신분상의 이동을 영사관에 통보하는 것으로 한다"[87]는 바와 같이 군이 영사관, 곧 외무성과 상호 협력하면서 병사 및 일반 일본인에 대한 성 관리를 위안소의 재편과 동시에 진행해 가려고 하고 있었다.

또한 업자에 대해서도 "포주인 인솔자의 선정 및 취급 (1) 인솔자(포주)는 가시자시키 업자 등 중에서 신원이 확실해서 남중국 방면에서 군위안소를 운영해도 지장없다고 인정하는 자를 포주 또는 인솔자로서 선정한다. 이에 대해 남중국 방면에 군위안소 설치를 허가하는 모양이므로 만약 그 설치 운영을 희망

86 한국정신대문제대책협의회·정신대연구회편, 1993.

87 「昭和十三年四月十六日南京總領事館に於て陸海軍外三省關係者會同」, 『外務省警察史 中支版』 48, 28693~28694쪽.

하는 자는 편의 관계 쪽으로 추천한다는 내용을 이야기하고 어디까지나 경영자의 자발적인 희망에 따르는 모양으로 다루어 그것을 선정할 것”[88]으로 하고 있듯이 자발적으로 희망해서 ‘위안업’을 운영하는 것처럼 위장할 수 있는 수완 있는 업자가 선정되어 상하이로 보내졌다.

업자라는 측면에서 요리점과 위안소의 차이를 보면 요리점의 경우는 화류계에 정통한 여성 경영자가 적지 않은 것에 주목할 수 있다. 여성의 사회 진출이 어려웠던 시대에 접객 서비스업은 몇 안 되는 여성의 창업 기회이기도 했다. 반면 상하이에서 군으로부터 위안소 운영을 위임받은 인물은 인명록이나 관계 자료를 보는 한, 압도적으로 남성이 많다. 또한 구와바라 준지로[桑原潤次郎] 외에는 군의 움직임에 맞추어 상하이에 들어온 신참들이다.

육해군에 의해 위안소가 설치되면 이를 중심으로 다양한 성매매, 카페나 바 등 신종 유흥업이 동심원적으로 생겨난다. 한때 해군 위안소로서 접수된 다이이치살롱은 군 간부나 국책기업 간부를 대상으로 한 고급 살롱으로 변신했다. 국책으로 위안소를 개설한다는 기정 사실은 상하이에서 성매매업을 유발하는 계기가 되어 지역 전체가 군 장병이나 국책회사의 근로자에게 서비스를 제공하는 장소가 되고 군사화와 뗄 수 없는 환락가를 추진해갔다.

이러한 변화에 대응한 것이 “요리점, 음식점, 카페, 댄스홀, 예기치옥, 마치아이[待合], 특수음식점, 특수부녀단속규칙”(영사관령 제1호, 1939)이었다.[89] 여기에 직접 관여한 것이 영사 겸 경찰부장인 사카 노부요시[坂信弥]다. 그는 1938년 5월에 취임하고 1939년 9월에 이임했는데, 이 시기는 상하이 총영사관 경찰이 특고경찰 기능을 강화하고 일본 ‘내지’의 여성을 전지로 보내는 데 빠질 수 없

88 「支那渡航婦女ノ取扱ニ關スル件〈警發乙第777〉」(1938.2.) 『買賣春問題資料集成戰前編』不二出版, 2003.

89 藤永壯, 〈資料紹介〉.

는 역할을 담당하는 시기와 겹친다.[90] 나아가 1942년 9월에 지나파견군 총사령부는 상하이의 '특수 위안소'가 16개소, 작부는 140명이라고 보고하고 현 상황보다 더욱 증설하기를 요망했다.[91]

앞에서 서술한 바와 같이 육군, 해군은 만주사변, 제1차 상하이사변 이래 팽창한 군사비를 획득했지만 일본군의 점령 이후는 경제적으로 군이 바라는 대로 폭리를 취한 것이 전 상하이방면군 경리부장의 수기를 통해서도 엿볼 수 있다.

> "십대방(十大紡: 일본 10대 방적회사) 가운데 미츠이 계통의 8개 회사가 나의 관리 하에 들어와 「군용면사포납입조합」이라는 조직을 확립했다. 생산능력은 130만 추(錘)로, 물론 군이 장사를 한다는 것은 비밀로 하고 표면으로는 어디까지나 민간회사가 군수품을 생산하고 있는 모습을 취했다. (중략) 의류품만은 아니다. 그 후 곧 제혁제화나 정유공장, 담배공장, 비누공장 등도 지휘 아래로 모았다. (중략) 쌀을 조달하는 일은 매우 어려웠다. 어쨌든 당시 군은 군관계자, 간부 외에는 중국인에게는 쌀을 배급하지 않았기 때문에 민간의 쌀은 전부 암쌀이라는 이유로 (중략) 군의 힘으로 암쌀을 적발한다는 명분으로 현품을 압류하는 것이 평소의 수법이었다. 그렇게 같은 수단으로 종전 직전에는 6백억의 이득을 보게 되었다."[92]

1941년 10월에 일본인(대륙일보사 사원)이 상하이 홍커우복리회의 이름으로 중국인을 움직여 중국 여성을 '위안부'로 징집하는 사업을 추진한[93] 것도 배후에 윤택한 자금을 가진 일본군의 재정적 지원이 있었기 때문에 가능했을 것이다.

90 藤目ゆき, 2018, 「上海總領事館警察による日中戰爭下の「特殊婦女」統制」, 『アジア現代女性史』 12.

91 「昭和十七年九月副官會同席上意見,質疑及回答」 吉見義明 編, 앞의 책, 269쪽.

92 原田佐次郎, 1973, 『上海終戰記』, 自費出版.

93 상하이시 당안관 자료. 본고의 주제와 관련하여 동북아역사재단 박정애 연구위원을 통해 열람한 것에 감사한다.

Ⅵ. 맺음말: 공창과 '위안부', 교착 상태에 있는 논의를 넘기 위해

아시아 태평양전쟁 종결시에는 해외 재류 일본인 총수가 300만 명이었다. 그중 100만 명이 만주를 제외한 중국 지역에 거류했고 그 10% 이상이 상하이와 그 주변의 창장[長江] 중하류에 살았다. 재류 인구로 보면 상하이는 일본인 해외 재류 지역의 중심에 위치하고 있다고 할 수 있다.[94] 그 상하이에 메이지 시기에 건너온 이른바 토착 그룹의 상당수는 요리점이나 가시세키, 잡화상이며, 거류민의 소비 수요를 기대한 서비스업을 운영하며 신천지에서의 성공을 꿈꿨다.

요리점이라는 명칭은, 일본의 상하이 지배와 함께 그 함의가 변화했다. 초기에는 단신 남성을 고객으로 삼아 음식을 제공하는 사교장이었고 비밀리에 성매매도 하는 장소였지만, 러일전쟁 후에는 성매매가 공인된 가시세키와 요리점은 나뉘어진다. 가시세키에 대한 중국 당국의 압력이 커지자 다시 가시세키는 요리점을 은신처로 삼았다.

해군은 이러한 느슨한 성매매 규제가 병사의 성병 감염원이 된다고 판단하고 군의 관리, 통제 아래 최초의 '위안소'를 개설하기에 이른다. 또한 육군도 거의 동시에 '오락장'이라는 이름으로 위안소를 개설했다.

제1차, 제2차 상하이사변의 결과, 1943년에는 일본인 거류민이 10만 명을 넘어 전시하의 위안소를 핵심으로 성매매 관련업이 주변으로 확산되었다. 제1차 상하이사변 후에 이제까지 형성된 일본인 거리에서 더욱 북상한 해군육전대 가까이에 지정 위안소가 결정되고 그 지역을 중심으로 카페, 바 등 신종 유흥업이 나타났다. 지정 위안소의 근처에 있는 가시세키 다이이치살롱은 한

94 前田輝人, 앞의 논문 참조.

때 해군위안소로 접수되었지만, 그 후에는 군 간부나 국책기업의 간부를 대상으로 하는 고급 살롱으로 살아남았다.

그리고 제2차 상하이사변 후 일본의 점령이 진행되어 상하이 전역이 군 장병이나 국책회사의 근로자에게 서비스를 제공하는 장소가 되어 군사화와 뗄 수 없이 환락가로 변해갔다. 군이나 영사관은 다양화하는 성매매업을 통제하려고 하며 「요리점, 음식점, 카페, 댄스홀, 예기치옥, 마치아이, 특수음식점, 특수부녀취체규칙」(영사관령 제1호, 1939)을 베이징에 이어 발포하였다.

요시미 요시아키[吉見義明]는 위안소의 타입을 1) 군직영의 군인, 군속전용, 2) 민간업자가 경영하는 형식 아래에서 군이 관리, 통제하는 군인, 군속전용의 위안소, 3) 일반인도 이용하지만 군이 지정하는 군 이용의 위안소로 분류해서 다양한 중간 형태의 존재도 인정했다.[95] 여기에서 요시미는 중간업자라는 용어를 쓰지만, 오히려 어용업자 또는 수명업자(受命業者)라고 엄밀하게 호칭해야 할 것이다.

요시미의 이 분류에 따르면 '군오락장'은 1)에, '지정 위안소'는 2)에, 다이이치살롱 등은 2)에서 3)에, 뒤에 군에 접수된 로쿠산정은 어떤 군의 요청도 받아들일 수 있는 사령본부의 사랑방으로 기능했을 것이다.

일본군에 의한 상하이 점령 과정에서 위안소와 성매매업이 중첩 구조[入れ子構造]를 이루는 상하이에서는, 곧 위안소가 설치되면 주변의 가시세키를 접수하고 전쟁이 중단하면 고용하고 있던 여성들을 방출하고, 다시 전쟁이 시작하면 여성들을 흡인했던 과정이 반복되는 속에서 위안부가 공창이라는 논의는 의미가 없을 뿐만 아니라 경계상의 피해 여성을 놓칠 수도 있다. 다이이치살롱에 있던 여성은 단기간 위안부로 강요되었다가 그 후에는 가시세키의 공창으

95 吉見義明·林博史 編, 1995, 『共同研究 日本軍慰安婦』, 大月書店, 6쪽.

로 간주되는 것일까.

이 글에서 살펴본 것처럼 요리점, 작부라는 말은 시기와 장소에 따라 달랐던 실태를 의미한다. 실태에 기초하여 정밀하게 연구하는 것이 피해 여성의 존재를 부정하려는 역사수정주의자와 싸우는 왕도일 것이다. 한 사람이라도 많은 피해자의 목소리에 귀를 기울이기 위해 전쟁의 일상에 대한 상상력이 필요하다.

일본에서는 '위안부' 문제를 국가적 책임과 분리해서 말하려는 정치적 언설이 지배적이지만, 점령 후의 상하이처럼 군인이나 경찰관료가 차지하는 높은 비율이 '외지'의 노골적인 성매매를 확대했다. 또한 '위안부' 문제의 책임은 조선인 업자에게 있다는 황당무계한 주장[96]도 기승을 부리고 있는 요즘이지만 『재지반도인명록 제3판』(1942)에서 상하이의 유일한 위안소 경영자로 여겨지고 있는 공돈(孔敦)[97]은 일본의 패전 후에 위안소에 있던 여성들을 구제해서 조선으로 귀환시키려고 알선하는 사업을 전개했다.[98] 그의 본심이 어디에 있었는지는 알 수 없지만, 제국의 침략전쟁은 식민지 지배의 피해자를 가해 구조의 말단에 편입시켜 시류를 타는 현실주의자를 많이 만들어냈다. 이러한 개인의 책임도 제국의 정치적 구조로 자리매김하지 않으면 국가책임을 면책하는 것으로 이어질 것이다.

96 박유하, 『제국의 위안부』(뿌리와이파리, 2013)가 대표적이다.

97 해방 후에는 아주흥산(亞州興産)이란 무역회사를 경영했다(『解放以後會社資料』 1956).

98 『서울신문』 1946. 5. 12.

참고문헌

[저서]

김광재, 2015,『근현대중국관내지역한인사연구』, 경인문화사.

孫科志, 2001,『上海韓人社會史』, 한울.

榎本泰子, 2009,『上海―多國籍都市の百年』中公新書.

高橋孝助, 古廏忠夫, 1995,『上海史－巨大都市の形成と都市の營み』東方書店.

共同研究, 2014,『上海の日本人社會とメディア 1870~1945』, 岩波書店.

博文編, 2009,『1937~45年』研文出版.

笠原十九司, 2017,『日中戰爭全史』(上)(下) 高文研.

羽根田市治, 1984,『夜話上海戰記』論創社.

吉見義明 編, 1992,『從軍慰安婦資料集』, 大月書店.

日中兩國人民朋友會, 1994,『上海在留邦人が造った日本人街』.

[논문]

藤永壯, 1995,「上海の日本軍慰安所と朝鮮人」, 大阪産業大學産業研究所,『國際都市上海』(産研叢書1).

藤永壯, 1995. 10.,「〈資料紹介〉上海の公娼制度に關する法令資料について」,『大阪産業大學論集 人文科學編 86』.

宮本正明 ほか, 2003,「戰時下における朝鮮人の中國關內進出について」,『靑丘學術論集』第23集.

藤田拓之, 2009. 3.,「『國際都市』上海における日本人居留民の位置」,『立命館言語文化研究』21(4).

陳祖恩, 2006,「西洋上海と日本人居留民社會」,『中國における日本租界』, 御茶の水書房.

田中仁, 前田輝人 ほか, 2015,「1930年代上海日本人社會の変容」,『阪大法學』65.

前田輝人, 2007,「金風社人名錄に見る日中全面戰爭期在上海日本人社會の変容」,『アジア太平洋論叢』17, アジア太平洋研究會.

山村睦夫, 2015,「戰前期上海における日本人居留民社會と排外主義 1916~1942」,『和光経濟』47(2).

西野瑠美子, 2000,「上海の慰安所·現地調査報告―上海に慰安所の記憶と痕跡を訪ねて」,

『季刊戰爭責任研究』27, 春.
蘇智良, 2016,『上海の慰安所施設』(齋藤敏康譯)『立命館経濟學』64(6).
宋連玉, 2010,「世紀轉換期の軍事占領と「賣春」管理」『軍隊と性暴力－朝鮮半島の20世紀』, 現代史料出版.

[자료]

『上海居留民団三十五周年記念誌』, 1942, 上海居留民団.
山下武, 高崎隆治監修, 2002,『上海叢書』全12巻, 大空社.
上海叢書 孫安石 監修, 2011~2012,『近代中國都市案內集成』ゆまに書房.
島津長治郎 編,『支那在留邦人人名錄』金風社, 1920年版, 1936年版, 1939年版, 1940年版.
上海日報社 編,『大陸年鑑』.
上海日報社 編,『中國年鑑』.
上海日日新聞社,『上海日日新聞』(1931~1937. 丸善, ビデオディスク).
大陸新報社,『大陸新報』(1939. 1.~1945. 9.)
外務省, 2000,『外務省警察史 中支版』第42巻, 不二出版, 復刻版.

6.
난징[南京] 점령지의 일본군 위안소와 ‘위안부’ 피해*

김정현 | 동북아역사재단 연구위원

I. 머리말

중국의 일본군‘위안부’ 문제 연구는 일본과 한국에 비해 다소 늦은 1990년대 항일전쟁사 연구의 일환으로 시작되었다.[1] 중일전쟁 발발 70주년인 2007년 7월 2일에 처음으로 발표된 「위안부 피해사실 조사보고」는 일본군의 위안소 설치가 “일본 군부의 명령 체계를 통해 조직적으로 이루어진 행위”였고 일본 우익 정치인들이 “위안부의 강제동원은 없었으며 군의 조직적 행위가 아니”라고 주장해온 것이 사실이 아님을 객관적으로 증명하는 것이었다.[2] 조사보고에

* 이 글은 『동북아역사논총』 66(2019. 12)에 실린 같은 제목의 원고를 일부 수정한 것이다.

1 1999년 3월 ‘중국위안부문제연구센터’가 상하이사범대학교에 설립되고, 2000년 3월 처음으로 일본군‘위안부’ 문제 국제학술회의가 개최되었다. 2005년 항일전쟁승리 60주년에 일본군‘위안부’ 문제가 부각되기 시작하였다.

2 중화전국변호사협회[中華全國律師協會]와 중국법률원조기금회[中國法律援助基金會]가 공동 설립한 ‘위안부피해사실조사위원회’[中國原‘慰安婦’受害事實調査委員會]가 전면적으로 조사한 결과였

의하면, 중국 내 '위안부' 징집은 일본군 직접 약탈, 친일조직이나 친일 중국인을 이용한 강제동원, 취업사기, 유괴 등의 유형이 있다.

난징은 상하이[上海]와 더불어 전시 일본군'위안부' 제도가 체계화되는 기점이자 전시 위안소 운영의 모델이 되었다는 점에서 난징 지역 일본군'위안부' 제도의 기원, 위안소 분포, 생존 피해자 조사와 연구가 꾸준히 이루어져왔다.[3] 난징은 중화민국의 수도이자 난징을 점령한 일본군 화중파견군(華中派遣軍)[4] 사령부 소재지이며, 일본군'위안부' 제도가 가장 장기적으로 실시되고 위안소와 '위안부'가 많았고, 중국인·조선인·일본인 및 기타 국가의 '위안부' 피해가 모두 발생한 지역이다.

난징에는 친일조직에 의한 '위안부' 징집도 다수 이루어졌다. 그 이유는 일본군의 난징 점령정책과 관련이 있다. 일본은 "난징을 점령하면 국민정부가 항전을 단념할 가능성이 높다"고 여기고, 대군을 파견하여 1937년 12월 13일 난징을 점령하였지만 국민정부가 충칭[重慶]으로 옮겨가 계속 항전하자 전쟁은

다. http://news.sina.com.cn/c/2007-07-09/170113408258.shtml

3 高興祖, 1993, 「日軍南京强姦事件與慰安所的出現」, 『民國春秋』 3; 經盛鴻, 1999, 「南京的慰安妇与慰安所」, 『抗日战争研究』 6; 段月萍, 2000, 「侵華日軍南京慰安所調查」, 『二戰時期的日軍'慰安婦'制度』, 學林出版社; 张连红, 2000, 「南京下关区侵华日军慰安所的调查报告」, 『南京师大学报(社会科学版)』 11; 經盛鴻, 2000, 「侵华日军南京"慰安妇"制度述论」, 『江海学刊』 12; 經盛鴻, 2004, 「侵华日军南京慰安所调查与研究」, 『南京社会科学』 12; 王炳毅, 2005, 「南京慰安妇悲恨往事实录」, 『档案与建设』 7; 經盛鴻, 2005, 「对南京侵华日军慰安所的最新调查」, 『江苏地方志』8; 經盛鴻·王冠保, 2005, 「南京的'慰安所'與'慰安婦'」, 『鐘山風雨』 2; 經盛鴻, 2007, 「对南京原日军慰安所的最新调查报告」, 『社会科学战线』 3; 經盛鴻, 2007, 「南京慰安妇的血泪-对南京侵华日军慰安所的最新调查报告」, 『百年潮』 5; 經盛鴻 胡卓然, 2013, 「南京日軍慰安所與慰安婦概論」, 『日本侵華史研究』 3; 袁志秀, 2016, 「南京利济巷慰安所旧址陈列馆与"慰安妇"历史的固化」, 『档案与建设』 2; 劉廣建, 2017, 「是普通妓院还是日军慰安所-关于南京"人民慰安所"的考证」, 『档案与建设』 7; 苏智良·張建軍 主編, 2017, 『南京日军慰安所实录』, 南京:南京出版社; 苏智良, 2018, 「侵华日军南京慰安所研究」, 『日本侵华南京大屠杀研究』; 劉廣建, 2018, 「民国出版物中的日军"慰安妇"制度」, 『日本侵华南京大屠杀研究』 9; 川田文子, 2011, 「남경 강간과 남경의 위안소」, 일본의 전쟁책임 자료센터 엮음, 강혜정 옮김, 『일본의 군'위안부' 연구』, 동북아역사재단 등 참조.

4 일본군의 고유 명칭은 중지나파견군(中支那派遣軍)이나 중국 명칭은 화중파견군이다. 중국 명칭에 따라 일본군 중지나방면군(中支那方面軍)도 화중방면군(華中方面軍)으로 호칭한다. 일본군 대본영은 1937년 9월에 상하이파견군, 10월에 화중방면군을 구성하여 난징을 공략하였고, 난징대학살 이후인 1938년 2월에 상하이파견군과 화중방면군을 편입하여 화중파견군을 구성하였다.

장기전으로 빠져들었다. 일본군은 난징 함락 과정에서 대규모 학살·약탈·강간으로 파괴된 도시를 재건하고 치안 유지를 위해 중국인들과 합작하는 점령지 선무공작을 취하였다.[5] 난징의 일본군 위안소는 일본군과 친일 합작자들의 협력 아래 설치·운영되었다는 특징이 있다. 난징 점령지의 일본군 직영, 일본인 개설, 친일조직이 설립한 위안소는 일본 투항 때까지 계속 존속하였다. 종전 후 1947년 난징 전범군사법정에서 일본군 전범들은 "위안소를 설립한 것은 현지장관(친일정권)과 상의했고, '위안부'의 동의를 얻었다"라고 변명하곤 하였다. 그러나 중국인 '위안부' 징집에 강제성이 없었고 합법적이었다는 주장은 사실이 아니다. 난징 친일조직이 남긴 문서와 여러 피해자의 증언은 '위안부' 제도에 일본군이 직접 간여하였음을 증명한다. 조선인 '위안부' 피해자 박영심의 난징 위안소 생활과 피해 사실 증언도 일본인이 경영한 난징 위안소 내 조선인 '위안부'의 존재와 일본군의 범죄 행위를 밝히는 데 중요한 역할을 하였다.[6]

이 글은 아직 국내에 제대로 소개되지 않은 난징의 친일조직이 남긴 일본군 위안소 관련 문서[7]와 '위안부' 피해자의 증언[8]을 바탕으로, 난징 점령지 위안소 제도의 실상과 '위안부' 피해를 서술하고자 한다. 이 글에서는 먼저 일본군이 점령지 난징에서 '위안부'를 징집하고 위안소를 설치하기 위해 어떤 정책을 취

5 화중파견군은 점령지 선무공작에 필요한 기구를 조직하고 관리하는 일을 남만주철도주식회사(만철)의 상하이 사무소와 파견군 특무부에 할당하였다. 티모시 브룩 저, 박영철 역, 2008, 『근대중국의 친일합작』, 한울, 36·65~67쪽.

6 박영심의 난징 방문과 증언은 난징 일본군 위안소 조사와 '위안부' 연구에 중요한 역할을 하였으며, 일본 우익 세력의 '위안부' 죄행을 감추는 시도에 대한 반격이자 고발이었다. 經盛鴻, 2015, 「曾经沦为日军"慰安妇"的朝鲜老人朴永心」, 『百年潮』 4, 21쪽.

7 난징시당안관이 보관하고 있는 일본군'위안부' 관련 문서이며, 이 문서자료의 목록집(동북아역사재단 일본군'위안부'연구센터 편, 2018, 『일본군'위안부' 자료 목록집 Ⅳ』, 동북아역사재단)이 최근 발간되었다.

8 段瑞秋著, 2015, 『女殤』, 北京: 中國青年出版社; 한국정신대문제대책협의회, 1993~1999, 『강제로 끌려간 조선인 군위안부 1~3』, 한울; 한국정신대문제대책협의회, 2001, 『강제로 끌려간 조선인 군위안부들 4~5』, 풀빛; 한국정신대연구소, 1995·2003, 『중국으로 끌려간 조선인 군위안부들』 1·2, 한울 등 참조.

하였는지, 난징에 개설된 일본군 직영 위안소와 일본인이 개설한 위안소는 어떻게 운영되었고 어떤 피해가 발생하였는지 알아보고자 한다. 다음으로 일본군과 협력한 친일 중국인 조직은 어떻게 '위안부'를 징집하고 위안소를 설치·운영하였는지 알아볼 것이다. 난징 위안소는 설치와 운영 주체가 다양하였기에 이 글은 근거자료와 선행연구에 따라 일본군 임시위안소, 일본군 직영과 지정 위안소, 친일기관 위안소 등으로 구분하여 서술할 것이다. 그리고 '위안부' 피해자의 증언을 통해 난징에서 중국과 한인 '위안부'가 받은 피해 실태와 그것을 야기한 일본군 점령정책의 문제점을 서술하고자 한다.

현재 일본 정부가 '위안부' 강제동원과 가해 사실을 부정함으로 인해, 일본군의 위안소 설치와 '위안부' 피해를 입증하는 책임이 피해국과 피해자에게 있게 된 상황이다. 이 글이 난징 점령지에서 실시된 일본군 위안소의 실체와 '위안부' 제도에 의한 피해를 구체적으로 밝혀내고 피해의 회복이 이루어지는 데 도움이 되길 기대한다.

Ⅱ. 난징 점령지 일본군 위안소와 '위안부' 제도

1. 일본군의 위안소 설치와 '위안부' 징집

1) 일본군이 직접 수행한 '위안부' 징집과 위안소 설치

1937년 7월 7일 베이징의 노구교(蘆溝橋)에서 시작된 중일전쟁은 8월 상하이로 비화되었다. 일본군 사령관 마쓰이 이와네[松井石根][9]를 지휘관으로 하는 상

9 마쓰이 이와네(1878~1948)는 상하이파견군 겸 화중방면군 사령관, 하얼빈 특무기관장을 지낸 일본 제국 육군대장이다. 포츠담회담 수락 후, 난징대학살의 책임을 지고 극동 국제군사재판에서 사형판결을 받아 처형되었다. 현재는 다른 전범들과 같이 야스쿠니 신사에 합사되어 있다.

하이파견군과 추가 부대로 화중방면군을 편제하였다. 상하이에는 일본 화중방면군 9개 사단 등 30만 명이 주둔하였고, 일본군은 난징 공략에 이르는 여러 지역에서 중국 여성을 대량 강간하였다. 이에 일본군 제3, 9, 11, 13, 18, 113사단과 여러 지대에 성병이 급속히 번지게 되었다. 마쓰이 이와네 사령관은 침략전쟁에 중대한 영향을 미치는 성병 확산을 방지하고 일본군의 전투력을 진작시키기 위해 화중방면군 참모장 쓰카다 오사무[塚田攻]에게 명하여 군 위안소를 설치하도록 하였다.[10] 12월 11일 일본 화중방면군은 일본인 '위안부'를 중국으로 조속히 보내줄 것을 요구하는 한편, 자금을 마련하여 중국 거주 일본인 업자에게 민간 위안소 개설을 요청하였다. 동시에 각 관할 부대에게 밀령을 내려 스스로 각종 형식의 임시 위안소를 만들도록 하였다. 상하이파견군 참모장 이이누마 마모루[飯沼守]는 1937년 12월 11일 일기에 "위안시설의 건, 화중방면군으로부터 문서를 받고 이를 실시하도록 조처하다"라고 썼다.[11] 난징 함락 이전인 1937년 12월 상순에 이미 화중방면군과 상하이파견군이 점령지에 위안소 설치 방침을 정하였다고 볼 수 있다.

(1) 일본군의 임시 위안소 설치

1937년 12월 13일 난징을 점령한 일본군은 난징에서 무장해제된 군인을 포함해 민간인을 대규모로 학살하는 동시에 2~8만 명에 이르는 여성을 강간하여 각 부대에 성병이 신속히 퍼졌다.[12] 일본 군부는 점령지에서 강간 방지를 위해 단기간의 지점과 '위안부' 인원이 고정되지 않는 임시 위안소를 만들었

10 苏智良, 2016, 「南京大屠殺與'慰安婦'制度」, 『中國'慰安婦'眞相』, 南京出版社. 7~8쪽.

11 南京戦史编集委員会, 1989, 『南京戦史資料集』, 偕行社, 211쪽; 요시미 요시아키, 2006, 『일본군 군대위안부』, 도서출판 소화, 34쪽.

12 經盛鴻·王冠保, 2005, 앞의 글, 20쪽.

다. 난징 학살 기간 동안 이러한 위안소가 난징성에 광범위하게 존재하였고, 기차와 군용차량을 임시 위안소로 충당하기도 하였다. 일본군 임시 위안소는 난징 점령 초기에 비교적 많았지만 비교적 단기간 존속하였다. 임시 위안소 지점은 은폐되거나 공개되지 않아 외부인은 이러한 상황을 알기 어려웠다.[13]

난징은 다른 점령 도시들과 달리, 당시 난징의 미국 선교사와 국제적십자회 출신 외국인 20여 명이 중립 지역인 안전구(安全區, 난민 피난구역) 국제위원회를 조직하여 관리하고 있었다. 안전구는 일본군의 인정을 받지 못한 상태에서 1937년 12월 8일부터 난민을 수용하기 시작하였다.[14] 이들은 일본군이 진격해 왔을 때 대략 도시의 8분의 1을 중립 지역으로 지정하여 쌍방 전투원들의 접근을 금하고 보호를 요청하는 시민들은 들어올 수 있게 하였다. 일본군이 난징을 장악한 초기에 안전구 국제위원회가 일본군과 협조하겠다는 태도를 보였으며, 일본군은 이 안전구의 존재를 묵인하였다.

일본군은 난징 점령 직후부터 위안소의 설치, 특히 중국인 '위안부' 징집에 관하여 '난징시자치위원회' 설치 전까지 이 안전구 국제위원회와 교섭하였다. 이들은 점령군이 난징에서 저지른 일들을 기록하였다.[15] 일본군은 안전구 내 각 난민수용소에도 사람을 보내 공공연하게 중국 여성을 징발하여 위안부로 삼았다. 금릉여자문리학원(金陵女子文理學院) 미국인 여교수 미니 보트린(Minnie Vautrin)은 일기에 다음과 같이 썼다.[16]

13 苏智良·張建軍 主編, 2017, 『南京日军慰安所实录』, 南京: 南京出版社, 22쪽.

14 안전구는 군사력이 진입할 수 없는 구역으로서 이곳에 거주한 중국인은 25만 명이었고, 그중 약 7만 명은 안전구 내 설치된 난민수용소에 수용되었다.

15 티모시 브룩 저, 박영철 역, 앞의 책, 179쪽.

16 미니 보트린은 1938년 4월 30일 일기에 일본군이 난징 근교의 한 학교에 위안소를 설치한 것을 목도하였다고 적었다. Minnie Vautrin(明妮·魏特琳), 南京師範大学南京大屠杀研究中心 譯, 2000, 『魏特琳日记』, 江蘇人民出版社; 『일본군'위안부' 피해자 문제해결을 위한 종합연구(1)』, 146쪽에서 재인용. 보트린 교수는 자신이 가르치던 학생들이 위안부로 끌려가는 것을 막지 못한 자책감에 스스로 목숨을 끊었다.

> "1937년 12월 24일 오전 일본군 관계자가 찾아와 난민 1만 명 중 100명을 골라 일본군'위안부'로 보낼 것을 요구하면서, 일본군에게 합법적인 장소를 마련해주면 일반 여성을 괴롭히지 않을 것이라는 이유를 제시하였다."

결국 이날 21명의 여학생이 끌려갔다. 일본군 제16사단 제30여단 제33연대 제2대대 소속 사병 이노우에 마스오[井上益男]는 금릉여자대학의 난민수용소를 경비하라는 명을 받았는데, 여러 차례 일본군 관병이 와서 중국 여성을 강제로 데려가는 장면을 목도하였다고 한다.

안전구 국제위원회 위원장 욘 라베(John Rabe)는 12월 17일 일기에 안전구 내의 대규모 강간을 목도한 한 미국인의 말을 인용하여 "안전구가 일본 기원으로 변하였다"라고 썼다. 12월 25일 일기에는 "많은 건장한 평민들이 강제노역을 위해 잡혀갔고, 또 많은 처녀들이 잡혀갔는데 대규모의 병사 기원(妓院, 일본군 위안소)을 건립하기 위해서이다"라고 썼으며, 12월 26일 일기에는 "일본인이 불쾌한 아이디어를 생각해 냈는데 군대 기원을 만드는 것이다"라고 밝혔다.[17] 난징안전구 국제위원회는 일본군'위안부' 제도를 '불쾌한 생각'이라고 여기면서도 일본군과 협력하지 않을 수 없었다. 이는 일본군에게 안전구의 존재에 대한 인증을 얻고 위안소 설치를 통해 일반 여성의 피해를 막으려는 의도였다.

일본군은 중국 여성을 대량으로 징발하고 점령지역 내 공간을 임의로 정하여 상호가 없는 각종 임시 위안소를 만들었다. 이러한 임시 위안소가 순식간에 난징성 내외의 각지에 만들어졌다. 일본 『도쿄시보[東京時報]』에 보도된 일본군 특무 출신의 나가토미 히로미치[永富博道]의 증언에 의하면, 난징에서 중국 여성을 유괴하는 일을 맡았으며, 일본군이 상하이에서 난징으로 침공하는 도중

17 約翰拉貝, 1997, 『拉貝日記』, 南京: 江蘇人民出版社, 279쪽.

피난하는 중국인 여성을 유괴하여 그가 설립한 6곳의 위안소로 보냈다고 한다.[18] 일본군은 '난민등기(難民登記)'를 통해서도 위안부를 충당하였다. 난민등기 과정에서 젊은 여성을 뽑아 거짓말로 일본군을 위하여 세탁을 하고 밥을 짓고 청소를 하는 등의 일을 한다고 현혹하여, 각 부대의 위안소로 보내 강제로 '위안부'가 되게 하였다. 난징의 오스트레일리아 기자는 1937년 12월 30일 일기에 "일본군이 6명의 중국 여성을 대간은항(大鋼銀巷)에서 잡아가 난징성 서쪽의 한 일본군 병원으로 보냈다. 일본군은 빨래하는 일을 한다고 속였지만, 밤이 되자 그녀들은 강제로 위안소로 보내져 일본군 관병에게 윤간을 당하였다"라고 기록하였다.[19]

일본군이 난징 학살 기간 동안 난징대학 등 대학 캠퍼스 내 외국인 수용소와 안전지대에 침입하여 학생 기숙사를 임시 위안소로 설치하였다. 점차 난징 정세가 안정되어 가면서 이러한 위안소는 점차 사라지고, 일본인과 친일 정권이 경영하는 위안소가 난징 일본군 위안소의 주요 형식이 되었다.

(2) 일본군 직영 위안소

난징 점령 후 전쟁 지역이 확대되자 일본군은 7개 사단을 새로 편성하여 상설 사단 17개 중 10개, 신설 사단 7개 중 6개, 모두 16개 사단을 중국 전선으로 신속하게 파견하였다. 난징 근처에 주둔하던 제15사단 보병 중대 등 일본군 각 부대는 지령에 따라 스스로 그 부대 소속의 각종 위안소를 설립하였다. 일본군이 난징을 점령한 초기 단계에서 일본 군부는 일본과 조선에서 '위안부'를 즉각 대량으로 난징으로 보낼 수 없었기 때문에 각 부대의 일본군에게 밀령을 내

18 손염홍, 2017, 「일본군의 중국인 '위안부' 징집에 대한 일고찰」, 김경일 외 지음, 『동아시아 일본군'위안부' 연구』, 한국학중앙연구원출판부, 174~176쪽.

19 經盛鴻王冠保, 2005, 앞의 글, 194쪽.

려 먼저 각자 스스로 방법을 강구하여 각종 임시 성격의 위안소를 설립하도록 하였다. 화중방면군과 중국파견군의 사단, 여단에서 연대, 대대, 심지어 경비대와 소대에 이르기까지 위안소를 군대 안에 직접 설치하고, 각 부대가 관리하였다. 군대 주둔지가 곧 위안소 소재지였고, 군대가 이전하면 '위안부'도 함께 이전하였다.[20]

난징의 일본군 임시 위안소 난립과 대량 강간으로 인해 일본군 각 부대에서 성병이 빠르게 퍼지게 되었다. 일반적으로 병사 중 30%가 전사하거나 부상당하면 그 부대는 사실상 전투 집단으로서의 의미를 상실하지만, 성병이 만연하면 그 부대는 아예 전투 집단이 될 수 없다. 중국에서 일본군이 위안소 개설을 서두르게 된 이유는 결국 성병 발생 유행 때문이라고 할 수 있다.[21]

일본군은 1937년 12월 25일 난징 주둔 일본 상하이파견군 참모부 제2과에서 「난징 위안소 설립 방안에 관하여」라는 문건을 제출하였다. 상하이파견군 참모부장 우에무라 도시미치[上村利道]가 각 부대의 장교를 불러 모아 '난징 위안소의 개설에 대하여 제2과의 안을 심의한다'라는 안건으로 회의를 열고 12월 28일 심의를 거쳐 신속하게 통과시켰다.[22] 상하이파견군 군의부가 즉각 난징 '위안부'의 신체검사 업무를 인수하였다. 군의부 와타나베[渡邊] 대위는 이날 검사 의사인 사에키[佐伯] 중위히라오[平尾] 소위와 매독 검사에 대해 논의하였고, 오구치[小口] 대위와 함께 사달리[四達里] 등 위안소 시찰에 대해 기록하였다. 이곳이 난징 최초의 위안소라 할 수 있다.[23]

20 苏智良張建軍 主編, 2017, 앞의 책, 19쪽.

21 호사카 마사야스 지음, 정선태 옮김, 2016, 『쇼와 육군 :제2차 세계대전을 주도한 일본 제국주의의 몸통』, 글항아리, 1090쪽.

22 刘广建, 2018, 「民国出版物中的日军"慰安妇"制度」, 『日本侵华南京大屠杀研究』 3, 59쪽.

23 쑤즈량천리페이 저이선이 역, 2017, 『일본군 중국 침략 도감 제19권- 일본군'위안부'와 성폭력』, 서울:늘품플러스, 81쪽.

1938년 초, 제6사단의 종군 군의관이 해당 사단에서 성병이 만연하고 있음을 발견하였다. 군대 질서의 파괴와 전투력 약화를 우려한 마쓰이는 난징 주재 일본 육군, 해군 및 일본영사관과 연석회의를 열어 난징 위안소 관리를 협의하였다. 회의에서 다음과 같은 규정을 만들었다.

> "군대에 위안소를 설치할 때 '위안부'의 본적주소·성명·연령·출생과 사망 등 상황을 영사관에 즉시 통보한다. 군대가 민간 위안소를 군대 위안소로 편입시킬 수 있다. 위안소를 출입한 군인과 군속은 헌병대에서 관리한다."

이로부터 난징에서 일본군 위안부 제도가 규범화되었다.[24] 난징에서 추진된 위안소 제도를 모델로 화북방면군도 군대에서 위안소 제도를 실시하였다. 일본 군수대신은 "위안부는 군수용품이기는 하나 번호를 매겨서는 안 되고 기록을 남겨서도 안 된다. 장기적으로 운송비용 및 지출비용을 고려하여 앞으로 신속히 통치구역과 점령구역에서 비밀리에 위안부를 징집하기를 건의한다"라는 지령을 내렸다. 비밀리에 중국인 여성을 모집하라는 지시지만 실제로 중국에서 현지 여성을 모집하는 일은 이미 공공연하게 진행되었다. 일본군은 난징에 위안소를 빨리 설치하기 위해 난징 여성들을 강제로 징집하였다.[25]

1938년 2월 화중파견군 헌병대 사령관 오오키 시게루[大木繁]가 관동군사령부에 보고한 문서에는 난징 주둔 일본군 대략 2.5만 명에 '위안부'가 141명이고, 샤관[下關] 주둔 일본군 1,200명에 '위안부'가 17명이라고 하였다. 또 "병참지부(兵站支部)의 알선으로 위안소 업주가 40명(중국인 11명, 조선인 29명)으로 증가하였다"고 하였다. 이는 당시 군을 따라 이동한 조선인·중국인 업자와 '위안

24 苏智良·張建軍 主編, 2017, 앞의 책, 24쪽.

25 한국정신대문제대책협의회, 2004, 앞의 책, 151쪽.

부'가 있었던 것으로 이해된다.[26] 일본군이 직접 만든 위안소는 중국인과 조선인이 대부분이며, 부대가 이동할 때 30명 정도의 위안부도 함께 움직였다. 1939년 난징의 위안소 조사기록에 의하면, 일본 군부가 운영한 위안소 4~5개에 중국 여성이 70%, 동양 여성이 30%이고, 중국 여성은 대부분 난민수용소에서 왔다고 한다.[27]

지금까지 확인된 일본군 직영 위안소는 다음과 같다. 제16사단 제33연대 제2대대와 제3대대 위안소는 주둔지에서 걸어갈 정도로 가까운 번화한 거리에 있었고, 군표(軍票)를 사용하였으나 표는 민간 상인이 팔았다. 같은 사단 제38연대 제1대대 제9중대에는 아마노(天野) 중위가 중대 주둔지에 설치한 아마노중대 위안소, 금릉여자대학교 교수 보트린이 1938년 4월 30일 '고아원을 설치할 장소를 조사'하기 위해 난징 동교의 유족학교에 갔을 때 발견한 유족학교(遺族學校) 위안소, 광화문(光華門) 부근 위안소, 여랑옥(女郎屋) 위안소, 포구고대방(浦口高大房) 위안소, 포구왕이방(浦口王二房) 위안소, 천복구락부(天福俱樂部), 안락주점(安樂酒店) 위안소, 오대산 좌소항(五臺山 左所巷) 위안소, 진촌(陳村) 위안소 등이 있다.[28] 일본군은 민간인 재산을 징발하여 위안소로 사용하였는데, 이러한 사실을 증명하는 문서가 남경시당안관에 보관되어 있다.[29]

일본군에 의해 강제로 징집된 '위안부' 피해자 증언에 따르면, 주진샹[朱金香]

26 조선인 6인은 각기 1인을, 중국인 11인은 평균 6~7인을, 조선인 15명은 평균 14~15인, 조선인 8명은 평균 7~8인을 거느렸다'고 한다. 日軍華中派遣憲兵隊, 「關於南京憲兵隊轄區治安恢復狀況的調査報告(通牒)」, 莊嚴編, 2014, 『鐵證如山』, 吉林出版集團, 116~127쪽; 윤은자, 2017, 「중일전쟁 시기 南京한인의 群像-통계와 표 분석을 중심으로」, 『東方學志』 제181집, 170쪽.

27 任重, 「南京慰安所里」, 『浙江婦女』 1939-4; 刘广建, 2018, 앞의 글, 63쪽에서 재인용.

28 苏智良·張建軍 主編, 2017, 앞의 책, 45~60쪽.

29 난징시 건강로(建康路) 화풍(和豐) 모직복식회사 직원 서량(徐良)이 거주하던 사조항(四條巷) 129호가 1938년 일본군에 징발되어 위안소로 사용되었으므로, 전후 난징시 접수위원회가 이를 일본계 재산으로 차압하였다. 서량은 차압당한 위안소 건물 속에 회사 소유 모직물 3필도 포함되어 있으므로 이의 반환을 요청하였다. 난징시정부가 1945년 10월 29일 난징시접수위원회에 제출한 「서량의 모직물반환탄원서」(爲請求發還大衣呢一案, 南京市檔案館 檔案 1003-21-178-9).

은 난징성 남쪽의 방직공장 여공이었는데 1937년 12월 13일 일본군의 난징 함락으로 청량산(淸涼山) 아래 농가로 피난 갔다가 대학살이 끝난 후 집으로 돌아오는 길에 다른 수십 명의 여성들과 함께 일본군에 붙잡혀 오대산 아래 위안소로 끌려가 일본군의 성노예가 되었다. 일본 관병이 여성 1명당 군용담요를 하나씩 주었지만 보름도 안 되어 10여 명이 동상으로 사망하였다. 일본군에 반항하다가 심하게 구타당하고 칼에 맞아 죽게 된 주진샹은 오대산에 내버려졌으나 중국인 노부부에 의해 목숨을 건졌다. 마훙메이[馬紅妹]는 난징 방직공장에서 일하던 1937년 말에 강제로 일본군 간이 위안소로 잡혀갔다가 반년 만에 탈출해 농촌으로 돌아갔다.[30]

2) 일본 민간인이 개설한 위안소

일본군이 난징에 진입할 때 일본 민간인들과 일본인 '위안부'도 동행하였다. 일본 국내에서 징집한 '위안부'로 구성된 위안소나 일본군이 직접 설치한 위안소의 '위안부' 수는 당시 중국에 주둔해 있는 일본군에 비해 턱없이 부족하였다. 이 문제를 해결하기 위해 일본군은 일본 민간인으로 하여금 민영위안소를 운영하게 하였다. 고향루(故鄕樓) 위안소와 낭속루[浪速樓] 위안소는 일본인이 설립한 위안소이다. 고향루 위안소는 난징 리제항(利濟巷) 18호에 위치하며 바로 옆의 2호 건물과 함께 일본군이 1937년 12월 빼앗아 위안소로 삼았다. 난징 사람으로 상하이 라디오 방송국의 방송인·가수였던 야오만리[姚曼莉]는 1939년 일본 군인에 의해 강제로 난징의 고향루 위안소로 보내져 위안부가 되었다.[31] 일본인 센다[千田]가 고향루와 2호 동운(東雲) 위안소를 함께 운영하였

30 經盛鴻, 2007, 「对南京原日军慰安所的最新调查报告」, 『社会科学战线』 3, 151~152쪽.

31 段瑞秋著, 2015, 『女殤』, 北京: 中國青年出版社, 165~166쪽.

고 동운 위안소에는 조선인 '위안부'가 있었기에 난징 주민은 이 위안소를 '일본 요자(窑子)' 또는 '고려 요자'라 불렀다.[32]

1937~1945년까지 일본군 위안소 명칭과 경영자 이름이 기재되어 있는 일본 출판물 『지나재류방인인명록(支那在留邦人人名錄)』에는 일본인 가와지리[川尻金藏]가 난징 샤관[下關] 다마로[大馬路] 더안리[德安里] 14호에 개설한 동행승루(東幸升樓) 위안소가 기록되어 있다.[33] 일본인이 운영한 송하부귀루(松下富貴樓)에는 중국, 타이완과 조선인 '위안부'가 약 40명이 있었다.[34] 이외에도 일본인이 운영한 위안소는 난징에 많았으며 '위안부' 대다수는 일본, 조선, 타이완 등에서 왔다. 일본인이 개설한 위안소는 일본군의 지지와 비호를 받았기 때문에 여러 특권을 누렸다. 경영이 흥성하고 규모가 날로 커졌으며 그 수도 날로 증가하여 점차 난징의 가장 주요한 위안소가 되었다.

일본인이 운영한 위안소로 보내진 '위안부' 피해자의 증언은 다음과 같다. 양쩌후이[楊澤慧]는 1941년 난징 치샤[栖霞]에서 일본 상점 사장이 스후이전[施惠珍] 등 다른 여성 4명과 함께 종업원으로 고용한다고 속이고 태평남로(太平南路)의 청남루(靑南樓) 위안소로 보냈다. 반년 후에 가족들이 왕징웨이[汪精衛] 정부 유력자에게 부탁하여 위안소에서 빼왔다. 스후이전은 1941년 일본 상점 사장의 사기로 청남루 위안소로 보내진 후 병에 걸리자 일본군이 시골에 버렸는데 그 마을 사람이 살려주었다.[35] 레이구이잉[雷桂英]은 1928년생으로 1940년경 일본군에게 5차례 강간당하였고, 탕산[湯山]의 일본인 야마모토[山本] 부부에게

32 고향루 위안소에는 대부분 일본 여성들이 일본 옷을 입고 있었고, 동운 위안소에는 조선 여성들이 한복을 입고 있었다. 經盛鴻, 2015, 「曾经沦为日军"慰安妇"的朝鲜老人朴永心」, 『百年潮』 4, 20~21쪽.

33 刘广建, 2018, 앞의 글, 61쪽.

34 苏智良·張建軍 主編, 2017, 앞의 책, 20·23쪽.

35 經盛鴻, 2007, 앞의 글, 151쪽.

속아서 그들이 운영하는 고대파(高臺坡) 위안소에서 10여 명과 함께 '위안부'가 되었다. 배부르게 먹는 것이 소원이어서 보모 일자리를 찾아간 것이었는데, 1년 반이 지나니 굶어 죽어도 이렇게 살고 싶지 않아서 밤에 배가 아프다고 화장실에 가는 척하며 도망쳤다.[36]

일본인이 경영한 위안소의 관리자는 일본인 외에 조선인과 타이완인도 포함되었다. 이들은 군대와 협력하여 위안소 경영권과 관리권을 취득해 이득을 얻었다. 전후 난징 시민 황후이펑[黃輝鳳]은 자신이 소유한 샤관 상부가(商埠街) 3층 양옥을 일본군 난징 점령 시에 일본인 노부요시 히데요시[延吉秀吉]가 강제로 점유하여 일화회관(日華會館)과 위안소를 운영하였다고 탄원하였다.[37] 이 문서에 의하면 일본인 노부요시는 임대료를 내지 않고 강제 점유하면서 위안소를 확장하였다. 일본인이 난징에서 민간인의 재산을 강제점용하거나 비현실적으로 싼 임대료를 지불하며 일본군 위안소로 사용했음을 알 수 있다.

2. 난징의 친일조직을 통한 '위안부' 강제징집과 위안소 운영

일본군은 난징시의 기능 회복과 치안 유지를 위해 1937년 12월 임시 행정관리 기구인 난징시자치위원회[南京市自治委員會]를 조직하였고, 1938년 3월 28일 중화민국 유신정부(中華民國維新政府)를 수립하고, 난징을 감독·관리하는 기관인 독판난징시정공서[督辦南京市政公署]와 난징특별시정부[南京特別市政府]를 조직하였다. 전쟁이 장기화되자 일본은 동아시아의 새로운 질서를 건설한다는 명분

36 段瑞秋著, 2015, 앞의 책, 169~177쪽.

37 난징시정부가 1945년 11월 샤관헌병대[下關憲兵隊]에 보낸 「황후이평이 제출한 가옥 및 임대료 관련 분규 해결 협조안」[關於黃輝鳳呈請協助解決房産及租賃糾紛呈文](南京市檔案館 檔案 1003-21-186-13). 노부요시는 임대료를 내지 않고 점용하다가, 1945년 8월 일본 패망 직전에 7년 임대료 명목으로 당시 시세로 한 달 임대료에 해당하는 위폐(僞幣) 500만 위안[국민정부 법폐(法幣) 2만 5천 위안]을 주고 떠났다.

을 내걸고 중국 국민정부의 내부 붕괴를 꾀하였다. 이에 동조한 왕징웨이가 충칭에서 탈출해 일본과 협력하여 1940년 난징에 친일정부를 세웠다.[38] 이후 난징은 일본군 점령지의 수도이자 일본군 작전 수행의 중심 도시로 변모하였다.

일본군은 난징의 친일 세력과 정권을 조직하고 중국인 '위안부'를 징집하고 위안소를 운영하도록 하였다. 일본군이 난징을 점령한 8년간 난징 시내와 교외 지구에 다양한 유형의 위안소가 운영되었으며, 지금까지 40~60여 개소가 조사되었다.[39]

1) 난징시자치위원회[南京市自治委員會] 문서와 일본군 위안소 개설

일본군은 함락으로 인해 인구가 줄고 시가지가 파괴된 난징 민심을 안정시키기 위해 각종 오락·윤락업소를 개설하였다. 난징의 정치적 '선무'활동을 맡은 일본군 특무기관이 1937년 12월 21일 난징시 불교계열 단체 홍만자회(紅卍字會) 회장 타오시산[陶錫三]과 안전구 국제위원회 구제조 책임자인 왕청뎬[王承典] 등 각 구제단체 대표를 소집하여 '난징시자치위원회' 설립을 추진하였다. 일본군 난징 특무기관장 오니시[大西]는 왕청뎬에게 여성 100명을 징집해 기원을 설치하도록 지시하였다. 왕청뎬은 난징에서 극장을 운영하던 차오홍녠[喬鴻年]을 특무기관에 추천하여 위안소와 중국 여성을 모집하는 일을 맡도록 하였다. 차오홍녠은 일본 헌병을 대동하고 전 국민당 중앙정부 관료의 저택에서 가구를 약탈하고 국민당 중앙위원회 공관 자리에 부후강(傅厚崗) 위안소를 설립하였다.[40] 12월 22일에 정식 개장한 부후강 위안소는 일본군이 친일 인사를 지

38 일본 고노에[近衛] 내각이 1938년 11월 '동아시아 신질서 건설' 성명과 12월 '선린우호, 공동방공, 경제제휴'의 3원칙을 내건 성명을 발표하자, 국민정부 내에서 장제스와 대립하여 세력을 상실한 왕징웨이가 화평을 주장하면서 이에 호응하였다.

39 난징 위안소를 조사한 經盛鴻의 논문에서는 40여 개소, 蘇智良의 논문에서는 60여 개소라고 하였다.

40 苏智良·張建軍 主編, 2017, 앞의 책, 21쪽.

휘해 건립한 첫 번째 위안소이며, 특무부대 오니시가 주임, 차오홍넨이 부주임으로 임명되었다.

일본군 특무기관이 12월 말 난징시자치위원회를 설립하자, 안전구 국제위원회는 구제기관으로만 남고, 일본군 위안소 설치와 중국인 여성 징집에 관한 업무는 난징시자치위원회가 일본군 특무기관과 협력하여 추진하였다.[41] 금릉대학의 미국인 교수 스미스(Lewis S. C. Smythe)는 일본 군대를 위해 3곳의 위안소를 설립하는 것이 난징시자치위원회의 첫 업무였다고 회고하였다. 차오홍넨은 일본군 특무기관을 대동하고 여러 차례 난민수용소인 안전구로 가서 '위안부'를 징집하는 활동을 펼쳤다. 징집에 응하는 사람이 없자 그는 강제로 여성 300명을 잡아가서 그중 100여 명을 골라 오니시에게 보냈다. 차오홍넨은 오니시에게 보낸 100여 명 중 30여 명을 골라 장교들만 전문적으로 상대하는 부후강 위안소로 보냈다.

일본군은 친일조직과 결탁하여 사회풍속을 손상시킨다는 명분으로 창기 및 작부 단속운동을 일으키고, 단속한 창기들을 모아 신체검사를 한 후 '위안부'로 강제징집하였다. 일반 여성도 징집 대상이었다. 정조를 중시하는 중국인 여성을 대상으로 '위안부'를 모집하는 일은 쉽지 않았으므로 일본군은 12월 하순 친일조직에 지시하여 양민 등기를 실행하고, '양민증'을 발급하는 기회를 이용하여 젊은 여성을 강제징집해 위안소로 보내게 하였다.[42] 일본군은 난징 점령 후 질서가 회복되기 전까지 난징시의 통행을 막고, 난징시자치위원회가 인정한 사람만 통행증을 내주었는데, 1938년 2월 19일 난징시자치위원회가 작성한 '텅팅타오[滕聽濤] 등의 급여 수령차 상하이행 통행증 발급 신청을 허가

41 일본 특무기관은 1938년 3월 陶覺三·王承典 등 난징 지하조직과 관계를 맺고 있는 다섯 명을 자치위원회 고문으로 임명하였다. 티모시 브룩 저, 박영철 역, 2008, 앞의 책, 36쪽, 189~194쪽.

42 苏智良·張建軍 主編, 2017, 앞의 책, 53쪽.

한 안'[43]에는 일본군이 위안소로 징발하여 사용한 철관항(鐵管巷) 서복리(瑞福里) 건물의 이름이 있다.

1938년 1월 13일부터 9월 20일까지 '난징시자치위원회 총무과에서 처리한 41건의 문서'[44]는 자치위원회 성립 이후 폐지 때까지 총무과에서 일본 측의 지시를 이행한 사정을 보여준다. 일본의 특무기관장 오니시가 자치위원회의 왕청톈 등에게 위안소를 만들도록 명령한 문건만이 아니라, 일본군 부대와 남만주철도주식회사 난징특무반, 병참사령부, 사토[佐藤]부대, 특무기관, 부후강 위안소 등의 서류가 들어있다. 난징시자치위원회가 1938년 1월과 3월에 작성한 '부후강 군인위안소 군악대 차오홍녠에게 배우 사례금을 수령하라는 통지'[45]는 일본군 병참사령부가 위안소 운영에 직접 개입되어 있었음을 보여주는 문서이다.

차오홍녠은 일본군을 위해 '위안부'를 징집하였을 뿐 아니라 일본군 특무부와의 관계를 이용해 일본군 위안소를 여러 곳에 개설하고 운영하였다. 1938년 4월 12일 차오홍녠이 난징 군위안소 주임 신분으로 난징시자치위원회에 보낸 공문에는 "난징특무기관의 위탁으로 부자묘(夫子廟) 시장을 번영시키고 해당 지역의 상업을 진정시켜 전시 인민의 생활을 향상하기 위해 인민위안소(人民慰安所) 설치를 신청한다"고 하였다.[46] 난징시자치위원회는 4월 13일 난징시경찰

43 「關于滕聽濤等爲赴上海領取薪金呈請發給通行證的批考」(南京市檔案館 檔案 1002-19-37-2). 신금기강호영조창(新金記康號營造廠) 직원인 텅팅타오 등 4인은 대표가 난징을 떠난 뒤 회사 부동산을 관리하면서 임대료를 받아 급여에 충당하고 있었으나, 건물 일부가 화재로 없어지고 철관항 서복리 건물을 '일본군이 징발하여 위안소로 사용'하게 되자 급여를 해결할 길이 없어 상하이의 회사 간부를 찾아가 해결하겠다며 통행증을 신청하였다.

44 「關於總務問題之來往文書」(南京市檔案館 檔案 1002-19-40).

45 「函傳厚崗軍人慰安所軍樂隊喬鴻年先生來會領取演員酬金」(南京市檔案館 檔案 1002-19-40-8).

46 상군 위안소(上軍慰安所) 차오홍녠[喬鴻年]이 난징시자치위원회에 「인민위안소 분설 허가 신청안」[呈爲分設人民安慰所仰祈鑑核准予備案事竊所項奉](南京市檔案館 檔案 1002-19-56-1)을 올려, 부자묘 공원가(貢院街) 해동춘(海洞春) 여관 및 시부로(市府路) 영안리(永安里)에 인민위안소 분설을 신청하였다.

청에 인민위안소 개설 장소를 현장 조사 후 허가하도록 지시하였다.[47] 남만주철도주식회사 난징특무반이 폐허가 된 난징시의 경제 활성화를 명분으로 군인위안소 제도를 본뜬 인민위안소를 분설하기로 하고 난징시자치위원회 훈령을 통해 개설 허가하도록 지시한 것이다. 인민위안소는 정식으로 상호를 걸고 즉각 영업을 시작하였다. 인민위안소 안의 '위안부'는 모두 중국 여성이었고, 20여 명의 위안부가 일반인과 동시에 일본군 관병을 상대하였다.

인민위안소는 일본군 지정 위안소였다. 차오홍녠의 뒤를 이어 중국의 친일인사들이 일본 군부의 지시와 지지 하에 '일화친선관(日華親善館)', '황군위안소', '대화루(大華樓) 위안소', '만월(滿月) 위안소', '고루반점 중부(鼓樓飯店中部) 위안소' 등 일본군이 이용할 수 있는 일본군 지정 민영위안소를 개설하였다.[48] 난징의 일본군 지정 민영위안소의 명칭은 제4일중친선관[日支親善館] 등 다양하였다. 식당, 초대소 등의 명의로 개설한 곳도 있는데 그 안에 '위안부'가 있었으며 모두 일본군을 위한 위안소였다.[49] 미국 예일대학교 도서관에 소장되어 있는 미국인 교수 베이츠(Miner Searles Bates)의 기록에 다음과 같은 1938년 위안소 홍보 광고가 수록되어 있다.

> "중국 미인, 병참지정 위안소, 제4일중친선관, 진회화(秦淮河) 부근 소재, 강을 따라 600미터."

이 광고에 '중국 미인'이라고 쓰여 있듯이 일본군이 점령지 현지 여성을 일본

47 「인민위안소 분설 신청 건에 대해 경찰청이 현장 조사하고 허가할 것을 지시한 건」[呈爲分設人民慰安所仰祈鑑核准予備案仰祈饬属派员前往调查具报核办由](南京市檔案館 檔案 1002-19-56-1-1).

48 苏智良·張建軍 主編, 2017, 앞의 책, 52쪽.

49 刘广建, 2017, 「是普通妓院还是日军慰安所 - 关于南京"人民慰安所"的考证」, 『档案与建设』 7, 47쪽.

군'위안부'로 삼았던 사실을 알 수 있다.[50] 이 광고가 게시된 지점의 맞은편에는 여자중학교가 있었다. 일본군 지정 위안소는 평시에 민간 기원 형식으로 존재하지만 특정 기간 일본군이 이용하였기에 일본군의 감독을 받았다. 즉 '위안부'는 정기적으로 성병검사를 받아야 했고, 일단 성병 환자가 나오면 일본군을 받을 수 없었다.[51] 일본군 지정 위안소 '위안부' 피해자 정밍샤[鄭明霞]는 난징 부자묘 이춘원(怡春院)의 기녀였는데, 일본군이 난징을 점령한 후 강제로 공원동가(貢院東街) 2호의 '인민위안소'로 보내졌다고 증언하였다.[52]

2) 중화민국 유신정부 문서와 위안소 관리

화중파견군은 1938년 3월 28일 친일 중화민국 유신정부를 수립하고 난징을 수도로 하였다. 이때쯤 주변 여러 마을로 피난 갔던 사람들이 난징으로 돌아오기 시작하였다. 유신정부는 공개적으로 일본군을 위한 위안소를 설치하고 아편을 판매하는 등 일본군의 점령정책을 수행하였다.[53] 난징시자치위원회는 1938년 4월 24일에 폐지되고 독판난징시정공서[督辦南京市政公署]가 1939년 3월 1일까지 난징시의 행정을 맡았다.[54] 독판난징시정공서는 윤락업소 관련 문서를 정리하였고,[55] 진루각(秦樓閣) 기원, 소요각(逍遙閣) 기원 등 기원(위안소)을 개설할 수 있는 허가증 발급과 사후 관리를 하였다.[56]

50 손염홍, 2017, 「일본군의 중국인 '위안부' 징집에 대한 일고찰」, 167쪽.

51 苏智良·張建軍 主編, 2017, 앞의 책, 22쪽.

52 經盛鴻, 2007, 앞의 글, 151쪽.

53 張憲文 主編, 2015, 『日本侵華圖志 23-扶植僞政權』, 山東畵報出版社, 53쪽.

54 독판난징시정공서는 1939년 3월 2일 난징특별시정부로 바뀌었다.

55 「부자묘 지역 인민안위소 개설, 오락업소의 '무대개설' 허가, '중앙낙원(中央樂園)' 허가, '민락희원(民樂戲院)' 현장 조사 등」[前自委會關於娛樂場所人民安慰所更新舞臺中央樂園呈文](南京市檔案館 檔案 1002-19-56), 난징시자치위원회가 작성한 '인민위안소'를 '인민안위소'로 표기하였다.

56 「기원 개설 허가증 발급과 사후관리 당안 25건」[開設妓院請發許可證并請給示保護](南京市檔案館 檔案 1002-10-14-目錄).

독판난징시정공서가 1938년 7월 31일 작성한 문서에 의하면, 일본군 점령 하에서 윤락업을 합법화하여 도화궁(桃花宮) 기원 등 윤락업소 영업 재개 신청을 받았고, 난징시 경찰국에서 윤락업 가능 지역을 획정하였음을 알 수 있다.[57] 독판난징시정공서는 민간인의 윤락업소도 일본군 위안소 제도에 따라 운영하도록 하였다. 1938년 8월 20일 펑자오룽[馮兆蓉]이 신청한 「소요각기원 조직대강(大綱)」은 일본군 군위안소 관리 규정을 본뜬 「상민위안소 조직법」과 유사하다.[58] 독판난징시정공서는 도화궁 기원과 인민위안소, 자하궁 기원 등에 소속된 기녀의 등기대장과 명단을 받았고, 기녀 신체검사를 지시하였다.[59] 독판난징시정공서는 인민안위소 주임도 임명하였다.[60]

난징시경찰청은 1938년 위안소가 계속 늘어나자 기녀를 관리하기 위한 임시 규칙을 마련하였다.[61] 난징시경찰청이 독판난징시정공서에 보낸 문서에는, 난징시가 윤락업을 허용하여 1938년 12월에 53명의 매춘부가 등록하고 신체

57 독판난징시정공서가 난징시경찰청에 제출한 「시민 번영재 등이 신청한 도화궁기원의 개설에 관한 건[呈爲據市民樊永財等呈請開設桃花宮妓院一案祈鑑核由](南京市檔案館 檔案 1002-10-14-09).

58 「소요각 기원 개설 허가 신청안」[爲擬組織逍遙閣妓院仰祈鑑核事](南京市檔案館 檔案 1002-10-14-18).

59 1938년 9월 난징시경찰청이 독판난징시정공서에 제출한 「도화궁기원 기녀 등기대장 확인안, 도화궁기원 기녀명단」[爲呈送情請登記之桃花宮妓院妓女清册祈鑑核備查由](南京市檔案館 檔案 1002-10-15-01). 판융차이(樊永財)가 도화궁 기원의 기녀 12명의 명단을 올리자, 제4진료소가 신체검사 후 결과를 등록하고 명단을 보존하라고 지시하였다. 1938년 9월 11일 난징시경찰청이 독판난징시정공서에 보낸 「인민안위소 기녀 추가 등기대장」[人民安慰所續請登記妓女清册](南京市檔案館 檔案 1002-10-15-01)은 인민위안소와 자하궁(紫霞宮) 기원에 추가된 기녀 7명의 사진을 첨부하여 명단을 올리고 제4진료소에서 신체검사를 받은 뒤 등기하고 확인 후 명단을 보존하라고 하였다.

60 1938년 10월 3일 독판난징시정공서가 작성한 「인민안위소 주임이 사직하고 후임을 요청한 것을 허락하는 통지」[爲據呈辭去人民安慰所主任懇請備案等情批示准予備查由](南京市檔案館 檔案 1002-10-14-20). 차오홍녠이 후임 주임에 후빙난[胡炳南], 부주임에 후융쉬안[胡永烜]을 천거한 것을 허락하였다.

61 「난징시 경찰청 기원 기녀 관리 임시규칙」[南京市警察廳管理妓院妓女暫行規則](南京市檔案館 檔案 1002-10-120-01)에 인민안위소 기녀 상용식별증 양식」[人民安慰所妓女慣用識別証式樣]이 들어 있다.

검사에 응한 상황 및 사관 지역 윤락업의 부실한 사정 등이 기록되어 있다.[62]

친일 유신정부의 행정선전국 신문훈련소가 1939년 1월 출판한 『난징지남[南京指南]』은 난징 오락장 중 9개소의 위안소 명칭과 주소를 소개하였다.[63] 난징의 일본군 위안소에는 처음에 일본인과 조선인 '위안부'가 많았지만 점차 중국인 여성이 많아졌다.[64] 1938년 가을 난징에서 양민증이 없는 부녀자들과 함께 친일정권 경찰국에 붙잡힌 사오메이잉[邵美英]은 일본인에게 넘겨져 강제로 청남루 위안소로 보내졌다.[65] 일본군의 명령에 따라 친일조직이 설립한 위안소의 '위안부'는 기본적으로 중국 여성이었다. 1939년 8월 창간된 유신정부의 관방지 『난징신보[南京新報]』에 실린 인민위안소 광고에 나열된 위안부 이름도 모두 중국인 여성이었다.[66]

3) 왕징웨이 정권의 '위안부' 징집과 피해자 증언

일본 육군은 1939년 9월 23일 화중파견군 사령부를 폐지하고, 화북파견군·

62 1938년 12월 10일 난징시경찰청이 독판난징시정공서에 제출한 「기녀의 신체검사증 수령 여부 상황보고, 사관 지역 기녀 등기 제한에 대한 허락 요청안, 신체검사 미수령 명단」[爲據第五局呈報登記妓女已領未領及呈繳受檢證情形并下關妓女登記可否酌加限制據情轉呈所核示飭遵由](南京市檔案館 檔案 1002-10-14-24)은 경찰국 제5국에 등록한 기녀 총 53명의 신체검사증 수령 여부 상황 및 관리하기 어려운 기녀 등기를 제한하는 보고이다.

63 『南京指南』에 실린 일본군 위안소 명칭과 주소는 다음과 같다.

명칭	주소
人民慰安所	貢院東街 2號
大華樓慰安所	白下路 213號
東雲慰安所	利濟巷普愛新村
青南樓慰安所	太平路 白菜園

명칭	주소
浪花樓慰安所	中山東路
共樂館慰安所	桃源村 3號
菊水館慰安所	湖北路樓子巷 25號
滿月慰安所	相府營
鼓樓飯店中部慰安所	鼓樓飯店

行政院宣傳局新聞訓練所 編, 『南京指南』, 南京新報社, 1939年 1月版, 91~92쪽; 刘广建, 2018, 앞의 글, 60쪽에서 재인용.

64 손염홍, 2017, 「중국의 중국인 일본군'위안부' 문제 연구 성과 검토」, 345쪽.

65 段瑞秋著, 2015, 앞의 책, 166쪽.

66 刘广建, 2018, 앞의 글, 63쪽.

제21군·화중의 제11군과 제13군을 지휘하는 중국파견군총사령부[총사령관 니시오 도시조 西尾壽三 대장]를 설치하였다. 화북과 화중에서 각각의 군이 제멋대로 친일 괴뢰정권을 만들었기에 이를 통일하기 위해 하나의 총사령부로 통합한 것이다.[67] 중국파견군 설치는 왕징웨이를 중심으로 기존 친일정권을 통합하기 위한 목적도 있었다. 중국파견군은 1940년 3월 30일 난징 점령지에 왕징웨이를 수반으로 하는 '국민정부'를 설립하였다.[68] 왕징웨이 정권은 전문 인원을 파견하여 일본군'위안부' 공작을 수행하였다. 왕정권이 개설한 위안소 중 태평북로(太平北路) 부근의 위안소, 용담(龍潭) 위안소, 강포탕천진(江浦湯泉鎭) 위안소 등이 조사되었다.[69] 왕징웨이 정부 하에서 '위안부'로 징집된 피해자의 증언은 다음과 같다.

후원잉[胡文英]은 1940년 양제원(養濟院)에서 일하고 있었는데, 왕징웨이 정부 사회복리국 직원에게 속아서 난징성 서쪽 낭속루 위안소로 보내졌다가 1941년 도망 나왔다. 함께 동원된 동생 후원쉬[胡文秀]는 1943년 위안소에서 사망하였다.[70] 상관훙윈[上官紅雲]은 1940년 소풍 나갔다가 왕징웨이 정부 특수요원에게 납치되어 고루반점 중부 위안소로 보내졌다. 후에 친구의 도움으로 구출되었다. 항일전쟁 승리 이후, 잡지에 가명으로 글을 써서 일본군 위안소에서 행해진 죄상을 밝혔다.[71]

67 화북방면군, 화중파견군, 화남의 제21군은 각각 대본영에 직속되어 있었고, 화북방면군은 전쟁 개시 후 1937년 12월 베이징에 중화민국 임시정부(臨時政府)를, 화중파견군은 1938년 3월 난징에 중화민국 유신정부를 수립하였다. 후지와라 아키라 저·서영식 역, 2013, 『일본군사사』, 제이앤씨, 294~296쪽.

68 「國民政府還都宣言」(1940. 4. 1), 中國第二歷史檔案館 編, 『僞國民政府公報』第1號, 江蘇古籍出版社; 정부기관의 임원들이 구성되었고 중국인들이 복귀하여 동년 말 난징 인구는 61만 6천 명으로 회복되었다(윤은자, 2017, 앞의 글, 156쪽).

69 苏智良·張建軍 主編, 2017, 앞의 책, 89~91쪽.

70 經盛鴻, 2007, 앞의 글, 151쪽.

71 段瑞秋著, 2015, 앞의 책, 166쪽.

양룽전[楊隆珍]은 1942년 여름 중화문(中華門) 밖 서가(西街)에서 품팔이를 하던 중 일본 군대에서 빨래하는 일자리를 준다는 왕징웨이 정부의 보장(保長)에 속아서 동운(東雲) 위안소로 끌려갔다. 병들어 군인을 받지 못하게 되자 구타당하였고, 많은 동료 '위안부'들이 죽은 후 난징성 외곽 청량산에 버려지는 것을 목격하였다. 1년 3개월 후 친척이 구해주었다.[72]

우방잉[吳邦英]은 난징 철로이촌(鐵路二村)에서 철도 인부인 남편과 살고 있었는데, 1942년 남편을 따라 강을 건너 친척집을 방문하던 중 왕징웨이 정부 밀정이 허위로 죄명을 만들어 잡아갔다. 남편은 구타로 죽고 우방잉은 난징 일본 해군 부대에 예속된 학견(鶴見) 위안소로 보내졌다. 1년 후에 구출되었다.

쉬밍샹[徐明香]은 난징 교외에서 농사짓다가 1942년 난징으로 일하러 갔는데, 왕징웨이 정부의 특수요원이 중국 공산당 신사군(新四軍) 유격대와 내통한다는 누명을 씌워 경찰국에 보낸 뒤 위협해서 강제로 대화루(大華樓) 위안소로 보냈다. 1942년 말에 구출되었다.[73] 중국인 '위안부' 중에는 포로도 많았다. 일본군과 전투 중에 잡힌 팔로군(八路軍) 여성 간부와 여군이 강제로 위안부가 되어 폭력에 시달리기도 하였다.[74] 장중친(張中琴)은 1944년 오빠가 항일 작전에 참여하여 희생되었는데, 그 지역 친일 중국인[漢奸]에 의해 강제로 일본 헌병대에 보내졌다. 헌병대에서 윤간을 당한 후 학견 위안소로 보내졌다가 반년 후 도망쳐 나왔다.[75]

72 經盛鴻, 2007, 앞의 글, 151쪽.

73 段瑞秋著, 2015, 앞의 책, 165쪽.

74 華强, 1995, 「抗戰初期的日軍慰安所」, 『档案与史学』 4, 56쪽.

75 經盛鴻, 2007, 앞의 글, 151쪽.

Ⅲ. 난징의 일본군 점령정책과 '위안부' 피해 실태

1. 난징에 강제동원된 조선인 '위안부' 피해자

일본군 점령 이전 난징의 한인 여성 비율은 전체 한인 중 9.1%에 불과했지만 점령 후 50%에 근접하거나 일시 초과할 정도로 대폭 증가하였다. 일본군은 점령지역 확대와 병사 충원으로 더 많은 '위안부'가 필요하였고, '위안부' 징집의 범위를 식민지인 조선의 여성에까지 확대하였다. 수많은 조선인 여성들이 강제로 징집되어 중국 전쟁터로 보내졌고 난징에서도 조선인 위안부가 많이 발견된다. 1938~1940년까지 난징의 한인 여성 인구수의 변동이 큰데, 이는 일본군과 함께 이동한 '위안부'의 존재와 관련이 있는 것으로 보인다. 일본 육군 군의 아소 데츠오[麻生徹男]는 1939년 보고서에 다음과 같이 기술하였다.[76]

> "중국에 '위안부'로 보낼 조선 여성 80명과 일본 여성 20명을 신체검사한 결과 조선 여성이 일본 여성보다 성병 감염률이 낮고 나이도 어려서 위안부로 좋다."

성병에 걸리지 않은 젊은 조선 여성이 좋다는 내용의 보고가 조선의 젊은 여성이 대거 '위안부'로 동원된 이유 중 하나로 지적된다.

난징에는 일본군의 허가를 받은 조선인 위안소가 존재하였고, 1940년 말 난징 조선인의 직업별 호구 통계에 의하면, 직종별 최다 호구 수는 84호인 '창기'였다. 이들은 1인 1호를 구성한 일본군 '위안부'로 판단된다.[77] 난징 주재 일본군 부대 제15사단의 전후 정보에 의하면, 난징에 일본군'위안부'가 1,240명이

76 麻生徹男, 「花柳病の積極的予防法」, 『上海より上海へ-兵站病院の産婦人科醫』, 石風社, 215~216쪽.
77 윤은자, 2017, 앞의 글, 163·166쪽.

있었는데 그중 78.9%가 현지에서 징집되었고 나머지는 조선과 일본이었다.[78] 조선인 '위안부'의 수가 적지 않았음을 알 수 있다. 난징의 일본군 조선인 '위안부' 수는 대체로 100명 전후한 규모로 추측되는데, 군의 이동에 따라 그 수의 변화가 컸다. 난징을 거쳐간 한인 '위안부'는 오오목·김의경(金義慶)·신경란·신순임·배족간(裵足間)·박영심(朴永心)·역영란(易英蘭)·김은례 등이 확인되며 이들의 여정은 아래와 같다.

오오목은 전북 정읍 출신으로 1937년 겨울 방직공장에 취직시켜 준다는 김씨의 말을 믿고 나섰다가 만주에서 일본 사람에게 넘겨졌다고 한다. 4명의 여성과 함께 일본군'위안부' 생활을 시작하였고, 부대 이동으로 난징에 가서 '위안부'로 있다가 해방 후 9년 만에 귀국하였다.[79] 김의경은 경성에서 태어나 1938년 봄 일본군에 속아 난징으로 가서, 강제로 위안부가 되어 이름을 '아카리'라고 하였다. 난징에서 1년정도 있다 일본군 부대를 따라 이창[宜昌]에서 2년, 창사[長沙]에서 4년 정도 거의 7년 간을 일본군 성노예로 지냈다.[80] 신경란은 1938년 17세 때 전남 보성에서 간호부 모집에 응하여 서울로 갔는데 21명과 함께 기차로 신의주를 거쳐 다롄[大連]으로 이동하였고, 배로 상하이에 도착한 후 항저우[杭州]로 끌려갔다. 항저우 일본군 장교구락부에서 '위안부' 생활을 시작하여 일본군을 따라 난징을 거쳐 1938년 말 일본군이 점령한 한커우[漢口]로 이동하였다가 1939년에 일본군 장교의 도움으로 압록강을 건너 고향으로 돌아왔다.[81]

신순임은 경성에 거주하던 1938년 봄에 서만규의 중개로 난징 점령지로 가

78 손염홍, 2017, 「일본군의 중국인 '위안부' 징집에 대한 일고찰」, 166~167쪽.

79 한국정신대문제대책협의회·정신대연구회, 1993, 『강제로 끌려간 조선인 군위안부들-증언집 I』, 한울, 87~90쪽.

80 經盛鴻, 2007, 앞의 글, 153쪽.

81 한국정신대문제대책협의회 편, 2001, 『강제로 끌려간 조선인 군위안부들 5』, 풀빛, 21~52쪽.

서 하루에 일본군 70명을 상대해야 하는 '위안부' 생활을 하다가 병에 걸려 간신히 전차금(前借金)을 반환하고 1939년 8월 경성으로 돌아왔다.[82] 배족간은 전북 장수군 출신으로, 1938년 광목공장에서 일할 사람을 모집한다는 사람을 따라 나섰다. 기차로 다롄을 거쳐 배로 상하이로 갔고, 항저우 위안소에서 1~2년 '위안부'로 지내다 난징 교외 작은 마을의 일본군 주둔지인 진촌(陳村) 위안소로 이동하였다. 군영과 걸어서 10분 거리의 이 위안소에서 배족간은 3년을 지냈고, 이름 대신 5호 또는 일본 이름 하루코[春子]로 불렸다. 근무시간은 아침 9시에서 밤 12시였다. 5시까지는 사병을 상대하였는데, 규정상 병사는 10~20분간 머물렀으며 30~40명의 군인을 상대해야 하였다. 밤 9시부터 12시까지는 주로 군관을 상대하는 시간이었는데, 군관은 위안소에서 밤을 지낼 수 있었다. 이곳 위안부는 모두 매달 성병검사를 받아야 하였다.[83]

박영심은 평남 남포에서 태어나 17살이던 1939년에 일본군 후방에서 일할 잡부를 모집한다는 일본 경찰의 말에 속아 열차로 또 트럭에 실려 난징으로 갔다. 리제항 동운위안소 19호 방에서 3년간 일본군의 성노예가 되었다. 박영심은 일본 이름 우타마루[歌丸]로 강제로 개명되었고 일본 여성의 복장을 입었다. 박영심은 위안소에서 온갖 괴롭힘을 당하여 많은 상흔이 몸에 남아 있으며, 살아남기 위해 위안소에서 '아편'을 피우는 법을 배웠다.[84] 1942년 5월에 박영심은 일본군의 '군수품'이 되어 동남아 전장으로 보내졌다. 미얀마와 운남성(雲南

82 신순임은 조선으로 돌아와 소개업자 서만규에게 위안소의 참상과 피해 사실을 말했으나 도리어 '조언비어(유언비어) 유포죄'로 처벌받았다. 이는 1939년 9월 13일 경기도 경찰부장이 경무국장과 경성지방법원 검사정 앞으로 보낸 경고비(京高秘, 비밀 보고서) 제2303호에 담긴 내용이다(「"하루 70명 상대…" 증언한 위안부 처벌한 일제」, 『오마이뉴스』 2019. 10. 31)

83 苏智良·張建軍 主編, 2017, 앞의 책, 60쪽; 한국정신대문제대책협의회·정신대연구회, 1997, 『강제로 끌려간 조선인 군위안부들 2』, 한울, 168~180쪽.

84 쑤즈량·천리페이 저, 이선이 역, 2017, 『일본군 중국 침략 도감 제19권-일본군'위안부'와 성폭력』, 늘품플러스, 83쪽.

省) 등충(騰冲)·송산(松山)에 끌려가 '위안부' 생활을 하다가 1944년 중국군에 의해 발견되었다.[85]

역영란은 전남 승주 세평리 출신으로, 식당에서 일하다가 1939년 일본인이 중국으로 데리고 왔다고 한다. 기차로 베이징을 거쳐 상하이까지 왔고 일본 군인과 함께 지내다 배를 타고 난징에 도착하여 '위안부' 생활을 시작하였다. 난징에서 부대를 순환하다가 그중 한 부대를 따라 한커우에서 이틀정도 가야 하는 농촌에서 방이 20개 정도 있는 일본군 위안소에 정착하였다. 일본 패망 후 중국 농부와 결혼해 살았다.[86] 김은례는 평양 출신으로 1942년 5월 집에 찾아온 일본인과 조선인 순사가 일본 방직공장에 보내야 한다는 통고와 협박을 받았다. 평양에서 60명 정도와 함께 출발하여 수일간 배를 타고 10명 정도가 난징에 도착하여 산골 가건물에서 '위안부' 생활을 시작하였다. 조선 여자가 관리하였는데 6개월 후 이동하여 타지에서 1년을 지냈고 후에 다시 난징 민가에서 13명의 한인 여성과 '위안부' 생활을 하다가 해방을 맞이하였다.[87]

조선인 '위안부'가 수용되었던 곳은 안락주점(安樂酒店), 청남루 위안소, 일지관(日支館) 요리점 겸 위안소, 일이삼정(一二三亭) 위안소, 금수루(金水樓) 위안소, 화월루(花月樓) 위안소, 조일루(朝日樓) 위안소, 철로교(鐵路橋) 위안소 등이 있었으며, 이 중 3곳은 거리명과 건물명이 확인되었다. 난징 조선인 위안소 위치는 난징시 중심 번화가와 북부 외곽에 집중되어 있는 전체 위안소의 분포 상황과 대체로 일치한다.[88] 조선인 '위안부'의 경우는 중국인 '위안부'와 달리 위안소에

85 박영심은 1942년 봄과 여름 사이, 일본군에 의해 상하이와 싱가포르를 거쳐, 버마(현재의 미얀마)로 보내졌고 후에 운남 송산에 신설된 위안소로 보내졌다(經盛鴻, 2015, 앞의 글, 17쪽).

86 한국정신대연구소, 1995, 『중국으로 끌려간 조선인 군위안부들』 1, 한울, 135~144쪽.

87 한국정신대연구소·한국정신대문제대책협의회편, 1999, 『강제로 끌려간 조선인 군위안부들 3』, 한울, 120~136쪽.

88 난징의 일본군 위안소는 일본군 병영과 군사기관이 있고, 가장 번화한 상업구역이자 일본인이 집중 거주하던 난징성 남부 부자묘와 태평로 일대, 기차역과 항구가 있던 북부 샤관 지역에 많았다.

서 구출해줄 친척이나 친구도 없었고, '군수품'처럼 난징을 거쳐 중국의 다른 지역이나 심지어 동남아 등지로 끌려 다녀야 하였다.

2. 난징 점령지 '위안부'의 성병·아편·학대·사망 피해

일본군의 가혹한 점령정책과 규율 문란 등으로 인해 난징의 '위안부'들은 성병과 아편, 살해와 자살 등 육체적·물질적·정신적으로 복합적인 피해를 입었다. 일본군의 위안부 제도에 의한 수많은 '위안부' 피해자들은 일본군의 성욕 배설의 도구 혹은 성노예가 되었다. 위안소에서 '위안부'는 일본군과 위안소 업주에 의해 일본 이름으로 불리거나 이름 대신 1호 2호 3호 등으로 죄인처럼 번호로 불렸다. 위안소에 오는 관병들이 고향에 온 것처럼 느끼도록 모두 일본 옷을 입도록 강요받았고, 양말을 신지 못하게 하였다. 난징의 '위안부'는 일본군에게 성적 욕구를 충족시키는 외에도 간호·세탁·주방·잡일 등 다양한 일을 하였으며 위안소에서 각종 비인간적인 학대와 고통을 당하였다.[89] '위안부'들은 병에 걸려도 '서비스'를 제공해야 했고, 조금이라도 복종하지 않거나 반항하면 벌을 받았다. 리제항 위안소는 반항하는 '위안부'를 2층 다락방에 감금하고 밥도 주지 않았다. 만약 각종 질병이나 정신 상태가 이상하면 바로 버려지기도 하였다. 김의경은 머리에 일본 군인의 총 개머리판에 맞은 상처가 남아 있고, 일본군의 폭행에 저항하다 왼손을 크게 다쳐 기형이 되었고, 매독으로 평생 고생하였다.[90]

난징의 '위안부'들은 정기적으로 성병검진을 받아야 했고 성병이 검출되면

난징시 외곽의 포구, 강포, 탕산 지역의 위안소도 조사되었다(經盛鴻·管尔东, 2004, 「侵华日军南京慰安所调查与研究」, 『南京社會科學』 12).

89 苏智良·張建軍 主編, 2017, 앞의 책, 37~39쪽.

90 한국정신대연구소, 2003, 『중국으로 끌려간 조선인 군위안부들 2』, 한울, 320~322쪽.

위안소에서 나와 치료를 받아야 하였다.[91] 성병검진을 통해 일본군은 성병을 적극적으로 통제하고자 하였다. 일본 육군 군의 아소 데츠오는 1939년 일본군의 성병을 막기 위해 군전용 위안소를 이용해야 하며 조선 여성이 성병 감염률이 낮고 나이도 어려서 위안부로 좋다는 보고서를 작성하였지만, 그의 관찰과 달리 1940년 조사에 의하면 조선인 '위안부'가 중국·일본 여성에 비해 성병 환자가 많았다. 그 이유는 '위안부'로 동원된 여성들은 성병에 많이 노출될 수밖에 없었고, 조선인 '위안부'의 진출이 활발한 만큼 병균 보유자도 많게 되었다. 심지어 이들은 성병 치료가 어려운 상태가 되기도 하였다.[92]

고통스런 상황에 처한 난징의 '위안부'는 많은 경우 아편에 의지하였다. 일본 군인과 '위안부'들 사이에서 아편 거래와 주사·흡식이 일상적으로 행해졌다. 1937년 8월 13일 상하이 개전 후 일본 상하이파견군과 화중방면군 및 일본 해군 등은 거의 동시에 특무, 정보 인원을 다롄과 톈진 등에 보내 비밀리에 대량의 아편, 헤로인 등 독극물을 상하이로 가져와 팔아서 부족한 군비와 특무비용에 조달하였다.[93] 난징 점령지의 아편정책은 일본의 국책이었으며, 일본 당국이 아편 판매를 지휘하였다. 난징은 아편 판매망에서 중요한 지역이었다. 금릉대학 교수 마이너 베이츠(Miner Searle Bates, 1897~1978)에 따르면, 난징 점령 후 난징 인구의 3분의 1이 아편을 흡식하였으며 도심 빈민구역 길거리에서는 마약이 판매되었다. 베이츠 교수가 1938년 11월 22일 상하이의 한 매체에 제출한 난징 아편무역 조사보고에는 다음과 같이 기록되어 있다.[94]

91 「소요각기원조직대강逍遙閣妓院組織大綱」(南京市檔案館 檔案 1002-10-14-18).

92 소현숙, 2019, 「'위생'이라는 이름의 폭력과 일본군'위안부' 문제」, 식민과냉전연구회 국제학술대회, 『한일 역사갈등의 원점, 식민지배 책임에 대한 고찰』, 53~55쪽.

93 아편은 모두 일본 배가 만주에서 운반해왔다. 小林英夫·林道生, 2005, 『日中戰爭史論-汪精衛政權と占領地,』 東京: 御茶の水書房, 281쪽.

94 經盛鴻, 2015, 「南京淪陷八年史」, 社會科學文獻出版社, 909쪽.

"지난 며칠간 일본과 조선의 '위안부' 조직이 80상자의 아편을 사들였다. 중요 판매자에 의하면 2주 전에 일본 대리인이 200여 상자의 이란 아편을 들여왔는데, 이 화물은 아마 아편 관리국과 모종의 관계가 있는 듯하다."

박영심은 난징의 위안소에서 생활하던 시기에 아편을 먹어야 잠을 잘 수 있었다고 증언하였다. 김은례도 "중국에는 아편쟁이들이 많아서 노동자나 가정집 여자가 아편 안 찌른 사람이 없었고, 중국인·조선인 장사들이 몰래 와서 파는데, 함께 있던 '위안부'들도 몰래 아편을 했고 군인들이 와서 찔러줬다"라고 하였다.[95] 이러한 광범위한 마약 거래와 중독 현상은 일본군의 점령 전에는 볼 수 없었던 것으로 당시 병들고 암울했던 난징의 실상을 여실히 보여준다.[96] 친일 인사와 조직을 관리하기 위해 일본군은 아편을 이용하였다. 친일 중국인을 보상하는 데에도 아편을 활용하였다. 마을 유지 등 중국인을 회유하여 인맥을 넓히고 일본군에 필요한 정보를 모을 때 지폐나 금보다 아편이 더 가치가 있었다.[97]

위안소에서는 위안소 경영자가 돈을 관리하였다. 위안소에 입장하는 군인들에게 표를 받았지만 그 표는 위안소 관리자가 가져갔다. 먹을 것이나 입을 것 그리고 생활용품을 살 수 없었다. 위안부들은 군인들에게 군표를 받았고 이것을 저축했지만 극심한 인플레로 인해 군표는 가치가 없었다. 일본군 위안소는 규칙에 따라 군표로 지불하도록 했으나 왕징웨이 정부가 수립되고 1941년 저비권(儲備券)을 발행한 후 일본 군인은 군표 대신 대부분 저비권을 지불하였다. '위안부'들에게 저비권은 군표보다도 더 가치가 없었다. 난징 친일정부 통화체계의 혼란과 지폐 남발로 악성 인플레이션이 발생하여 시민들이 기본 생

95 한국정신대연구소·한국정신대문제대책협의회, 1999, 앞의 책, 133~134쪽.

96 윤은자, 2017, 앞의 글, 160~161쪽.

97 호사카 마사야스 지음, 정선태 옮김, 2016, 앞의 책, 219~223쪽.

활조차 유지하기 어려운 상황이었다. 김은례는 일본 군인에게 받은 중국 돈을 3년 동안 모았으나 해방 후 쓸모가 없게 되어 불로 태우고 왔다고 한다.[98]

일본군은 '위안부'를 '특수 영양을 지닌 전략물자'로 간주하고 '군수품'으로 취급하였다. '위안부'들은 중국과 해외의 기타 전장으로 보내져 그곳의 일본군 부대에게 유린당하였다. 난징에서 일본군에게 잡혀간 여성들은 난징뿐 아니라 외지로도 많이 보내졌다. 일본인이 설립한 고향루와 낭속루 위안소의 '위안부'들은 일본이 태평양전쟁을 일으켜 전장이 동남아로 확대된 후 1942년 5월에 다시 일본 남방파견군 사령부에 의해 동남아로 파견되어 갔다.[99] 난징 '위안부' 중 320명은 비밀리에 동북 지역으로 보내져 일본군의 성노예가 되었다.[100]

일본군이 저지른 학대와 학살로 인해 상당히 많은 '위안부'가 전쟁이 끝나기 전에 이미 살해당하였다. 피해자들은 질병이나 일본군의 학대로 사망하였고, 또 도망 등의 이유로 생긴 빈자리는 바로바로 채워졌다. 새로 충원한 '위안부'들도 적지 않게 실종되었다. 피해자 수를 정확하게 통계할 수 없지만 '위안부' 피해자의 증언에 의하면 사망률이 상당히 높았다.[101] '위안부' 피해자의 사망 원인으로는 매독도 적지 않다. 오오목은 난징의 위안소에 있을 때, 같이 간 5명 중 4명이 죽었고 매독이 심해 죽은 여자도 있었다고 하였다.[102] 김은례는 같이 있던 황해도 출신 여성이 나무에 목매달아 죽었고, 또 하나는 자고 있는

98 한국정신대연구소·한국정신대문제대책협의회, 1999, 앞의 책, 135쪽.

99 1941년 12월 말 일본군이 버마를 공격하고 1942년 여름에는 중국 운남성 서부로 진격하였다. 1942년 5월, 일본 남방파견군 사령부의 명령, 난징 '고향루 위안소'와 '낭속 위안소'의 위안부를 남양(南洋)으로 보내, 주버마 일본군 부대로 분배하였다(經盛鴻, 2015, 앞의 글, 17쪽).

100 『日軍侵華暴行實錄(一)』, 1995, 北京出版社, 518~523쪽, 손염홍, 2017, 「일본군의 중국인 '위안부' 징집에 대한 일고찰」, 182쪽에서 재인용.

101 1945년 일본군 항복 당시 난징의 일본군은 13만 8,000명, '위안부'와 병사의 비례를 1:29로 추산해보면 '위안부'가 4,758명이고, 질병, 도망 및 사망 등 원인으로 생긴 교체 인원과 난징을 거쳐 다른 지역으로 보내진 '위안부'를 합치면 난징 위안소에서 피해를 입은 '위안부' 총수는 2만 명이 넘었을 것으로 추산된다.

102 한국정신대문제대책협의회·정신대연구회, 1993, 앞의 책, 89~90쪽.

군인의 총을 몰래 훔쳐 자기가 총을 쏴서 죽었으며, 또 아편으로 죽거나 폭격으로 죽은 여성도 있었다고 하였다.[103]

전쟁 종결과 더불어 일본군은 위안부에 대한 처리에서도 책임 방기, 반인륜적인 작태를 보였다. 그들은 '위안부'들을 현지에 버려두고 일본인들만 동반하여 귀국하였다. 이로 인해 한인 위안부들은 자신의 힘으로 귀환할 방법을 찾아야 하였다. 난징 위안소에서 해방을 맞이한 오오목은 동료와 함께 그곳에서 장사하던 한인 남자를 따라 기차를 타고 신의주까지 갈 수 있었고, 도중에 기차 사고를 당했지만 다치지 않고 신의주에서 배를 타고 인천을 거쳐 고향으로 돌아왔다.[104]

3. 일본 군대의 국제법 위반, 규율 문란 행위

중국에 선전포고를 하지 않은 침략전쟁에서 일본군은, 1937년 8월 5일 육군차관 통첩(通牒)으로 "교전법규에 관한 각종 조약을 모두 적용하여 행동하는 것은 적절하지 않다"라고 하였다. 일본군이 전시 포로에 대한 국제조약을 지키지 않은 것이 난징대학살이나 '위안부' 강제동원과 학대의 원인이 되었다. 일본군과 정부는 각 현에서 모집할 '위안부' 배당 인원부터 이송에까지 직접 관여했지만 이러한 지시는 국내법과 국제법 위반이기 때문에 '위안부' 모집에 '군의 지시', '군의 관여'라는 말을 극도로 꺼렸다. 또 전쟁을 수행하는 군이 필요로 한다는 이유로 '위안부' 동원을 위한 취업사기와 인신매매 등 불법적·폭력적인 상황이 묵인되었다. 특히 미성년자는 엄격하게 통제해야 했음에도 내무성은 이를 묵인하였다. '위안부'로 모집된 여성 중에는 21세 미만의 여성들이 다수 포함되어 있었다. 이는 피해자의 증언 그리고 친일조직의 위안소 관리 문

103 한국정신대연구소·한국정신대문제대책협의회, 1999, 앞의 책, 133쪽.

104 한국정신대문제대책협의회편·정신대연구회, 1993, 앞의 책, 90쪽.

서, 군의관들의 성병검사 기록을 통해 확인할 수 있다.

일본 군부는 비록 위안소를 관리하는 규칙을 명문(明文)으로 규정하여, 술에 취한 일본군은 위안소에 들어가는 것을 금지하였고 총칼을 휴대하는 것도 금지했지만 사실상 이는 전혀 준수되지 않았다. 전쟁 개시 후 겨우 4년 동안 사단 수 3배, 병력 수 10배의 대확장을 이루고, 현역병 징집률은 점차 증가하여 1941년에 51%에 달하였다.[105] 부대 안의 보충병 비율, 즉 군대교육 미경험자의 비율이 높아지면서 병사의 질은 육체적·정신적으로 전쟁 개시 전보다 현저하게 저하되었다.[106] 1943년 말 중국 내 일본군은 25개 사단, 11개 독립여단, 전차 1개 사단으로, 총 병력이 100만 명에 달하면서 군기 문란이 악화되었다. 특히 일본 군대 안의 범죄자는 1937년 1,138명에서 1940년 2,820명, 1941년 3,148명으로 증가하였다. 장기간의 전쟁과 귀국에 대한 희망이 없는 절망감에서 음주나 도박에 빠지는 자가 늘어나고, 부패한 간부에 대한 불만이 병사들 사이에 퍼져갔다. 군기 확립이 중국 파견군의 최대의 관심사가 되어 검열과 엄격한 처벌이 행해졌으나 아무런 효과도 없었다.[107]

위안소 설치는 일본군의 점령지 여성에 대한 강간과 성병 만연에 대한 근본적인 해결책이 되지 못하였다. 언제 끝날지 모르는 전쟁에서 동료들의 죽음을 눈앞에서 목격한 병사들이 위안소에 간다고 해서 스트레스가 해소되는 것은

105 1937~1941년 사단수 증감일람표

구 분	1937	1938	1939	1940	1941
본토 및 조선	3	2	7	11	11
만주	5	8	9	12	13
중국	16	24	25	27	27
합계	24	34	41	50	51

출처: 후지와라 아키라 저, 서영식 역, 2013, 『일본군사사』, 제이앤씨, 300쪽.

106 야마다 아키라·윤현명 옮김, 2014, 『일본 군비확장의 역사-일본군의 팽창과 붕괴』, 어문학사, 185~188쪽.

107 후지와라 아키라 저, 서영식 역, 2013, 앞의 책, 333쪽.

아니었다. 오히려 그 스트레스는 힘없는 위안부들에게 향하였다. 위안소 내에서나 밖에서나 병사들의 비위 행위는 끊이지 않았다. 중일전쟁이 태평양전쟁으로 확대되어 정예부대가 남방으로 파송되자 중국에 남은 병사들의 질은 현저히 저하되었다. 만행에 익숙해졌고 고참병 중 '살인의 프로', '도둑질의 프로', '방화의 프로'를 자칭하는 자가 나타났지만 그것을 제지하는 군의 규율은 이미 기능을 상실하였다.[108]

난징의 위안소는 일본 당국의 조직과 지지 아래 1937년부터 8년 동안이나 장기 지속되었다. 1945년 8월 15일 일본이 무조건 항복을 선언한 후에도 일본군의 위안소는 여전히 영업을 지속하다가 9월 중국파견군총사령부[支那派遣軍總司令部, 만주국 제외]가 난징에서 정식으로 항복한 후에 해산되었다. 이로써 난징에서 8년 동안 존속한 일본군 위안소와 위안부 제도는 종언을 고하였다.

Ⅳ. 맺음말

중국의 수도였던 난징은 일본군이 점령하는 과정에서 폭력의 규모만으로도 다른 지역과 차별되며, 일본군의 점령지 위안소 설치와 '위안부' 징집 과정에서 안전구(난민 피난구역) 국제위원회의 서양인들도 개입되어 기록을 남겼으며, 중국인 친일조직과의 합작을 통해 위안소가 운영되었다는 특징이 있다. 또한 일본군이 난징의 위안소 설립과 운영, '위안부' 징발에 직접 개입하였음이 화중방면군 등 일본군 고위층의 명령과 일본군 문건에 명기되어 있다.

108 이 전쟁에서 일본의 패배는 일본 군대 본래의 성격과 모순이 집중적으로 나타난 것이다. 일체의 권력이 천황에게 집중된 형식 아래서 정치가도 군부 지도자도 모두 어떤 것에 대해서도 책임을 지지 않는 '방대한 무책임의 체계'(丸山眞男, 『軍國主義者の精神構造』)가 그것이다. 호사카 마사야스 지음, 정선태 옮김, 2016, 앞의 책, 219·223·230쪽.

참고문헌

[저서]

동북아역사재단 일본군'위안부'연구센터 편, 2018, 『일본군'위안부'자료 목록집』, 동북아역사재단.

신문 아카하타 편집국 저, 홍상현 역, 2019, 『전쟁의 진실-증언으로 본 일본의 아시아 침략』, 정한책방.

쑤즈량·천리페이 저·이선이 역, 2017, 『일본군 중국 침략 도감 제19권-일본군'위안부'와 성폭력』, 늘품플러스.

야마다 아키라·윤현명 옮김, 2014, 『일본 군비확장의 역사-일본군의 팽창과 붕괴』, 어문학사.

요시미 요시아키, 2006, 『일본군 군대위안부』, 도서출판 소화.

티모시 브룩 저, 박영철 역, 2008, 『근대 중국의 친일합작』, 한울(Timothy Brook, 2005, *Collaboration: Japanese Agents and Local Elites in Wartime China*, Harvard University Press).

한국정신대문제대책협의회·한국정신대연구회, 1993~1999, 『강제로 끌려간 조선인 군위안부들 1~3』, 한울.

한국정신대연구회·한국정신대문제대책협의회, 2001, 『강제로 끌려간 조선인 군위안부들 4~5』, 풀빛.

한국정신대연구소, 1995, 『중국으로 끌려간 조선인 군위안부들』 1, 한울

______________, 2003, 『중국으로 끌려간 조선인 군위안부들』 2, 한울

호사카 마사야스 지음, 정선태 옮김, 2016, 『쇼와 육군: 제2차 세계대전을 주도한 일본 제국주의의 몸통』, 글항아리.

후지와라 아키라 저·서영식 역, 2013, 『일본군사사 상 전전편』, 제이앤씨.

經盛鴻, 2005, 『南京淪陷八年史』, 社會科學文獻出版社.

段瑞秋, 2015, 『女殤』, 中國青年出版社.

苏智良, 2015, 『日軍慰安婦硏究』, 團结出版社.

苏智良·張建軍 主編, 2017, 『南京日军慰安所实录』, 南京出版社.

約翰·拉貝, 1997, 『拉貝日記』, 江蘇人民出版社.

張憲文 主編, 2015, 『日本侵華圖志 23-扶植僞政權』, 山東畵報出版社.

小林英夫 林道生, 2005, 『日中戰爭史論-汪精衛政權と占領地,』御茶の水書房.

[논문]

강영심, 2007, 「종전후 중국지역 일본군 위안부 행적과 미귀환」, 『한국근현대사학회』 40.

요시미 요시아키[吉見義明], 2007, 「일본의 군'위안부'문제 연구의 성과와 과제」, 일본군'위안부' 문제 국제학술대회, 『일제 식민지배의 폭력성과 일본군'위안부』, 한국근현대사학회·동북아역사재단.

소현숙, 2019, 「'위생'이라는 이름의 폭력과 일본군'위안부' 문제」, 『한일 역사갈등의 원점, 식민지배 책임에 대한 고찰』, 식민과냉전연구회 국제학술대회 자료집.

손염홍, 2017, 「일본군의 중국인 '위안부' 징집에 대한 일고찰」·「중국의 중국인일본군'위안부' 문제연구 성과검토」, 김경일 외 지음, 『동아시아 일본군'위안부' 연구』, 한국학중앙연구원출판부.

윤은자, 2017, 「중일전쟁 시기 南京한인의 群像-통계와 표분석을 중심으로」, 『東方學志』 181.

가와다 후미코[川田文子], 2011, 「남경 강간과 남경의 위안소」, 일본의 전쟁책임자료센터 엮음, 강혜정 옮김, 『일본의 군'위안부' 연구』, 동북아역사재단.

후루하시 아야[高橋綾], 2015, 「일본 군인의 회고록으로 보는 '위안소'에 대한 인식」, 『일본군 '위안부' 문제의 해결을 위한 역사적 과제와 전망』, 동북아역사재단.

經盛鴻, 1999, 「南京的慰安妇与慰安所」, 『抗日战争研究』 6.

______, 2000, 「侵华日军南京"慰安妇"制度述论」, 『江海学刊』 12.

______, 2000, 「侵华日军在南京的又一暴行——南京"慰安所"揭秘」, 『档案与建设』 8.

______, 2007, 「南京慰安妇的血泪—对南京侵华日军慰安所的最新调查报告」, 『百年潮』 5.

______, 2007, 「对南京原日军慰安所的最新调查报告」, 『社会科学战线』 3.

______, 2015, 「曾经沦为日军"慰安妇"的朝鲜老人朴永心」, 『百年潮』 4.

經盛鴻·管尔东, 2004, 「侵华日军南京慰安所调查与研究」, 『南京社會科學』 12.

經盛鴻·王冠保, 2005, 「南京的慰安所與'慰安婦'」, 『鐘山風雨』 2.

經盛鴻·王麗娜·曹燕, 2007, 「南京的慰安妇的血-对南京侵华日军南京慰安所的最新调查报告」, 『百年潮』 5.

經盛鴻·錢春霞, 2005, 「对南京侵华日军慰安所的最新调查」, 『江苏地方志』 4.

苏智良, 2016, 「南京大屠殺與'慰安婦'制度」, 『中國'慰安婦'眞相』, 南京出版社.

______, 2018, 「侵华日军南京慰安所研究」, 『日本侵华南京大屠杀研究』, 2018-2.

刘广建, 2017, 「是普通妓院还是日军慰安所—— 关于南京"人民慰安所"的考证」, 『档案与建设』 7.

刘广建, 2018, 「民国出版物中的日军"慰安妇"制度」, 『日本侵华南京大屠杀研究』 9.

王炳毅, 2005, 「南京慰安妇悲恨往事实录」, 『档案与建设』 7.

袁志秀, 2016, 「南京利济巷慰安所旧址陈列馆与"慰安妇"历史的固化」, 『档案与建设』 2.

张连红, 2000, 「南京下关区侵华日军慰安所的调查报告」, 『南京师大学报(社会科学版)』 11.

華强, 1995, 「抗戰初期的日軍慰安所」, 『档案与史学』 4.

7. 진중일지로 본 싱가포르의 위안소 실태

하종문 | 한신대학교 일본학과 교수

Ⅰ. 머리말

1990년대 이후 일본군'위안부'(이하 위안부)와 위안소의 역사적 실태를 규명하는 작업은 눈부신 성과를 이룩했다. 수많은 논문과 저서가 간행됨으로써 위안부 피해의 실상과 더불어 위안소라는 비인도적 공간의 존재는 우리 눈앞에 생생히 다가왔다. 정의의 회복을 요구하는 목소리와 활동은 이러한 연구의 진전과 궤를 같이 하며 조금씩 전진해 왔다.

김학순 할머니의 '커밍아웃' 이후 30년이 가까워지는 지금, 위안소와 '위안부'를 역사적 망각에서 건져 올리는 작업은 여전히 미완이다. 일본은 물론 한국 안의 역사수정주의자들은 연구의 '미싱 링크'를 파고들며 사죄와 배상의 거부는 물론 전시 여성 성폭력의 사실 자체를 부정한다. 기존의 연구 성과를 뛰어넘는 새로운 방법은 학문적으로도 현실적으로도 절실하기 짝이 없다.

사료의 발굴이라는 측면에서 보자면 가장 큰 블루오션은 진중일지이다. 중대 이상의 부대가 동원 이후의 제반 활동을 기록한 진중일지는 위안소의 개설과 운용까지 그려낼 수 있는 자료의 보고나 다름없다. 기존 연구가 위안소나 '위안부'가 적시된 진중일지를 점으로 연결하면서 수행되었다면, 해당 부대를 주체로 설정하여 전투와 주둔 등을 포함하는 부대 운용 속에서 위안소의 설치와 이용을 연결하는 작업은 선과 면을 그려낸다는 문제의식과 직결된다. 필자는 바로 그 점에 착안하여 이 글의 의미와 가능성을 다듬어 냈다.

이 글에서는 싱가포르에 주둔했던 독립자동차 제42대대의 진중일지를 집중적으로 분석했다. 싱가포르에서 이루어졌던 위안소 개설과 운용의 양상은 제25군 휘하의 병참부대의 일상 기록물에 오롯이 포착되어 있다. 아울러 2013년에 간행된 『일본군 위안소 관리인의 일기』(이숲)를 활용하여 위안소 관리인이 채록한 족적과 군부대의 위안소 운용 체계의 연계를 시도해 보았다. 이러한 작업의 축적을 통해 비로소 우리는 위안소 시스템의 전사(全史)의 규명이라는 목표에 가까워질 수 있을 터이다.

Ⅱ. 싱가포르와 인근의 상황

1941년 12월 8일 야마시타 도모유키[山下奉文, 1885~1946, 전범으로 사형]의 제25군 선발대는 말레이시아 북부의 코타바루(Kota Bharu)에 기습적으로 상륙했다. 이듬해 2월 15일, A. 퍼시발(Arthur E. Percival)이 지휘하던 싱가포르의 영국군이 항복함으로써 말레이 반도 전체는 일본군 수중에 들어갔다. 제16군과 해군은 1월 11일부터 인도네시아 공격을 개시했고, 3월 12일 연합군의 항복을 받아냈다. 말레이 반도와 수마트라는 싱가포르에 사령부를 둔 제25군이, 자바는 제16군이, 나머지 섬들은 해군이 각각 통치와 치안 확보를 책임졌다. 이후 각지에서는 시차를 두고 군정 조직이 만들어졌다.

싱가포르에는 야마시타 중장을 비롯한 제25군 사령부와 직할부대가 주둔했고, 이름을 쇼난[昭南]으로 바꿨다. 싱가포르 방어와 통치를 위해 보병 제5사단 휘하 제9여단의 2개 대대, 즉 11연대 3대대와 41연대 1대대를 주축으로 제2야전헌병대를 합친 쇼난경비대(이하 싱가포르경비대)가 편성되었다. 사령관은 9여단장 가와무라 사부로[河村參郞, 1896~1947, 전범으로 사형] 소장이었다.

25군은 초기부터 점령 통치를 전담하는 군정부 조직을 편제했다. 부참모장이 군정부장을 겸임하고 말레이 반도 각지에는 군정지부를 두었으며, 수마트라의 군정까지 도맡았다. 3월 7일자로 특별시 싱가포르와 말레이시아 각 주에는 정청이 설치되었고, 싱가포르 시장에는 내무 관료가, 각 주의 장관에는 군인과 관료가 각각 임명되었다.

7월이 되어 커다란 변화가 생겼다. 먼저 사이공에 있던 남방군 총사령부가 싱가포르로 이전했다. 동남아 육군을 총괄하는 최고사령부가 옮겨왔으며, 25군 사령관으로 사이토 야헤이타[齋藤弥平太, 1885~?]가 새로 부임했다. 아울러 군정 조직의 개편이 이루어졌다. 남방군 군정총감부가 신설되고, 말레이시아와 수마트라의 군정은 제25군 군정감부(軍政監部)가 맡으며 25군 참모장이 군정감을 겸임하게 되었다. 군정감부 산하의 조직 구성을 보면 법원과 검찰, 교도소까지 관장하는 사실상의 총독부였다. 1943년 4월 제25군이 수마트라로 이동함에 따라 수마트라 군정감부와는 별도로 말레이 반도를 책임진 마라이[馬來][1] 군정감부(이하 말레이 군정감부)가 신설된다. 이듬해 1월 말레이 반도의 방어를 전담하는 제29군이 편성되어 말레이시아 북부 페락(Perak) 주의 타이핑

1 1942년 12월의 각의에서 영국령 말레이시아 전체를 마라이라고 개칭한다는 결정이 내려졌다.

(Taiping) 시에 자리하자 말레이 군정감부도 싱가포르를 떠나 말레이시아로 옮겨갔다.

싱가포르의 위안소 실태를 알려주는 핵심 자료는 독립자동차 제42대대(이하 42대대)가 남긴 진중일지이다. 42대대는 25군의 직할부대 중 하나였다. 이름에서 드러나듯이 수송 부대로서 병참을 전문으로 하는 병과(참모, 헌병, 보병, 기병, 포병, 공병, 치중병, 항공병 등)인 치중병에 속했다. 1941년 10월 일본 도쿄에서 편성된 42대대는 대대본부와 1~4중대, 재료창(材料廠)을 거느렸으며, 1중대의 진중일지가 편성 직후부터 1943년 10월분까지 현존한다.

1942년 2월 말 42대대의 주력은 말레이시아 북부의 타이핑에 머물렀는데, 각 중대는 부여된 임무에 따라 독자적으로 움직였다.[2] 그중에서 1중대는 3월부터 싱가포르와 인접한 조호르(Johor) 주의 조호르바루(Johor Bahru)에서 물자 수송에 종사하다가 4월 13일 싱가포르에 발을 들였다. 4월 30일 42대대의 주력이 싱가포르에 입성함에 따라 1중대도 복귀했다. 7월 중순부터 1중대는 조호르 주의 바투파핫(Batu Pahat), 무아르(Muar)로 옮겨가서 머물다가 9월 말 싱가포르로 되돌아왔다. 그리고 1943년 3월 싱가포르를 떠나 남태평양의 파라오 섬으로 향했다. 이렇듯 수송 부대의 특성상 이동이 잦았던 1중대의 진중일지는 말레이시아 남부는 물론 싱가포르 내에서의 주둔 태세와 위안소 상황에 관한 풍부한 정보를 담고 있다.

일본군의 위안소 이용은 외출과 결부되어 실시되며, 그 근거는 육군 부대원

2 「陣中日誌 第57 自昭和17年2月1日至昭和17年2月28日(3)」, 『獨立自動車第42大隊第1中隊 行動詳報 昭和17. 1. 1~17. 2. 28』, 아시아역사자료센터. 이하에서 인용하는 자료의 대부분은 아시아역사자료센터에서 소장하고 있으므로 관련 표기를 생략한다. 아울러 지면 관계상 첫 번째로 진중일지를 인용할 때만 출전을 명기하며, 이후의 서술에서는 본문에서 날짜만 표기한다. 1중대는 진중일지 외에 '행동상보(行動詳報)'라는 이름으로 인원과 차량의 동선에 집중한 기록도 남기고 있다. 행동상보의 인용은 출처를 명기해 둔다.

중 영내 거주자의 기초 단위인 내무반을 규율하는 「군대내무서(령)」이었다.[3] 당초의 보병내무서에서 군대내무서로 개칭된 다음 1943년부터 군대내무령으로 불렸다. 각종 제일(祭日)과 축일, 야스쿠니[靖國]신사 예대제일, 육군 시무식(陸軍始, 1월 8일), 육군 기념일(3월 10일) 의식 종료 후, 연말연시, 일요일, 정해진 휴일 등에 외출이 허용되며, 시한은 조식 후부터 병은 석식 시한까지, 하사관은 일석점호 시한까지였다.

Ⅲ. 독립자동차 제42대대와 위안소

1. 주둔 태세 정비와 위안소 이용

1942년 4월 11일 1중대는 42대대로부터 싱가포르로 이동하여 단독으로 독립자동차 57대대(이하 57대대) 휘하에 들어가라는 명령을 접수했다. 4월 30일 42대대 주력이 싱가포르에서 집결할 때까지 취해진 한시적인 조치였다.

싱가포르 주류가 개시되면서 1중대는 57대대는 물론 싱가포르경비대와 25군까지 이어지는 연락망 속에 편입된다. 회보(會報) 수령은 그런 변화를 나타내 준다. 4월 17일의 〈싱가포르경비대회보〉는 외출 군인 중에서 현지인의 자동차를 세워 편승하는 사례에 대해 주의를 주고 있다. 4월 19일의 중대회보는 57대대의 회보에 따라 1중대에 외출이 안배되었음을 알렸다. 외출일은 매주 화요일이었다. 57대대의 것으로 판단되는 「외출에 관한 주의사항 및 외출에 관한 규정」(내용 없음)을 준수하며, 외출증은 '군대내무서'에 지정된 형태로 교부된다는 것이었다. 군회보의 수령 기록은 4월 24일이 가장 빠르다.

3 위안소와 관련된 육군의 주요 법령은, 졸고, 「진중일지 속의 부대 운용과 일본군 위안소 제도」, 『동북아역사논총』 64호(2019년 6월)을 참조할 수 있다.

첫 화요일인 4월 21일에 1중대는 차량을 정비했다. 두 번째 화요일인 4월 28일에도 차량 정비 후에 휴무했다는 언급만 있으며, 이튿날에는 천장절(天長節, 천황의 생일) 요배식 후에 휴무했다고 기록되어 있다. 그런데 4월 27일자 57대대 일일명령에 28일과 29일 1중대에서 '제2종 순찰'을 담당할 장교 2명의 이름이 들어 있다. 제2종 순찰이란 군인 군속의 비위를 단속·통제하기 위해 휴일이나 외출에 맞춰 정해진 구역을 순찰하는 것을 말한다. 게다가 4월 30일의 중대회보는 "지정 이외의 위안소는 출입을 금지"하며, 일본군을 암살하는 계획이 포착되었으므로 3인 이상의 외출 규정을 엄수하라는 중대장의 지시를 전했다. 42대대의 주력이 합류함에 따라 1중대를 포함한 대대 전체를 향해 위안소 이용에 관한 명령이 내려졌음을 짐작케 한다. 42대대는 4월 말부터 위안소를 출입하게 되었다.

다음 화요일인 5월 5일 1중대는 차량 정비 후 휴무한 것으로 기록되어 있다.[4] 그런데 3소대장이 10~16시까지 시내의 제2종 순찰을 나섰다는 것은 역시 1중대원의 외출이 있었다는 것을 증명한다. 같은 날 경비대회보는 외출자의 경례와 복장 상태에 대한 주의를 담았고, 다음 날 42대대회보는 경례 철저에 관한 주의와 더불어 외출일의 시행 방안에 관한 지시를 전했다. 각 부대는 4일 행동에 이은 1일 정비라는 틀에 의해 움직이며, 1주에 대략 1일을 외출일(정비일)로 하고, 경비사령부에 보고를 요한다면 외출일 실시 하루 전에 보고하라고 했다.

5월 11일의 경비대회보는 군이 지정하지 않은 식당에 출입하지 않도록 하라는 주의를 전해왔다. 그리고 42대대는「싱가포르 주둔 간 대대 경비규정」을 제정했는데, 외출에 대한 언급은 없다. 싱가포르 전체 경비를 책임지는 싱가포르경비대의「싱가포르 경비규정」이 상위 규정으로 자리매김되어 있다.

4 「行動詳報 第77 自昭和17年5月1日至昭和17年5月31日(1)」,『獨立自動車第42大隊第1中隊 行動詳報 昭和17. 5. 1~17. 6. 30』. 진중일지에는 차량 정비만 언급되어 있다.

5월 12일(화)에는 차량 정비 후 휴무를 실시했다. 같은 날 내려진 대대회보는 경비대 차원에서 책정된 외출 방식을 알려 왔다. 외출 전날까지 대대본부에 보고함과 동시에 경비대에 외출 인원 및 순찰장교의 이름을 문서로서 통보하며, 수신은 경비대 사령관으로 지정했다.

이렇게 외출과 위안소 이용을 연계하는 형태는 서서히 안착되어 갔다. 5월의 18·25일, 6월의 2·9·16·23·30일, 7월의 7·14일 등 매주 화요일의 외출일은 어김없이 지켜졌다(7월 16일 1중대는 말레이시아로 이동). 외출 전날은 중대명령으로 휴무와 외출 허가, 제2종 순찰 담당자의 배치가 명기되어 있다.

7월 3일 1중대는 7월 1일자로 작성(시행 개시는 4일)된 42대대의 「싱가포르 주둔규정」을 일일명령으로 전달받았다. 총칙, 경비, 복무, 비상 및 화재, 기거 용의(容儀), 자동차, 검사, 휴일 및 외출, 보고 통보 연락, 우편, 위생, 잡칙 등의 항목에서 드러나듯이 부대의 주둔 체계 전반을 포괄하는 틀이 바로 주둔규정이었다. 따라서 경비에 관해서는 5월 14일 제정된 「싱가포르 주둔 간 대대 경비규정」에 따른다(4조)고 명시되어 있다.

휴일 및 외출에 대한 규정의 요점은 다음과 같다. 각 중대장은 1주일에 1회 휴무일을 부여하며(대체 휴가는 불가), 휴무일에는 싱가포르 시내에 외출을 허가할 수 있도록 했고, 외출증의 휴대와 2명 이상의 동행을 의무화했다. 외출시한은 사병이 조식 후부터 석식까지, 하사관이 일석점호까지였으며, 일과시한 내역이 명기되어 있다(19조). 다수의 외출자가 있는 경우 대대의 일직사령은 제2종 순찰을 파견하며, 귀영 시간 점호를 실시하여 각 중대의 일직사관은 이상 유무를 일직사령에게 보고하도록 했다. 이 부분은 7월 7일자 대대회보에서 재차 강조되어 휴무일 실시 및 외출자 인원을 대대본부에 보고하고 일직사령에게 통보하도록 했다.

한편 주둔규정 중의 일과시한은 각 중대의 사정에 따라 조정이 가능했다(19조). 7월 4일 1중대는 일석점호를 21시 30분~20시 30분으로 앞당긴다는 명령을 내렸다. 이에 따라 외출은 사병이 10~18시까지, 하사관은 10~20시 30분까지로 바뀌었다. 해를 넘겨 1943년 1월 9일에는 일과시한이 변경됨에 따라 외출시한을 1시간씩 늘인다는 중대의 명령이 하달되었다. 사병은 10~19시까지, 하사관은 10~21시 30분까지였다.

이상과 같이 7월에 들어와 42대대는 주둔규정을 제정하면서 외출의 정례화와 함께 위안소의 규칙적인 이용까지 갖추게 된다. 남방군 총사령부가 싱가포르로 이전하고 새 25군 사령관이 부임하며 군정 체계의 개편까지 이루어진 시점과도 연동되는 변화라고 봐야 한다(후술). 이것은 개별 부대에 전속하지 않는 도시 정주형 위안소의 특징이기도 하다.

9월 30일 1중대는 2개월 반에 걸친 말레이시아에서의 임무를 종료하고 42대대 주력이 있는 싱가포르로 복귀했다. 10월 2일 대대본부는 「휴무일의 건」이라는 명령을 하달했다(10월 5일 중대회보를 통해 주지시킴). 외출일은 대대본부와 3중대, 재료창이 일요일, 1·4중대는 화요일, 2중대는 수요일로 각각 정해졌다. 그리고 휴무일 근무자에게 대체 휴무를 허가할 수 있도록 했으며, 외출증명서를 휴대하게 하고 인원수를 대대본부에 보고하고 일직사령에게 통보하도록 정했다.

10월 내내 1중대의 휴일과 외출은 경축일(후술) 외에는 모두 화요일에 집행되었다. 11월의 경우 진중일지가 없는데 휴일은 수요일로 변경된 것으로 나타난다. 행동상보에는 축일인 3일 명치절(明治節)과 제일인 23일 신상제(神嘗祭)를 제외하고 수요일인 18일과 25일에 휴무를 했다고 기재되어 있다.[5] 12월에 들

5 「行動詳報 第137 自昭和17年11月1日至昭和17年11月30日(1)」, 『獨立自動車第42大隊第1中隊 行動詳報 昭和17. 11. 1~17. 11. 30』.

어서도 수요일인 2·9·16·23·30일을, 1943년 1월에는 13·20·27일을, 진중일지가 없는 2월에도 3·17·24일의 휴무와 휴일(17일)의 기록이 행동상보를 통해 확인된다.[6]

이상과 같이 정기적인 휴일의 실시는 1중대와 같은 소속 부대의 전권에 속했지만, 경축일의 전체 휴무 여부는 대대 차원에서 일괄적으로 챙겼다. 10월 15일 대대회보는 16일의 야스쿠니 임시 대제, 17일의 신상제, 23일의 야스쿠니 예대제에 즈음하여 오후에 전원 휴무한다고 알렸다. 뒤이어 16일 대대본부는 17일, 1중대는 전일 휴무, 2~4중대는 오후 휴무, 재료창은 휴무 없음을 회보로 통보했다. 당일로 1중대는 중대명령으로 17일의 휴무와 외출 허가를 결정했고 그대로 시행되었다. 23일 1중대는 휴무했는데,[7] 23일 오후 휴무와 외출이 가능하다는 22일 대대회보를 근거로 내려진 중대명령 때문이었다.

이렇듯 외출과 위안소 이용의 연계 시스템이 자리를 잡는 과정에서 대대회보는 빈번하게 관련된 정보를 전달했다. 실려 있는 내용은 외출 시의 언행, 시설의 개업·폐업 및 영업시간 변경 등이 주류를 이룬다. 이러한 공지를 바탕으로 42대대는 주둔지인 싱가포르에서 소속 병사들의 휴일과 위안소 이용을 조정하고 통제하는 임무를 수행해 나갔다.

6월 29일 군인·군속의 전용인 병참 지정 식당에서 일행인 민간인의 입장을 강요하는 사례, 식당과 구락부(倶樂部)[8]에 출입하는 군속 중 복장과 언동이 불량했다는 것에 대해 주의가 주어졌다(중대회보로도 전달). 8월 7일에는 싱가포르

6 「行動詳報 第167 自昭和18年2月1日至昭和18年2月28日」, 『獨立自動車第42大隊第1中隊 行動詳報 昭和18. 1. 1~18. 2. 28』.

7 「行動詳報 第127 自昭和17年10月1日至昭和17年10月31日」, 『獨立自動車第42大隊第1中隊 行動詳報 昭和17. 10. 1~17. 10. 31』. 진중일지에는 휴무했다는 기술이 없다.

8 이하에서는 진중일지 등의 사료에서 クラブ로 표기된 것은 클럽으로, 倶樂部라 표시된 것은 구락부로 표기한다.

시내에서 군인과 군속의 경례가 부실하다며, 외출자나 근무자는 경례를 확실히 하라는 지시를 내렸다. 특히 경례(혹은 복장)에 대한 지적은 군회보의 '단골' 메뉴 중 하나였으며, 이를 받아 8월 내내 중대회보에서도 경례 철저가 강조되었다(8월 21·25·28일).

시설에 관한 정보로서는 해행사(偕行社)[9] 별관 식당의 상황을 알리는 것이 많다. 가령 25군이나 남방군, 제3비행사단과 같이 사령부나 사단 차원에서 이용하므로 출입을 삼가라는 전달이 그러하다(7월 3·13·21일, 8월 3일, 1943년 1월 11일).

위안소의 변동 상황을 담은 공지는 8월부터 군회보나 경비대회보, 병참회보에 자주 등장하지만(후술), 대대회보에도 적잖이 존재한다. 7월 19일 영외에 "구락부가 개설됨에 따라 휴무를 이용하여 가보라"는 내용이, 7월 24일에는 군인·군속의 전속 음식점으로서 식당 다이겐[大源][10]은 24일부터, 요릿집[料理屋] 기라쿠[喜樂]는 26일부터 개업한다는 소식을 전했다. 10월 16일에는 야스쿠니 예대제가 열리는 10월 23일 해행사, 군이 지정한 음식점과 위안소는 휴업한다고 알렸다. 12월 19일의 대대회보에는 하사관과 병의 클럽으로서 나고야[名古屋]클럽이 난신칸[南進館] 자리에서, 긴조[金城]클럽이 와카바[若葉] 자리에서 12월 18일 개업하며, 구니이치[國一]클럽은 12월 12일 폐업했다고 되어 있다. 12월 26일의 대대회보는 조선인 위안부의 존재를 알려준다. 하사관과 병의 구락부로서 '반도인'으로 채워진 스에히로[末廣]구락부와 난신[南進]구락부가 각각 원래 자리와 야치요[八千代]구락부 자리에서, 장교구락부로서 '현지인'이 있는 쇼게쓰[昭月]구락부가 미야코[都]구락부 앞에서 12월 22일 개업했다는 것이다.

식당이나 위안소는 위에서 인용된 곳 외에도 다수 존재했다(후술). 그런데도

9 일본 육군의 장교와 준사관을 대상으로 친목과 부조를 위해 설립된 재단법인이었으며, 일종의 거대 기업으로서 전국 각지에 군장품 판매 시설, 카페, 여관은 물론 학교까지 운영하고 있었다.

10 이하에서 나오는 위안소나 식당 상호의 한글 표기는 필자가 독자적으로 달았으므로, 오류의 가능성이 있음을 밝혀둔다.

대대회보에서 특별히 공지한 이유는 42대대 소속 병사들이 외출하여 자주 이용하거나 혹은 이용이 할당된 곳이었기 때문이라 여겨진다. 요컨대 병사들의 위안소 출입은 부대의 주둔지 행위와 연계되어 추진되었던 것이다.

2. 임시 주둔지에서의 외출과 위안소

1942년 1중대는 싱가포르 외에 세 곳에서 임시로 주둔하며 임무에 종사했다. 첫 번째가 3월부터 머물던 조호르 주의 조호르바루 시였다.

4월 5일 1중대는 남지구 경비대로부터 「조호르 주 남지구 주류규정」을 수령했다. 이 규정을 바탕으로 1중대는 숙영지의 영내와 영외의 경계선을 획정했다. 남지구는 조호르바루 동쪽의 쿠큽(Kukup), 코타팅기(Kota Tinggi)를 포함한 지역이며, 상위의 규정으로 지대장이 관장하는 「조호르 주 주류규정」이 존재했다. 조호르바루는 말레이시아와 싱가포르를 연결하는 교통의 요지였다.

「남지구 주류규정」에는 일과시한이 제시되어 있다(각 부대에서 일부 변경 가능). 위안소 이용과 연관되는 석식은 19시, 일석점호는 21시로 되어 있다. 각 부대장은 「군대 내무서」에 준하여 하사관과 병에게 1주일에 1회 주둔지 내의 외출을 허가할 수 있었다. 외출을 허가한 경우 부대장은 경비대 및 헌병대에 통보함과 동시에 순찰을 파견하고 그 결과를 경비대장에게 보고해야 했다. 일반 외출은 3명 이상의 동행이 의무적이었고, 중대장(혹은 독립 소대장)이 발행한 외출증을 휴대하도록 했다. 외출 가능한 곳은 “위안 또는 음식을 목적으로 하거나 일용품을 판매하는 군 특설 또는 지정하는 구락부, 요리점, 상점”으로 한정되었다.

4월 10일 남지구 경비대는 경비회보를 통해 규정 중의 외출에 관한 항목을 재차 주지시켰다. 외출자의 복장과 태도가 불량함을 지적했으며, 일반 외출은

3인 이상임을 강조했다. 그리고 외출 실시 전날 경비대에 통보하며, 외출 시에는 순찰을 파견하도록 했다. 하지만 1중대는 조호르바루에서 한 차례의 외출도 실시하지 못했다. 앞서 기술한 대로 싱가포르로 이동하라는 명령을 받았기 때문이다.

7월 16일 1중대의 주력은 다시금 말레이시아로 병영을 옮겼다. 1개월 예정으로 조호르 주 중부에 위치한 바투파핫(Batu Pahat)에 머물면서 고무의 수집과 수송을 짊어지게 된 것이다. 일과시한에는 변동이 없었다.

7월 17일 중대장이 바투파핫 경비대를 방문하여 업무 협의를 진행하는 동안 「바투파핫 주둔규정」이 전달되었다. 내용 중에서 무엇보다 「사와무라[澤村] 지대 조호르 주 주류규정」 및 「조호르 주 경비계획」을 토대로 주둔지에서 지켜야 할 규정을 담았다는 제1조의 구절이 눈길을 끈다. 11연대의 관련 기술을 참조하자면, 「조호르 주 남지구 주류규정」의 상위 규정인 「조호르 주 주류규정」의 작성 주체는 근위사단의 보병 제5연대장 사와무라 슌스케[澤村駿甫]였다. 각 주둔 부대는 규정을 참조하여 필요한 세부 사항을 정할 수 있었으며(3조), 규정은 바투파핫에서 숙영하거나 통과하는 부대의 군인에게도 적용되었다(6조).

일과시한 중 석식은 19시, 일석점호는 21시였다(19조). 그리고 일반 외출에 관한 항목 중 중요한 것은 다음과 같다. 먼저 외출 시한은 사병이 9시부터 18시까지, 하사관은 9시부터 21시까지였으며, 할당일은 [표 1]과 같다(21조).

[표 1] 바타파핫 경비대의 외출일 할당표

	일	월	화	수	목	금	토
외출 부대	사사키[佐々木]부대 절반 하야부사[隼]부대 일부		병기창 절반		사사키부대 절반 하야부사부대 일부		나카무라[中村]부대 병기창 절반

* 하야부사부대는 제3비행사단 소속의 어떤 부대를 가리키며, 사사키부대가 경비대의 주축이었다고 추측된다.

2인 이상 동행하고 복장(각반과 착검, 수통)과 더불어 외출증을 휴대하도록 했다(22조). "구락부의 이용 시간은 외출 시한 내"였고(22조), "일반 외출에서 위안 목적이라면 극장, 구락부 및 경비대 지정 음식점 외에는 출입을 금"했다(23조). 경비대가 지정한 상점은 5곳(新瓊珍, 公昌, 陳齊, 茗香, 別有天)이었다(34조). 그리고 바투파핫에 주둔하던 부대와 극장, 경비대 지정 음식점(○안에 シ로 표시된 곳으로 5곳)의 위치는 〈그림 1〉과 같다.

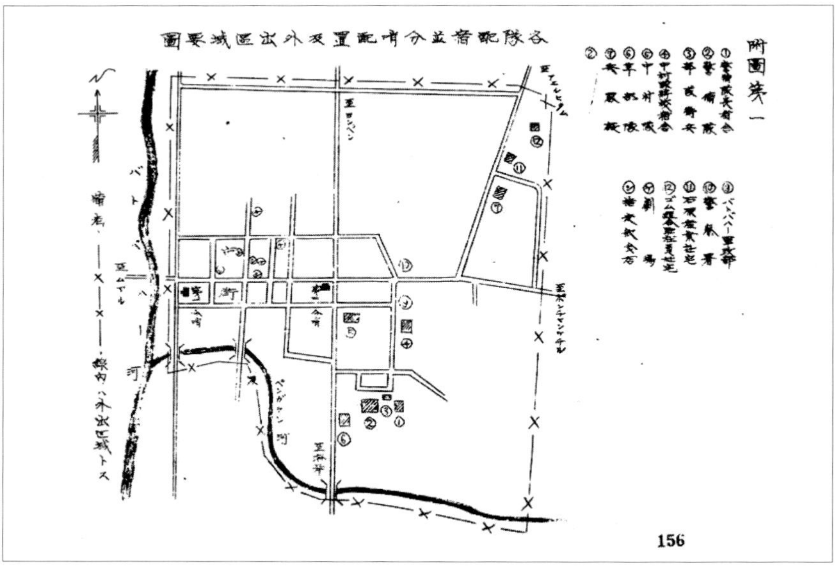

〈그림 1〉 바투파핫 주둔 부대와 위안소 위치

출처: 「陣中日誌 第107 自昭和17年7月1日至昭和17年7月31日(2)」, 『獨立自動車第42大隊第1中隊 行動詳報 昭和17.7.1~17.7.31』

이렇게 안배된 외출 방식하에서 1중대의 외출은 한 차례 이루어졌다. 7월 20일 중대명령으로 21일의 휴무와 인솔외출이 허가되었다. 싱가포르와 동일하게 화요일인 7월 21일에 휴무하고 차량 정비 및 외출이 실시되었다.

7월 26일 1중대는 믈라카 주와 인접한 무아르(Muar)로 옮겨갔다. 당일 일과

시한은 '싱가포르 주둔규정'을 준용하며, 외출일 외에 외출할 때는 공용 완장을 차도록 하라는 중대명령이 내려졌다. 다음날의 중대명령에는 28일(화) 오전 연습 후에 휴무와 외출 허가, 제2종 순찰 배치 등이 열거되어 있었다. 외출에 즈음하여 무아르 시내에서 지정 음식점 외의 출입을 금한다는 주의사항이 전달되었다. 28일 9시에 교련이 실시되었고, 12시부터 1중대는 휴무에 들어갔으며, 13시부터 2소대장이 무아르 시내를 순찰했다.

1중대의 무아르 주둔은 9월 말까지 이어졌다. 그동안 8월 4·11·18일 등의 화요일 정기 외출 외에도 부정기적으로 21·24일의 외출이 허가되었다. 이후 9월의 상황은 진중일지가 현존하지 않아 파악하기 어렵다. 행동상보에서는 불규칙한 '차량 정비'의 기록만 확인된다.

Ⅳ. 제25군과 위안소

1. 위안소 체계의 정립

1중대의 진중일지는 상급 부대인 42대대뿐만 아니라 말레이 반도를 총괄하는 제25군과 싱가포르경비대의 차원에서 위안소 문제가 거론되고 있었음을 알려준다. 소재는 진중일지에 수록된 군회보, 경비(대)회보, 병참회보 등이다. 관련 내용을 좇아가 보면, 25군과 같은 일선의 최상급 부대가 주둔 체계의 정비 및 통제와 궤를 같이 하며 위안소의 설치와 이용에 깊숙이 관여하고 있었다는 사실이 명백해진다.

앞에서 지적했듯이 42대대는 7월 1일 「싱가포르 주둔규정」(4일부터 시행)을 책정했다. 이어 7월 4일자 군회보(6일 수령)에는 "군에서 설치한 특수 위안소"에서만 '특수 위안'을 구하라는 지시가 담겼다. "군기 풍기의 숙정 및 방첩과 악질(惡疾) 예방을 위해" "특히 사창굴"의 출입을 금지한 것이다. 1중대는 이 내용을 7월 6일 중대회보를 통해 주지시켰다.[11] 때마침 25군 사령관의 교체와 남방군 총사령부의 이전과 더불어 군정 조직의 개편이 이루어진다. 따라서 42대대의 주둔규정 제정과 '사창굴' 출입의 금지와 '특수 위안소' 이용의 철저는 싱가포르 주둔 부대의 전면적인 재정비와 연동하여 추진되었다고 보는 것이 자연스럽다. 이러한 해석을 보강해 주는 자료로서 7월 5일자 경비대회보는 「병참 지정 영업자에 대한 규정」(내용 없음)을 전달해 왔다. 요컨대 싱가포르의 위안소 체계는 7월부터 본격적인 궤도에 오르게 된다.

7월 17일 스즈키 소사쿠[鈴木宗作, 1891~1945] 25군 참모장이 초대 군정감에 취임했고, 군정 조직이 개편·확충되었다. 같은 날 '제25군 지정 영업 규정' 중 일부가 개정되어 식당 경영자 등의 취체 감독 업무가 군정감부로 이관되었다.[12] 8월 9일에는 일본인(조선인 포함)이 경영하는 음식점 등의 개설과 단속 요령을 정함과 동시에 요리점, 식당, 여관, 어용상인 등의 영업 허가 및 감독을 싱가포르 특별시장과 각 주의 장관에게 위임했다.

7월 이후 각종 회보에서는 위안소에 관한 기술이 넘쳐난다. 크게 구분하자면 위안소에서의 언행에 대한 지적과 위안소 이용에 관한 정보가 그러하다. 전자는 다음 절에서 언급하고 여기서는 후자에 대해 확인해 두기로 한다.

횟수와 내용이 풍부한 것은 위안소 관련 안내이다. 먼저 8월 10일부터 '병참 통보'의 형식으로 '가업부 검미(檢黴) 건 통보'(내용 없음)가 이루어졌다. 이튿날에도 같은 이름의 통보가 있었으며, 이후 8월 16·24일과 1943년 1월 19일에도

11 사료에서는 7월 5일로 표기되어 있는데 6일의 오류로 봄이 타당하다.

12 이하의 내용은 별도의 언급이 없는 한, 富集団司令部, 「戰時月報」昭和17年8月末日, 『岸幸一コレクション』. 일본무역진흥기구 산하 아시아경제연구소 도서관의 디지털 아카이브를 통해 이용할 수 있다.

기록되어 있다. 병참부대에서 각 부대에 위안부의 성병 보유 여부와 건강 상태를 고지했던 것이다.

위안소와 음식점의 개설과 폐업에 관한 공시는 제때 이루어져야 했다. 8월 13일자 경비대회보는 장교구락부와 하사관·병 구락부의 공휴일을 [표 2]와 같이 변경했음을 알렸다(8월 14일).

[표 2] 싱가포르 시내 위안소의 내역(1942년 8월 13일 시점)

구 분		상 호	공휴일
장교 구락부	제1	眞砂, 昭月, 大和家	4일, 24일
	제2	浜廻家, 白牡丹, 浪花	5일, 25일
하사관·병 구락부	제1	丸芳, 明月, 若葉, 弥生, 曙, チャンギ, 旭, ミス京都, 第三浪花樓	4일, 14일, 24일
	제2	菊水, 南進館, 末廣, 八千代, 丸豊, 第二白牡丹, 船員俱樂部, 第二浪花樓	5일, 15일, 25일

장교 위안소 6곳과 사병 위안소 17곳을 합쳐 23곳의 위안소가 싱가포르에서 영업하고 있었다. 이들 위안소를 각각 두 그룹으로 나눠 휴일을 부여했고, 그 변경을 주둔 부대에 알린 것이다.

8월 16일과 20일에는 「구락부 개설 영업의 건」이 병참회보로 통보되었다(내용 없음). 그리고 앞서 소개한 8월 24일자 군회보에는 장교 위안소 마사고[眞砂]의 영업을 25~26일 양일간 정지하므로 이용을 금한다는 내용이 담겼다. "종업부의 감독이 철저하지 못"했다는 것이 이유였다.

10월 7일 경비대회보는 「구락부 공휴일 변경의 건」을 전해왔다(내용 없음). 10월 30일의 군회보에서는 향후 매월 8일 대조봉대일(大詔奉戴日)에는 병참 여관, 군지정 음식점과 식당, 클럽 등에서의 주류 판매를 중지한다고 되어 있다.

12월에는 대대회보와 마찬가지로 위안소 관련 기술이 대폭 늘어난다. 12월 1일 군회보는 9월 28일자 군회보에 따른 군지정 상점 및 별지(내용 없음)에 추가한 군지정 음식점 외에서 군인과 군속의 음식과 위안을 금한다고 공지했다. 그리고 군지정 상점에는 흑색의 표식(⋀⋀)이 부착되어 있다고 알려왔다. 12월 15일에는 7월 14일 대대회보에도 나온 바 있는 식당[大源]의 군지정이 해제되며, 호시노야[星の屋] 본점의 '사용 한정'을 풀어 일반 장교 구락부로 한다는 소식이 군회보에 실렸다.

그리고 위의 대대회보에서 확인했듯이 12월 20일 전후로 위안소의 개업과 폐업이 줄을 이었다. 난신칸 자리에는 나고야클럽이, 와카바 자리에는 긴조클럽이 생겼으며, 12월 12일 문을 닫은 구니이치클럽은 위에서 소개한 8월 16일 혹은 20일에 통보된 병참회보 속에 있었을지도 모른다. 조선인 '위안부'가 있던 스에히로클럽과 난신클럽은 각각 스에히로와 폐업한 야치요클럽 자리에서 개설되었고, 쇼게쓰클럽은 미야코클럽 자리에서 장교 위안소로 개업했다.

뒤이어 12월 27일의 군회보는 위안소 관리 방식의 변동이 생겼음을 전한다(12월 28일). 하나는 싱가포르의 '군지정 상인'의 관리가 군정감부로 이관되었다는 사실이다. 다른 하나는 군지정 상인은 '군전용'과 '군이용'으로 구분했다는 점이다.

군전용이란 "군에서 극력 원조하여 일부 음식품을 불하하여 경영하게 한" 곳으로 육군 군인·군속(대우자를 제외, 이하 마찬가지) 외에는 출입을 엄금했다. 군인·군속 외의 출입자는 퇴거시켰고, 위반한 업자는 병참에 통보하고 상당한 벌칙을 가하도록 했다. 민간인의 동반 출입 또한 불가능했다. 그리고 군이용은 "단지 군인·군속의 출입을 허가하고 위생상의 감독을 군에서 실시"하는 곳이었다. 원래 병참에서 개설했다가 군이용이 된 경우에는 군인·군속의 요금을 변경할 수 없도록 했다.

위안소 개설은 12월 말의 시점까지 이어졌다. 12월 28일 군회보는 이날부터 장교와 고등문관을 상대로 하는 군전용 요릿집 두 곳(立花屋, 鶴屋)이 신설된다는 것을 알렸다. 요금을 별표(내용 없음)로 첨부했으며, 병사들의 출입을 금했다. 군전용과 군이용의 형식과 해행사, 구락부, 식당, 여관 등의 업태를 망라하여 1942년 12월 말 시점에서 싱가포르에는 [표 3]과 같은 업소들이 존재했다.

[표 3] 싱가포르 시내의 위안소, 식당, 여관의 내역(1942년 12월 27일 시점)

<table>
<tr><th colspan="2">구 분</th><th>군전용</th><th>군이용</th></tr>
<tr><td rowspan="2">요릿집
구락부</td><td>장교
고등
문관</td><td>立花屋, 鶴屋, 眞砂, 大和屋, 浜ノ家</td><td></td></tr>
<tr><td>군인
군속</td><td>第一白牡丹, 名古屋, 金城, 美登里, 一力, 菊水, 丸芳, 富士, 末廣, 南進館, 花園, 大洋, 都, 櫻, 昭月</td><td>旭會館, 旭倶樂部, 星之屋本店, 第二星之屋, 第三星之屋, 第四星之屋, 平壤館倶樂部, 第二白牡丹, 曙倶樂部, ○○倶樂部, チャンギ倶樂部, 丸豊倶樂部</td></tr>
<tr><td>식당</td><td>군인
군속</td><td>喜樂, 帝國園, 大丸食堂, 昭南プール, 昭南驛食堂</td><td>日之出食堂, 東京食堂, 緑宝食堂, 美合食堂, 好萊○食堂, 稻荷屋, 南星園, 大衆樂食堂, 新和食堂, 山水園, さくら, カフェーウィン, 美古谷食堂, サツキ食堂, 天國食堂, 光食堂, フルサト, 有明食堂, 南明莊, スイン食堂, 瑞穗食堂, 南都ホテル, 図南倶樂部, 紅櫻食堂, 日光食堂, 菊水食堂, 靜乃家, 櫻花園</td></tr>
<tr><td colspan="2">여관</td><td>南明閣, 昭南旅館, 昭南驛ホテル, 富士ホテル</td><td></td></tr>
</table>

* 밑줄 표시는 맥주, 사이다 및 식사 시설이 있는 곳을 가리키며, ○는 판독이 불가능한 글자이다.

장교용 5곳과 사병용으로 군전용 15곳, 군이용 12곳으로 총 32곳으로 증가했다. 장교용은 줄었지만 8월 이후 사병용은 10곳이 신설되었다.

12월 29일의 군회보에서는 군전용 요릿집, 구락부, 식당의 연말연시 영업일이 공지되었다. 12월 31일과 1월 1일은 임시로 휴업하며, 대신에 구락부의 공휴일은 1월 4일과 5일은 영업을 한다는 것이었다. 휴업일 공지는 하루 만에 변경되었다. 이튿날 임시 휴업은 1월 1일뿐이라는 내용이 군회보에 실렸다.

1943년이 되어 1월 7일 군회보에는 '평양구락부'(평양관구락부로 여겨짐)에서 분실된 총검의 번호가 공지되었다. 1월 16일의 군회보는 장교 구락부의 공휴일 변경을 알리고 있다. 8일과 제3목요일을 쉬는 곳(鶴屋, 眞砂), 8일과 제3토요일을 쉬는 곳(立花屋, 大和屋, 浜の家) 그리고 나머지는 현행대로 휴일을 갖도록 한 것이다. 1월 30일에는 하야부사[隼] 식당이 군지정 인가를 받았으며 별관의 2월 중 휴업일 1일을 4일로 바꾼다는 소식이 군회보에 들어 있었다(2월 진중일지 없음). 3월 1일의 군회보는 당일부터 싱가포르 시내 요릿집 등에서 17시까지 주류를 판매하지 않는다는 것, 1일의 별관 정기휴일이 2일로 연기되었다는 것 등을 공시했다.

싱가포르에 있던 위안소 운영을 통제한 것은 누구였을까? 1중대의 진중일지에 수록된 내용에서 짐작되듯이 답은 25군 참모부와 병참 부대일 것이다. 직접적인 증빙 사료는 남아 있지 않지만, 필리핀을 점령하고 통치했던 제14군의 문서가 시사점을 제공해 준다.

1942년 11월 17일자로 14군 사령관이 하달한 「병참 근무에 관한 규정」 중의 '위안에 관한 사항'에는 다음과 같은 내용이 적시되어 있다.[13]

> 6) 병참지 근무를 담당하는 부대장은 군의 인가를 받아 필요한 여관 또는 가옥을 병참시설로 지정하여 경영을 위탁, 해제하거나 필요한 음식점 및 위안소를 지정, 해제할 수 있다. [중략]
>
> 8) 병참 지정 여관, 음식점 또는 위안소의 취체에 관해서는 소요 규정을 정하여 위반

13 (財)女性のためのアジア平和國民基金 편, 1997, 『政府調査「從軍慰安婦」關係資料集成』 3, 龍溪書舍, 195~198쪽.

하지 않도록 한다. 음식품의 판매 가격 및 위안소 요금의 공정(公定)에 관해서는 군의 인가를 요한다.

병참 근무 규정에 따르면 병참 부대장은 14군의 인가를 거쳐 위안소 및 여관, 음식점을 '병참시설'로 지정하고 해제하는 업무를 담당했다. 위안소의 관리와 통제에 관한 일상 업무는 병참 부대의 관할이었던 것이다. 필리핀 소재 최상급 부대인 14군 사령부는 예하 부대를 지휘하는 것과 마찬가지로 위안소 요금은 물론 음식의 판매 가격까지 통제했다. 위안소는 병참시설로서 개설되고 관리되었음을 웅변해 준다.

2. 위안소 이용 병사의 통제

싱가포르를 지키는 25군의 입장에서 최우선의 관심사는 식당, 위안소 등의 시설의 안전 여부였다. 4월 30일 1중대회보에 일본군 암살 운운 기록이 있었는데, 7월 5일의 경비대회보(6일 수령)는 장교 암살을 시도한 그룹을 검거했다고 전했다. 취조 결과 장교구락부, 술집의 고용인을 매수하여 독약을 사용하려고 했다는 것이다.

앞에서 경례의 소홀함을 놓고 군사령부가 신경을 썼다는 사실을 소개했다. 군사령부 나아가 남방군 총사령부가 있는 싱가포르의 경우, 위안소의 설치와 이용에 즈음한 이른바 '외출 군기' 문제는 여타 지역보다 훨씬 민감한 사안이었다.

외출에 관한 지적은 일찍부터 이루어졌다. 경비대회보는 4월 17일 외출한 군인 중에 지방인의 자동차에 편승하는 사례를 거론했으며, 5월 5일에는 경례와 복장에 관해 외출자에게 주의를 주도록 요청했다. 수통 휴대의 철저(8월

10일, 군회보의 작성일은 8일이나 수령된 날짜를 따랐으며 이하 별도의 언급이 없는 한 마찬가지), 공용 외출자의 완장 착용(8월 20일), 외출자의 복장 불량과 군대 내무서의 관련 규정에 따른 외출 시한과 외출증(8월 24일)이 언급되었다.

그리고 5월 14일의 군회보는 위안소 왕복에 자동차를 사용하는 군인·군속에 대한 지적이 담겨 있다.[14] 자동차의 사적 이용 문제는 이후에도 거론되었다. 6월 14일 경비회보는 위안소 왕복에 자동차를 사용하는 경우는 처벌될 것임을 알렸고, 6월 18일 군회보는 자동차 사용자를 회보에 게재한다고 씌어 있었다. 같은 날 군회보(수령 19일)는 17일 심야에 자동차로 위안소를 왕복한 장교 4명의 이름은 빼고 소속과 계급을 공시했다.

위안소 개설과 사용이 본격화됨에 따라 위안소 내에서의 비행 또한 자주 지적된다. 7월 31일자 병참회보(8월 3일)에는 "구락부에서 가업부(稼業婦), 업자에게 폭력을 휘두르거나 비치 물품을 훼손"하지 않도록 자숙할 것, "구락부에서는 24시 이후 유흥을 접수하지 않"는다는 것 등이 담겼다. 8월 24일에는 군인·군속 중에 군용차나 인력거에 현지 부녀자 또는 위안부를 동승시켰으며, 음식점이나 위안소에서 맥주병, 컵을 고의로 파손했다는 내용이 군회보로 전해졌다. 1943년 1월 26일자 군회보는 외출자가 사창굴, 무용장(舞踊場)[15]을 출입하지 않도록 주의를 주었다.

12월 30일의 군회보는 '총괄' 격이다. 경례 불철저, 복장 불량, 공용외출의 사용화(私用化), 인솔외출의 지휘 불량, 군이 지정하지 않은 음식점 출입 등은 엄하게 지도하도록 지시했고, 1중대에서도 복장과 태도가 불량했던 하사관과

14 이 군회보는 말레이시아에 주둔하던 제5사단 소속 보병 제11연대 제7중대의 진중일지에도 수록되어 있다(「陣中日誌 第77 自昭和17年5月1日至昭和17年5月31日(1)」, 『步兵第11連隊第7中隊 陣中日誌 昭和17. 1. 1~17. 6. 30』).

15 무용장은 1942년 8월 29일 25군 참모장이자 군정감이 내린 명령과 관련된다. 8월 28일 군정감부는 현지인을 위해 개설을 허가한 댄스홀에 군인과 군속이 출입하지 않도록 지도하며, 싱가포르 이외에서도 실시하도록 했다.

병참 위안소에서 복장과 태도가 불량했던 사병을 거명하며 주의를 환기시켰다. 해가 바뀌어 1월 19일과 26일 군사령부는 유사한 지적을 거듭 내렸다.

한편에서 군사령부는 1943년 1월 13일자 군회보에서 '시내 외출자에 대한 주의'를 하달하며 지휘관의 느슨한 외출 통제 문제를 언급했다.[16] 먼저 임시외출은 근무자에게 대체로 허가해 주는 것이 아니고, 유흥 등의 목적으로 허가해서는 안 되며, 증명서에는 직명(대장, 부관, 주번사령 등)을 명시해야 한다고 적시했다. '인솔외출'에 대한 잣대가 엄격해졌다. 인솔외출은 도중에 해산하여 각자 행동을 허락하는 것이 아니며, 위안소 등에 이르러 유흥하게 하는 것도 바람직하지 않다고 되어 있다. '각종 작업장' 등에서 부근 음식점을 출입하거나 개인 용무를 보게 한다는 부분은 사병과 용인(傭人, 군속의 한 부류)에게 외출증 없이 외출을 내보낸다는 지적과 연결된다. 참고로 위에서 언급한 인솔외출은 위문 공연이나 영화 등의 단체 관람을 가리키는 것으로 판단된다.

또한 군회보에는 전술한 해행사 별관 식당(이하 별관)의 대관을 둘러싼 통지도 잦았다. 6월 4일의 군회보는 별관의 봉사료가 6월 5일부터 인상됨을 전했으며(1시간에 일본인 여급은 1엔 10센, 현지인 여급은 40센), 7월 17일에는 별관의 '경영요령 및 메뉴 정가표'가 실렸다. 8월 8일에는 교통 문제와 관련하여 별관, 요리점, 식당 앞에 대기 중인 승용차가 많다면서 병참이 제공하는 버스로 별관을 왕복하라는 내용이 눈에 띈다. 해를 넘겨서는 별관의 2월 중 정기휴일이 1일에서 4일로 바뀌었다거나(1월 30일), 3월의 정기휴일인 1일을 2일로 연기하고 3일에는 25군이 사용한다고 알렸다(3월 1일).

16 아시아여성기금이 펴낸 자료집(『政府調査「從軍慰安婦」關係資料集成』 3권)에서 행동상보에서 인용했다고 쓴 것은 오류로서 실제로는 진중일지에 수록되어 있다. 그리고 군회보의 주장은 군대내무서의 관련 규정을 근거로 삼고 있으며, 전년 8월 21일자 군회보에서도 외출시한과 외출증 양식은 군대내무서 규정에 따르도록 지시했다(8월 24일).

V. 군정 조직의 위안소 관리

1. 말레이 군정감부의 관리 체계

앞서 설명했듯이 제25군이 1943년 4월 수마트라로 이동함에 따라 25군 참모장의 군정감 겸임은 폐지되었다. 수마트라와 분리되어 남방군 직속으로 신설된 말레이 군정감부는 이소야 고로[磯矢伍郎, 1896~1993]가 초대 군정감을, 8월부터는 총무부장 후지무라 마스조[藤村益藏, 1895~1978] 소장이 이어받았다.

이 무렵 말레이 반도의 방어는 1942년 9월에 편성된 제12독립수비대가 맡고 있었다. 그리고 1943년 10월부터 과달카날 전투를 마친 보병 제2사단이 속속 말레이 반도로 들어왔고, 이듬해 1월 버마로 이동할 때까지 쿠알라룸푸르에 사령부를 두었다. 같은 달에 말레이 반도를 방어할 제29군이 편성되자 말레이 군정감부도 2월에 싱가포르에서 말레이시아로 옮겨갔고, 후지무라 군정감이 참모장을 겸하는 방식으로 되돌아갔다.

1943년 11월 11일 말레이 군정감 명의로 「위안 시설 및 여관 영업 취체 규정」(이하 영업규정)이 제정되었다.[17] 실시는 12월 1일부터였으며, 1개월 전인 10월 5일에 제정된 동명의 규정은 폐지되었다. 앞서 지적한 대로 1942년 12월 말로 '군지정 상인'의 관리는 군정 조직이 담당하는 것으로 바뀌었지만, 위안소를 비롯한 위안 시설은 전적으로 군의 의향에 의해 관리·운영되고 있었다.

먼저 위안 시설은 '오락 시설(영화, 연극, 연기, 독서, 음악, 운동)'과 '음식 시설(다방, 식당, 요릿집)'과 '특수 위안 시설(위안소)'의 세 종류로 구분되었다(4조). 그중에서 음식 시설과 특수 위안 시설은 "필요 최소한도에 그치고 나아가 술 문제를

17 이하의 내용은 별도의 언급이 없는 한 「11 軍政規定集(第17~87まで第27欠) 馬來軍政監部 自昭和18年9月1日至昭和19年2月24日(1)」과 「11 軍政規定集(第17~87まで第27欠) 馬來軍政監部 自昭和18年9月1日至昭和19年2月24日(2)」, 『軍政部內諸規定 部內關係書類綴 3/3昭18. 6~19. 6』를 참조.

일으키기 쉬운(예를 들어 일본식 카페 같은) 시설은 피하"도록 했다(5조). 음식 시설과 특수 위안 시설은 "영업장소 등을 고려하여 현지인에 대한 문화 시책에 악영향을 주지 않"도록 했으며(6조), 경영자는 원칙적으로 일본인(조선인 포함)으로 한정하고 종업원은 되도록 현지인을 활용하도록 했다(7조).

위안 시설은 일본인의 출입 이용을 제한하는 '군전용'과 일반인의 출입 이용을 허용하나 군인·군속에게 특히 편리를 부여하는 '군이용', 그 외의 '기타 영업'의 세 종류로 구분했다(8조). 군전용과 군이용의 인정은 군이 행하며(9조), 여기서 군은 제2사단장 또는 제2사단장이 지정한 독립수비대장을 가리킨다(10조). 여타 지역과 마찬가지로 해군 소관의 위안 시설과 여관은 군정 기관에서 관여하지 않았다(11조).

영업의 허가·금지·정지, 영업의 양도와 이전 허가, 가업부의 취업 및 변경의 허가, 영업자와 가업부의 폐업 허가는 지방장관이 처리했다(12조). 지방장관은 군지정과 군이용의 인정·취소의 필요에 즈음하여 군정감에게 보고하고(13조), 군정감은 의견을 붙여 군에 요청했다(14조). 영업자와 종업원의 전업·전적(轉籍)에 관한 허가 신청을 받은 지방장관은 의견을 붙여 군정감에게 상신했다(15조). 영업자와 종업원의 초치는 지방장관이 군정감에게 보고한 뒤 결정에 따라 처리하며(16조), 군정감은 의견을 붙여 군에 신청했다(17조). 지방장관은 군의 요망이나 군정감의 지시가 있는 경우 위안 시설의 개설에 관한 가옥 설비의 대여 등을 알선하며, 영업 정비 및 영업자·종업원의 처분에 관해 군의 요망이 있는 경우 이를 따르도록 했다(18조). 위안 시설의 판매 가격, 대금, 서비스료 등은 별도로 정했다(20조).

위안 시설 종사자는 월 1회 정기검진을, 가업부는 매주 1회 검미를 받도록 했으며(21조), 위생 관리에 관해 관계 군대의 원조를 받을 수 있었다(22조). 위안

시설의 영업을 비롯한 제반 감독의 책임은 지방장관에게 있었다(23~29조). 영업규정에서 설정된 말레이 반도에 설치된 위안소 관리의 실무 책임자는 지방장관, 즉 싱가포르 특별시와 각 주였던 것이다.

영업규정에 더해 위안소 운영의 세부 사항까지 규율하는 「위안 시설 및 여관 영업 준수 규칙」(이하 영업규칙)이 설정되었다. 25군 시절과 동일하게 작성된 군 전용과 군이용의 표식을 내걸어야 했으며(2조), 영업자는 업종별로 조합을 조직하여 지방장관의 인가를 받도록 했다(5조). 가업부의 채용에 즈음해서는 「예기, 작부의 고용 계약 규칙」에 따라 계약을 맺고 지방장관의 인가를 받도록 했다(6조). 영업자에게는 호객 금지, 손님과의 동반 외출 불가, 영업시간(12~24시) 등의 자세한 규칙을 부과했다(7조). 취업 허가가 없거나 감염자는 손님을 받지 못했다(11조). 영업자와 종업원의 전업·전적, 폐업은 지방장관을 경유하여 군정감의 허가를 받아야 했다(12~13조).

위안소 영업자는 〈그림 2〉와 같은 매월의 수지계산서를 작성하여 익월 10일까지 군정 지부를 거쳐 군정감에게 제출했다(18조).

내용 중에서 흥미로운 부분은 조합비가 책정되어 있다는 점과 비고의 '투자액'에 대한 내역까지 관리 대상이었다는 점이다. 투자액은 위안부에게 대여한 전차금과 개업에 소요된 경비를 합친 것이며, 당초 금액을 매월 '회수'하는 방식으로 관리한 다음 최종적으로 이익을 산출하도록 했다. 매월 회수되는 지출 항목이 '회비(賄費)'로 추정된다. 군은 위안소의 수익 여부까지 파악하고 통제하고 있었던 것을 알 수 있다.

「예기, 작부의 고용 계약 규칙」(이하 고용규칙)은 위와 같이 영업자와 가업부의 수익에 대한 통제까지 망라하고 있다. 강제 저금을 제외한 매상고 중에서 영업자와 가업부의 배당분을 지정했는데, 채무 즉 전차금이 1,500엔 이상이면 6:4,

附表第七號

收支計算書

昭和　年　月分

何々倶樂部　　營業者氏名

收入			支出		
科目	摘要	金額	科目	摘要	金額
玉代總收入			玉代（稼業婦ニ拂戻）		
雜收入			賄費		
			光熱費		
			衛生費		
			組合費		
			家賃		
			給料		
			營繕費		
			備品費		
			雜費		
			本月利益		

備考1.投資額（稼業婦ニ貸與シアル前借金及開業迄ニ特ニ要シタル經費）
(イ)當初ノ金額
(ロ)現在迄ニ回收シタル額
前月迄ノ回收額
本月回收額
計
(ハ)差引未回收額
2.人員數　(イ)稼業婦　名　(ロ)其他使用人　名
右御屆ニ及候也
昭和　年　月　日
右何々　(印)
馬來軍政監殿

〈그림 2〉 위안소의 매월 수지계산서

1,500엔 미만이면 5:5로 나누며, 전차금이 없는 경우는 4:6으로 나누도록 했다(1조). 가재도구, 식비와 의료비 등의 비용은 영업자가 부담했다(2조). 월 매상고의 3%를 가업부 본인의 명의로 저금하여 폐업 후 가업부가 갖도록 했다(3조). 전차금의 변제는 매월 배당분의 2/3 이상으로 했으며, 잔금의 용도는 가업부에게 일임했다(4조). 가업에 따른 임신과 분만, 질병은 절반씩 부담하며,

기타는 가업부가 부담하고 영업자는 위문금을 내도록 했다(5조). 손님에게서 받은 금품은 가업부 소유였으며(6조), 미불 유흥비의 보전도 영업자의 몫이었다(7조).

가업부가 폐업하면 당일까지의 수익을 정산했지만(8조), 가업부가 6개월 이내에 해약하는 경우에는 위약금을 보상했다(9조). 영업자는 가업부 개인별로 대차계산부와 매상고 일기장을 2통씩 작성하여 1통은 가업부에게 교부했고(10조), 가업부가 별도로 100엔 이상의 채무를 원할 때는 지방장관의 인가를 받아야 했다(11조), 가업부의 취업지 변경과 폐업, 별도 채무의 인가, 계약 변경, 장부의 재작성 등에 대해서는 대차계산부와 매상고 일기장을 지방장관에게 제출하여 검열을 받았다(12조).

'위안부'의 관리를 둘러싸고 영업규정과 영업규칙, 고용규칙에 이르기까지 매우 엄격하고 상세하게 제도를 설정한 것은 유럽인까지 포함하여 싱가포르에 거주하는 주민의 평판을 고려한 결과로 봄이 타당하다. 그런 측면은 영업규정에서도 읽을 수 있다. "현지인에 대한 문화 시책에 악영향을 주지 않"도록 위안 시설의 장소를 선정하도록 했으며(6조), 인력 부족 탓에 위안 시설의 종업원은 되도록 현지인을 고용할 수밖에 없었기 때문이다(7조).

이후 말레이 군정감부와 위안소 운영에 관한 자료는 거의 없지만, 콘돔 즉 '위생 삿쿠'의 배분에 관한 기록이 남아 있다. 말레이 반도 각지에 매월 배분된 의약품 중에서 삿쿠가 들어 있다. 1943년 7월에는 느그리슴빌란(Negeri Sembilan) 주에 1,000개, 페락 주에 10,000개가 배분되었고,[18] 8월에는 믈라카(Melaka) 주 5,000개, 세랑고르(Selangor) 주 10,000개, 피낭(Pinang) 주 30,000개였으며,[19]

18 「戰時月報(軍政關係) 馬來軍政監部 昭和18年7月31日/衛生」, 『戰時月報(軍政關係) 昭18. 4. 19~18. 7. 31』. 7월 기록 중에는 화류병 예방 시설의 확충을 위해 1943년도에 싱가포르 시에 예방 및 치료 시설 예산으로 10만 달러를 교부했다는 부분도 있다.

19 「戰時月報(軍政關係) 馬來軍政監部 昭和18年8月31日/衛生」, 『戰時月報(軍政關係) 昭18. 4. 19~

9월에는 군정감부 5,000개, 아사노[淺野]물산 및 에후쿠[永福]산업이 1,500개였고,[20] 10월에는 에후쿠산업공사 1,000개, 피낭 정청 20,000개, 싱가포르 시 12,000개가,[21] 그리고 11월에는 믈라카 주 정청에 5,000개가 배급되었다.[22] 그리고 군정감부가 페락 주로 이동한 이후인 1944년 2월에는 "군전용 특수위안소, 요릿집, 클럽용" 1개월분 삿쿠 75,000개와 과망간산칼륨 7kl를 각 지역의 위안부 수에 맞춰 배급했으며, 향후에도 매월 보급할 예정이라고 적시되어 있다.[23]

2. 위안소 내부의 상황

2013년 버마와 싱가포르의 위안소에서 관리인으로 일했던 조선인(이하 관리인)의 일기 『일본군 위안소 관리인의 일기』(이하 일기)가 간행되었다. 이하에서는 일기를 바탕으로 전술한 군정감부의 관련 규정과 연계시켜 싱가포르 위안소의 실태를 보다 명확히 하고자 한다.[24]

관리인은 1943년 9월 19일 버마를 떠나 동 29일에 싱가포르에 도착했다. 얼마 후 해행사에서 택시 관련 업무에 종사하다가 위안소 기쿠스이[菊水]의 조바[帳場] 즉 관리인으로 일하게 된 것은 1944년 2월 2일부터였다. 그해 12월 16일

18. 7. 31』.

20 「戰時月報(軍政關係) 馬來軍政監部 昭和18年9月30日/衛生」, 『戰時月報(軍政關係) 昭18. 4. 19~18. 7. 31』. 아사노 물산은 일본 굴지의 종합상사 마루베니[丸紅]의 전신이다.

21 「戰時月報(軍政關係) 馬來軍政監部 昭和18年10月31日/衛生」, 『戰時月報(軍政關係) 昭18. 4. 19~18. 7. 31』.

22 「戰時月報 馬來軍政監部 昭和18年11月30日/內政/3.衛生」, 『戰時月報(軍政關係) 昭18. 4. 19~18. 7. 31』.

23 「軍政月報 馬來軍政監部 昭和19年2月29日/第2 內政」, 『戰時月報(2~3月) 昭19. 2. 29~19. 3. 31』. 3월에는 배급했다는 기록이 없다.

24 이하에서 일기의 인용 쪽수는 특별한 경우 외에는 생략하고 날짜로 대체한다.

싱가포르를 떠날 때까지 10개월 넘게 관리인으로 근무했다. 기쿠스이는 1942년 8월 8일 개업한 뒤(1944년 8월 8일이 개업 2주년) [표 2]와 [표 3]에서 알 수 있듯이 사병 전용의 위안소로 영업을 이어갔다.

일기는 위에서 검토한 군정감부의 영업규정, 영업규칙, 고용규칙이 거의 어김없이 지켜지고 있음을 보여준다. 그 주요한 내용만 지적해 두기로 하자.

영업규정에서 위안소 관리 업무는 지방장관의 담당이라고 했는데, 일기에 따르면 싱가포르 특별시 정청 경무부 보안과의 영업계와 여행(증명)계가 실제 창구 역할을 맡았다. 12조에서 규정된 가업부의 취업 및 변경의 허가, 영업자와 가업부의 폐업 허가 업무는 영업계의 소관이었고, 귀국에 필요한 절차는 여행계에서 처리했다. 관리인 자신이 종업원인 조바가 되었다는 신고를 3월 9일 제출했으며,[25] 조바를 그만두고 귀국하기 위해 10월 10일에는 해고 신고를 했다.

4월 10일에는 새로 채용한 위안부 2명의 취업허가원을 냈으나, 군의의 진단서를 첨부하여 다시 오라는 통보를 들었다. 그중의 한 명은 수마트라의 팔렘방에서 싱가포르로 건너와 기쿠스이에 합류하게 되었다(4월 18일). 이후 경과를 보면, 4월 21일 진단서 관계로 병원을 찾았으며, 동 22일 취업허가원을 제출했다. 4월 24일에는 두 사람의 재류 신고를 했는데, 한 사람의 병원 기록을 요구받았다. 5월 8일 영업계를 찾았으나 담당자가 없어 이튿날 취업 허가를 받았다.

폐업한 사례도 수록되어 있다. 7월 9일 자매인 두 사람이 폐업을 원해 영업자의 승낙을 받아 폐업계를 작성하여 동 11일 영업계에 가서 수속을 밟았다. 7월 12일 두 사람의 여행 증명에 필요한 서류를 수령했고, 동 14일 여행계에서 여행 수속에 필요한 용지를 받아왔다. 7월 20일 두 사람을 데리고 여행계에 가

25 신분증명서계에 직업이동변동서를 제출했다고 하는데, 신분증명서계는 3월 9일밖에 나오지 않는다.

서 귀환 여행증명에 관한 서류를 제출했지만 미비점이 있어 도로 가져 왔고, 8월 7일 두 사람의 여행증명서가 나와서 남방운항회사에 승선 신청을 했다. 8월 9일 두 사람의 송금 허가를 신청했고, 동 14일 두 사람은 일본 본토로 가는 배에 탔다.

보안과의 영업계와 여행(증명)계와 더불어 중요한 조직은 영업규칙 5조에 따라 조직된 '구락부조합'이다. 매월 초에 전월의 매상고와 대금을 결산한 '월표(月表)'를 작성하여 구락부 조합사무소에 제출했다는 기록이 3~12월까지 확인된다. 영업규칙 18조에 의무화된 수지계산서의 보안과 제출은 세 차례(5월 10일, 8월 10일, 9월 10일) 적시되어 있는데, 이유는 불명하지만 12월 10일에는 조합사무소에 제출했다고 씌어 있다. 조합장 선거가 3월 25일과 11월 11일 2회 실시되었음이 기록되어 있다. 참고로 일기에는 버마 지역의 조합비 액수에 관한 기록이 있다. 관리인은 1943년 8월 10일 랑군에서 열린 위안소조합회의에 출석하여 경영자 30엔, 위안부 1인당 2엔 등 총 62엔을 납부했다고 한다.

군전용 위안소의 공휴일은 원래 월 3회(4일, 14일, 24일)였는데, 3월부터 2회로 줄어들었다. 기쿠스이는 8일과 19일로 정해졌는데, 일요일인 경우에는 손님이 많은 탓인지 변경되기도 했다(10월 8일은 동 10일로 변경).

일기는 영업규정 21조에 명시된 검진 시행의 기록을 담고 있다. 종업원 전체를 대상으로 한 '신체검사'는 3회(2월 23일, 3월 28일, 6월 5일) 확인되며, 위안부를 대상으로 매주 실시되는 검미도 마찬가지였다. 일기에는 보균자가 있는 4회에 한해서 언급되어 있는데(3월 7일, 5월 12일), 6월 들어 2일과 9일의 기록을 통해 매주 실시되었음을 알 수 있다.

그리고 위안소에서 소란을 피우는 군인의 모습이 두 차례 수록되어 있다. 2월 22일에는 취객이 칼을 뽑고 폭행을 벌였으며, 9월 9일에는 창기 포로수용소의 군속이 무단으로 외출하여 기쿠스이에 들렀다가 헌병에게 발각되는 일이 벌어졌다.

마지막으로 일기를 해제한 안병직은 싱가포르의 위안소 10곳이 일기에 등장한다고 밝혔다. 菊水, 大洋館, 興南俱樂部, 名古屋俱樂部, 共榮俱樂部, 図南俱樂部, 富士俱樂部, 花園俱樂部, 第一白牡丹, 勝鬨俱樂部 등이다. 하지만 3월 8일 도나리구미의 상회(常會)가 열렸다는 야마토야[大和屋]는 [표 2]와 [표 3]에 나오는 장교 전용 위안소인 야마토야[大和家, 大和屋]를 가리킨다고 추측된다. 6월 24일의 창기[チャンギ]구락부(경영자 金澤)는 [표 2]와 [표 3]에 상호가 올라 있다. 관리인이 남긴 일기에 따르면 싱가포르 소재 위안소는 최소 12곳에 이르렀다.

Ⅵ. 맺음말

이상에서 말레이 반도를 점령했던 第25군이 어떻게 위안소를 설치하고 관리했는지를 직할부대였던 독립자동차 제42대대의 진중일지를 통해 살펴보았다. 42대대는 싱가포르에 주둔하면서 25군의 병참 부대에서 개설한 위안소를 출입하게 된다. 42대대는 상급 부대인 싱가포르 경비대의 「싱가포르 경비규정」에 입각하여 「싱가포르 주둔규정」을 제정했고, '휴일 및 외출'에 관한 조항에 입각하여 각 부대에 휴무일의 할당과 외출을 안배했다. 위안소의 개폐업과 영업시간 변경 등의 사항은 주둔에 필요한 제반 사항과 더불어 군회보, 경비대회보, 병참회보 등을 통해 대대회보로 군대의 명령 체계에 입각하여 전달되었다. 임시로 옮겨간 주둔지에서는 해당 지역을 경비하는 부대가 각종 주둔 규정에 입각하여 위안소 사용을 배분하고 통제했다. 요컨대 주둔 시스템과 결부되어 부여된 외출일은 곧 위안소 출입이 허가된 날이기도 했던 것이다. 아울러 「군대내무서(령)」은 하사관과 병에게 외출을 부여하는 근거를 제공했다.

한편 싱가포르에 개설된 위안소는 여타 지역과는 다른 운영 방식이 작동했다. 점령지로서 서구 유럽의 시선이 쏠린다는 점과 함께 남방군 최고사령부가 주둔했다는 사실을 감안하여 규칙에 입각한 절제 있는 통제와 관리 노력이 확인되기 때문이다. 영업자와 가업부로 구성된 위안소의 운영은 군의 최종적인 인허가권 자체는 변함이 없지만 다른 점령지와는 달리 체계적이고 덜 착취적인 모습을 띠고 있다. 군전용과 군이용이라는 구분 방식이 도입되면서도 위안 시설의 범주는 '오락 시설' 및 '음식 시설'과 더불어 '특수 위안 시설'로서 위안소가 설정되는 형식을 취하고 있다. 그 점에서 대도시 싱가포르는 전형적인 도시 정주형 위안소로서 개설되고 운용되어진 사례라고 할 수 있다.

8.
버마의 일본군'위안부' 제도와 조선인 '위안부'의 귀환*

공준환 | 서울대학교 사회학과 박사수료

I. 머리말

1. 일본군'위안부' 제도

일본군'위안부' 문제의 가장 큰 특징은 그 제도(system)적인 성격에 있다. 근대 전쟁의 전장에서는 여성에 대한 성폭력이 빈번하게 발생해 왔고, 군대를 위해 여성의 성을 관리하고 동원하는 일들이 벌어져 왔다. 제2차 세계대전의 혼돈스러운 전장에서 나치 독일은 군대와 강제수용소 내에서 강제매춘의 형태로 여성들의 성을 관리했고, 나치에 대항한 연합국들도 병사들의 성폭력을 방치하거나 성병을 방지하기 위해 성매매를 관리하는 조치들을 해왔다. 한국에

* 이 글은『동북아역사논총』66(2019. 12)에 실린 원고「연합군 자료를 통해 본 버마의 일본군'위안부' 제도」를 일부 수정·보완한 것이다.

서도 한국전쟁 발발 직후 국군에 의해 위안소들이 만들어졌다. 전쟁에서 병사들에게 여성의 성을 제공해야 한다는 혹은 할 수 있다는 사고방식과 이를 위한 성의 관리와 통제는 어떤 국가들에서나 공통적으로 발견되는 것이다.[1] 일본군 '위안부' 문제 또한 이러한 국가에 의한 전시 성 관리 혹은 전시 성폭력의 한 형태라고도 볼 수 있다.

하지만 일본군'위안부' 제도는 일본군과 일본 정부에 의한 여성의 조직적이고 체계적인 동원, 전쟁의 기획에서부터 실행에 이르기까지 여성을 강제 동원하고 노예화하고 있다는 점에서 다른 어떠한 전시 성폭력과도 구분될 수 있다(정진성, 2003). 일본군은 일본 본토뿐만 아니라 식민지와 점령지의 여성들을 강제 동원하여 전장의 위안소로 보냈고, 위안소를 일본군의 체계 속에 편입시켜 관리·운영하거나 혹은 그에 개입해 왔다. 일본군의 위안소는 우발적으로 만들어진 시설이 아니었고, 일본군이 존재하는 곳이라면 어느 곳에나 만들어진 체계적인 발상의 결과물이었다. 이러한 일본군'위안부' 제도는 아시아 태평양 전 지역에 걸쳐 엄청난 수의 전시 성폭력 피해자들을 만들어냈다.[2]

1990년대 일본군'위안부' 문제가 세상에 알려진 이후 지금까지 일본군'위안부' 제도의 실체를 밝히기 위한 많은 연구가 이루어졌다. 일본군이 위안소 설치와 운영에 직접적으로 개입했다는 사실을 보여주는 각종 공문서와 자료들이 발굴되면서 일본의 국가 책임을 명확히 하려는 시도들이 있었고, 피해자의

1 전시 여성에 대한 인권 침해 문제와 일본군'위안부' 제도의 보편성과 차별성에 대해서는 정진성(2003)을 참조하라. 아시아에서 연합군 병사들의 성매매의 문제는 테사 모리스-스즈끼의 연구가 그 단편을 보여주고 있다(Tessa Morris-Suzuki, 2015). 한국전쟁기 위안소와 '위안부' 문제는 박정미(2011)의 것이 있다.

2 일본군'위안부' 피해자의 범위를 어디까지로 정의할 것인가에 대한 문제는 아직까지도 분명하게 합의되지 않았다. 예를 들어 윤명숙은 일본군에 의한 성폭력을 (1)군위안소에서의 성폭력, (2)납치 감금된 상태에서의 정기·부정기적 성폭력, (3)전투 중에나 소탕 작전 중에 발생한 성폭력으로 나누고 첫 번째 형태만을 군위안소제도라고 정의한다(윤명숙, 2003, 26~27쪽). 박정애 또한 제도화되지 않은 성폭력 피해자는 '위안부' 피해자로 보기 힘들지만 일본 제국 내에서 관리된 성매매 시설의 피해자들은 '위안부' 문제의 피해자로 볼 것을 제안한다(박정애, 2015, 194~197쪽).

증언을 통해 동원 과정과 시행 실태가 어떠했는지 보여주는 연구도 이루어졌다. 많은 연구 성과가 축적되었기 때문에, 앞으로 일본군'위안부' 제도 연구의 확대를 위해서는 새로운 자료와 시각이 필요하다고 하겠다.

일본군은 아시아 태평양의 거의 모든 지역에 위안소를 설치하고 일본군'위안부' 제도를 운영했다. 이 제도는 만주사변을 거치며 형성되었고, 중일전쟁, 아시아 태평양 전쟁을 거치며 급속히 확대되었다. 그런데 일본군이 위안소를 여러 지역에 확산시키는 과정에서 모든 지역에 동일한 형태로 위안소가 만들어지지는 않았다. 예컨대 일본이 강한 영향력을 가지고 있었던 일본 본토와 식민지 조선, 대만 그리고 만주와 중국은 각각 위안소가 설치·운영될 수 있는 사회적 기반이 달랐고, 이것은 아시아 태평양 전쟁 시기의 것과도 구분되는 모습을 가질 수밖에 없었다. 1942년 이후 일본군이 점령한 버마, 필리핀, 인도네시아, 말레이 지역은 이전까지 서구의 식민지였던 곳이고 일본에게는 새로운 지역이었다. 각 지역들에 대한 일본군의 점령 형태, 통치 방식, 군사적 중요성은 모두 상이했다. 그렇기 때문에 일본군 위안소도 조금씩 다른 모습과 특징을 가지게 되었다.

그렇다면 각 지역의 사례를 상세하게 살펴보는 것은 일본군'위안부' 제도를 더 심도 있게 분석하는 한 가지 방안이 될 수 있을 것이다. 이 글에서는 일본군 위안소가 설치되었던 여러 지역 중에서도 버마(현 미얀마)의 사례에 주목하고자 한다. 버마는 아시아 태평양 전쟁 직후 일본이 새롭게 점령한 곳으로, 일본으로부터 매우 멀리 떨어져 있을 뿐만 아니라 일본의 영향력이 거의 미치지 않는 지역이었다. 또 아시아에서 일본군과 미·영·중의 연합군이 전선을 마주했던 유일한 지역으로 전략적으로도 중요한 위치에 있었다. 그렇기 때문에 버마에는 많은 일본군 병사들이 파견되었고, 다수의 일본군 위안소도 설치되었다.

이 과정에서 많은 여성들이 위안소로 강제동원 되었는데, 특히 식민지 여성들이 많이 있었다. 위안소 설치를 위해 식민지로부터 대규모의 조직적 동원이 이루어졌던 것이다.

또 버마를 탈환해야 하는 입장에 놓여 있었던 연합군의 입장에서도 버마는 중요한 지역이었다. 연합군이 반격을 시작하면서 버마의 전선지대에서는 항상 전투가 벌어졌고, 연합군은 승리를 위해 일본군에 대한 많은 정보를 수집하고자 했다. 이들은 일본군이나 현지의 주민들로부터 최대한 많은 정보를 수집하였는데, 그 과정에서 일본군'위안부' 제도를 마주하였다. 나아가 때로는 전장에서 '위안부'를 포로로 잡으며 이 제도의 실체를 파악하게 되었다. 연합군도 여성이 중국이나 조선과 같이 먼 지역으로부터 왔으며, 속았거나 의지에 반하여 위안소로 오게 되었다는 사실에 주목했다.

버마의 '위안부'에 관한 기존 연구들도 위와 같은 사실에 주목해 왔다. 아사노 토요미[浅野豊美]는 연합군이 촬영한 '위안부' 사진을 중심으로 전장이었던 윈난성 라모[拉孟]와 버마 미치나로의 '위안부' 동원과 포획 상황을 분석하였고, 니시노 루미코[西野瑠美子] 또한 버마의 '위안부' 동원과 함께 라모지역에 동원된 박영심의 사례를 연구하였다. 모리카와 마치코는 버마의 전투지대를 비롯한 여러 전장으로 끌려갔던 문옥주의 구술을 바탕으로 버마의 상황을 소개했다.[3] 국내에서는 버마를 단일 대상으로 한 연구는 별로 이루어지지 않았지만 버마로의 '위안부' 동원에 주목하여 관련 자료들을 다루거나 소개하는 연구들이 있어 왔다.[4]

3 浅野豊美, 1999, 「雲南·ビルマ最前線における慰安婦達-死者は語る」, 女性のためのアジア平和国民基金「慰安婦」関係資料委員会編, 『慰安婦問題調査報告』; 西野瑠美子, 2003, 『戦場の「慰安婦」-拉孟全滅戦を生き延びた朴永心の軌跡』, 明石書店; 모리카와 마치코·정신대할머니와 함께 하는 시민모임, 2005, 『버마전선 일본군'위안부' 문옥주』, 김정성 옮김, 아름다운 사람들.

4 버마에 관한 연구나 소개로는 강정숙, 1997, 「일본군 위안소의 지역적 분포와 그 특징」, 한국정신대문제대책협의회 편, 『일본군'위안부' 문제의 진상』, 역사비평사; 방선주, 1992, 「미국 자료에 나타난

이 글에서는 새롭게 발굴된 연합군 자료들과 선행 연구에서 다룬 버마의 일본군 '위안부'에 관한 사실들을 종합하여 그 제도적 특징을 밝히고 정리하고자 한다. 버마라는 지역을 중심으로 여러 자료들을 비교 검토하여 버마라는 지역에서 '위안부' 제도가 어떻게 전개되었는지 분석하고 이를 바탕으로 일본군'위안부' 제도의 일면을 드러내고자 한다. 또 연합군 자료와 피해자 증언을 바탕으로 이전까지는 그다지 주목되지 않았던 버마 지역의 '위안부' 피해자의 귀환 상황 또한 검토할 것이다.

2. 연구 대상 및 자료

1) 연합군 자료

이 글에서는 아시아 태평양 전쟁기 연합군이 생산한 일본군'위안부' 관련 자료들을 검토하였다. 전쟁 중 연합군 정보기관들은 일본군이 가진 여러 군사적 정보를 획득하고자 노력하였는데 그중에는 일본군'위안부' 제도와 관계된 것들이 있었다. 이러한 정보들은 특히 일본군 포로나 일본군 점령지에서 탈출한 민간인들을 심문하는 과정에서 수집되었다. 일본군'위안부'나 위안소와 관계된 정보들은 보통 단편적인 내용을 담고 있지만 몇몇 정보기관에서는 반복적으로 관련 내용을 수집하였고, 연합군은 이를 바탕으로 일본군의 위안소 체계를 파악하였다.

이와 같은 정보 수집 활동을 한 대표적인 조직으로는 연합군번역통역부(ATIS), 네덜란드령 동인도군 정보부(NEFIS), 동남아시아번역심문센터(SEATIC),

한인 '종군위안부'의 고찰」, 『國史館論叢』 제79집, 국사편찬위원회; 하종문, 2001, 「일본군 '위안부'의 동원 체계」, 『성곡논총』 제32집 제上권; 여성가족부, 2017, 『일본군'위안부'피해자 문제에 관한 보고서』 등이 있다.

전시정보국(OWI), 전략첩보국(OSS) 등이 있었다. 이들 중 연합군번역통역부와 네덜란드령 동인도군 정보부는 주로 인도네시아와 뉴기니 지역을 담당했고, 동남아시아번역심문센터는 버마와 말레이반도 및 싱가포르를, 전시정보국과 전략첩보국은 버마와 중국 지역을 주로 담당하였다.[5] 이 중에서도 버마에서는 특히 전시정보국과 동남아시아번역심문센터가 중요하다.

전시정보국(Office of War Information: OWI)은 본래 미국 내외에서 전쟁과 관련된 선전(propaganda)을 위해 만들어진 조직으로 주로 민간인을 대상으로 전쟁 지지를 얻기 위한 활동을 하였다. 하지만 중국·버마·인도(CBI) 전구(戰區)에서만 예외적으로 심리전팀을 만들고 인도에 주둔한 미군과의 협력 하에 일본군을 대상으로 한 심리전(psychological warfare)을 전개하였다. 전시정보국 심리전팀은 주로 일본군 포로들을 심문하고 그 결과를 바탕으로 심리전용 전단을 제작하거나 라디오 방송 등의 활동을 하였는데, 이 과정에서 많은 일본군'위안부' 관련 정보를 획득하였다. 조직 규모는 작았지만 미군 내 조직 중에서는 일본군'위안부' 문제에 가장 관심이 있었고, 일본군 포로들에게 이 문제를 반복적으로 질문하여 정보를 얻어냈다. 이 보고서들은 「전시정보국 전초기지 보고서」 시리즈로 작성되었다. 미치나에서 붙잡힌 조선인 '위안부' 20명을 포로로 잡은 뒤 만들어진 「일본인 포로 심문보고서 49호」(이하 「심문보고서 49호」)는 이 보고서의 연장선에서 작성된 것이었다.

동남아시아번역심문센터(South East Asia Translation and Interrogation Center: SEATIC)는 영국의 정보조직으로 영국의 군사작전에 필요한 여러 가지 심리전, 의료, 항공, 지리 정보 등을 생산하기 위해 일본군 포로들을 심문하고 일본군에게서 노획한 문서들을 번역하는 임무를 맡았다. 인도 뉴델리에 위치한 합동

5 연합군번역통역부(ATIS), 네덜란드령 동인도군 정보부(NEFIS)에 관해서는 백재예(2016)의 연구가 있다.

심문센터(CSDIC)에서 미군과 함께 일본군 포로들을 심문하였는데, 전시정보국 심리전팀이 1944년 해체될 때 그 역할을 동남아시아번역심문센터가 이어받았다. 특히 일본군'위안부' 문제와 관련해서는 미치나에서 조선인 '위안부'들을 관리하였던 일본인 업자 기타무라 에이분(Kitamura Eibun)을 심문하여 작성한 「동남아시아번역심문센터 심리전 심문회보 2호」(이하 「심문회보 2호」)가 중요하다.

연합군 자료들은 전쟁 당시에 일본군 병사들이나 '위안부'를 직접 심문하고 일본군의 문서들을 번역하였다는 점에서 그 가치가 있다. 하지만 붙잡힌 일본군들이 위안소 운영에 직접 개입한 경우는 별로 없었고, 자신이 아는 정보만을 말했기 때문에 정보의 질과 양적인 면에서 한계도 분명히 존재한다. 또 연합군 심문자가 일본군'위안부' 제도를 제대로 이해하지 못한 상황에서 정보를 얻었기 때문에 발생한 오류들도 있었다. 따라서 동일한 내용에 대해서도 보고서마다 모순적인 정보들이 존재하는 일도 종종 발견된다. 그러므로 연합군의 자료들은 피해자들의 증언이나 일본의 공문서 등과 교차해서 비판적으로 분석할 필요가 있다.

이 글에서는 전시정보국과 동남아시아번역심문센터의 자료를 중심으로 연합군 자료를 분석하되, 버마가 언급되는 연합군이 생산한 대부분의 자료를 참조하였다. 이 자료들은 서울대 정진성 연구팀이 2015~2017년 미국 국립문서기록관리청(NARA) 2관과 영국 국립문서보관소(TNA)에서 수집한 것으로 이 자료의 일부는 정진성 편, 『일본군'위안부' 관계 미국 자료Ⅰ·Ⅱ·Ⅲ』으로 간행된 바 있다.[6] 간행되지 않은 자료의 경우에는 원 자료소장 기관이 부여하고 있는 자료의 고유 번호를 표시하였다.

6 국내에 소개된 '위안부' 관계 연합군 자료의 상당수는 방선주의 조사로부터 알려진 것이다. 방선주는 두 개의 논문을 작성하며 공개한 자료 외에도 수집된 많은 자료를 국사편찬위원회에 제공하였다. 정진성 연구팀의 자료집에 수록된 자료의 일부는 방선주의 연구에서 이미 소개된 것임을 밝혀 둔다.

2) 증언 및 기타 자료

이 글에서는 연합군 자료의 한계를 보완하기 위해서 버마로 끌려간 조선인 '위안부' 피해자들의 증언을 검토하였다. 2019년 9월 현재까지 한국 정부에 등록된 피해자는 240명이고 북한에서 증언집을 통해 공개된 피해자는 40명이다. 이 중 증언집이나 정부 보고서의 형태로 그 내용이 공개된 피해자는 총 160명이다.[7] 이들 160명의 내용을 검토한 결과 버마 지역으로 동원되었던 피해자의 총수는 8명으로, 전체의 5%였다.[8] 조선인 '위안부' 피해자가 가장 많이 동원된 중국이나 만주 지역에 비해서는 그 수가 적다. 또 이하의 장에서도 검토하겠지만 버마로 동원된 피해자의 수와 비교하였을 때도 매우 적은 수이다.

[표 1]은 버마로 동원된 피해자들에 대한 간략한 정보를 표시한 것이다. 증언자의 이름은 증언집에서 표기하고 있는 이름을 그대로 사용하였다. 피해자들 중 문옥주는 만주 동안으로 1차 동원된 뒤 고향으로 돌아왔다가 2차로 동원되었고, 신현순과 박영심, D○○은 이전 시기에 다른 지역으로 동원되었다가 다시 버마로 이동하였다. 표에서는 버마로 이동하였을 때의 시기를 표기하였다. 동원지역은 증언 내용에 기초하여 표기하였는데 그 내용이 분명하지 않을 때는 증언집의 내용에 비추어 표기하였다.

7 본 연구에서 검토한 증언 자료는 다음과 같다. 한국정신대문제대책협의회·한국정신대연구소 편, 1993~1999, 『강제로 끌려간 조선인 군위안부들 1~3』; 2000년 일본군 성노예 전범 국제법정 한국위원회 증언팀, 2001, 『강제로 끌려간 조선인 군위안부들 4』; 한국정신대연구소, 2001, 『강제로 끌려간 조선인 군위안부들 5』, 한국정신대문제대책협의회 부설 전쟁과여성인권센터 연구팀, 2004, 『역사를 만드는 이야기: 일본군'위안부' 여성들의 경험과 기억』; 한국정신대연구소 엮음, 1995/2003, 『중국으로 끌려간 조선인 군위안부들 1~2』; 종군위안부 및 태평양전쟁피해자 보상대책위원회, 1995, 『짓밟힌 인생의 웨침』; 대일항쟁기강제동원피해조사및국외강제동원희생자등지원위원회 편, 2013, 『들리나요? 열두소녀의 이야기』; 여성가족부, 2002, 『"그 말을 어디다 다 할꼬"-일본군'위안부' 증언자료집』.

8 정부에 제출된 신고서에는 이들 8명 외에도 버마 지역으로 동원된 피해자가 다수 발견되고 있지만 증언 내용이 제한적이고 자료 이용에도 한계가 있어 본 연구에서는 제외하였다.

[표 1] 버마로 동원된 피해자의 정보 및 출처

증언자	(버마) 동원 시기	(버마) 동원 지역	출처	비고
문옥주	1942년 7월 초	만달레이, 아캬브, 프롬, 랑군	『강제로 끌려간 조선인 군위안부들』, 『버마전선 일본군'위안부' 문옥주』	2차 동원
이용녀	1942년	랑군 근처의 마을	『강제로 끌려간 조선인 군위안부들』	
김태선(가명)	1944년 10월	랑군 북쪽의 부대	『강제로 끌려간 조선인 군위안부들』	
신현순	불명 (1942~1944년 사이)	랑군	『강제로 끌려간 조선인 군위안부들 3』	뉴기니를 거쳐 동원
윤경애	1941년 말 이후	라시오	『짓밟힌 인생의 웨침』	
정송명	1943년 8월 말	메이크틸라	『짓밟힌 인생의 웨침』	
박영심	불명(1942년경)	라시오, 윈난성 송산	『짓밟힌 인생의 웨침』	난징을 거쳐 동원
D○○	불명(1944년경)	버마 시골 마을	『들리나요? 열두소녀의 이야기』	싱가포르를 통해 동원

북한에도 버마 지역의 피해자가 3명 있다. 윤경애의 경우 동원 시기는 불명이나, 1941년 말 평양으로 이동하였고 노동안내소에 있다가 부산으로 끌려가 버마로 동원되었으므로 1942년 동원되었을 것이다. 또 증언에는 라시오의 위안소 경험만이 나타나 있지만 전략첩보국이 작성한 「쿤밍보고서」에 따르면 박영심과 비슷하게 윈난성으로 이동했을 것이다. 그럼에도 위 표에서는 증언집에 나타난 내용을 중심으로 표기하였다.

일본군'위안부' 피해자들의 증언 내용은 피해가 발생한 뒤 수십 년이 지난 뒤에야 작성된 것이고 버마라는 낯선 장소의 특성상 구체적인 지명이나 피해 상황이 부정확하게 기술될 수 있다. 그럼에도 증언 내용은 상당 부분에서 역사적 사실들과 일치하고 있다. 또 연합군의 자료가 보여주지 못하는 일본군'위안부' 피해자들의 현실을 증언을 통해서는 알 수 있다. 특히 동원 상황과 귀환 과정에 있어서는 피해자들의 증언을 많이 참조하였다.

피해자 증언 외에도 버마와 싱가포르 위안소의 쵸우바[帳場]로 일했던 조선인의 일기를 번역한 『일본군 위안소 관리인의 일기』도 중요한 자료이다. 이 일기를 통해 버마로의 '제4차 위안단'의 존재가 확인되면서 일본군과 일본 정부에 의한 조선인 '위안부'의 조직적인 동원이 확인된 바 있다. 비록 이 일기에는 버마로의 '위안부' 동원 상황을 알 수 있는 1942년의 내용은 누락되어 있다는 점에서 아쉬움이 있지만, 일기 내용을 통해 버마 전 지역에 위치하였던 여러 위안소의 존재를 확인할 수 있다. 이밖에도 일본의 공문서와 일본군의 회고를 참조하였다. 일본의 공문서는 '여성들의 전쟁과 평화 자료관(WAM)'에서 제공하고 있는 것을 활용하였다. WAM의 인터넷 홈페이지(https://wam-peace.org/)에서는 일본의 공문서를 발췌한 형태로 제공하고 있고, 일본군 병사의 회고나 증언 자료도 있다.

Ⅱ. 일본의 버마 침공과 일본군'위안부'의 동원

1. 일본의 버마 침공과 일본군

일본군은 1941년 12월 7일 아시아 태평양 전쟁을 시작하였다. 자원 지대를 확보하여 일본의 경제권으로 편입시키고 서구 제국주의에서 아시아 국가들을 해방시킨다는 명분하에 일본은 말레이 반도, 싱가포르, 필리핀 그리고 네덜란드령 동인도를 순차적으로 공격하였다. 서구 국가들은 일본의 기습적인 공격에 제대로 대응하지 못했고 이렇다 할 반격을 하지 못한 채 식민지 영토들을 상실했다. 전쟁이 시작하고 수개월이 지나자 일본은 아시아 태평양 지역의 대부분을 점령하고 통치하게 되었다.

영국의 식민지였던 버마도 예외는 아니었다. 버마는 전략적으로 중요한 위치에 있었다. 일본은 1937년 시작된 중일전쟁을 끝내지 못한 상태에서 새로운 전쟁을 시작한 상황이었고, 아시아에서 서구 국가들을 몰아내는 것 이상으로 중일전쟁을 빨리 끝내는 것이 중요했다. 장제스의 국민당군이 일본의 공격을 버텨내고 있었던 이유 중 하나는 연합국이 장제스에게 제공하고 있던 각종 물자의 존재였다. 일본은 장제스로의 보급로를 하나하나 차단하였는데, 마지막 남은 보급로가 바로 버마의 랑군항에서 시작해 중국 윈난성 쿤밍으로 이어지는 버마 로드(Buma Road)였다. 이 길은 장제스를 원조한다는 의미에서 '원장(援蔣) 루트'로 불리기도 하였다. 이 길을 일본군이 확보한다면 중국군은 물자 공급도 받지 못하고 후방도 공격받게 되어 매우 곤란한 상황이 될 것이었다. 또 영국의 입장에서 볼 때 버마를 빼앗긴다면 그 다음에는 인도가 위협받게 되기 때문에 버마를 쉽게 포기할 수는 없었다(기세찬, 2013, 224쪽).

일본군의 최초 남방 작전에는 버마를 점령하는 계획은 포함되어 있지 않았고, 개전 직후에는 버마의 주요 비행장들을 폭격하는 정도에 그쳤다. 하지만 말레이 해전에서의 승리로 영국으로부터 제해권을 빼앗고, 동남아시아의 다른 지역에서의 작전이 순조롭게 이루어지자 버마 침공을 계획하였다. 일본군은 먼저 일본의 괴뢰국이나 다름없었던 태국에 일본군 제15군을 진입시켜 공격 준비를 하였다. 일본군은 태국과 버마의 국경을 1942년 1월 20일 밤에 넘었고, 국경 중요 도시인 모울메인을 시작으로 버마 침공을 개시하였다.[9]

미·영·중 3개국은 버마를 방어하기 위해 연합군을 편성하여 인도·버마·중국 전구를 창설하고 스틸웰(Joseph W. Stillwell)을 사령관으로 임명했다. 그러나 반격이 시작되기도 전인 3월 8일에 버마의 중요 항구인 랑군이 함락 당했고 3월 하순에는 버마 남부가 일본군에게 넘어갔다. 연합군은 인도인과 버마인으로 구성되어 있었던 영국군과 중국에서 파견된 중국원정군으로 10만 명 규모의

9 防衛廳防衛研修所戰史室, 1967, 「ビルマ攻略作戰」, 朝雲新聞社, 91쪽.

방어군을 편성하였다. 하지만 연합군은 유기적으로 협조하지 못했고, 제대로 정보를 교환하고 있지도 않았다. 더구나 새롭게 사령관으로 임명된 스틸웰은 군사 경험도 적었고 제대로 된 작전을 구상하지도 못했다(기세찬, 2013, 229쪽). 결국 연합군은 버마에서 이렇다 할 반격조차 하지 못하고 패배하게 된다.

일본군은 랑군 공략에 일본군 제15군 휘하의 제55사단과 제33사단을 투입하였고, 이후 버마 북부 공략을 위해 제18사단과 제56사단을 증원하였다. 총 4개 사단 11개 연대 규모였다.[10] 일본군은 버마 전역을 점령하였을 뿐만 아니라 중국군의 후방을 공격하여 윈난성 서남부의 송산(松山)과 텅충[騰衝] 일대를 점령하고 요새를 구축하였다.

일본군은 버마 방위를 위해 1943년 3월 27일에는 버마방면군을 창설하였고, 임팔 작전의 수행을 위해 병력을 증원하였다. 1944년 8월을 기준으로 버마방면군은 3개 군 10개 사단으로 구성되었다.[11] 버마에 파견된 총 병력의 수는 해군을 포함하여 23만 8천 명이었는데(김도형, 2014, 17쪽), 대략 20만 명 정도의 일본군이 버마에 주둔하고 있었다고 보아도 좋을 것이다.

2. 일본군'위안부'의 강제동원

일본군의 버마 침공 직후 버마에는 많은 일본군 위안소들이 설치되었다. 일본군은 버마의 위안소에 현지 여성들을 동원하기도 했지만, 그보다 더 많은 여성들을 식민지와 점령지로부터 끌고 왔다. 특히 버마에는 식민지 조선의 여성들을 대규모로 동원하였다. 이 과정은 연합군이 작성한 「심문보고서 49호」와

10 앞의 책, 621쪽.

11 버마에 주둔한 사단은 다음과 같다. 제2사단, 제15사단, 제18사단, 제31사단, 제33사단, 제49사단, 제53사단, 제54사단, 제55사단, 제56사단 외에도 버마방면군 직할로 소속된 여단들이 존재했다. 이 중 제49사단은 경성에서 편성된 부대로 조선인들이 다수 있었다.

「심문회보 2호」에 상세하게 나타나 있다.[12]

먼저 조선군사령부는 일본인 업자들에게 '위안부'를 모집하라는 제안을 하였고, 이에 일본인 업자들은 조선에서 버마로 '위안부'를 동원할 수 있는 허가권을 사령부에 신청했다. 이 허가에 따라 업자들은 조선 각지에서 여성들을 모집하기 시작하는데, 이 시점은 1942년 5월 초였다. 1942년 5월은 일본군이 버마 북부를 아직 공격하고 있던 시기로 버마 점령이 완전히 이루어지지 않았을 때이다.

위안소 업자들은 전국을 돌면서 여성들을 동원하였다. 여성들의 가족에게는 300엔에서 1,000엔의 선불금이 지급되었고, 이에 따라 6개월에서 1년간 위안소에서 일하도록 하는 계약이 체결되었다. 하지만 여성들은 자신이 일본군 '위안부'로 동원된다는 사실은 전혀 알지 못하는 상태였다. 업자들은 상당한 수입을 얻을 수 있다거나 손쉬운 일이라는 것, 남방에서 군대를 돕는 일이라며 여성들을 속였다. 이와 같은 과정을 통해 전국에서 부산으로 모인 여성의 수는 703명에 달했다. 모두 조선인이었던 이 703명의 여성과 90여 명의 업자들은 1942년 7월 10일에 버마로 향하는 배에 올랐다.

이 조선인 '위안부'의 대규모 행렬은 '제4차 위안단'이라는 이름으로 알려져 있다. 제4차 위안단이라는 용어는 『일본군 위안소 관리인의 일기』에 등장하는 것으로 위안단의 단장은 조선인으로 추측되는 츠무라(津村)였다. 이 『일본군 위안소 관리인의 일기』에 따르면 1942년 7월 10일에 다수의 조선인 위안소 관리인들도 배를 타고 출발하였는데, 연합군의 자료에서는 업자들을 모두 일본인으로 적고 있지만 조선인 업자들도 '위안부' 동원에 다수 참여했다는 것을 확인할 수 있다(안병직, 2013, 26쪽).

12 SEATIC Interrogation Bulletin No.2, 정진성 편, 2018, 『일본군'위안부' 관계 미국 자료 Ⅰ』, 선인, 505~527쪽; OWI PWT Interrogation Report No.49, 정진성 편, 2018, 『일본군'위안부' 관계 미국 자료 Ⅱ』, 선인, 507~522쪽. 이하의 동원에 관한 내용은 이 두 문서를 모두 참조하여 작성한 것이다.

이 703명의 조선인 '위안부'들은 대부분 취업사기 및 인신매매 방식으로 동원되었다. 버마를 통해 중국 윈난성 지역에 끌려갔던 조선인 '위안부'들을 심문한 결과인 전략첩보국(OSS) 문서「쿤밍의 조선인과 일본인 전쟁포로」에 따르면 버마로 동원된 여성들은 "명백하게 강요와 거짓을 통해 위안부가 되었다."[13] 이 보고서는 여성들이 싱가포르에서 일할 여성을 구할 광고를 보고 모집되었다고 설명하고 있다.

피해자들의 증언에서도 유사한 내용을 확인할 수 있다. 문옥주는 남쪽 나라의 일본군 식당에 일하러 가자는 친구들의 조언을 듣고 배를 탔으며, 배에 있던 다른 여성들도 그저 식당에 돈 벌러 간다고만 알고 있었다.[14] 이용녀는 영천옥이라는 큰 식당의 종업원으로 있었는데, 일본의 좋은 곳에 가라는 주인의 제안에 응했다. 이용녀는 주인에게서 약간의 돈을 받았다고 증언했는데, 자신도 모르는 사이에 인신매매의 형태로 거래된 사례다.[15] 황해도에서 동원된 윤경애는 평양의 노동안내소에 '모집'되었다가 일본 경찰에 의해 호송되어 부산으로 끌려갔다.[16] 피해자들 중 어느 누구도 일본군'위안부'로 끌려간다는 사실을 알고 있지 못했다.

이 모든 과정은 조선군 사령부와 일본군이 개입한 결과였다. 조선군 사령부는 제안, 신청, 허가의 3단계를 거쳐 위안소 업자들에게 여성들을 동원할 권한을 부여하였고, 수백 명의 도항에 관한 허가뿐만 아니라 무료 승선권까지 제공하였다. 또 여성들이 탄 4,000톤급의 선박은 선박 7척의 엄호를 받으며 항해

13 OSS, Korean and Japanese prisoners of war in Kunming, 1945.04.26. NARA, RG 226 Entry A1 154 Box 185.

14 한국정신대문제대책협의회·한국정신대연구소 편, 1993,『강제로 끌려간 조선인 군위안부들 1』, 한울, 155~156쪽.

15 앞의 책, 217쪽.

16 종군위안부 및 태평양전쟁피해자 보상대책위원회, 1995,『짓밟힌 인생의 웨침』, 8쪽.

했다. 조선군 사령부는 다른 일본군 사령부들이 업자들에게 수송, 배급, 의료에 관한 지원을 제공하도록 요청하는 서한을 주기도 하였다.

1942년 7월 10일의 제4차 위안단은 대규모의 조선인 '위안부'를 버마로 동원한 첫 사례였다. 버마로 동원된 피해자들의 증언이나 연합군의 심문기록, 『일본군 위안소 관리인의 일기』 모두에서 1942년 7월 이전의 대규모 동원은 확인되지 않는다. 만약 제1~3차 위안단이 존재했다면 이들은 버마가 아닌 다른 지역으로 출발했을 가능성이 크다.

1943년 9월에도 또 한 번의 대규모 동원이 이루어졌다. 「쿤밍의 조선인과 일본인 전쟁포로」에서 관련 내용을 확인할 수 있다. 이 보고서에는 부록으로 피해 여성들의 동원 일자와 이름이 적혀 있는데, 이에 따르면 22명의 여성 중 15명의 여성이 1942년 7월 동원되었고, 그 다음으로는 1943년 9월에 4명의 여성이 동원된 것으로 나타난다.[17] 정송명의 동원 과정도 이를 뒷받침한다. 정송명은 1943년 8월 말 마에다라는 일본인이 '정신대'로 6개월만 일하러 가자는 말에 속아 부산으로 끌려갔다. 부산에서는 400여 명의 여성들이 함께 배를 탔는데 이 중 200명은 싱가포르에서 하선하였고, 나머지 200명은 배를 갈아타고 버마의 랑군항으로 갔다.[18] 증언 속 여성의 수가 정확하지는 않지만, 많은 여성이 동원되었음은 분명하다.

17 OSS, Korean and Japanese prisoners of war in Kunming, 1945.04.26. NARA, RG 226 Entry A1 154 Box 185.

18 종군위안부 및 태평양전쟁피해자 보상대책위원회, 위의 책, 37쪽.

[표 2] 「쿤밍의 조선인과 일본인 전쟁포로」에 나타난 조선인 여성의 동원 시기

조선 출발 일자	인원수
1938년	1명
1939년 8월	1명
1940년 3월	1명
1941년 11월	1명
1942년 7월	15명
1943년 9월	4명

출처: OSS, Korean and Japanese prisoners of war in Kunming[19]

버마로 동원된 것은 조선인 여성만이 아니었다. 대만과 중국인 여성들도 조선인 여성들과 유사한 방법을 통해 버마로 동원되었다. 한 일본군 상등병의 회고에 따르면, 그가 버마의 위안소에 갔을 때 한 대만인 '위안부'가 "우리는 여학교를 나온 후에 정신대나 보조간호부로 만들어준다는 말에 속아 여기로 끌려왔다"라고 울며 호소했다.[20] 또 「심문회보 2호」는 버마 북부 미치나의 중국인 '위안부' 21명이 조선인 여성과 같은 조건으로 광둥(Canton, 廣東)에서 팔려왔다고 적고 있다. 버마 중부 펜웨건(Penwegon)에서 영국군의 포로가 되었던 중국인 '위안부'들에 대한 기록에도 이들이 광둥에서 붙잡혀 강제로 '위안대(Comfort Corps)'가 되었다고 적혀 있다.[21] 중국 광둥에서도 조직적 동원이 있었으리라 추정되는 대목이다.

버마의 현지 여성을 동원하는 방식도 유사했다. 연합군은 일본군의 포로가 되었다가 풀려난 영국군 소속 카렌족 병사 두 명에 관한 심문에서 카렌족 여성

19 OSS, Korean and Japanese prisoners of war in Kunming, 1945.04.26. NARA, RG 226 Entry A1 154 Box 185.

20 하야시 히로후미, 2011, 「전쟁체험기와 부대사를 통해 본 '종군위안부'」, 일본의 전쟁 책임 자료센터 엮음, 강혜정 번역, 『일본의 군 위안부 연구』, 198~199쪽.

21 NARA RG 208 Entry AA Box 314.

의 ‘위안부’ 동원에 관한 진술을 얻었다. “일본인들은 버마인들과 카렌인에게 여성은 간호사가 되기 위한 훈련을 받을 수 있다고 말했다. 많은 젊은 여성들이 지원했는데, 존경받는 집안의 딸도 있었다. 처음에 그들 중 몇몇은 정말 간호사 일을 했지만, 주로 일본군의 위안소에서 이용되었다. 장교와 사병을 위한 위안소는 분리되어 설치되었다. 포로는 메이묘의 거리에서 이러한 여성들 10명을 보았고, 보초에게서 여성들이 카렌족으로 간호사와 위안부 일을 번갈아가며 하고 있다고 들었다고 말해주었다. 포로는 카렌족이 이러한 사실에 매우 격분했다고 말했다.”[22]

간호사로 모집하여 ‘위안부’가 되게 한다거나 혹은 ‘위안부’에게 간호사 일을 시켰다는 내용은 조선인 피해자들의 증언에서도 종종 확인되는 내용이다. 이처럼 버마인 여성의 동원도 취업사기나 인신매매를 통해 이루어졌다.

Ⅲ. 버마 일본군 위안소의 실태

1. 일본군 위안소의 설치와 운영

일본군은 새롭게 점령한 아시아 태평양 지역을 육군 관할과 해군 관할로 나누고 육군 관할 지역인 필리핀이나 말레이 반도에는 군정감부를, 해군 관할인 인도네시아와 태평양 지역에는 민정부를 설치하였다. 군정감부나 민정부는 일본군과의 협조 아래 현지에서 위안소의 관리나 감독 업무를 담당했다(하종문, 2001, 464쪽). 하지만 버마에는 민사 업무를 담당한 기관이 달리 없었는데, 이것은 버마가 괴뢰국의 형태로 통치되었기 때문이었다. 일본은 버마를 침공

22 OWI Outpost Report WDC-289, 정진성 편, 2018, 『일본군‘위안부’ 관계 미국 자료 Ⅱ』, 선인, 330~342쪽.

하면서 영국의 식민 지배로부터 해방시켜주겠다는 명분을 내걸고 버마의 통치 또한 버마인들에게 맡기겠다는 약속을 하였는데, 이 약속은 1943년 8월 1일 버마를 형식적으로 독립시키는 것으로 이어졌다. 바모(Ba Maw)를 수상으로 하는 버마 정부는 일본과 동맹조약을 맺고 버마 국군(BNA)을 창설하는 등 일정한 주권을 인정받았다. 그러나 버마의 독립은 만주국이 그랬던 것처럼 허울뿐인 것으로, 버마 정부 내에서는 일본인 고문들이 실권을 행사했고 일본군도 버마 영토 내에서 군사작전에 대한 완전한 자유를 얻었다. 일본의 버마 통치는 사실상 일본군에 의한 군정이나 다름없었다.[23]

그렇기 때문에 버마에서는 일본군 각 부대들이 위안소의 설치와 운영에 직접 관여했다. 이것은 여러 자료에서 나타난다. 「심문회보 2호」에는 미치나의 위안소를 통제하고 있는 것은 제114연대 사령부이고, 위안소의 책임연락장교는 마가수에 대위였다고 나타나 있다. 버마에 주둔한 독립보병 제451대대의 대대장 도쿠라[戸倉] 중좌의 진중일기에는 위안소를 나카무라 소위가 담당한다는 내용이 있다.[24] 만달레이에 주둔한 제5야전 수송 사령부의 주둔지 업무 규정에서도 위안소의 설치와 사용일 지정은 사령관이 결정한다고 규정되어 있다.[25] 『일본군 위안소 관리인의 일기』에서 위안소 업자는 연대본부에 위안부 수입보고서를 제출하고, 위안소가 사령부의 명령에 따라 다른 지역으로 이전되며, 콘돔의 배부도 병참사령부에서 담당하는 것으로 나타난다.[26] 연합군 문서에서도 위안소는 "각 사단들에 배속되어 있다" 혹은 "각 연대에 소속되었

23 Beasley, W.G., 2013, 『일본제국주의』, 정영진 옮김, 한국외국어대학교출판부, 302쪽; 김성원, 2003, 「영국과 일본의 대미얀마 식민정책과 반향」, 『비교문화연구』 14호, 14~15쪽.

24 「戸倉中佐陣中日記」, 1944.1.12. WAM(その他_011).

25 第五野戦輸送司令部, 「第五野戦輸送司令部駐屯地業務規程」(五輸防第28号), 1943. 10. 31. WAM(軍_269).

26 안병직, 2013, 앞의 책, 32~33쪽.

다", "여단 이상의 일본군 부대와 동행하고 있다"라고 되어있다.[27]

이처럼 버마에서 위안소는 일본군에 속해 있었고 위안소를 설치·이동·감독하는 권한은 모두 일본군 사령관에게 있었다. 위안소의 관리 및 경영만 업자에게 위임한 형태였다. 최소한 대대 이상, 일반적으로는 연대급의 부대들이 위안소를 관리하는 실질적인 주체였다. 버마의 위안소에서 업자의 경영권은 약했고, 군의 명령에 따라 위안소가 설치되거나 이동하였다.[28] 따라서 버마의 위안소가 어떻게 설치되어 있었는가를 밝히는 것은 일본군이 얼마나 체계적으로 위안소를 배치하고 관리하고 있었는지를 보여주는 하나의 사례가 될 수 있다.

〈그림 1〉은 연합군 자료, 위안소 관리인의 일기, 피해자 증언을 바탕으로 위안소가 설치되어 있던 지역을 표시한 것이다.[29] 연합군의 자료를 통해서는 주로 버마 북부와 전선지대의 위안소를, 관리인의 일기를 통해서는 중남부 일대의 위안소의 존재를 확인할 수 있다. 이 장에서는 버마의 위안소를 전선지역과 후방의 위안소로 나누어 살펴보고자 한다.

「심문보고서 49호」에 따르면 버마의 일본군 위안소들은 "일본군 부대 근처 상당한 규모의 도시들에 배정"되었다.[30] 버마를 장악하기 위해 일본군 부대들

27 OWI Outpost Report WDC-271; OWI Outpost Report WDC-400 정진성 편, 2018b, 앞의 책, 328·405쪽; CSDIC, 1st Prelim Interrogation Report on Japanese PW HQ 15 Ind Corps PW/FC-136, 1945.02.21; NARA RG 165 Entry NM84-177 Box 915.

28 「심문회보 2호」에는 일본군이 위안소 경영에 직접적으로 관여하는 모습도 나타난다. 미치나의 사령관이었던 마루야마 대좌는 위안소에서 '위안부'가 받는 분배 비율을 낮게 조정하고, 위안소의 요금을 낮추며, 자신의 이름과 같았던 위안소의 상호를 변경하도록 명령했다.

29 〈그림 1〉의 지도는 온라인에서 제공하는 백지도(d-maps.com)를 바탕으로 필자가 지역을 표시한 것이다. 연합군 문서는 주로 버마 북부, 관리인의 일기는 버마 남부 위안소의 존재를 확인해주고 있다. 다만 버마에는 이 지도에 표시된 것 이상으로 많은 지역에 위안소가 있었던 것으로 보인다. 일본의 공문서에서는 만달레이를 비롯하여 세 지역의 위안소가 확인된다. 또 WAM에서 2016년 7월부터 전시한 『地獄の戦場ビルマの日本軍慰安所』의 카탈로그에 따르면 버마에는 확인되는 것만 66개 지역에 위안소가 설치되어 있었다. 이것은 문서 자료뿐만 아니라 일본군 병사의 회고나 현지 주민의 증언 내용을 모두 포함한 것이다. 66개 지역 중 필자의 지도와 겹치지 않는 지역은 4곳으로, 더하면 총 70개 지역에 위안소가 설치되어 있었다고 볼 수 있다.

30 OWI PWT Interrogation Report No.49, 정진성 편, 2018b, 516쪽.

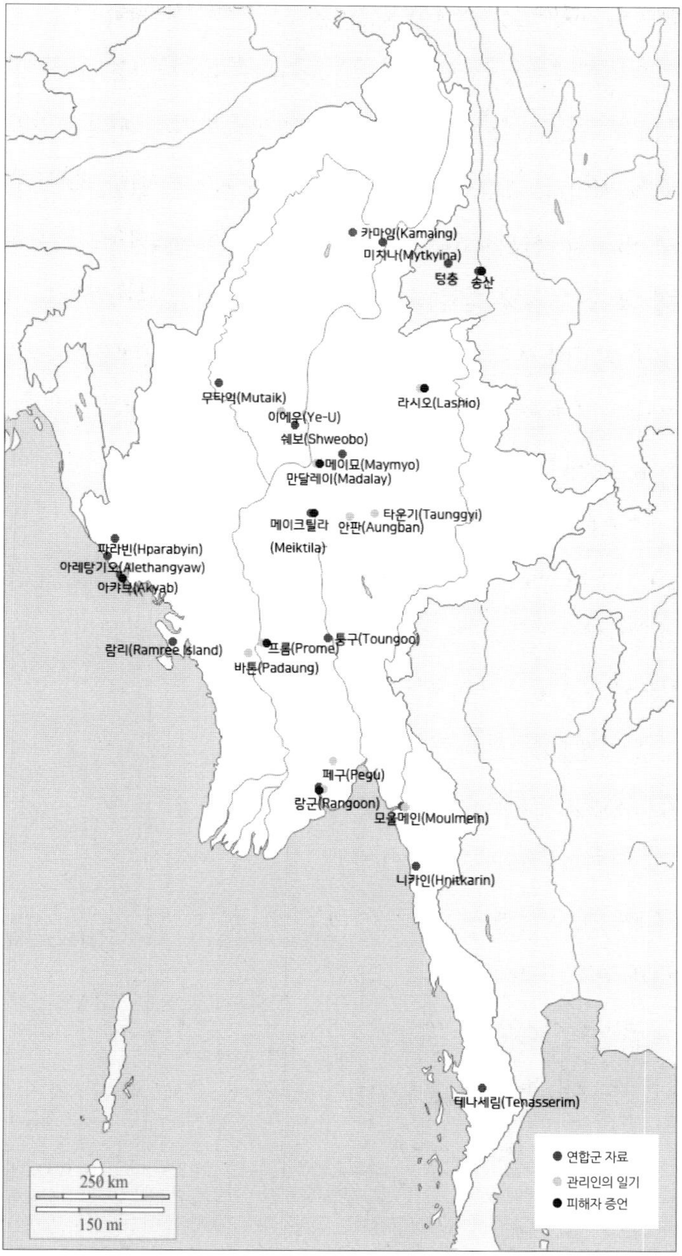

〈그림 1〉 버마에 설치된 일본군 위안소

이 버마 전체에 파견되어 있었으나, 사령부를 비롯한 핵심 부대들은 주요 도시에 자리를 잡았고 전투 병력들은 전선지대에 집중되어 있었다. 영국의 식민 지배 당시 버마의 주요 도시들은 철로로 연결되어 있었는데, 영국령 버마의 수도인 랑군에서 시작하여 과거 버마 왕조의 수도였던 만달레이까지 이어지는 경로가 중심이었다. 철로는 각각 서쪽으로는 프롬, 동남쪽으로는 모울메인, 동북쪽으로는 라시오, 북쪽으로는 미치나까지 연결되었는데, 이 도시들은 모두 일본군 주요 부대들이 주둔했을 뿐만 아니라 많은 위안소가 설치된 곳들이었다. 한 일본군 군조는 "철로를 따라 위치한 거의 모든 주둔지에 위안소가 있었다"라고 설명했다.[31]

버마의 주요 도시에는 여러 위안소들이 설치되었다. 예를 들어 랑군은 가장 많은 위안소가 설치된 도시 중 하나였고 또 많은 조선인 '위안부'들이 동원된 곳이었다. 『일본군 위안소 관리인의 일기』에는 랑군에 있었던 위안소가 8개 확인되는데, 이 중 최소한 절반 이상은 조선인이 경영하는 위안소였다.[32] 문옥주는 이 위안소 가운데 조선인이 경영했던 '랑군회관'에 있었는데, 랑군회관은 커다란 2층 건물로 30명 이상의 '위안부'가 있었고 모두 조선인이었다.[33] 또 신현순은 랑군의 해군 위안소로 동원되었는데, 이곳은 여성이 80명이나 있는 대형 위안소였다. 위안소가 있던 랑군의 군 병원에서 매주 실시되는 성병 검사 때는 랑군과 주변 도시에서 몰려온 여성들이 몇백 명이나 되었다고 증언했다.[34]

후방의 도시는 전투나 폭격의 위협으로부터 비교적 안정했고, '위안부'의 이송도 용이했다. 그렇기 때문에 대부분의 위안소는 후방의 도시에 있었다. 연

31 SEATIC Psychological Warfare Bulletin (Publication) No.116 정진성 편, 2018a, 앞의 책, 363쪽.

32 안병직 번역·해제, 2013, 앞의 책, 30쪽.

33 모리카와 마치코·정신대할머니와 함께 하는 시민모임, 2005, 앞의 책, 119쪽.

34 한국정신대문제대책협의회·한국정신대연구소 편, 1999, 『강제로 끌려간 조선인 군위안부들 3』, 한울, 310쪽.

합군 문서 속의 일본군 병사들도 위안소가 주로 전장이 아닌 도시에 있었다고 진술한다. 한 일본군 오장은 "위안부는 군 주둔지 주변의 도시에 모였다. (중략) 위안부는 전투지대에 파견되지는 않았다"라고 진술했고, 다른 병사 또한 "큰 마을에 있는 후방 부대들은 위안소가 가까이 있으니 운이 좋은 것이었다. 전방이나 작은 마을에는 위안소가 전혀 없었기 때문이다"라고 말했다. 전투지역으로 파견되는 부대들에게는 "위안소에서 지내는 하루의 '휴식'이라는 특권이 주어졌다"라고 주장하기도 했다.[35] 이처럼 일본군 부대들은 주요 도시의 위안소를 거쳐 전장으로 이동했고, 전장에는 상대적으로 위안소가 적었다.

일본군의 입장에서 버마의 전선은 크게 세 부분으로 나뉜다. 첫 번째는 중국군과의 접경인 중국 윈난성 남부의 라모[拉孟] 일대, 두 번째는 미·중 연합군과의 접경인 미치나 북서부의 후캉(Hukawng) 계곡, 세 번째는 영국군과의 접경인 버마 서부 아라칸(Arakan)주 일대이다. 이 중 두 번째 접경인 후캉 계곡은 정글지대로 위안소가 거의 없었고 일본군도 이곳을 완전히 장악하지 못하고 있었으나, 다른 두 지역에는 여러 위안소가 있었다. 그중 아라칸주의 주도 아캬브(Akyab)는 버마와 인도를 이어주는 전략적으로 중요한 위치에 있었다. 이곳은 곧 버마에서 가장 치열한 전장이 되었다. 일본군 제33사단 보병 제213연대는 1942년 5월 아캬브를 점령하고 이곳에 주둔하였는데, 영국군은 1942년 말부터 아라칸 지역에 대한 공세를 시작하여 1945년 탈환할 때까지 세 번에 걸쳐 작전이 이루어졌다. 그렇기 때문에 아캬브는 항상 폭격의 위험에 노출된 위험한 도시가 되었다.

『일본군 위안소 관리인의 일기』가 시작되는 장소가 아캬브이다. 일기의 저자 야마모토[山本]는 1943년 1월 아캬브에서 그의 처남이 경영하는 칸파치[勘八] 클

35 OWI Outpost Report WDC-406, 정진성 편, 2018b, 앞의 책, 376쪽; OWI Outpost Report WDC-407, 위의 책, 387쪽; OWI Outpost Report JRA-172, 위의 책, 209쪽.

럽이라는 위안소를 관리하고 있었고, 이곳에는 약 18명의 조선인 '위안부'가 있었다.[36] 당시 아캬브에는 총 4개의 위안소가 있었는데 그중 조선인 위안소는 두 곳이었다. 다른 조선인 위안소에 있었던 문옥주는 아캬브에서의 경험을 지옥과 같다고 묘사하면서 거의 매일 폭격기에 의한 공습이 있었고 많은 사람들이 죽었다고 증언했다. 피해자 본인도 폭탄의 탄피에 맞아 수술을 받을 정도였다.[37] 치열한 전투가 계속되었지만 일본군은 계속해서 아캬브로 '위안부'를 동원했다.

위안소 관리인의 1943년 7월 23일 일기에는 1942년 이후 60~70명의 '위안부'가 들어갔다는 내용이 있다.[38] 1942년 중순 이후 아캬브에 있던 두 곳의 조선인 위안소가 다른 지역으로 이동한 반면, 일본군은 아캬브 방어를 위해 제55사단을 투입하면서 병력이 증가된 상황이었다. 연합군의 문서에 따르면 아캬브에서 '위안부'가 더 필요한 경우에는 현지인 여성을 동원하기도 했다.[39]

전선의 위안소는 많은 위험에 노출되어 있었고 다른 지역보다 '위안부'의 교체도 자주 일어났다. 중국군과의 전선인 윈난성 송산에서는 전투 과정에서 많은 '위안부'가 사망하기도 했다. 이곳에 있었던 박영심의 증언에 의하면 송산으로 끌려간 조선인 여성 12명 중 8명이 폭격과 폭력, 질병으로 사망하였다.[40] 이런 상황에서도 일본군은 위안소 운영을 지속하도록 하였고, 안전한 후방으로 위안소를 이동시키지도 않았다.

앞서 후방의 주요 도시와 전장의 위안소를 살펴보았지만, 버마의 일본군 위안소는 일본군이 주둔하는 곳이라면 어디에나 있었다. 〈그림 1〉과 같이 각종

36 안병직 번역·해제, 2013, 앞의 책, 46~47쪽.

37 모리카와 마치코·정신대할머니와 함께 하는 시민모임, 2005, 앞의 책, 105~113쪽.

38 안병직 번역·해제, 2013, 앞의 책, 96쪽.

39 MID Medical Condition on AKYAB Island during Japanese Occupation, 정진성 편, 2018b, 앞의 책, 429쪽. CSDIC Consolidated Report No.27, 1944.04.15; NARA RG 554 Entry 153 Box 84.

40 종군위안부 및 태평양전쟁피해자 보상대책위원회, 위의 책, 80쪽.

자료로 확인되는 지역만 하더라도 25곳이나 되고, 일본군 병사의 회고나 현지 주민의 증언을 반영한다면 더 많은 지역의 위안소를 확인할 수 있을 것이다. 또 문서로 확인되는 지역의 위안소의 수는 『일본군 위안소 관리인의 일기』에서 27개소, 연합군 문서에서 최소 31개소이므로, 결국 얼마나 많은 위안소가 버마 전역에 있었는지 가늠하기 힘든 수준이다.[41] 일본군 위안소의 체계는 후방으로부터 전방까지 촘촘하게 짜여 있었다.

그렇다면 각 위안소의 규모는 어느 정도였을까. 「심문보고서 49호」에 나타난 각 위안소 업자들이 담당한 여성은 8~22명이었고, 「심문회보 2호」에서는 여성들이 20~30명의 무리로 나뉘었다고 밝히고 있다.[42] 심문 대상이 있었던 미치나에는 3개의 위안소가 있었는데, 교에이 위안소에는 22명, 긴수이에는 20명, 모모야에는 21명이 있었다. 이 가운데 긴수이 위안소는 바쿠신로와 통합된 것으로, 원래는 각각 10명 정도의 '위안부'가 있었던 것으로 보인다. 다른 연합군 문서에도 비슷한 언급이 있는데, 각 연대의 위안소에 20명이 있었다는 병사의 진술과 각 위안소에는 7~9명의 '위안부'가 있었다는 53사단 의무 장교의 진술이 있다.[43] 문옥주의 증언에 의하면 만달레이의 위안소에는 17명의 여성이 있었고, 랑군의 위안소에는 30명 이상의 여성이 있었다.[44] 위와 같은 내용을 볼 때 버마에는 한 위안소에 보통 적게는 7명, 많게는 30명 정도의 '위안부'가 있었다.[45]

41 연합군 자료에 나타나는 위안소의 경우 숫자를 알 수 없는 경우에는 한 개의 위안소로 가정하고 계산하였다.

42 SEATIC Interrogation Bulletin No.2, 정진성 편, 2018a, 앞의 책, 523쪽; OWI PWT Interrogation Report No.49, 정진성 편, 2018b, 앞의 책, 516쪽.

43 OWI Outpost Report WDC-403, 정진성 편, 2018b, 앞의 책, 420쪽; MID, Health Maintenance of Japanese Army in Burma No. 1230, 1945.04.04., NARA RG 226 Entry NM54 16 Box 1418.

44 모리카와 마치코·정신대할머니와 함께 하는 시민모임, 2005, 앞의 책, 77쪽.

45 버마로 동원된 조선인 '위안부'의 수를 정확히 알 수 있는 자료는 없다. 하지만 센다는 버마로 동원된 '위안부'가 총 3,200명이고 그 중 2,800명이 조선인이라고 추정한 바 있다. 센다는 이 추정치의 근거를 제시하지는 않았다. 센다 가꼬오, 1992, 『증언 : 여자정신대8만명의 고발』, 편집부 옮김, 다물, 171쪽.

2. 위안소의 체계와 인적 구성

버마의 위안소에는 여러 지역에서 온 '위안부' 피해자들이 있었다. 일본군은 식민지 조선에서 조직적 동원을 하였고, 대만이나 점령지였던 중국 그리고 본토인 일본에서도 여성들을 데려왔다. 그런데 한 가지 주목할 점은 버마가 아시아 태평양의 다른 지역에 비해 조선인 '위안부'의 존재가 많이 확인되는 지역이라는 것이다. 연합군에 의해 촬영된 조선인 '위안부' 사진의 상당수는 버마 전선의 것이고, 조선인 '위안부'에 대한 심문 보고서도 버마의 것이 가장 상세하다. 센다는 일찍이 버마의 '위안부' 중 다수가 조선인이라는 점을 언급하였다. 센다 가꼬오[千田夏光]는 버마에 있었던 일본군 출신의 호리에를 인터뷰하였는데, 그는 버마에 "조선인 위안부 10, 버마인 위안부 4, 중국인 위안부와 인도인 위안부 2, 일본인 위안부 0.8 정도의 비율이 아니었나"라고 추정한다.[46] 조선인 '위안부'가 전체의 절반 정도라는 이야기이다. 병사의 추측이기 때문에 정확한 비율이라고는 할 수 없으나, 병사들이 마주했던 '위안부'의 상당수가 조선인이었다는 점을 알 수 있다.

[표 3]은 연합군이 일본군 포로나 버마인 민간인을 대상으로 한 심문에서 얻은 '위안부'의 인적 구성에 관한 정보이다. 총 25개의 보고서 중 조선인 '위안부'가 등장하는 보고서는 17개로 전체의 68%나 된다. 보고서에 나타난 동원 지역은 버마 북부가 많기는 하지만, 테나세림과 같이 말레이 반도에 가까운 지역에도 조선인 '위안부'가 있었다. 반면 중국인 '위안부'는 5개(만주인을 포함)에서, 일본인은 9개에서, 버마인은 6개 보고서에서 각각 발견되고 있다. 연합군은 버마에 다수의 조선인 '위안부'가 있다는 사실을 알고 있었고, 일본군 병사로부터 이것을 확인했다.

46 센다 가꼬오, 1992, 위의 책, 183쪽.

[표 3] 연합군 문서상에 나타난 '위안부'의 인적 구성

문서 제목	지역	구분
SEATIC Interrogation Bulletin No.2	미치나	조선인, 중국인
SEATIC Psycological Warfare Bulletin No.116	버마 중부	조선인, 중국인
OWI Outpost Report WDC-29	미치나	조선인, 만주인
OWI Outpost Report WDC-271	불명	조선인
OWI Outpost Report WDC-289	메이묘	버마인
OWI Outpost Report WDC-400	불명	조선인, 중국인, 일본인
OWI Outpost Report WDC-403	불명	일본인
OWI Outpost Report WDC-406	불명	조선인
OWI Outpost Report WDC-407	불명	조선인, 일본인
OWI Outpost Report JRA-9	미치나	조선인
OWI Outpost Report JRA-103	미치나	조선인
OWI Outpost Report JRA-372	모울메인	일본인
OWI PWT Interrogation Report No.49	미치나	조선인
OWI Conditions in Japanese Occupied Burma	쉐보	버마인
MID Medical Condition on AKYAB Island during Japanese Occupation	아캬브	조선인, 일본인, 버마인
MID Medical Condition on RAMREE Island during Japanese Occupation	람리	버마인
MID Japanese Occupation of the SHWEBO Valley in Burma	쉐보	버마인
CSDIC 1st Prelim Interrogation Report PW/FC-136	람리	버마인
CSDIC Consolidated Report #26	불명	조선인, 일본인
CSDIC Consolidated Report #27	아캬브	조선인, 일본인
CSDIC Consolidated Report #36	메이묘	조선인, 일본인
OSS Interrogation - General Conditions	테나세림	조선인, 만주인, 일본인
OSS Burma General Conditions Report No. M-365	니카인	버마인
Y-Fos Fld HQ G-2 Report No. 91	텅충	조선인
Y-Fos G-2 Periodic Report Sept 10, 1944	송산	조선인, 일본인

그렇다면 조선인 '위안부'의 동원은 버마가 특히 많았을까. 이에 대해서는 아시아 태평양의 다른 지역을 다룬 연합군번역통역부(ATIS) 및 네덜란드령동

인도군정보부(NEFIS)의 보고서와 비교할 수 있다. 연합군번역통역부는 주로 남태평양과 필리핀의 '위안부' 및 위안소에 관한 정보를 수집했는데, 보고서 중 '위안부'의 인적 구성이 표기된 문서는 총 35개이다. 이 중 조선인 '위안부'의 존재가 확인되는 보고서는 24개이다.[47] 이 또한 68%로 버마와 동일하게 나타나고 있어 많은 조선인 '위안부'가 동원되었음을 보여준다. 다만 연합군번역통역부 보고서의 절반 정도는 뉴브리튼 섬에 위치한 일본 해군기지 라바울(Rabaul)의 위안소에 관한 것이기에 정보가 제한적이다. 또 인도네시아, 그중에서도 자바와 보르네오, 할마헤라 지역의 위안소 정보가 자세하게 나타나 있는 네덜란드령동인도군정보부 보고서 중 '위안부'의 인적 구성이 나타난 보고서는 총 28개이다. 그런데 28개의 보고서 중 조선인이 언급된 보고서는 단 하나도 없다. 이것은 조선인 '위안부'가 없었기 때문이 아니라 네덜란드령동인도군정보부가 조선인 여성들을 다른 국적(일본인 혹은 중국인)의 여성들과 구분하고 있지 않기 때문이거나 그렇게 하지 못하고 있기 때문이다(백재예, 2006, 61~62쪽). 또 이 보고서 중 일본인과 중국인 여성이 등장하는 보고서의 수는 12개로 이곳의 '위안부'를 조선인으로 간주한다 할지라도 절반 이하의 비율이므로 버마에 비해서는 매우 낮다.

그렇다면 버마에서 조선인 '위안부'의 구성비는 얼마나 되었을까. 버마 전체에 대한 자료가 남아 있는 것이 아니기 때문에 정확한 비율을 알 수는 없지만, 남아 있는 몇몇 자료를 비교할 수 있다. 먼저 「심문회보 2호」에 따르면 미치나에는 3개의 위안소에 '위안부' 63명이 있었는데, 이 중 조선인 위안소가 2개소, 중국인 위안소가 1개소이며 '위안부'의 수는 조선인 42명, 중국인 21명이었다. 위안소와 '위안부'의 비율 모두 정확히 2:1이다. 일본군이 비교적 정확한

47 국사편찬위원회, 2017, 『남서태평양지역 총사령부 연합군번역통역부(ATIS) 문서 1』, 31쪽.

자료를 남기고 있는 만달레이의 경우, 1945년 1월 2일자 「만달레이 주둔지 업무 규정」의 별지에는 9개 위안소의 인적 구성과 상호가 남아 있는데, 이 중 5개는 군지정 위안소이고 나머지 4개는 군준지정 위안소였다. 군지정 위안소에는 일본인 '위안부'가 있는 위안소 1개소, 조선인이 3개소, 광동인(중국인)이 1개소였고, 군준지정 위안소는 모두 버마인 '위안부'가 있었다.[48] 버마인 위안소를 제외한다면 1:3:1의 비율이다. 또 아캬브에는 일본인 위안소가 1개소, 조선인 위안소가 2개소, 중국인 위안소가 1개소가 있었는데, 1:2:1의 비율이다.[49] 세 지역 모두 조선인 위안소가 절반 이상이며, 일본인과 중국인 위안소는 각각 한 곳을 넘지 않는다는 점을 확인할 수 있다.

버마 위안소의 특징 중 하나는 대부분의 경우 한 위안소에 여러 출신지의 여성이 함께 있지 않았다는 것이다. 이것은 동원 방식과 관계된 것으로 보이는데, 여성을 동원한 업자들이 군대를 따라다니며 위안소 경영까지 하는 체제를 만들었기 때문에 한 업자가 자신이 데려온 지역의 여성들만을 관리하였던 것이다. 각종 문서나 피해자의 증언 대부분을 통해 한 지역 출신의 여성들로 구성된 위안소들이 있었다는 점을 확인할 수 있다. 이것은 다른 아시아 태평양 지역과도 다른 모습이다. 뉴브리튼섬 라바울의 타케이시 위안소 경우에 일본인과 조선인이 한 위안소에 있는데 그 둘의 요금이 달랐으며, 필리핀의 위안소에서도 일본인과 필리핀인 여성이 한 위안소에 있었다.[50] 중국의 진중일지에서는 일본인, 조선인, 중국인 여성이 한 위안소에 있었던 것도 확인된다.[51] 한 위안소에 여러 출신지의 여성을 배치하고 이들에 대하여 차등적 요금을 부과

48 「マンダレー駐屯地勤務規程(マ駐安第54号)」, 1945.01.02., WAM 軍_271.

49 모리카와 마치코·정신대할머니와 함께 하는 시민모임, 2005, 앞의 책, 105쪽.

50 ATIS Research Report No.120(1945. 11. 15.) 국사편찬위원회, 2017, 『남서태평양지역 총사령부 연합군번역통역부(ATIS) 문서 1』.

51 「独立攻城重砲第2大隊第2中隊 陣中日誌 昭和13年3月1日-3月31日」, WAM 軍_32.

하는 체계를 만든 것은 일본군 '위안부' 제도의 형태 중 하나였다.

버마의 위안소는 여성의 출신지에 따라 구분되었다. 예컨대 일본인 '위안부'가 있었던 위안소는 대부분 장교 전용이 되었다. 「심문회보 2호」에 따르면 메이묘에는 일본인 여성이 있는 위안소가 두 곳 있었는데, 그중 하나인 스이코엔은 장교 전용 위안소였다. 만달레이에 있던 일본인 위안소 우메노야도 장교 위안소였다. 문옥주는, 아캬브의 일본인 위안소는 장교 전용이었고 일본인 게이샤가 10명 정도 있었는데 모두 화려한 기모노를 입고 있었다고 증언했다.[52] 버마에는 일본인 '위안부'가 별로 없었기 때문에 장교들이 이를 독점하는 형태가 만들어진 것으로 보인다.

1942년 이후 점령한 지역에 동원할 수 있는 일본인 '위안부'의 수는 제한적일 수밖에 없었고, 버마에서 일본인 '위안부'는 한정된 지역에만 보내졌다. 예를 들어 버마 북부 지역에는 일본인 '위안부'가 전혀 없었다. 버마 북부의 후캉계곡에서 붙잡힌 한 일본군 하사관은 "일본군을 위한 위안부는 모두 조선인"이라고 대답했고, 버마 중부 만달레이와 메이묘에 있었던 한 병사는 "대부분의 '위안부'는 조선인"이고 "일본인 여성을 볼 수 있는 기회는 거의 없었다"라고 진술했다.[53] 이처럼 버마에서는 일본인 '위안부'가 없는 자리를 조선인 '위안부'가 대체하고 있다.

반대로 버마인 여성들은 조선인 여성조차 동원하기 힘든 외진 지역의 위안소에 동원되었다. 버마 서부의 람리섬에는 위안소 두 곳이 있었는데, 랑군에서 끌려온 버마인 여성 10~15명이 있었다. 만달레이 서북부의 쉐보에도 병사용 위안소에 버마인 여성들이 있었다.[54] 버마 외부에서 동원된 여성들을 이송

52 모리카와 마치코·정신대할머니와 함께 하는 시민모임, 2005, 앞의 책, 106쪽.

53 OWI Outpost Report WDC-406, 정진성 편, 2018b, 앞의 책, 376쪽.

54 MID Medical Condition on RAMREE Island during Japanese Occupation, 정진성 편, 2018b, 앞의 책,

하기 쉽지 않은 오지에서는 일본군 병사들이 멋대로 현지 여성을 모아 위안소를 만드는 사례도 있었다.[55] 일본군이 위안소를 설치한 목적 중 하나는 현지에서의 성폭력을 방지하겠다는 것이었지만, 일본군이 현지인 여성을 동원하는 과정은 성폭력과 연계되어 있었다.[56] 1945년 7월 7일 모울메인 근처의 마을 칼라곤(Kalagon)에서 일본군이 주민 600명을 학살하고 여성 생존자 10명을 '위안부'로 끌고 간 사건이 영국의 전범재판에서 다루어지기도 했다.[57]

또 버마인 '위안부'가 일본군이 아닌 버마인 병보(兵補)를 상대하기도 했다. 일본군이 작성한 「만달레이 주둔지 업무 규정」에는 버마인 위안소 네 곳이 확인되는데, 그중 한 곳인 신버마관[新緬館]은 '버마 병보 전용'이었다. 병보는 점령지의 주민을 동원하여 만든 일종의 보조병력으로 신분은 군속이었다. 이들은 주로 노무 동원에 활용되었지만 버마에서는 일본군과 함께 전투에 참여하는 일도 있었다. 버마인 병보를 위한 위안소가 있었음을 보여주는 것은 이 규정이 유일하다(林博史, 1994, 75쪽).

이처럼 버마의 일본군 '위안부' 제도에는 일종의 인종주의적 혹은 민족 차별적인 성격이 나타난다. 일본군은 여성을 출신 지역에 따라 나누고 군의 위계에 따라 위안소를 차등적으로 배치했다. 내지와 반도, 지나와 남방이라는 일본 제국의 인종적 위계질서는 '위안부' 제도를 움직이는 요소였다.[58] 일본군은 위

435쪽; CSDIC 1st Preliminary Interrogation Report on Japanese PW 1945. 2. 21, 정진성 편, 2018a, 앞의 책, 504쪽; OSS Japanese Occupation of the SHWEBO Valley in Burma, 1945.01.29; NARA RG 226 Entry NM-54 16 Box 1297.

55 센다 가꼬오, 1992, 앞의 책, 186쪽.

56 버마에서 일본군에 의한 성폭력은 다음 논문에서 소개하고 있다. 林博史, 1996, 「英軍による日本軍性的暴力の追及」, 『戦争責任研究』 第14号, 日本の戦争責任資料センター.

57 Robert Cribb, 2016, "The Burma Trials of Japanese War Criminals, 1946-1947", Kerstin Von Lingen(ed), *War Crimes Trials in The Wake of Decolonization and Cold War in Asia, 1945-1956*, Palgrave macmillan.

58 일본군'위안부' 제도가 다른 전시 성폭력에서 보이는 인종/민족 갈등과는 다른 인종주의적 혹은 민족 차별적 성격을 지니고 있다는 점은 여러 연구자들에 의해 지적되어 왔다. 요시미는 '위안부'

안소 이용을 일종의 권리로 간주했기 때문에 일본군 내부에서도 '위안부'라는 자원을 둘러싼 경쟁과 갈등이 벌어졌다. 몇몇 지역에서 장교들이 위안소를 독점하는 것이 병사들에게 주요한 불만사항이었고, "심지어 최고의 위안부들은 해군과 공군으로 간다"라는 불만이 나오기도 했으며 병사들 사이에서 "경쟁 때문에 고참병이 위안소를 방문하려는 신참 병사들을 때리는" 일도 흔했다.[59]

Ⅳ. 조선인 '위안부'의 귀환

이 장에서는 버마로 동원되었던 조선인 '위안부'의 귀환 과정을 검토한다. 일본군'위안부' 제도는 일본군의 패배, 전쟁의 종결과 함께 붕괴하였다. 하지만 동원 지역에 남겨진 여성들은 고향으로 돌아가기까지 이 제도로 인한 피해를 계속해서 감내해야만 했다. 일본군이 위안소를 갑자기 떠나버리고 먼 타지에 남겨지거나, 전장의 한가운데에서 목숨을 잃거나, 포로가 되어야만 했던 상황은 일본군이 전장에 동원된 '위안부'를 어떤 존재로 인식하고 취급했는지 보여준다. 따라서 '위안부' 제도로 인한 피해의 연장선에서 '위안부'가 연합군의 포로가 되어 귀환하는 과정까지를 모두 살펴볼 필요가 있다.

버마의 위안소에 있었던 피해자 중 종전 이전에 고향으로 돌아왔다고 증언한 사람은 아무도 없다.[60] 버마에서는 위안소를 도망친다 하더라도 자력으로

문제가 여성 인권의 문제임과 동시에 식민지 정책의 문제 그리고 타민족 멸시의 문제와 관련되어 있다는 점을 지적했다. 인종주의 혹은 민족 차별의 문제는 식민지에서 조선인 여성의 동원과 관련하여 언급되거나 혹은 유럽인 '위안부'에 대한 서구의 차별적인 대응과 관련하여 논의되고 있다.

59 OWI Outpost Report JRA-172, 정진성 편, 2018b, 앞의 책, 208쪽; OWI Outpost Report JRA-205, 위의 책, 245쪽.

60 다른 지역에서는 종전 이전에 고향으로 돌아오거나 적어도 위안소에서 벗어난 사례들이 종종 발견된다. 조선과 비교적 가까운 지역에서는 위안소에서 탈출하거나 병에 걸려서 혹은 다른 이유로 돌아올 수 있었다. 예를 들어 만주 지역의 경우 만주에서 '위안부' 생활을 마친 88명 가운데 31명이 종전 이전에 위안소를 이탈할 수 있었다(박정애, 2018, 91쪽).

귀환할 방법이 거의 없었다. 일본군이 발행한 도항 증명서가 없다면 배를 탈 수 없었기 때문이다. 또 계약 종료나 폐업으로 인해 돌아온 사례도 발견되지 않는다. 미치나로 동원된 '위안부'들도 계약에 따르면 선불금과 이자를 갚았을 경우 고향으로 돌아갈 권한이 형식적으로는 존재했지만, 전쟁 상황으로 인해 돌아갈 수 있는 사람은 없었다.[61] 1943년 6월에 돌아갈 조건을 충족한 '위안부 한 명'도 남으라는 설득에 따라 떠나지 못했다.[62]

버마로 동원된 피해자 중에는 버마로 동원되었다가 다른 지역의 위안소로 이동한 사례도 전혀 없다.[63] 피해자 신현순과 D○○이 각각 싱가포르와 뉴기니를 거쳐 버마로 동원되었던 것처럼 일본군이 1942년 이후 점령한 지역들 사이에서 위안소의 이동은 있었다. 하지만 버마에서는 '위안부'의 충원만 있을 뿐 버마를 빠져나가지는 않고 있다. 이러한 상황 때문에 버마로 동원된 피해자 대부분이 전쟁이 끝날 때까지 이곳에 남아 있었다.

따라서 버마에서의 조선인 '위안부'의 귀환은 연합군의 손에 달려 있었다. 조선인 '위안부'는 일본군이 패전할 때 버마와 그 인근 지역에 남겨졌다. 연합군들은 일본군과 함께 조선인 여성들을 포로로 잡아 포로수용소로 보냈다. 이들은 짧게는 몇 달에서 길게는 일년 이상의 기간 동안 연합군 포로수용소에 있어야만 했다. 연합군의 문서 사이에는 포로가 되었던 조선인 '위안부'들에 대한 단편적인 기록들이 남아있다.

61 이것은 종전 직전에 폐업과 귀국이 속출했던 싱가포르의 상황과도 대비되는 것이다(안병직, 2013, 38쪽).

62 SEATIC Interrogation Bulletin No.2, 정진성 편, 2018, 『일본군'위안부' 관계 미국 자료 Ⅰ』, 선인, 524쪽.

63 단 문옥주의 증언에는 귀국한 '위안부'의 사례가 등장한다. 문옥주는 랑군이 위험해지자 다른 조선인 '위안부' 5명과 함께 조선으로 돌아가기 위해 군의관에게서 폐병이 났다는 거짓 진단서를 얻었다. 그리고 귀국 허가를 받아 사이공으로 이동했다가 결국 귀환을 포기하고 돌아왔다. 일행 중 두 명만이 귀국을 위해 사이공에 남았다. 이들이 귀국할 수 있었는지는 확인할 수 없지만, 버마에서도 종전 이전에 승선허가를 받아 돌아온 사례가 전혀 없지는 않았을 것이다.

1. 연합군의 포로가 된 '위안부'

일본군은 1944년 3월 인도 북동부의 임팔을 공격하여 버마에서의 전세를 바꾸어보고자 했다. 임팔작전은 버마 점령 이후 일본군이 전개한 가장 대규모의 군사작전으로 10만 명에 달하는 병력이 투입되었지만 일본군의 대패로 끝났다. 임팔작전 이후 일본군은 더 이상 버마를 방어할 수 없는 지경이 되어 버마 전선은 붕괴하기 시작하였다. 스틸웰이 지휘하는 미·중 연합군은 버마 북부로 진격하였고, 중국군 또한 중국 윈난성 남부 지역을 탈환하고자 하였다. 영국군도 버마 서부에서부터 공격을 시작했다. 일본군은 패배를 거듭하여 1944년 하순에는 버마 북부를 상실하였고, 1945년 5월에는 영국군에 의해 랑군이 함락되면서 버마에서 밀려나게 된다.

일본군은 전선이 급속히 붕괴되는 상황에서 일본군'위안부'들을 후방으로 이동시키는 어떠한 조치도 취하지 않았다. 전선에 남겨진 '위안부'들에게는 두 가지 선택지만이 기다리고 있었다. 하나는 일본군이 전멸하는 최후의 순간까지 전장에 남는 것이고 다른 하나는 패잔병들의 대열에 끼어 무작정 도망가는 것이었다.

버마와의 국경지대에 있는 중국 윈난성 남부의 송산과 텅충에서 '위안부'들은 일본군과 최후를 함께하도록 강요받았다. 일본군이 당시 라모로 부른 이 지역은 험준한 산악지형으로 버마를 중국군으로부터 방어하기 위해 만든 요새들이 있었다. 1944년 중국군이 이곳에 대한 공세를 시작하면서 이 지역 전체는 치열한 전장이 되었다. 송산의 일본군 보병 제113연대와 텅충의 보병 제148연대는 후퇴 명령을 받지 못하고 1944년 9월 전멸할 때까지 이곳에서 싸웠다. 송산의 '위안부'들은 폭격에 시달리며 목숨을 잃었고, 일본군 최후의 순간에 빠져나와 중국군의 포로가 되었던 박영심과 같이 소수만이 가까스로 살아남을 수 있었다. 박영심은 이 격렬한 전장의 위안소에 끌려간 12명 중 4명만이 생존했다고 증언했다.[64] 텅충에서는 성곽으로 된 도시를 빼앗는 치열한 전투 과정에서 많은 '위안부'들이 목숨을 잃었다. 심지어 최후의 순간에는 조선인 '위안부' 30명이 일본군에 의해 총살당하기도 했다(방선주, 2000). 당시의 전투 상황을 묘사한 연합군의 전투일지에는 송산과 텅충에서 많은 여성들의 시신을 발견했고, 그곳에서 살아남은 '위안부'들을 포로로 잡았다고 되어 있다.

송산과 텅충에서 포로가 된 조선인 여성들은 윈난성의 중심 도시인 쿤밍의 포로수용소로 보내졌다. 포로수용소는 쿤밍 시내의 군화중학교에 만들어졌고 1945년 4월 당시 조선인 포로 25명과 일본인 포로 81명을 수용하고 있었다. 조선인 여성은 총 23명이었는데, 이 중 22명은 "강요와 거짓을 통해" 동원된 '위안부' 피해자였다.[65] 이곳에 수용되어 있었던 피해자는 북한 출신의 박영심과 윤경애가 있다. 박영심에 따르면, 일본군 패잔병들과 7개월간 포로수용소 생활을 하다가 1946년 2월에 인천으로 귀환할 수 있었다. 한편 윤경애는 일본군 포로들과 함께 1년 반 동안 포로수용소 생활을 하다가 1947년 4월에 고향에 돌아올 수 있었다.[66] 두 사람의 귀환 시기에 1년이나 되는 차이가 있기 때문에 정확한 경위를 알 수는 없지만 일본군 패잔병들과 같은 포로수용소에 있었다는 점 등 동일한 내용이 확인된다.[67]

64 종군위안부 및 태평양전쟁피해자 보상대책위원회, 1995, 앞의 책, 80쪽.

65 OSS, Korean and Japanese prisoners of war in Kunming, 1945.04.26. NARA, RG 226 Entry A1 154 Box 185.

66 종군위안부 및 태평양전쟁피해자 보상대책위원회, 1995, 9·80쪽.

67 쿤밍 포로수용소의 상황은 매우 열악했다. 박영심과 윤경애 모두 포로수용소에서의 생활을 매우 모욕적인 것으로 기억하고 있다. 당시 포로수용소를 방문했던 전시정보국 요원 코지 아리요시(Koji Ariyoshi)는 20명의 여성들이 중국군들의 조롱을 받으며 꾀죄죄한 몰골로 있는 것을 보았다. 코지는 수용소에서 여성들의 '위안부' 동원에 대해 질문을 했다. 여성들은 그에게 몸을 누일 볏짚이나 씻을 물을 그리고 치료를 제공해달라고 요청할 정도로 좋지 않은 환경에 있었다(Koji Ariyoshi, 2000, 158~159쪽).

버마에서 일본군의 옥쇄가 벌어진 또 다른 지역은 버마 북부의 중심 도시 미치나였다. 미치나는 철도로 랑군과 연결되어 있었고 전략적으로도 중요한 지역이었다. 미군과 중국군 연합군은 미치나를 탈환하여 인도 레도(ledo)에서 윈난성 쿤밍을 연결하는 레도 도로를 개통하고자 하였다. 연합군은 1944년 5월부터 미치나를 공격하기 시작하여 미치나 서쪽의 비행장을 손쉽게 확보했으나, 미치나의 시가지를 점령하는 것은 실패하여 세 달 간의 긴 공방전이 펼쳐졌다.[68] 미치나를 수비하고 있던 일본군은 18사단 보병 제114연대였고, 미치나에는 조선인 '위안부' 42명과 중국인 '위안부' 21명을 포함하여 63명의 여성이 있었다. 일본군은 미치나를 사수하라고 명령했기 때문에 '위안부'들은 전투가 벌어지는 동안에도 미치나의 참호 속에 남아야 했다. 심지어 몇몇은 참호 속에서도 '위안부' 일을 해야만 했다.

미치나가 연합군에게 함락되기 며칠 전인 1944년 7월 31일 밤 '위안부'들은 업자들과 함께 작은 뗏목 10척에 나눠 타고 미치나를 떠났다. 한 일본군 병사는 도하 직전의 상황을 보면서 "강변에서는 반도 출신의 위안부들이 겁먹은 목소리로 웅성거리고 있는 것이 딱했다"고 회상했다.[69] 강을 건넌 이들은 미치나 동남쪽의 작은 마을인 와잉마우 북쪽에 상륙했고 일본군과 함께 밀림에 머물렀다. 하지만 곧 교전이 벌어졌고 이들은 무리에서 떨어졌다. 이 과정에서 4명의 '위안부'는 이동 중 사망했고, 2명은 일본군으로 오인되어 사살되었다. 이들이 갈라진 뒤 중국인 '위안부' 20명은 중국군에 항복했고, 다른 조선인 약 20명은 일본군을 따라 떠났다. 강가의 민가에 남아 있었던 위안소 업자 부부와 조선인 '위안부' 20명은 영국군이 지휘하는 카친족 군인에게 생포되었다.[70]

68 防衛庁防衛研修所戰史室, 1969,『イラワジ会戦』, 朝雲新聞社, 23쪽.

69 八江正吉, 1984,『ビルマイラワジの誓い』, WAM, その他_010.

70 SEATIC Interrogation Bulletin No.2, 정진성 편, 2018,『일본군'위안부' 관계 미국 자료 Ⅰ』, 선인,

생포된 이들은 미치나 서쪽 비행장에 임시로 마련된 포로수용 시설로 보내졌다. 미군은 일본군'위안부'의 존재를 실제로 확인한 것에 대해 매우 놀라 이들을 간단히 심문하고 사진도 촬영하였다. 하지만 언어상의 한계가 있었고 여성들이 군사적인 정보를 가지고 있지는 않았기 때문에 심문에서는 유의미한 정보를 얻을 수 없었다.[71] 대신에 이들은 인도 아삼주 레도에 있는 미군 기지로 보내져 상세한 심문을 받도록 하였다.

1944년 8월 15일 레도에 도착한 일행은 레도 수용소(Ledo stockade)로 보내졌다. 레도 수용소는 원래 범죄를 저지른 연합군 군인들을 수용하던 일종의 영창이었으나 일본군 포로들이 다수 잡히기 시작한 이후로는 일본인들도 수용하기 시작하였다. 이곳에서 전시정보국 심리전팀은 심리전을 기획하기 위한 정보들을 얻기 위해 포로를 심문하였다.[72] 조선인 '위안부'들은 일본인 업자와 함께 수용소 안의 세 개의 텐트에 나누어 머물렀다. 미군은 여성들이 입을 옷이 없자 국제적십자사에 옷감과 재봉 도구를 요청하는 등 편의를 제공했다. 전시정보국 심리전팀 소속의 알렉스 요리치는 8월 20일부터 9월 10일까지 21일에 걸쳐 조선인 '위안부'를 심문했다. 상당한 시간을 투자한 자세한 심문이었다. 이렇게 해서 작성된 보고서가「일본인포로 심문 보고서 49호」이다.

레도 수용소는 포로들을 장기간 수용할 수 있는 곳이 아니었다. 전시정보국의 심문이 끝나고 나면 포로들은 영국군이 관할하는 인도 내의 다른 수용소들로 이동하였다. 포로들은 추가적인 심문이 필요하면 뉴델리 레드 포트(Red Fort)에 위치한 합동심문센터(CSDIC)로 이동하여 재심문을 받았고, 그렇지 않

526~527쪽.

71 Won-Loy Chan, 1986, *Burma: The Untold Story*, Presidio Press, 92~97쪽.

72 전시정보국의 심리전 요원들은 좋은 정보를 얻기 위해서 일본인 포로들을 친근하게 대해 주었다. 미국 국적의 일본인 2세(Nisei) 요원들은 일본어에 능통했고 외모도 일본인과 같았기 때문에 일본인 포로들과 쉽게 어울렸다.

으면 인도 여러 곳에 위치한 포로수용소들로 보내졌다. 조선인 '위안부'들을 조선에서부터 동원하고 관리해왔던 업자인 기타무라 에이분은 이때 합동심문센터로 보내져 동남아시아번역통역센터(SEATIC)의 재심문을 받았다. 이 결과는 「SEATIC 심리전 회보 2호」로 작성되었다.

조선인 '위안부'들이 이송된 곳은 데올리(Deoli) 수용소였다. 이곳은 이탈리아인 포로들과 함께 일본인 민간인들이 주로 수용되어 있던 곳이었다. 국제적십자사가 1945년 2월 10일부터 13일까지 수용소를 시찰하고 작성한 보고서에도 조선인 '위안부'의 존재가 확인된다. 이 보고서에는 버마 전투에서 일본군이 후퇴하면서 버려두고 간 '위안부' 여성들 22명이 병원에 있었다고 적고 있다.[73] 데올리 수용소의 한 분과를 맡고 있었던 영국 선교사 노라 잉게(Norah Inge)도 몇몇의 일본군'위안부'가 별도 구역에 수용되어 있다는 진술을 했다.[74]

미치나에 있었던 조선인 '위안부'들은 데올리 수용소에서 해방을 맞았다. 인도 각지의 수용소에 있는 조선인 포로의 수는 매우 적었으나 이들은 전쟁이 끝나자 고향으로 돌아갈 생각에 매우 들떴다. 일본군 포로들이 주로 있었던 비카너(Bikaner) 수용소의 조선인들은 더 이상 일본인처럼 행동하지 않았고, 일본어도 사용하지 않았으며, 일본식 이름도 버렸다. 조선인 포로들은 한국의 독립과 고향으로의 귀환을 생각하며 매우 들떴고, 이 때문에 조선인 포로들과 일본인 포로들 사이의 관계가 매우 험악해졌다. 결국 비카너 수용소에서 조선인 포로들은 1945년 11월 별도의 구역에 분리 수용되었다.[75] 조선인 '위안부'들이 있

73 KBS, 시사기획 창 "국가는 그들을 버렸다"(2018.08.21.) (http://news.kbs.co.kr/news/view.do?ncd=4027505&ref=A) 방송에서 언급된 비카너 수용소의 명부에 따르면 업자인 기타무라 부부는 이 수용소에 있었다.

74 Tessa Morris-Suzuki, 2015, *You Don't Want to Know About the Girls? The 'Comfort Women', the Japanese Military and Allied Forces in the Asia-Pacific War*, The Asia-Pacific Journal, Vol. 13, Issue. 31, No. 2, August 03. p.2.

75 Tilak Raj Sareen, 2010, *Conspiracy of Silence : Japanese Prisoners Of War In India 1942~1946*, LSP,

었던 데올리 수용소의 상황도 비슷했을 것이다.

영국군은 1946년 초순부터 인도에 있는 일본인 포로들의 송환을 시작하였다. 인도에서의 귀환 상황은 피해자의 증언이 전혀 남아있지 않기 때문에 구체적인 내용은 알 수 없지만, 영국군의 기록에는 작은 단서들이 남아있다. 인도에서 일본인 포로의 귀환에 관한 내용 중 조선인 여성에 대한 유일한 언급은 1946년 5월 7일 인도 사령부에서 동남아시아 연합군 사령부로 보낸 전보에서 발견된다. 이 전보는 인도의 여러 항구에서 일본인과 조선인, 대만인 포로들을 수송할 계획을 적고 있다. 전보는 5월 9일에는 카라치 항구에서 '시티 오브 파리' 호를 타고 일본인 1,314명이 출항하고, 5월 17일에는 2,023명이 '말로하(Maloja)' 호에 일본인 여성과 아이 186명과 조선인 포로 17명 그리고 '조선인 여성과 아이 24명'이 탑승할 것이라는 내용을 담고 있다. 데올리 수용소가 주로 일본인 민간인 포로들을 수용하고 있었음을 고려한다면, 이 시기에 수용소에 있는 전원이 차례로 송환된 것으로 보인다. 이렇게 조선인 '위안부'들은 인도의 수용소에서 조선으로 귀환할 수 있었을 것이다. 이들이 '위안부'로 끌려간 지 약 3년 9개월, 포로 생활을 시작한 지 1년 9개월 만이었다.

2. 영국군 포로수용소의 '위안부'

버마에서도 '위안부'가 전투 지역에 남아있다가 연합군의 포로가 되는 경우는 예외적인 사례에 속했다. 대부분의 조선인 '위안부'들은 일본군이 후퇴할 때 함께 이동하거나 혹은 위안소에 남겨져 스스로의 힘으로 후방으로 이동했다. 연합군이 버마의 여러 지역을 차례차례 점령하며 일본군을 압박하자 패잔

p.212; TNA FO 916/1466.

병들은 인도차이나의 국경을 넘어 사이공으로 도망가거나 버마-태국 사이의 국경을 넘어 방콕 방면으로 도망갔다. 랑군항에서 배를 타는 방법도 있었으나, 이미 해상을 연합군이 장악한 상태였기 때문에 육로를 선택할 수밖에 없었다. 버마에서 태국이나 인도차이나 방면으로 도망가는 길은 정글로 가득 찬 험난한 길이었다. 후퇴하는 과정에서 질병이나 사고로 많은 조선인 '위안부'들이 목숨을 잃었다.

영국군은 1945년 5월 랑군과 모울메인을 수복하면서 버마 전 지역에 대한 통제권을 회복하였다. 하지만 버마 전역에는 여전히 많은 일본군 패잔병들이 있었고, 무리 가운데에는 '위안부'도 있었다. 영국군은 패잔병을 소탕하면서 많은 여성을 포로로 붙잡았다. 일례로 영국군 제17인도사단은 1945년 7월 25일 랑군 북동쪽의 펜웨건 근방에서 일본군 잔당들을 소탕하고 포로 38명을 포획했다. 이 포로들 중 24명은 여성이었다.[76] 이 여성들은 중국인 '위안부'들이었다. 영국군은 이 여성들을 포로로 잡은 직후에 간단한 심문을 하였는데, 그 과정에서 촬영된 사진과 영상이 영국 제국전쟁박물관(IWM)에 소장되어 있다. 사진 설명에 따르면 이 여성들은 펜웨건 근방의 토웅구-페구를 연결하는 도로에서 붙잡혔다. 이 "중국인 여성들은 광동에서 붙잡혀 억류되었고, 강제로 일본군 병사의 '위안 부대'에 배속되었다."[77] 이 광동 출신의 여성들은 미군에 붙잡힌 조선인 '위안부'들이 그랬던 것처럼 영국군의 포로수용소로 이동하였다.

영국군은 종전을 전후하여 버마에서 수많은 일본군 및 일본인 포로들을 붙잡았다. 이 포로들을 수용하기 위한 많은 포로수용소들이 랑군과 그 인근 지역에 만들어졌다. 이 포로수용소의 기록 속에는 일본군'위안부'들에 대한 단편적

76 TNA WO 172/6987.

77 NARA RG 208 Entry AA Box 314.

인 기록들이 남아있다. 이 중 조선인 '위안부'의 존재가 확인되는 것은 랑군에 설치되었던 110 포로수용소(110 P.O.W. CAGE)의 전투일지(War Diary)이다.

영국군 110 포로수용소는 1942년 2월 인도의 푸나 지역에서 편성되었고 영국이 버마를 탈환할 때 버마로 이동하였다. 1945년 5월 31일에는 랑군 시내에 위치한 중앙 감옥으로 이동하였고, 감옥 내부에 수용소를 설치하였다.[78]

110 수용소는 2,000~4,000명 정도를 수용할 수 있는 규모였고, 이곳에 수용되었던 사람의 대다수는 찬드라 보스가 창설한 인도국민군(INA) 소속 병사들과 민간인 협력자들이었다. 1945년 7월 31일 이 수용소에는 4,088명이 있었는데, 이 중 3,476명이 인도국민군 관계자들이었다. 일본군 포로는 상당수가 수용소 내 병원에 입원하고 있었다. 이 수용소에서는 일본군 포로를 임시로 수용하고 있으면서 포로를 치료하거나 포로의 전쟁범죄 혐의를 조사하였고, 상세한 심문이 필요한 포로는 뉴델리의 합동심문센터(CSDIC)로 보내고 그렇지 않은 포로는 인도 서부의 비카너(Bikaner) 수용소로 보냈다.

110 포로수용소의 전투일지에는 일본군'위안부' 여성들의 입출 기록이 다수 남아있다. [표 4]는 110 포로수용소에 수용되었던 '위안부'들에 관한 기록을 정리한 것이다. 1945년 7월부터 이 수용소에는 총 38명의 '위안부'가 수용되어 있었다. 이들 대부분은 중국인 '위안부'였다. 종전이 되는 시점인 8월까지 수용소로 계속해서 중국인 '위안부'들이 포로가 되어 들어오는 것을 확인할 수 있다. 영국군 병사였던 잭슨 또한 1945년 8월 종전 직후 랑군 감옥에서 일본군 포로들 사이에 있는 '위안부' 들을 보았다고 증언했다.[79] 한편 중국인 여성들은 포로수용소에 수용된 후 짧은 시일 내에 석방되어 다른 중국인들에게 인계된

78 이 감옥은 영국의 식민 지배 당시 건축된 것으로, 일본군은 버마를 점령한 뒤 이곳에 연합군 포로들을 수용했었다.

79 IWM, *Thomas Bruce Jackson, Oral history*, 2003.09, 25449, Reel6.

것으로 나타난다. 중국은 연합군의 일원이었기 때문에 중국인 여성들을 전쟁 포로로 수용할 필요성은 없었기 때문이다. 중국인 대표들에게 인계된 여성들은 중국군을 따라 귀환했다.

[표 4] 110 포로수용소 전투일지의 '위안부' 관련 기록

일시	내용
1945년 7월 27일	14명의 중국인 여성들(일본군'위안부')을 인계받음
1945년 7월 31일	5명의 중국인 여성들(일본군'위안부')을 인계받음
1945년 8월 1일	일본군'위안부' : 26명
1945년 8월 2일	2명의 일본인, 1명의 중국인 위안부를 인계받음
1945년 8월 18일	28명의 위안부를 석방하고 중국인 대표들에게 인계함, 2명의 위안부를 인계받음
1945년 9월 1일	일본군'위안부' : 5명
1945년 9월 25일	3명의 중국인 위안부를 중국인 대표들에게 인계함
1945년 10월 27일	2명의 위안부를 인계 받음, 5명의 위안부(중국인)을 인계 받음
1945년 10월 31일	일본인, 조선인, 중국인 위안부 : 7명
1945년 12월 31일	5명의 중국인 위안부를 영국군 대위에게 인계함
1946년 1월 1일	조선인 위안부 : 2명
1946년 4월 26일	2명의 위안부(일본인과 조선인)를 코킨(Kokine) 일본인 수용소로 이송

출처: TNA WO 172/9343 , WO 172/11148

중국인 '위안부'를 제외한 두 명의 여성들은 조선인 '위안부'였을 가능성이 매우 높다. 수용소의 기록에서 이 여성들의 국적에 관한 내용은 계속 바뀌고 있는데, 1945년 8월 2일 수용될 당시에는 일본인으로 표기하였지만 10월 31일부터는 조선인과 일본인 '위안부'로 혼용하고 있고, 중국인 '위안부'들이 모두 떠난 1946년 1월 1일부터는 조선인 '위안부'로 적고 있다. 이와 같은 표기는 3월까지 이어지고 있다. 110 포로수용소는 1946년 4월 말 1,332명의 포로를 수용하고 있었는데 이들 대부분은 일본인 전쟁범죄자 혹은 전쟁범죄 용의자

였다. 절반이 넘는 809명이 일본군 헌병이었고 이들 중 206명은 전쟁범죄 용의자였다. 이 포로수용소의 기능이 일본군 전쟁범죄자들을 수용하는 것으로 전환되면서 더 이상 '위안부'를 수용하기는 힘들었고 다른 조선인 포로를 단 한 명도 수용하고 있지 않았기 때문에 여러 어려움이 있었을 것이다. 따라서 여성들은 랑군 시내에 위치하였던 코킨 호수 옆에 설치된 일본인 수용소로 이송되었다. 당시 코킨 수용소는 약 3,000명의 일본인 포로를 수용하고 있었다.

영국군은 버마에서 7만 명의 일본군 및 일본인 포로들을 붙잡았고 이들을 랑군이나 모울메인과 같이 해상 수송이 용이한 도시의 수용소에 수용하였다. 하지만 영국군 포로수용소에 있었던 이들에 대한 상세한 기록은 남아있지 않다. 수많은 포로들에 대한 기록을 작성하고 보존하는 것은 당시에도 쉽지 않은 일이었을 것이다. 따라서 얼마나 많은 일본군'위안부'들이 버마의 영국군 포로수용소에 있었는지 확인하기는 어렵다. 그럼에도 영국군은 일본군'위안부'의 존재를 인식하고 있었고, 포로를 구분하며 기록할 정도의 관심을 가지고 이들을 바라보았다.

3. 버마로부터의 귀환

연합군은 종전 직후 발생한 일본군 및 민간인 포로들을 수용하고 귀환시키는 여러 계획을 수립하였다. 영국군을 중심으로 구성된 동남아시아 연합군 최고사령부(SEAC)는 버마, 안다만 및 니코발 제도, 태국, 말레이시아 및 싱가포르, 프랑스령 인도차이나, 네덜란드령 동인도에 속하는 자바, 보르네오, 수마트라, 셀레베스 섬에서의 포로 이송을 담당하였다. 1945년 10월부터 동남아시아 연합군 최고사령부는 위 지역에 있는 일본군 및 민간인 포로들의 수를 파악하고 이들을 귀환시킬 계획을 수립하였다. 종전 직후인 10월 버마에 수용된 포로의 수는 67,450명이었고 관할 지역의 포로의 총수는 718,313명이었다.[80] 이 엄청난 수의 포로를 한 번에 이송하는 것은 비용 문제도, 선박 부족 문제도 있었기 때문에 포로의 귀환은 순차적으로 이루어지도록 계획되었다.

일본인 포로들의 송환 계획은 NIPOFF 작전(Operation NIPOFF)으로 수립되었다. 이 작전에 따라 영국군은 포로 귀환의 우선순위를 설정하고 이에 맞추어 귀환시킬 계획을 수립하였다. 1946년 3월에 작성된 동남아시아 연합군 최고 사령부 합동 계획 참모부에서 작성한 「일본인의 소개와 귀환에서의 우선 사항, JPS 보고서 233호」에 따르면 영국과 연합군의 계획은 각 지역의 중심 도시에 일본인 포로나 민간인 억류자들을 집결시키고 순차적으로 수송하는 것이었다. 그런데 버마에서는 일본인들을 바로 일본으로 귀환시키는 대신에 다른 지역으로 일단 수송하여 그곳에서 귀환시키는 계획들이 검토되었다. 한 가지 후보는 태국으로 이송하는 것이고, 다른 하나는 싱가포르 동쪽 근방에 위치한 리아우(Riouw) 섬에 집결시켜 이송하는 것이었다. 다만 일본인 포로의 이송이 시급하다고 판단되지는 않았는데, 버마에서 일본인 포로의 노동력을 이용하는 것이 버마 재건에 중요한 도움이 되고 있다고 판단했기 때문이다.

하지만 영국군은 조선인 포로에 대해서는 다른 입장을 취하고 있었다. 영국 전쟁성(War Office)은 조선인과 대만인 포로들은 일본인 포로와는 구분되어야 한다고 명령했고, 수용소에서 조선인들은 일본인들과 분리하여 수용되거나 혹은 최우선 순위로 귀환시켜야 한다고 판단하였다. 비용 문제로 조선인을 당장 귀환시킬 수는 없었기 때문에 일단 조선인을 일본인으로부터 분리하고 이후 제 1순위로 귀환시키는 것으로 결정되었다.[81] 이 보고서가 작성된 시점은

80 TNA WO 203/5469.

81 TNA WO 203/4467.

종전 후 반년이나 지난 때였지만 동남아시아 전체에서 영국군이 수용하고 있는 일본인 포로의 총수는 여전히 70만 명에 달했고, 단지 2만여 명이 일본으로 귀환하였다. 버마에는 68,190명의 포로가 남아있었는데, 246명이 귀환했을 뿐이었다.

영국군은 NIPOFF 작전에 따라 일본인 포로들의 귀환 상황을 관리하기 위해 격주마다 각 지역의 포로 수를 집계한 보고서를 작성하였다. 1946년 6월 18일자 「격주 진행 보고서」는 일본인을 조선인과 구분했을 뿐만 아니라 조선인 여성의 숫자도 표시하고 있다. 이에 따르면 랑군에는 542명의 조선인 남성과 4명의 여성이 있고, 모울메인에는 107명의 남성과 2명의 여성이 남아있었다. 또 모울메인 남부의 토쿠(Tawku)에도 2명의 여성이 수용되어 있었다.[82] 영국군이 일본인과 분리하여 조선인을 집계하였고, 그중에서도 여성을 구분하고 있지만 이 숫자는 지나치게 적은 것으로 보인다. 위 보고들에 따르면 1946년 6월에 영국군이 버마에서 포로로 삼고 있는 조선인 여성의 수는 8명에 불과하다. 이들 모두가 조선인 '위안부'로 동원되었다고 보더라도 그 수가 지나치게 적다. 110 포로수용소에서만 중국인 '위안부' 수십 명이 있었던 것과는 대조되는 숫자이다.

이것은 버마로 동원되었던 조선인 병사들의 숫자와 비교해 보아도 그렇다. 기존 연구에서는 버마 지역으로 동원되었던 제49사단 소속 조선인 병사의 수를 대략 5천 명으로 추측하고 있고, 이 중 귀환율은 46%였기 때문에 대략 2,300명 정도가 귀환했을 것으로 추정하고 있다(김도형, 2014, 34쪽). 하지만 영국군 기록에 따르면 1946년 6월 18일 버마 남부에 수용된 조선인 병사의 수는 321명에 불과했다. 일본인 포로를 35,000명 수용했을 정도로 수용 규모가 가장 컸던 아롱(Ahlone) 수용소에도 206명의 조선인만이 확인되고 있다. 학병 출

82 TNA WO 203/6341.

신으로 버마에 있었던 이가형의 회고에 따르면 이들은 모울메인의 수용소에 있다가 1946년 5월 21일 랑군의 아롱 수용소로 이동하였다. 이곳에는 한인 지원병과 군속·일본군'위안부' 등 250명이 있었다. 이들은 같은 해 6월 싱가포르로 이동하였다가 7월에 리버티형 화물선을 타고 부산으로 귀환하였다(김도형, 2014, 34쪽). 아롱 수용소의 경우 회고의 내용과 수에 큰 차이를 보이지는 않지만 다른 조선인 병사들의 부재를 설명하고 있지는 못하다.

영국군의 귀환 관련 기록에 조선인의 수가 제대로 기록되고 있지 못한 데에는 세 가지 이유가 있다. 첫 번째는 일본인과 제대로 구분되지 못하고 혼동되었을 가능성이다. 두 번째는 상당수의 조선인, 특히 '위안부' 피해자들이 태국이나 인도차이나 방면으로 이동했기 때문이다. 세 번째는 민간인 포로들 사이에서 여성의 수를 제대로 파악하지 못하고 있었다는 사실이다. 각각의 이유를 피해자들의 사례를 통해 살펴보자.

먼저 영국 전쟁성은 조선인과 대만인을 일본인과 엄격하게 구분하도록 하는 명령을 여러 차례 내렸고, 심지어는 "대만인들과 조선인들은 어떤 경우에도 일본으로 보내져서는 안 된다"는 지침을 만들기도 했다.[83] 그렇지만 이와 같은 지침이 철저하게 적용되지는 못한 듯싶다. 버마의 시골 마을에 위치한 위안소로 동원되었던 피해자 D○○은 해방 직후 위안소에 있었던 조선인 여성 10여 명과 함께 있다가 큰 군함을 타고 부산으로 귀환하였다. D○○는 이 배를 일본군 군인들이 타라고 해서 탔고, 배에도 일본군 군인들이 대부분이었다고 한다. 배에서 알고 있던 조선인은 노무자 한 명뿐이었다.[84] 이 증언에서는 조선인 '위안부'들이 다른 일본인들과 분리되어 수용되거나 혹은 구분되지 않고 있

83 TNA WO 203/6339.

84 대일항쟁기강제동원피해조사및국외강제동원희생자등지원위원회 편, 2013, 『들리나요? 열두 소녀의 이야기』, 164~165쪽.

다. 영국군 입장에서는 조선인과 일본인을 구분하는 것은 쉽지 않았을 것이고, 일본인과 구분되지 않은 조선인들이 일본인들 사이에 껴서 귀환하는 사례가 많았으리라 생각된다.

두 번째 이유는 태국이나 인도차이나 방면으로 이동했기 때문이다. 버마가 영국군에게 점령되는 과정에서 일본군 부대들은 태국이나 인도차이나 방면으로 후퇴했는데, 이 과정에서 많은 '위안부'도 함께 동행했다. 영국군 문서에 따르면 1946년 3월 30일 인도차이나에는 7만 명의 포로가, 태국에는 11만 6천 명의 포로가 있었는데 이 중 조선인 포로는 216명으로 집계되었다.[85] 하지만 미국 전략첩보국(OSS)에서 1945년 9월 작성한 문서에 따르면 태국에 있는 조선인의 수는 총 7,400명으로 포로 감시원들이 900명, 일본군 병사가 5,000명, 그리고 일본군'위안부'가 1,500명이었다.[86]

버마로 동원되었던 문옥주는 랑군의 위안소에 있다가 일본군의 후퇴 명령을 받고 태국행 배에 올랐다. 배와 기차를 여러 번 갈아타고 도착한 곳은 방콕이었다. 방콕에서는 '위안부'만 한곳에 모았고, 이들 중 일부는 아유타야 병원으로 가 간호부 일을 하였다. 문옥주는 아유타야 병원에서 일본의 패전을 경험하고 연합군 배를 타고 인천으로 귀국했다.[87] 문옥주뿐만 아니라 아유타야 병원에서 간호사로 등록되어 있었던 여성은 총 463명이었다.[88] 이들 중 상당수는 문옥주와 같이 버마에 '위안부'로 동원되었다가 일본군이 후퇴할 때 태국으로 이동했을 것이다.

신현순은 랑군의 위안소에서 있다가 폭격이 심해지자 다른 '위안부'들과 함

85 TNA WO 203/4467.

86 OSS, Korean Organization, NARA RG 226 Entry NM-54 19-A Box 296.

87 모리카와 마치코·정신대할머니와 함께 하는 시민모임, 2005, 앞의 책, 140~157쪽.

88 KBS, 시사기획 창 "끌려간 소녀들 버마 전선에서 사라지다"(2015.08.10.) (http://news.kbs.co.kr/news/view.do?ncd=3127107&ref=A, 2019.08.30. 확인).

께 태국의 국경을 넘어 도망쳤다. 이들은 방콕에 도착해서야 종전 소식을 들었다. 방콕에서는 일본인들이 여성들의 신원을 조사하면서 이름, 나이, 고향 등을 적어갔는데, 정작 배를 타고 도착한 곳은 요코하마였다. 신현순은 일본의 시코쿠로 이동했을 때 자신처럼 일본으로 송환된 많은 조선인 여성들을 보았다.[89] 이처럼 버마뿐만이 아니라 동남아시아 사령부가 관할하고 있던 다른 지역에서도 일본인과 조선인의 구분이 제대로 이루어지지 않고 있었다. 김태선은 랑군의 영국군 수용소에 한 달간 있다가 기차를 타고 방콕으로 이송되었다.[90] 영국군은 버마에 수용된 포로의 일부를 태국이나 싱가포르로 이송하였는데, 이 과정에서 조선인 '위안부'들도 버마를 빠져나갔을 것이다.

세 번째는 조선인 여성의 숫자를 제대로 파악하지 못하고 있었을 가능성이다. 여러 증언에서는 적어도 영국군이 파악하고 있는 것보다는 많은 여성들이 영국군 수용소에 있었다는 사실이 나타난다. 예를 들면 버마에 동원되었던 이용녀는 종전을 맞이했을 때 일본군이 위안소를 버리고 갔고, 조선인 남성들이 와서 이들을 모두 데리고 나갔다. 이들 일행은 열흘 쯤 걸어서 랑군에 도착했다. 랑군의 수용소에는 조선인들이 모여서 함께 생활했는데, 징용 온 남성들과 '위안부' 피해자들이 함께 있었다. 수용소 내에는 버마 각지에서 온 여성이 50명쯤 있었다. 이들은 수용소에 한동안 있다가 1946년 3월에 부산항으로 귀환했다.[91] 이 경우처럼 조선인들이 분리 수용된 경우에도 여성의 숫자는 제대로 파악되지 않았다.

영국 측이 남긴 기록 속에는 버마에 이와 같이 많은 조선인 여성들이 함께 있었다는 정보는 남아있지 않다. 또 여성들을 '위안부'로 파악하지도 않았다.

89 한국정신대문제대책협의회·한국정신대연구소 편, 1999, 앞의 책, 311~313쪽.

90 한국정신대문제대책협의회·한국정신대연구소 편, 1993, 앞의 책, 237쪽.

91 위의 책, 222~223쪽.

반면 동남아시아의 연합군이 관할하고 있던 인도네시아 지역에서는 포로 수용 및 귀환 관련 보고 사항에 일본군'위안부'의 존재가 확인되는 경우가 있다. 예를 들어 네덜란드령 동인도 연합군이 동남아시아 연합군에 보낸 전보에 따르면 자바 서부에 있는 여성의 수는 총 1,031명이었다. 그리고 이들 중 일부는 '위안부'이거나 간호사라고 밝히고 있다.[92] 또 팔렘방 지역의 보고에 따르면 팔렘방 근처의 유전지대에 336명의 군속으로 분류된 여성 간호사와 '위안부'들이 있다고 되어있다.[93] 이처럼 근처의 다른 지역과 비교했을 때도 버마에서 집계되고 있는 조선인 여성의 수는 지나치게 적다.

영국군이 남긴 자료를 통해서 버마에 남겨진 조선인 '위안부'의 규모나 귀환 사항을 상세히 알 수 없는 것은 아쉬운 일이다. 그렇지만 이곳의 조선인 '위안부'들은 영국군의 귀환 정책에 따라 다른 조선인들과 함께 혹은 일본군과 함께 몇 달간 포로수용소 생활을 하였고, 결국에는 연합군 배를 타고 조선으로 돌아왔을 것이다. 영국군의 포로 송환은 1946년 초반부터 본격적으로 시작되어 1946년 6월에는 절반 정도를 송환하게 되고, 1947년에서야 마무리된다. 조선인 '위안부'들은 짧게는 몇 달, 길게는 1년이 넘는 시간 동안 영국군의 포로수용소에 있다가 귀환할 수 있었다.

V. 맺음말

버마는 1942년 이후의 전쟁에서 일본군'위안부' 제도가 어떻게 전개되었는지 파악할 수 있는 가장 대표적인 지역이다. 버마의 지정학적 중요성 때문에

92 TNA WO 203/6339.

93 TNA WO 203/6340.

일본군은 버마를 점령하고 방어하기 위해서 많은 육군 병력을 투입해야 했고, 전쟁 전개와 동시에 신속하게 '위안부'를 강제동원했다. 버마가 완전히 점령되기도 이전에 이미 식민지 조선에서는 조선인 여성의 대규모 모집이 이루어지고 있었다. 식민지 주둔군과 정부, 위안소 업자들과 일본군의 협조로 대규모 위안단들이 조직되었고, 취업사기와 감언이설, 강요가 동원된 방법으로 여성들을 끌어 모았다. 일본군 사령부는 이렇게 모인 여성들을 재빨리 전장의 위안소로 이송했다. 그 결과 버마에서는 전쟁이 시작된 지 불과 반년 만에 10만 명의 일본군 병사들을 위한 위안소들이 체계적으로 만들어졌다.

버마에 만들어진 위안소들은 일본군들이 이미 수년 간의 전쟁을 통해 형성해온 일본군'위안부' 제도의 특징들이 보이는 장소다. 20명 내외의 일본군'위안부'들을 수용한 위안소들은 일본군의 각 부대에 소속되어 버마 전역에 설치되었다. 일본군의 위안소는 버마의 대도시를 중심으로 전장에 이르기까지 촘촘하게 설치되었다. 각종 자료로 확인되는 것만 해도 26개 지역에 최소 70개 이상의 위안소가 있었다. 위안소가 체계적으로 설치되었다면 이보다 훨씬 많은 위안소들이 버마에 설치되었음이 분명하다.

버마는 특히 조선인 여성들이 많이 동원된 지역이었다. 남북한의 '위안부' 피해 증언자 중에서 버마로 동원되었다고 증언한 비율은 160명 중 8명으로 5%에 지나지 않지만, 버마의 위안소와 관련된 자료들에서 조선인 '위안부'의 존재는 분명히 나타나고 있다. 일본군이 '위안부' 제도를 운영함에 있어 식민지 여성의 동원을 기반으로 삼았다는 것은 버마의 사례를 통해 분명히 확인할 수 있다. 다만 버마에도 중국인, 대만인, 일본인 여성들이 '위안부'로 동원되어 왔고, 많은 버마인 여성들도 '위안부' 피해자로 동원되었다는 사실은 간과할 수 없다. 이 여성들은 일본군이 만든 인종주의적 체계 아래서 각지의 위안소로 보내졌다.

버마는 일본군'위안부'와 관련된 다양한 자료들이 남아있는 지역이다. 연합군, 일본군이 남긴 기록들과 피해자의 증언, 일본군의 회고, 관리인의 일기까지 여러 측면에서 당시의 사실들을 보여주는 자료들이 있다. 문제는 이러한 자료들을 어떻게 해석하고 엮어내느냐이다. 이 글은 부족하지만 버마에 있었던 '위안부' 제도의 실상을 여러 자료의 교차를 통해 단편적으로나마 제시하고자 했다.

전쟁이 끝날 때까지 버마에서 고향으로 돌아올 수 있는 '위안부' 피해자는 거의 없었다. 이들은 대부분 일본 패전과 함께 연합군의 포로가 되었다. 연합군은 피해자들을 포로로 삼아 사진을 촬영하고 때로는 심문을 하여 기록을 남겼다. 연합군이 남긴 이러한 기록들은 일본군'위안부' 제도의 실상을 보여주는 중요한 자료들이 되었다. 하지만 피해자들은 연합군에게도 해방된 나라의 국민이 아닌 전쟁포로에 불과했다. 이들이 고향으로 돌아오기까지는 오랜 포로수용소 생활을 견뎌야만 했다. 또 돌아온 많은 이들이 증언자로 나서지 못했다. 피해자들에 대해 남겨진 기록과 증언의 부재 사이에 남은 간극은 앞으로도 연구자들이 메꾸어 나가야 할 숙제이다.

지금까지 일본군'위안부' 제도와 관련된 많은 연구가 이루어져 왔지만, 지역을 중심으로 한 연구는 별로 없다. 이것은 기본적으로는 자료의 한계에 기인하는 것이지만, 지역을 통해 '위안부' 제도를 이해하고자 하는 시도가 많이 없었기 때문이기도 하다. 버마 외에도 일본군이 1942년 이후 점령한 필리핀, 인도네시아, 인도차이나, 뉴기니 등 다른 지역의 제도적 특징에 대한 연구가 진행된다면 일본군'위안부' 문제에 대한 조금 더 심도 깊은 이해가 가능할 것이라 기대한다.

참고문헌

[저서]

강정숙, 1997, 「일본군 위안소의 지역적 분포와 그 특징」, 한국정신대문제대책협의회 편, 『일본군'위안부' 문제의 진상』, 역사비평사.

대일항쟁기강제동원피해조사및국외강제동원희생자등지원위원회 편, 2013, 『들리나요? 열두 소녀의 이야기』.

모리카와 마치코·정신대할머니와 함께 하는 시민모임, 2005, 『버마전선 일본군'위안부' 문옥주』, 김정성 옮김, 아름다운 사람들.

센다 가꼬오, 1992, 『증언 : 여자정신대 8만 명의 고발』, 편집부 옮김, 다물.

안병직 번역·해제, 2013, 『일본군 위안소 관리인의 일기』, 이숲.

요시미 요시아키, 1995, 『일본군 군대위안부』, 이규태 옮김, 2006, 소화.

윤명숙, 2003, 『조선인 군위안부와 일본군 위안소제도』, 최민순 옮김, 2015, 이학사.

일본군'위안부'연구센터 편, 『일본군'위안부' 문제와 일본의 역사수정정책』, 동북아역사재단.

정진성, 2016, 『일본군 성노예제』, 서울대학교출판문화원.

한국정신대문제대책협의회·한국정신대연구소 편, 1993, 『강제로 끌려간 조선인 군위안부들 1』, 한울.

____________________, 1999, 『강제로 끌려간 조선인 군위안부들 3』, 한울.

Beasley, W.G., 2013, 『일본제국주의』, 정영진 옮김, 한국외국어대학교출판부.

종군위안부 및 태평양전쟁피해자 보상대책위원회, 1995, 『짓밟힌 인생의 웨침』.

西野瑠美子, 2003, 『戦場の「慰安婦」–拉孟全滅戦を生き延びた朴永心の軌跡』. 明石書店.

八江正吉, 1984, 『ビルマイラワジの誓い』.

防衛庁防衛研修所戦史室, 1967, 『ビルマ攻略作戦』, 朝雲新聞社.

____________, 1969, 『イラワジ会戦』, 朝雲新聞社.

WAM, 2017, 『地獄の戦場ビルマの日本軍慰安所』, WAM.

Koji Ariyoshi, 2000, *From Kona to Yenan: The Political Memoir of Koji Ariyoshi*, Edited by Alice M. Beechert and Edward D. Beechert, University of Hawaii Press.

Tilak Raj Sareen, 2010, *Conspiracy of Silence : Japanese Prisoners Of War In India*

1942~1946, LSP.
Won-Loy Chan, 1986, Burma: The Untold Story, Presidio Press.

[논문]

기세찬, 2013, 「인도-버마전역과 중국원정군」, 『군사』 88.
김도형, 2014, 「일제 말기 필리핀·버마지역 한인 병사의 강제동원과 귀환」, 『한국독립운동사연구』 47.
김성원, 2003, 「영국과 일본의 대미얀마 식민정책과 반향」, 『비교문화연구』 14.
박정미, 2011, 「한국전쟁기 성매매정책에 관한 연구: '위안소'와 '위안부'를 중심으로」, 『한국여성학』 27(2).
박정애, 2015, 「피해실태를 통해 본 일본군'위안부'의 개념과 범주 시론」, 『사학연구』 120.
______, 2018, 「만주 지역 일본군 위안소와 조선인 '위안부' 피해 실태」, 동북아역사재단.
방선주, 1992, 「미국 자료에 나타난 한인 '종군위안부'의 고찰」, 『國史館論叢』 79, 국사편찬위원회.
______, 1997, 「일본군'위안부'의 귀환」, 방선주선생님저작집간행위원회 편, 2018, 『한국현대사 쟁점 연구』, 선인.
______, 2000, 「등충 섬멸전 중의 한인 위안부들」, 방선주선생님저작집간행위원회 편, 2018, 『한국현대사 쟁점 연구』, 선인.
백재예, 2016, 「아시아 태평양 전쟁기 연합국의 일본군'위안부' 인식에 관한 연구 : ATIS, NEFIS 심문 보고서를 중심으로」, 서울대학교 석사학위 논문.
______, 2017, 「체계적으로 관리된 성폭력, 일본군 '위안부' 제도 - 연합군번역통역부(ATIS) 심문 보고서를 통한 재고찰」, 『사회와 역사』 114.
정진성, 2003, 「전시 하 여성침해의 보편성과 역사적 특수성: 일본군'위안부' 문제에 대한 국제사회의 인식」, 『한국여성학』 19(2).
______, 2007, 「미하원 일본군'위안부' 관련 결의안 논의과정에서 제기된 "협의의 강제성"과 그 역사적 진실」, 『사회와 역사』 76.
정현백, 2004, 「나치의 강제 매춘정책과 인종주의」, 『역사비평』 2004. 봄(통권66).
하야시 히로후미, 2011, 「전쟁체험기와 부대사를 통해 본 '종군위안부'」, 일본의 전쟁 책임자료센터 엮음, 강혜정 번역, 『일본의 군 위안부 연구』, 동북아역사재단.
하종문, 2001, 「일본군'위안부'의 동원 체계」, 『성곡논총』 32(上).

林博史, 1994, 「ビルママンダレーの日本軍慰安所規定」, 『戦争責任研究』 第6号, 日本の戦争責任資料センター.
______, 1996, 「英軍による日本軍性的暴力の追及」, 『戦争責任研究』 第14号, 日本の戦争責任資料センター.
浅野豊美, 1999, 「雲南·ビルマ最前線における慰安婦達－死者は語る」, 女性のためのアジア平和国民基金「慰安婦」関係資料委員会編, 『慰安婦問題調査報告』.
Robert Cribb, 2016, "The Burma Trials of Japanese War Criminals, 1946–1947", Kerstin Von Lingen(ed), War Crimes Trials in The Wake of Decolonization and Cold War in Asia, 1945–1956, Palgrave macmillan.
Tessa Morris–Suzuki, 2015, *You Don't Want to Know About the Girls? The 'Comfort Women', the Japanese Military and Allied Forces in the Asia–Pacific War*, The Asia–Pacific Journal, Vol. 13, Issue. 31, No. 2, August 03.

[자료]

국사편찬위원회, 2017, 『남서태평양지역 총사령부 연합군번역통역부(ATIS) 문서 1』.
동북아역사재단 일본군'위안부'연구센터 편, 2018, 『일본군'위안부' 자료 목록집[Ⅰ]』, 동북아역사재단.
______, 2018, 『일본군'위안부' 자료 목록집[Ⅱ]』, 동북아역사재단.
여성들의 전쟁과 평화자료관(WAM), 日本軍 「慰安婦」関連公文書(https://wam-peace.org).
정진성 편, 2018a, 『일본군'위안부' 관계 미국 자료 Ⅰ』, 선인.
______, 2018b, 『일본군'위안부' 관계 미국 자료 Ⅱ』, 선인.
미국 국립문서기록관리청(NARA) 자료.
영국 국립문서보관소(TNA) 자료.
영국 제국전쟁박물관(IWM) 자료.
KBS, 시사기획 창 "끌려간 소녀들 버마 전선에서 사라지다"(2015.08.10.).
KBS, 시사기획 창 "국가는 그들을 버렸다"(2018.08.21.).

찾아보기

동북아역사재단 연구총서 103

일본군'위안부' 문제와 과제 Ⅲ
-관점과 실태

초판 1쇄 인쇄 2020년 3월 10일
초판 1쇄 발행 2020년 3월 20일

엮은이 박정애
펴낸이 김도형
펴낸곳 동북아역사재단

등 록 제312-2004-050호(2004년 10월 18일)
주 소 서울시 서대문구 통일로 81 NH농협생명빌딩
전 화 02-2012-6065
팩 스 02-2012-6189
홈페이지 www.nahf.or.kr
표지디자인 역사공간
제작·인쇄 경인문화사

ISBN 978-89-6187-527-1 94910
978-89-6187-526-4 (세트)

• 이 도서의 국립중앙도서관 출판예정도서목록(CIP)은 서지정보유통지원시스템 홈페이지 (http://seoji.nl.go.kr)와 국가자료종합목록 구축시스템(http://kolis-net.nl.go.kr)에서 이용하실 수 있습니다.
(CIP제어번호 : CIP2020011262)
• 책값은 뒤표지에 있습니다. 잘못된 책은 바꾸어 드립니다.